Estudos Psicanalíticos sobre Psicossomática

Coleção Estudos
Dirigida por J. Guinsburg

Equipe de realização – Tradução: Neusa Messias Soliz; Revisão: Alice Kyoko Miyashiro; Produção: Ricardo W. Neves e Sergio Kon.

Georg Groddeck

ESTUDOS PSICANALÍTICOS SOBRE PSICOSSOMÁTICA

 PERSPECTIVA

Título do original
Psychoanalytische Schriften zur Psychosomatik

© Limes Verlag Wiesbaden, 1966

Dados Internacionais de Catalogação na Publicação (CIP)
(Câmara Brasileira do Livro, SP, Brasil)

Groddeck, Georg Walther, 1866-1934.
Estudos psicanalíticos sobre psicossomática /
Georg Groddeck ; [tradução Neusa Messias Soliz]. —
São Paulo : Perspectiva, 2011. — (Estudos ; 120 /
dirigida por J. Guinsburg)

Título original: Psychoanalytische Schriften
zur Psychosomatik.
1ª reimpr. da 1. ed. de 1992.
ISBN 978-85-273-0349-1

1. Groddeck, Georg Walther, 1866-1934
2. Medicina e psicologia 3. Medicina psicossomática
4. Psicanálise I. Guinsburg, J. II. Título. III. Série.

CDD-616.08   05-5168
                          NLM-WM 090

Índices para catálogo sistemático:
1. Psicanálise e psicossomática 616.08
2. Psicossomática e psicanálise 616.08

1ª edição – 1ª reimpressão
[PPD]

Direitos reservados em língua portuguesa à
EDITORA PERSPECTIVA LTDA.

Av. Brigadeiro Luís Antônio, 3025
01401-000 – São Paulo – SP – Brasil
Telefax: (0--11) 3885-8388
www.editoraperspectiva.com.br

2019

Sumário

Prefácio IX
A Título de Orientação 1
Condicionamento Psíquico e Tratamento de Moléstias Orgânicas pela Psicanálise 9
Sobre o Isso 29
Os Desejos de Castigos Terrenos e Divinos e Sua Satisfação ... 53
Uma Análise de Sintomas 65
Sobre a Psicanálise do Orgânico no Ser Humano 73
A Pulsão à Simbolização 83
O Sentido da Doença 97
Sobre a Resistência e a Transferência 103
A Ambivalência a Serviço da Transferência e da Resistência ... 107
O Isso e a Psicanálise, além de Considerações Gerais sobre os Congressos Científicos de Outrora, bem como da Atualidade ... 113
Sobre o Absurdo da "Psicogênese" 125
Sobre a Catamnésia das Dores de Cabeça e Anotações Gerais sobre a Técnica Psicanalítica 127
Pensamentos Psicanalíticos sobre "Arteriosclerose" 135
A Prisão de Ventre como Caso Típico de Resistência 141
O Trabalho do Sonho e do Sintoma Orgânico 159
Sobre o Tratamento Psíquico da Formação de Cálculos Renais .. 167
Sobre os Princípios da Psicoterapia 173

Observações Clínicas de Vinte Anos de Prática Psicoterapêutica 183
A Massagem 191
A Dupla Sexualidade do Ser Humano 197
Da Visão, do Mundo dos Olhos e da Visão sem os Olhos 203
"Eu Me Resfrio" 253
Da Barriga e Sua Alma 257
Do Condicionamento Psíquico das Enfermidades Cancerígenas . 291
Da Boca e Sua Alma 297
Textos de Georg Groddeck Sobre Medicina e Psicanálise 301
Repercussão dos Livros de Georg Groddeck na Imprensa 307

Estes artigos selecionados pelo editor foram publicados em *A Arca*, bem como em outras revistas, incluindo também manuscritos inéditos.

Prefácio

A reimpressão de textos dos primórdios da psicanálise virou moda. O mercado de livros psicanalíticos está sob o signo dos *reprints*.

Será que isso faz parte de uma tendência geral, às vezes bastante esnobe, de retorno aos "bons velhos tempos", com que a modernidade tanto quer se identificar?

Significaria uma regressão à incapacidade, à estagnação e à esquematização, a fim de impedir a "psicanálise como ciência viva"?

O retorno à psicanálise histórica pode ser considerado como uma reflexão proveitosa e salutar, numa fase de necessária consolidação?

Tempos sombrios destruíram, na Alemanha, vários documentos psicanalíticos, soterrando importantes fontes. A exportação e a reimportação do ideário sobre psicossomática apagaram, em um ou outro setor, as fronteiras do original. A publicação dos textos psicossomáticos de Georg Groddeck tem o objetivo de possibilitar novamente o estudo das fontes da psicossomática também na Alemanha. Nesse sentido, temos uma profunda dívida de gratidão para com os países que dispensaram à sua obra receptividade e divulgação.

A Editora Limes considera como sua tarefa primordial apresentar ao leitor alemão a obra completa de Groddeck. Assim sendo, deve a ele seus agradecimentos pelo surgimento dos trabalhos básicos de psicossomática que constam da presente coletânea.

Os esforços da editora contaram com o decisivo apoio da Srtª Margarete Honegger, que passou a administrar o legado dos textos científicos de Groddeck após a morte de sua esposa em 1961. Eu lhe agradeço por sua ativa colaboração e especialmente pelo acesso aos manuscritos até então inéditos.

Não foi uma tarefa fácil selecionar e classificar uma obra original e pertinaz, uma obra científica tão diversificada. Foi um trabalho excitante reunir e tornar a agrupar os textos sob novos títulos de capítulos. Afinal, acabei abrindo mão de qualquer tentativa de impor uma ordem, porque toda subdivisão representaria uma violência à originalidade do pensamento de Groddeck. A ordem cronológica, à qual me ative finalmente, transmite ao leitor a melhor impressão do *desenvolvimento* da psicossomática que a ele devemos. O registro completo de todos os seus textos científicos deverá facilitar aos interessados o estudo das fontes.

Walter Georg Groddeck era filho de um médico e nasceu a 13 de outubro de 1866 em Bad Krösen. Na fase posterior de sua carreira, sua atenção na área da medicina foi marcantemente influenciada por seu grande mestre, o Prof. Schweninger. Dele Groddeck aprendeu que, para cada caso de doença, existem diversas opções de terapia capazes de levarem à cura. A dúvida quanto à especificidade dos medicamentos colocava o médico como elemento central do processo terapêutico. Em virtude da totalidade de sua personalidade, ele sempre deveria tratar o ser humano como um todo.

Os métodos terapêuticos naturais e a massagem assumiram um significado especial, o que refletia uma relação bastante estreita com a essência do tratamento em si.

Atuar com pleno engajamento médico e ao mesmo tempo manter uma atitude de respeitosa reserva frente à natureza, bem como apelar à auto-responsabilidade do paciente, são as características daquela postura médica que oferecia as condições mais propícias ao florescimento da psicanálise. Assim, o contato com Freud e sua obra tornou-se um acontecimento decisivo para Groddeck. De forma genial e intransigente, ele reconheceu que a mesma dinâmica psíquica identificada por Freud em fracassos, sonhos e neuroses atua igualmente nas moléstias orgânicas.

Para Groddeck, a psicanálise abriu, portanto, um novo caminho na compreensão de enfermidades humanas, tornando-se um dos seus métodos terapêuticos. Groddeck expôs, de forma acessível, seus pensamentos pré-analíticos sobre a saúde e a doença do homem no livro *NASAMECU* (*Na*tura *Sa*nat, *Me*dicus *Cu*rat). Seus conhecimentos psicanalíticos sobre moléstias orgânicas foram publicados em 1917. É esse texto fundamental que inicia a presente coletânea. Em 1921, veio a lume *O Procurador de Almas* (*Der Seelensucher*), um romance psicanalítico várias vezes elogiado por Freud. *O Livro dIsso** surgiu em 1923, apresentando sinteticamente, pela primeira vez, suas principais idéias. Redigido com mestria sob a forma de "Cartas a uma Amiga sobre a Psicanálise", a obra alcançou difusão no mundo todo. Eu o considero o melhor livro de esclareci-

---

* *O Livro dIsso*, São Paulo, Perspectiva, 1984.

mento para a vida conjugal e para quem deseja casar-se. Com uma carinhosa introdução de Lawrence Durrell, a Editora Limes publicou-o em 1961, possibilitando seu acesso a um amplo círculo de leitores. De 1925 a 1927, Groddeck editou *A Arca*, revista interna de seu sanatório em Baden-Baden, na qual dialogava com seus pacientes, aprofundando seus conceitos sobre o Isso. Seu último livro, publicado em 1933, intitulou-se *O Ser Humano como Símbolo*. Seus conceitos sobre a linguagem, a arte e os símbolos, contidos em artigos de *A Arca*, bem como em publicações anteriores, foram reunidos pela Limes, em 1964, sob o título *Escritos Psicanalíticos sobre Literatura e Arte**. A seleção e coordenação ficou a cargo de Egenolf Roeder, de Diersburg, que certamente não é um desconhecido para os leitores de antigas revistas sobre psicanálise.

Groddeck faleceu em 1934 em Knonau, perto de Zurique, sem haver concluído seus últimos trabalhos de vulto sobre a atuação do símbolo no organismo humano como um todo. A presente coletânea de seus principais textos, que serviram de fundamento à psicossomática, homenageia o seu centésimo aniversário, a 13 de outubro de 1966.

Günter Clauser

A Título de Orientação

> *"Conhecer é duvidar,*
> *Crer é não duvidar."*

Recentemente, um crítico manifestou a absurda suspeita de que *O Livro dIsso* não teria sido escrito por Groddeck e sim por Freud. O sentido que esse disparate procura ocultar é evidente. De fato, Groddeck não foi um "discípulo", mas sim um honrado e ínvido admirador de Freud. Sempre reconheceu a sua genialidade, sabendo enriquecer as geniais concepções freudianas com suas idéias e ampliando-as de forma original. Na aplicação da psicanálise às doenças orgânicas, Groddeck teve que superar um tabu instituído nada menos que pelo próprio Freud. Embora possamos considerar seu trabalho sobre *Caráter e Erótica Anal*, de 1908, como precursor da psicossomática que viria a desenvolver-se posteriormente, ele mesmo não reconheceu o significado dessa obra. Tomando como exemplo a obstipação, verificou que havia uma estreita relação entre a retenção corporal e o caráter, relação esta inexistente em se tratando de outros sintomas físicos. Contudo, postulou: "Os sintomas da neurose atual, uma pressão na cabeça, uma sensação de dor, uma irritação num órgão, o enfraquecimento ou a inibição de uma função não têm nenhum 'sentido', nenhum significado psíquico". Para Freud, tratava-se de fenômenos puramente orgânicos, "cujo surgimento dispensa todos os complicados processos psicológicos que conhecemos". Em outra passagem afirma: "Os problemas da neurose atual... não oferecem indícios à psicanálise; esta pouco pode fazer pelo seu esclarecimento, devendo deixar tal tarefa à pesquisa médico-biológica". Groddeck não fazia essa nítida diferenciação entre "psíquico" e "orgânico". A tentativa tenaz e ousada de ampliar, pura e simplesmente, a competência do método analítico às enfermidades humanas "dá início a uma fase na psicossomática centro-européia que é bastante característica e da qual participam, manifestamente ou não, todos os especialistas em psicossomática da Europa Central"[1]. Trata-se de captar o sentido de um determinado sintoma de uma doença, no "dialeto do próprio órgão", através de um questionamento fisionômico. Para Groddeck, o homem todo transforma-se em símbolo. O sintoma corporal torna-se a pantomima da crise existencial recalcada. A gesticulação, a mímica e a patofisionomia ajudam o ser humano, que se cala em seu sofrimento, a dizer do que padece. Essas manifestações falam por ele, sempre que a expressão verbal originária, formulada conscientemente através da linguagem, não é mais possível. Não apenas os trejeitos, mas também as palavras pronunciadas têm, para Groddeck, além de um conteúdo lógico, uma sonoridade emocional que é preciso perceber. A palavra e o sintoma têm um ponto comum: tanto podem ser uma declaração relativa a um fato concreto, como uma expressão simbólica. Groddeck foi um mestre do diálogo com os pacientes e da análise no campo da linguagem. No seu caso, a palavra tornou-se medicamento. O sentido abstrato das palavras, o parentesco de conceitos, a semelhança de sentidos, a mudança de sentido, a carga de lembranças dos conceitos, as semelhanças sonoras e fonéticas e o sentido literal, transformaram-se em instrumentos de diagnose e terapia. Os sintomas, como patofisionomia e linguagem do Isso, equivalem ao balbucio da impotência humana. Entender o seu sentido, aceitar o homem em toda a sua fraqueza, e isto tendo sempre presente a sua própria condição humana: esta era a postura médica de Georg Groddeck, que tão bem absorveu a psicanálise freudiana. Freud também atestou que o *outsider* era "um excelente analista que aprendeu definitivamente a essência da coisa. Quem reconhece que a transferência e a resistência são os pontos centrais do tratamento, pertence inevitavelmente ao exército selvagem".

A obra de Groddeck também está permeada por todos os demais princípios da análise freudiana. Convencido da existência de uma vida psíquica inconsciente, ele ampliou o conceito de inconsciente, ao formular suas idéias sobre o Isso. No entanto, o Id de Freud se diferencia do Isso de Groddeck por ser um conceito tópico em contraposição ao Ego. Para Groddeck, que desconhece tais oposições, o Ego é uma forma de manifestação dIsso, que pode ser analisada da mesma maneira que, por exemplo, o Bios de Ferenczi.

---

1. Pflanz, em *Manual da Teoria da Neurose e de Psicoterapia* (*Handbuch der Neurosenlehre und Psychotherapie*), vol. I, p. 61 (N. do A.).

Groddeck partilha com Freud a convicção de que a primeira infância é de grande significado para a compreensão da doença. Ele tem em alto conceito a compreensão dos símbolos pela criança. "Perde-se rapidamente essa sensibilidade dos primeiros anos de vida, dando-se lugar ao que se chama de sã razão humana, mas que, na verdade, não passa de estupidez adquirida à custa de recalque." No que se refere às considerações causais das primeiras impressões de vivência, Groddeck vai bem mais além das teses de Rank (mais filosóficas do que medicinais) sobre o trauma do nascimento e discute inclusive abalos pré-natais e os que precederam até a concepção. O perito descobrirá na obra de Groddeck – mesmo que de forma não manifesta – vários indícios para o esclarecimento metódico de conteúdos da consciência pré-verbal, além de uma série de contribuições para o tema do esquema corporal conforme Paul Schilders.

Por maior que seja a identidade entre o pensamento psicanalítico de Groddeck e Freud, há uma diferença fundamental no manejo da técnica psicanalítica. Groddeck não aplicou a análise clássica e nem se submeteu à psicanálise com ajuda externa. Ele define a psicanálise como método de diagnose e tratamento e se distingue dos demais psicanalistas "...porque eu dou mais valor ao sintoma no mais amplo sentido da palavra, porque freqüentemente interrompo a livre associação e faço o paciente retornar ao sintoma ou aos sintomas, que por sua vez só interpreto em casos de extrema necessidade". Ele deixa esse trabalho por conta do paciente, que, ao enfrentar-se com a sua resistência, acaba chegando por si às experiências da primeira infância, "porque a tese da tendência à repetição vale para o sintoma". Quanto a isso, contudo, parece-lhe mais aconselhável apenas estimular e não esgotar o assunto. A terapia é "uma delicada sedução do paciente à sinceridade, à veracidade, na qual reside, afinal de contas, a determinação à saúde". Segundo Groddeck, o psicanalista cometeria um erro ao prescindir do exame físico do paciente, pois precisamente a observação e a análise dos sintomas corporais não devem ser subestimadas quanto à sua significação para a teoria das neuroses. A alta valorização da expressão corporal lembra, em muitos aspectos, a análise da resistência feita por Wilhelm Reich. Em todo caso, a eliminação da resistência (e não tanto o esclarecimento das motivações) é o objetivo da análise tratada do ponto de vista médico, "e não como opinam muitos – a conscientização do recalque". O sintoma é, para Groddeck, o fio condutor à resistência inconsciente. Assim como Freud procedeu com o sonho, Groddeck distingue no sintoma um conteúdo manifesto e outro latente. Os sintomas orgânicos se desenvolvem de maneira análoga à da elaboração do sonho e da dinâmica da neurose. Portanto, podemos formular o princípio decisivo de Groddeck da seguinte maneira: *Qualquer tipo de enfermidade é passível de atuação psicoterapêutica.*

Se a psicanálise, segundo Groddeck, é uma condição *sine qua non*, imprescindível no esclarecimento da doença, como terapia – e nisto ele é heterodoxo – ela é apenas um dos possíveis recursos médicos. Trata-se primeiramente

> de provar ao Isso doente e teimoso que ele pode sair-se bem novamente recorrendo às suas formas salutares de expressão. O Isso pode aceitar essa prova, seja esta através do uso do bisturi, de remédios, de mudança de clima, banhos medicinais e da chamada medicina natural, da sugestão ou da psicanálise, da verdade aparente ou real, da mentira aparente ou real, em resumo, através de todos os meios físicos e psíquicos adequados à vida. Nesse caso, o processo terá êxito. Mas, se não aceitar tal prova, o médico saberá que a disposição à doença exerce resistência, uma disposição ou vontade que muitas vezes não passa de um mau costume. Cabe a ele, então, investigar essa resistência e superá-la de alguma forma, seja através da violência ou da astúcia.

Já que, na concepção de Groddeck, a psicanálise é um dos métodos terapêuticos, ele afirma o seguinte sobre a sua aplicação exclusiva:

> Se fosse imprescindível conduzir a análise até o final, o processo analítico não teria nenhuma serventia para o médico. Mas esse não é o caso. Por mais limitado que seja o seu tempo, qualquer médico tem condições de fazer um tratamento analítico, uma vez que ele não precisa tornar conscientes todos os complexos do passado.

Na opinião de Groddeck, basta motivar o Isso a exercer sua atividade. Para ele, as curas espontâneas são obtidas logrando-se o Isso: uma repentina identificação por parte dIsso torna supérfluos seus esforços em proteger-se.

Muitas coisas podem soar exageradas na obra de Groddeck, outras podem até parecer afetadas ou propositadas, e nem tudo será ou deverá ser aceito passivamente. Em uma ou outra passagem é difícil segui-lo. Em parte isso se deve ao seu estilo e à sua formulação. Muitas vezes ele gosta de disfarçar o essencial sob o manto da autocrítica irônica. Groddeck parece alegrar-se com formulações exageradas e chocantes, cujo efeito é mostrar quantas curiosidades seriam possíveis. Por todo lado, considera a possibilidade de um erro seu. Pois que seja! Isso quase não tem importância para Groddeck, porque as suas idéias só adquirem forma terapêutica ao serem apropriadas pelo paciente, através da transferência. Assim, em última análise, é sempre o paciente quem interpreta, sendo, portanto, o elemento significativo no binômio médico-paciente. Mesmo que não possamos assumir todas as suas idéias, mesmo que muita coisa estivesse errada, o seu modo de proceder continuaria sendo um paradigma. Devemos a Groddeck um grande e arrojado projeto. Seus pensamentos são tão modernos que dizem respeito à atual situação da psicanálise e servem como advertência e "auto-reflexão" aos médicos de todas as escolas e tendências.

A TÍTULO DE ORIENTAÇÃO

A psicanálise, como Groddeck a concebe, não pode ser aprendida, pois, no fundo, baseia-se na intuição. Isto deve precaver o principiante a não acreditar que logo poderá dominá-la. Groddeck exerceu a psicanálise como arte e clemência, não como técnica. Realizou um trabalho pioneiro, mostrando que, em princípio, isso é possível. Quem desejar aprender a psicanálise hoje em dia deve submeter-se a uma rigorosa formação. Esta inclui também a própria análise, com ajuda de um especialista. Somente após a aquisição da bagagem técnica deve esforçar-se para tornar-se médico e artista dentro de sua especialidade.

A psicanálise, como Groddeck a concebe, não é um privilégio estéril, mas sim uma constante obrigação. O fato de ele obter tanto sucesso, sem um "aprendizado" psicanalítico propriamente dito, deve alertar os psicanalistas formados a não encararem sua formação como garantia de êxito. "O estudo não faz o analista, assim como o estudo não faz o médico."

A psicanálise, como Groddeck a concebe, exige uma tolerância soberana. Sua honestidade para consigo próprio, que lembra Rousseau, deve servir de advertência aos psicanalistas de diversas correntes, no sentido da mútua compreensão e tolerância. O ódio fratricida entre psicanalistas e as desavenças em alguns países acarretam mais desprezo do que respeito à psicanálise. Quem se considerar um iluminado somente por sua ascendência, fez pouco proveito da psicanálise. A psicanálise, como Groddeck a concebe, é ciência *médica* e arte. E a pior maneira de prová-la, é negar aos seus adversários o direito de aplicá-la. Ser médico significa ajudar em caso de aflição. Isso significa que, ao usar os conhecimentos psicanalíticos, também se pode recorrer espontaneamente a outra metodologia que não a clássica, desde que necessário. Os psicanalistas que submetem os pacientes que procuram a sua ajuda a longas esperas por uma consulta, que não dominam a terapia ativa para casos de emergência, não agem como médicos. Também entre a clientela da psicanálise existem casos agudos, assim como outros que precisam amadurecer primeiramente, até poder ser aplicada a técnica psicanalítica. No que a isso se refere, podemos aprender uma coisa com Groddeck: coragem civil e paixão pela psicanálise.

A psicanálise, como Groddeck a concebe, não é apenas uma terapia especial, como também uma posição médica e geral em relação ao doente. Quem afirma não ter tempo para exercer a psicoterapia "fora" do consultório, não entendeu a essência da psicanálise. Qualquer outra posição quanto a isto seria errada, e "todo médico – mesmo o mais ocupado – tem tempo suficiente para exercer como psicoterapeuta!" De todos os psicanalistas que conheço, Groddeck é o melhor mestre e companheiro para o clínico geral. Se sua arte não pode ser aprendida, sua postura médica é o próprio ensinamento.

A psicanálise, como Groddeck a concebe, não dá nada ao paciente e dele tudo exige. Chama sempre a atenção para o senso de responsabilidade do próprio paciente no quadro da enfermidade, reduz a posição do médico de propiciador da cura a seu mero ajudante, regulando e equilibrando de forma salutar a relação médico-paciente.

A psicanálise, como Groddeck a concebe, é uma constante discussão, uma dúvida contínua e uma coragem inabalável de praticar a autocrítica. A moderna psicossomática, por sua vez, relegou à medicina de hoje o espírito tranqüilizante da coexistência pacífica. Sob o signo do hífen, uniram-se "psicos" e "somáticos" de todos os países, antes tão hostis e polêmicos. Considera-se ultrapassado propagar a existência de uma alma sem corpo ou de uma psique sem soma. Por todo lado, clama-se pela totalidade. *Nil nocere*[2], diria Groddeck, mas não precisa ser tanto. Como receita, a totalidade não pode ser muito melhor que a soma de suas partes. Contudo, a busca da alma na medicina vem marcando, cada vez mais, as discussões nos congressos científicos. Renomados acadêmicos entraram em ação. Será que eles nos revelam uma imagem uniforme do homem enfermo? Ensinam-nos novas formas de lidar com o *Homo patiens*? Ou bastará seguir a moda e professar o credo psicossomático? Aparentemente basta o hífen; quem diz psico-somático não precisa explicar mais nada. Não nos enganemos: a especialização unilateral floresce mais do que nunca. Os adeptos do "psíquico" e do "somático" reconhecem-se mutuamente apenas para proteger seus próprios círculos, sem restringir, entretanto, a sua soberania. Pensemos naqueles filósofos da medicina que nada mais têm a dizer aos que passamos a chamar de "clínicos gerais", ou nos que unem por um hífen o psíquico e o somático e que mantêm seus psicoterapeutas do lar assim como os príncipes mantinham seus bobos da corte: deixam-nos atuar, generosos, em seu próprio proveito, mas não os levam a sério. Para eles, continua havendo doenças privilegiadas que "somente" as ciências naturais podem explicar. Uma ou outra vez, admitem conotações psíquicas "adicionais", naturalmente sem significado "causal". Aí temos novamente o pensamento médico confinado em distintas gavetas. A constante advertência de Groddeck, de que não há diferença entre o orgânico e o psíquico, passou despercebida ou não foi entendida. É chegada a hora de ler o que entendia por isso o fundador da psicossomática, ao qual todos se referem hoje em dia. Quem diz psicossomática não fere ninguém e salva as aparências. Alguns têm a presunção de nadar com a corrente da moda. Afinal, já não se sabe se nos congressos cultiva-se mais a psique ou os seus pesquisadores, e vamos ficando na mesma. A paz é ilusória, diria Groddeck. Como eram proveitosas as controvérsias sobre o paralelismo psico-físico ou a causalidade psíquica! Sob o signo do hífen extinguiu-se o combate.

---

2. *Não faz mal nenhum* (N. da T.).

Por mais diversas que sejam as apreciações, eu espero que a presente coletânea de textos psicossomáticos de Georg Groddeck ajude a transpor fronteiras e limites. Num ponto não se pode contradizer Groddeck: "A psicanálise não deve deter-se – e não irá deter-se – frente às moléstias orgânicas. Ainda veremos até onde chega seu alcance". O método psicanalítico, que tem em vista seu objetivo, nunca deve ser encarado como algo definitivo. Na busca deste método não devem faltar o entusiasmo e a crítica, bem como o empenho pela melhor formação psicanalítica possível. Como também não deve faltar à chamada medicina acadêmica a disposição de reconhecer a categoria científica do pensamento psicanalítico. Talvez até fosse possível – como manifestou Groddeck – esclarecer pela psicanálise as causas da especialização dentro da medicina (mas e quanto a superá-las convenientemente?). Porém, a psicanálise, como Groddeck a concebe, certamente poderia levar a ciência médica a refletir sobre si própria, além de contribuir para uma atitude mais modesta por parte dos cientistas da medicina, em prol de seus pacientes.

Acredito que estas referências a Groddeck e sua obra sejam suficientes. Esperamos que a publicação dos textos psicanalíticos de Groddeck sobre os fundamentos da psicossomática consigam reativar um profícuo debate. A psicossomática merece ser questionada novamente. Groddeck manteve vivo, para nós, o enigma vivente que é o ser humano. Ele fundou a psicossomática, pelo que lhe devemos nossos agradecimentos. Tomara que ele consiga despertar esse seu rebento, que a estagnação transformou em múmia. Poderíamos ajudá-lo nesse propósito sendo honestos, críticos e impiedosos frente aos demais e a nós mesmos.

Tentei fornecer ao leitor uma orientação e prepará-lo para o substancial. Espero haver esclarecido o significado de Groddeck para a psicanálise e os psicanalistas contemporâneos. O leitor deve estar bem preparado para debater com ele, pois só com veemência se pode combater Groddeck e sua obra. Podemos dele nos distanciar com paixão, e com paixão podemos segui-lo. Espero que o leitor não tenha dificuldades ao fazer sua escolha.

Condicionamento Psíquico e Tratamento de Moléstias Orgânicas pela Psicanálise

No dia 5 de junho, entre meio-dia e uma hora, fui acometido, em pleno trabalho, por um enorme cansaço que desapareceu após algum tempo. Entre quatro e cinco horas da tarde, senti dificuldade para engolir. A parte posterior da abóbada palatina, o véu do paladar e a campainha estavam bastante avermelhados. Na noite de 5 para 6 de junho, tive um sonho agitado, o que raramente me acontece. No dia 6 de junho, um dia de muito trabalho, as dores aumentaram, a vermelhidão expandiu-se e as amígdalas ficaram consideravelmente inflamadas.

Sete de junho era feriado. Pela manhã, comecei a analisar meu sonho e o sintoma da dificuldade de deglutição e cheguei ao resultado de que meu inconsciente[1], meu Isso se recusava a engolir algo que não lhe agradava. Isso estava ligado ao fato de que certas idéias sobre a inter-relação do inconsciente do homem e sua vida não são de minha autoria – conforme acreditei por vários anos – mas sim de Sigmund Freud. Por certo minha razão consciente já havia chegado a tal conclusão, o que se manifesta em minha correspondência com Freud. Durante a análise, ficou comprovado que profundas camadas do meu ser se defendiam contra os pensamentos conscientes.

A 5 de junho, entre meio-dia e uma hora, quando fui tomado por aquele cansaço passageiro, tive um breve encontro com uma dama chamada Dora. A palavra Dora, nome que aparece num trecho em que

---

1. *Ubw*: designação de Freud para o inconsciente (N. do A.). *Ubw*, abreviatura de *Unbewustsein*, inconsciente (N. da T.).

Freud analisa um caso de histeria, foi o instrumento de que se valeu o meu reconhecimento consciente da prioridade de Freud, procurando soterrar em meu interior os elementos inconscientes. Em sua defesa, o inconsciente lançou mão do cansaço, que tornou sem efeito a palavra Dora, com todas as suas associações.

Entre quatro e cinco horas da tarde, deu-se a segunda tentativa de levar ao inconsciente o reconhecimento da prioridade freudiana. Isso ocorreu casualmente a partir de uma conversa sobre hipotecas e dívidas (*Schulden*)[2]. No transcurso da análise, as hipotecas levaram à histeria, as dívidas a culpa (*Schuld*), e gatuno. O inconsciente defendeu-se desse segundo ataque, mais violento do que o primeiro, fechando a entrada ao interior do corpo através de uma dolorosa inflamação. Para tanto, apoderou-se da palavra gatuno (*Gauner*), escolhendo como local para a defesa a abóbada palatina (*Gaumen*); fortaleceu então sua posição estendendo a inflamação ao véu do paladar, à campainha e às amígdalas, para finalmente expressar sua má vontade no sonho.

Sobre a análise do sonho e dos sintomas, dia 7 pela manhã, relato apenas o resultado positivo: durante o trabalho analítico, que durou uma meia hora, as amígdalas se desinflamaram completamente e a irritação na abóbada quase desapareceu. Para surpresa minha, após algumas horas a inflamação retornou com bastante força, de modo que, à tarde, a moléstia atingira novamente o auge. Dessa vez, pedi a minha assistente que controlasse a inflamação enquanto eu fazia a análise. Antes de ter início o tratamento, as amígdalas, a abóbada etc... foram observadas detidamente e examinadas com ajuda dos dedos. Só então eu me entreguei à experiência das associações. A inflamação retrocedeu rapidamente, e após quinze minutos de análise desaparecera, deixando apenas um traço fino, mas nítido e vermelho, de um lado ao outro no céu da boca. Até a noite, esse último vestígio sumira por completo.

Que novidades vieram à tona com a análise? Verificou-se que a luta do consciente com o inconsciente não girou en torno da palavra Dora-Freud e sim da palavra Charlotte-Escarlatina (*Scharlach*). Pouco antes de falar com Dora, trouxeram-me uma criança, Lotte[3], com exantemas que, à primeira vista, me pareceram resultantes da escarlatina. Foi possível comprovar que o cansaço repentino não ocorreu com Dora, conforme acreditei inicialmente, mas sim na pausa entre Lotte e ela.

A escarlatina desempenhou um papel funesto em minha vida, bem como na de vários parentes meus; insinuou-se em mim o temor de vir a

---

2. Optei por uma tradução semântica dos termos da associação, colocando entre parênteses as expressões em alemão, para que se possa ter uma idéia do parentesco das palavras e das semelhanças fonéticas (N. da T.).
3. Lotte: diminutivo de Charlotte (N da T.).

perecer das seqüelas não superadas dessa doença. A resistência do inconsciente visava em primeira linha o pensamento da morte, Charlotte-Escarlatina, ligado estreitamente ao complexo de vaidade e indignação, Dora-Freud. A palavra-chave era dívida/culpa, que surgiu várias vezes durante a conversa sobre hipotecas e letras de câmbio, na tarde de 5 de junho. Segundo revelou claramente a análise, quando tive escarlatina fui dominado por um intenso sentimento de culpa, alimentado basicamente por processos sexuais durante a puberdade. Ao que tudo indica, ainda guardo reminiscências disso, embora há muito tempo minha razão tenha me convencido da inocência de minhas inofensivas experiências. De uma maneira que me é bem familiar e que pode ser comparada ao início de um processo químico, essas reminiscências ascendentes misturam-se aos venenos psíquicos do complexo Dora/Freud, provocando assim a erupção da enfermidade e a curiosa recaída após a primeira tentativa de tratamento analítico.

Ao relato dessa estória de uma simples doença, anexo algumas observações com pretensão de validez. Em primeiro lugar, da narração não se depreende, sem sombra de dúvida, nem o condicionamento psíquico da moléstia, nem a sua cura pela influência da psicanálise. É óbvio que outros fatores também atuaram na inflamação. Não se pode abranger toda a corrente causal de um acontecimento. Só se consegue mencionar os elos que mais saltam à vista. Quando falamos de causas de uma doença ou mesmo de tratamento das causas, devemos ter presente que desligamos intencionalmente o que temos de melhor, a nossa intuição puramente humana, em prol da atividade médica. Também devo reforçar a objeção de que minha interpretação se baseia num jogo de palavras e pensamentos, quando realmente interferiram outras condições aceitas pela ciência. Ocorre que até agora eu não mencionei que, naquela época, estava tratando de uma paciente que se queixava, entre outras coisas, de dor de garganta. Pode ser que eu tenha me contagiado com ela. Mas é pouco provável. Eu conheço essa senhora há vários anos; de quinze em quinze dias ela tem ataques de dor de garganta e dificuldades de engolir, que para ela se transformaram numa arma contra as dificuldades da vida. Esses ataques raramente são acompanhados de manifestações de inflamação; de qualquer modo, da última vez não constatei vermelhidão nem inflamação.

Se, não obstante, alguém quiser admitir que a minha doença surgiu através de contágio, só estará desviando e ampliando o problema. Perguntaríamos, então, se uma pessoa pode tornar-se vulnerável ao contágio, através das inter-relações de seu consciente e seu inconsciente, uma questão a que eu respondo afirmativamente.

Assim como o Isso do ser humano, por quem ele é vivido, sob determinadas impressões sensoriais ou uma cadeia de pensamentos inconsciente, modifica continuamente a secreção das enzimas, a distribuição sangüínea, a atividade do coração e, em resumo, toda a vida orgânica da personalidade, da mesma maneira que esse Isso tem inúmeras formas de proteger-se contra a ameaça de intervenções químicas, mecânicas e bacterianas, do mesmo modo ele é capaz de provocar as condições que permitem a ação do gérmen patogênico, quando uma doença lhe pareça conveniente.

Eu considero um erro fundamental e perigoso achar que só o histérico tem o dom de ficar doente para atender a algum propósito. Qualquer pessoa possui essa capacidade e qualquer uma a aplica em tão grande extensão que nem sequer conseguimos imaginar. O histérico, e em menor grau o neurótico, levam o observador (com maior freqüência que outros doentes) a acreditar que há uma intenção consciente detrás da enfermidade. O próprio histérico alimenta esse pensamento notável mas nada fácil de explicar. Contudo, quem penetra a fundo nas complicadas formas da vida psíquica logo percebe que as intenções aparentemente conscientes são apenas derivados das forças inconscientes e que os sintomas da doença, provocados pelo histérico, não surgem de suas supostas intenções mas de decisões profundamente ocultas do desconhecido Isso, o que acontece também com as demais pessoas. Sim, de um modo geral pode-se dizer que é mais fácil trazer à tona fragmentos desses processos inconscientes, tratando-se de pessoas não neuróticas do que dos histéricos, cuja máscara é difícil de arejar porque eles sentem vergonha e desconfiança de si mesmos.

Examinando agora a questão da suscetibilidade à doença, da disposição individual, local e temporal no caso da inflamação da garganta, inicialmente vejo com maior clareza o que se refere à disposição temporal.

No mesmo dia, circunstâncias especiais tocaram em dois complexos: Dora-Freud e Charlotte-Escarlatina, e ambos contêm em si a sensação de medo à impotência. O sentimento de impotência acompanha todas as pessoas durante a vida. Enquanto a idéia da inferioridade se alia à esperança, favorece a vida, libera através da ambição, da ânsia em aprender, o esforço para compensar a falta de capacidades psíquicas e forças físicas. Mas se está aliada a dúvidas ou até ao desespero, a vida perde em plenitude. O Isso do ser humano se distende, leva-o ao cansaço e à fadiga, e, em parte para desculpá-lo do fracasso, em parte para ganhar tempo e reunir novas forças, faz com que ele fique doente. Basta lembrar neste contexto as conhecidas transferências do sentimento de inferioridade da psique para o campo físico, como elas se manifestam fisiológica e patologicamente na vida cotidiana, na diminuição da força muscular ou nas perturbações digestivas durante a depressão, nas alterações da respiração e da circulação, e sobretudo na redução da potência sexual. No meu caso, a idéia de ser inferior a Freud foi reprimida com toda força, pelo menos durante uns oito anos, mas justamente na época da inflamação da garganta a decisão era iminente. O fantasma da escarlatina, com a sua questão da impotência frente à morte ou à enfermidade, me acompanha há mais de três décadas; estava e está confinado em camadas muito profundas, mas, ao ser despertado pela visão de manchas semelhantes às da escarlatina, seu efeito foi bem mais nocivo.

A relação intrínseca entre a atividade inconsciente do meu Isso e a disposição temporal não ficou completamente explicada com estas alusões, mas pelo menos foi suficientemente exposta.

Se da massa que representa o Isso eu escolhi o pensamento da impotência como efeito temporal, principalmente para ressaltar sua universalidade e seu significado para todos os processos vitais, ao referir-me à disposição individual, desejo chamar a atenção para uma característica do inconsciente humano, dIsso, que se poderia denominar de precaução do inconsciente; eu quase utilizei a expressão inteligência dIsso, tão semelhantes são as suas manifestações às da razão consciente, com a única diferença de que são bem superiores a estas últimas. O inconsciente escolhe entre um leque de fenômenos, abre-se para aquilo que quer deixar entrar em si e se fecha às impressões e suas conseqüências, caso as julgue nocivas a si. Basta lembrar aqui a atividade reflexiva das pálpebras, da conjuntiva e da íris. É menos observado, mas não menos notável, que o Isso vire a cabeça, os olhos ou o corpo em relação a um objeto, várias vezes por dia, a fim de evitar impressões visuais; ou então diminua passageira ou duradouramente a acuidade visual; ou ainda recalque imediatamente as impressões recebidas, relegando-as às camadas superficiais ou profundas do inconsciente. Só uma ínfima parte de nossas impressões visuais nos chega à consciência. Também, não poderia ser de outra forma, senão haveria uma grande confusão.

Experiências, que por enquanto só foram feitas de forma rudimentar, mas cuja quantidade de certa forma compensa a falta de sutileza, me demonstraram que o inconsciente recusa, entre outras, aquelas impressões que suscitam lembranças desagradáveis e assim poderiam reacender as lutas internas que não foram totalmente resolvidas. A sensibilidade do inconsciente é diferente de pessoa a pessoa, coisa que ainda não foi explicada quanto às suas razões, embora se suponha que isto esteja relacionado com abalos de qualquer tipo, geralmente ocorridos na primeira infância, muitas vezes antes do nascimento, e talvez até antes da concepção. Podemos imaginar o procedimento como se, em algum momento, um corpo estranho tivesse entrado no inconsciente, provocando inflamações ao seu redor. Então, não será doloroso tocar somente no estilhaço, como em toda a região. Do mesmo modo, um complexo inicialmente insignificante pode, aos poucos, expandir-se e tornar hipersensíveis um ou mais órgãos dos sentidos. De qualquer forma, é fácil convencer-se de que mesmo que alguém seja confrontado, cara a cara, com um fato, seu Isso não registra o objeto insuportável ou percebe-o erradamente. Se a sensibilidade de um olho, adquirida cedo, é muito grande, o

Isso o protege facilmente através da miopia, e sob certas circunstâncias até da cegueira. Conseguindo-se – de preferência pelas vias da psicanálise – diminuir essa insuportável irritabilidade, a miopia, em seus graus menores, retrocede comprovadamente. É característico da tendência à cura o fato de que os míopes de vez em quando enxergam objetos que, na verdade, devido ao seu grau de miopia, não poderiam perceber com a visão. Particularmente curioso é o comportamento do Isso frente à idade avançada e à proximidade da morte. Ele provoca a presbitia, a vista cansada, faz com que o olho só enxergue de longe e assim, simbolicamente, empurra tudo para longe, inclusive a morte, prolonga a vida, como também torna mais curtos os passos do idoso, e seu caminho mais longo, com a mesma finalidade ilusória com que encurta seu sono para esticar a duração da vida.

Assim como os órgãos dos sentidos – pois com a audição, o olfato, com toda sensação acontece o mesmo que com a visão – são governados pela cautela do Isso, todas as manifestações da vida são dominadas pela mesma cautela. Ela faz o andar do ser humano ser firme ou inseguro, leve ou pesado, coloca seus pés abertos para fora, de modo que ele facilmente possa desviar-se para os dois lados, ou bem retos, prontos para o ataque, ou ainda para dentro, a fim de não enroscar seus dedos nas armadilhas da vida. Incansavelmente esse sensível Isso aponta para os limites da vida cotidiana; quando o temperamento, a paixão, o medo representam um perigo muito grande, coloca grilhões invisíveis nos pés, faz com que tropecem ou escorreguem, diminui a sua pressa através de calos, calosidades e bolhas, prende-os à terra com ataques de câimbra – no caso dos sonhadores de alto vôo – ou joga-os impetuosamente para o ar, faz com que as pontas dos dedos fiquem doloridas, deposita sais em suas juntas e, por fim, deixa o homem com gota e imobilizado por curto ou longo prazo.

Isso tudo não tem que ser necessariamente assim – a vida é demasiado colorida, as forças atuantes, em todas as suas inter-relações, estão encerradas em misteriosas profundezas inacessíveis ao conhecimento humano –; não precisa ser assim, mas pode ser assim e muitas vezes é assim mesmo. De tempos em tempos, conseguimos dar ligeiras olhadelas na essência do ser humano, nas coisas que chamamos de disposição, constituição, e, a partir daí, tratamos de adivinhar um pouco. De vez em quando, o inconsciente é amável e responde com a melhoria e a cura, quando seu lastro interno e seus venenos vêm à tona – por meio de pesquisas e suposições – e quando são levados à` consciência e neutralizados.

Esse inconsciente, em cuja área de poder estamos começando a adentrar, faz de um espermatozóide e um óvulo um ser com olhos, ouvidos, pulmões, mãos e pescoço; por que teria dificuldades, por que lhe seria impossível conformar o caráter de sua criação, o caráter físico e psíquico? Se ele dá forma ao corpo, não poderia, por determinadas razões, dar-lhe certas predisposições ou negá-las, como por exemplo faz com que os seios cresçam ou murchem, ou então o cabelo, a pele? De fato, ele cria essas disposições, faz surgir aqui uma alteração no coração, ali nos pulmões. E se ouvirmos a sua voz, em vez de tapar o ouvido com preconceitos que gostamos de chamar de saber, poderemos descobrir muitos mistérios.

Nem sempre a saúde é o bem mais precioso para o Isso, o inconsciente. Os antigos imaginavam o cantor como cego; há um certo sentido nisso, já que seus olhos devem voltar-se para o seu interior. Hefesto[4] mancava e Wieland[5], o ferreiro, não podia mover-se. O Isso ata as pessoas quando é necessário, salva-as, através da doença, dos mais graves perigos, como se a própria vida estivesse em risco, obriga-as a certas atividades através de determinadas doenças, e a repousarem por causa de problemas cardíacos ou da tuberculose.

A pergunta: "para quê?" foi excluída por muito tempo do nosso pensamento médico. Apesar da má fama de toda teleologia, devia-se investigar com que finalidade uma pessoa fica doente dos pulmões ou do coração, por que o Isso a faz minguar ou a impede de subir qualquer escada, por que lhe fecha o ânus, de forma que ela não possa soltar nada, ou então empurra os líquidos e alimentos velozmente por seus intestinos, de modo que uma porção de coisas inofensivas para a razão, mas venenosas para o inconsciente, sejam rapidamente eliminadas. Sob certas circunstâncias, o inconsciente quer que o homem fique magro, fraco, ou que ele fique gordo. A fome e a sede, a falta de apetite, as secreções internas são utilizadas pelo Isso para fins determinados, que muitas vezes podem ser investigados. Ele também atua racionalmente na obesidade, no crescimento, no caráter. É obrigação do médico verificar o que quer expressar a incômoda gordura, com seus riscos de derrame cerebral, de encobrir o coração e de hidropisia, o que significa a magreza, a tuberculose. O inconsciente não fala somente em sonhos, fala a partir do temperamento, do franzir da testa, das batidas do coração, e fala igualmente na silenciosa advertência do ácido úrico, uma forma de suscetibilidade (diátese), na irritação do simpático, nas características da tísica, como também fala, afinal, com a voz insistente da enfermidade.

Às vezes é possível compreender essa linguagem. Ali temos um gordo; diz-se que ele come muito ou bebe demasiado. Talvez ele faça isso, talvez não. Se investigarmos sua alma, veremos, por exemplo, que sua barriga é grande porque, na infância, ele sofreu com o enigma da repro-

---

4. Deus do fogo, das artes metalúrgicas e das chamas destruidoras, também chamado pelos romanos de Vulcano (N. da T.).

5. Personagem da saga germânica dos Nibelungos (N. da T.).

dução, porque deseja a gravidez e o parto, porque simbolicamente está sempre grávido, porque quase todos os alimentos, o ovo, a cenoura, o feijão, a cereja, o leite, a cerveja, dão a certas camadas do seu inconsciente uma ilusão: agora uma criança crescerá em mim. Um quadro ou um livro, a religião, um beijo ou o pincelar da garganta lhe deram essa idéia, que volta e meia torna a despertar, e uma gravidez fantasma segue-se a outra. Talvez haja um vazio interno a ser preenchido, talvez um Isso sensível e vulnerável que precisa de uma carapaça. E aquele que está sempre magro, fraco, será que – sem sabê-lo – não quer ser, por exemplo, um recém-nascido? Sente a falta do seio materno e emagrece porque não o alcançam, embora encontre, a cada passo, seios que lhe são negados. Ele pede compaixão, ou então castiga impiedosamente seus pais desde a mais tenra idade porque eles o magoaram; ou ainda as carnes, as formas lhe parecem – ou ao seu inconsciente – muito femininas etc...

Ao se observar a disposição individual do inconsciente, podem-se escolher diversos pontos de partida. Eu ressaltei essa característica do inconsciente, a cautela, porque é muito fácil acompanhar em minha vida esse procedimento de nossas mais profundas forças psíquicas. Com a suscetibilidade à doença, o sensível Isso cria posições seguras onde refugiar-se. A doença, seja ela aguda ou crônica, infecciosa ou não, traz sossego, protege contra o agressivo mundo exterior, ou pelo menos contra fenômenos bem determinados, que são insuportáveis. A minha psique trabalha constantemente com esses refúgios preparados há tanto tempo, mais precisamente a partir de um determinado período da minha infância, quando sofreu um tremendo abalo.

Com um ferimento no joelho, aparentemente inofensivo (mas que, ao fazer uma retrospectiva, vejo que dele derivou uma fraqueza e suscetibilidade nunca superadas na minha perna esquerda, a perna do lado mau) teve início a transformação do meu ser físico, acompanhada de uma mudança de caráter, que passou de extrovertido a introvertido. O ferimento representava um obstáculo às precipitações, uma pressão a ser cauteloso. Posteriormente, no transcurso de minha vida, apareceram manifestações de ciática e gota com deformação nas articulações, que me impediam de andar muito e que, passageiramente, quase me impossibilitaram de andar. Nos últimos anos, registrei uma melhoria considerável – e posso afirmar que recorri apenas à auto-análise – que não só levou as dores a desaparecerem, como fez com que os dedos do pé, bastante deformados e voltados para os lados, recuperassem sua posição normal. Não obstante, ainda posso verificar algumas curiosas relações entre a dor física do processo de artrite e a conseqüente precaução no sentido de evitar ou restringir os perigos psíquicos, o que me causa uma satisfação apenas comparável à da contemplação levemente irônica de si próprio. Entre outras coisas, lembro-me de haver tratado, um ano atrás, uma paciente que não me era muito simpática. Cada vez que estava a caminho para consultá-la, sentia dores no pé esquerdo, que desapareciam assim que eu esclarecia com que finalidade eu as tinha: como sinal de alerta para não demonstrar minha antipatia. Aliás, em algumas experiências com casos de poliartrite e artrite deformante, tive condições de ensejar agravamentos e melhoras, ao tocar em complexos de recalque e solucioná-los.

Um pouco depois, ao iniciar meu décimo segundo ano de vida, tive uma doença aguda, com fortes elevações de temperatura, que correntemente era chamada de febre nervosa, e que coincidiu – tanto temporalmente quanto às causas – com certos estados de humor bastante importantes. A enfermidade me prendeu por muito tempo à cama, e desejo ressaltar que o fez através de dores de cabeça, que nunca tivera antes, e que me deixaram num tal estado de embotamento que impediam qualquer pensamento. A partir de então, surgiu uma tendência a dores de cabeça, que foram aumentando até se tornarem literalmente insuportáveis nos primeiros anos da minha atividade médica. Elas também já desapareceram e, o que é mais significativo, desapareceram os rígidos inchaços nas têmporas e na inserção dos músculos posteriores da cabeça, que durante décadas alteraram a forma de minha cabeça. A utilização da dor de cabeça para aplacar os pensamentos, os impulsos, é um dos meios mais conhecidos e usuais do inconsciente. As enxaquecas das senhoras durante a menstruação são o recurso de que se vale o inconsciente para aplacar o instinto sexual que se manifesta fortalecido nesse período, e que, de acordo com os costumes, não deve ser saciado. O Isso trabalha de forma singular e radical, como o demonstram as dores nas costas durante a menstruação, que impedem os movimentos da região dos quadris, como o exige a execução do ato sexual. No meio da confusão e da escuridão que reinam entre as moléstias das senhoras, seria possível trazer um pouco de ordem e luz, se se decidisse analisar para que essas moléstias se manifestam em cada caso particular. Nós nos depararíamos, então, não apenas com relações de conotação individual, mas conheceríamos o significado funesto dos costumes de nossa época, que levam compulsoriamente as mulheres, sem exceção, à hipocrisia e a dissimulações irrealizáveis. Através da educação, nega-se aos seres humanos do sexo feminino o prazer da sexualidade, e esse prazer é negado com tanto rigor que os tempos modernos acabam tratando a frigidez da mulher como uma disposição natural, enquanto no passado não havia dúvidas quanto à mulher precisar mais do sexo do que o homem. Quanto à questão da queda da natalidade, na verdade não é preciso nenhuma dessas pesquisas confusas para detectar as suas causas, pois pode-se ver diariamente que a mulher grávida se vê obrigada a envergonhar-se do seu estado, que ela o oculta, que as pessoas, sobretudo as crianças, ficam cochichando às suas costas, e que, na mesa ao lado no restaurante, alguém fala de criação de coelhos. O inconsciente auxilia a mulher, torturada em vão pelo demônio da hipocrisia. Presenteia-a com tonturas, desmaios, dores no peito, desfigurações do corpo, mau cheiro, corrimento branco, inflamação dos ovários e do útero, sangramentos repentinos e finalmente o câncer; com isso, mantém à distância todas as tentações, afasta tudo o que desperta cobiça e desejo. O climatério, com seu esporádico aumento da excitação sexual na mulher e no homem, é bastante instrutivo, e talvez mais ainda a puberdade.

O surgimento de particularidades desagradáveis do caráter na adolescência, a diminuição da capacidade de rendimento mental e concentração, não são os únicos mecanismos que o Isso cria como defesa especial para essa idade em que os costumes proíbem os desejos, justamente quando a natureza os aumenta, transformando-os em forças poderosas. Mesmo sem considerar a anemia e a deformação da coluna vertebral, tão comuns, e a tísica, as alterações do corpo são tão evidentes que causa surpresa o fato de não serem entendidas quanto às suas finalidades, principalmente comparando-as às figuras de adolescentes de outros tempos de maior desenvoltura. Não é à toa que a criança em desenvolvimento fica com as mãos frias e suadas, frente ao suave aperto de mão de outrora; os lábios acentuados falam claramente contra o beijo, e a acne, tão característica da puberdade, afasta os pretendentes de uma aproximação. E tudo isso junta-se às advertências absurdas de pais, professores e livros, alertando contra o que é inevitável e inofensivo: a auto-satisfação e a masturbação.

É possível explicar todos esses processos por meios mecânicos, químicos ou de forma puramente material? Material certamente, mas não unicamente material. É uma pena que a nossa ciência, em muitos aspectos, tenha permanecido num ponto de vista materialista que já passou a segundo plano. Médicos e pacientes resistem ferrenhamente à idéia de que o corpo depende da alma, da psique. Os doentes ainda acham um ultraje, quando se buscam causas psíquicas para suas enfermidades orgânicas. O corpo é muito mais poderoso, é como se fosse também mais nobre que a alma. Quem me dera superar essa unilateralidade do pensamento e da investigação científica!

O sucesso do tratamento psicanalítico – cujo direito à aplicação também em casos de moléstias físicas acabei reconhecendo contra a minha vontade – reforça o condicionamento das formas de vida doentias e saudáveis, do corpo bem como da alma, às forças do inconsciente. Não cheguei à psicanálise tratando de doenças nervosas, como a maior parte dos discípulos de Freud, mas a partir de minha atividade terapêutica, desenvolvida junto a pacientes com doenças orgânicas crônicas, fui obrigado a recorrer ao tratamento psicológico e posteriormente ao psicanalítico. Os êxitos do *post hoc ergo propter hoc*[6] me ensinaram que é igualmente válido imaginar o corpo dependendo da alma – e agir de forma correspondente – como o contrário.

Post hoc ergo propter hoc, não me envergonho nem um pouco de aceitar, circunstancialmente, essa mal-afamada conclusão como comprovação; eu não saberia que outra prova apresentar, ou se seria humanamente possível apresentar alguma, a não ser equiparando o "antes" à "causa". A ironia não se aplica à equiparação em si, mas somente à precipitação em equiparar as duas coisas. Esperei muito tempo antes de usá-la publicamente na inter-relação de corpo e alma, na atuação do Isso inconsciente. E mesmo ao fazê-lo pela primeira vez, num livro de 1912 sobre a saúde e a doença do homem[7], achei conveniente me posicionar contra os psicanalistas. Hoje me arrependo de ter escrito e publicado frases que são erradas, e só lamento ter conhecido bem mais tarde os ensinamentos de Freud através de seus escritos, quando há muito os praticava inconscientemente; ensinamentos cujo valor só questiona quem não os conhece ou não sabe como aplicá-los.

O fato em si, de que uma pessoa enrubesce quando se envergonha, que empalidece quando se assusta, que derrama lágrimas na tristeza, que a respiração fica ofegante ou suspensa, que o coração bate mais depressa ou pára de paixão, que o intestino funciona mais rápido ao se sentir medo, ou que o medo provoca o suor, é muito conhecido, talvez até demasiado conhecido para merecer a atenção. Portanto, não seria possível que o mecanismo que regula o calor do organismo, a circulação, bem como o próprio crescimento do organismo, fossem influenciados pelas atividades psíquicas, que a febre possa ser condicionada por elementos psíquicos? Certamente é possível, pois não existe separação entre corpo e alma para o inconsciente; conforme suas conveniências ele se utiliza alternadamente do corpo e da alma. Como se tudo isso não bastasse, ao exercer a medicina tive provas que me convenceram. De vez em quando, o Isso nem se dá ao trabalho de escolher um distúrbio claramente localizado para provocar uma elevação da temperatura. A febre surge de repente, como também se pode sentir tonturas sob a influência de um complexo de recalque. Lembro-me de um paciente que tinha esses misteriosos ataques de febre. Ele foi tratado por vários médicos, inclusive por mim, sem nenhum resultado. Só depois de vários anos – entretanto eu já me familiarizava com a técnica da psicanálise – fui descobrir casualmente a particularidade dessa febre. Não havia regras aparentes, mas pelo menos uma

---

6. *Depois disto, logo, por causa disto*: fórmula com que se designava na Escolástica o erro que considera como sendo a causa o que é apenas um antecedente no tempo (N. da T.).

7. NASAMECU (*NA*tura *SA*nat, *ME*dicus *CU*rat). *A Saúde e a Doença do Homem*, Editora von S. Hirzel, Leipzig, 1913 (N. do A.).

coisa parecia certa: de vez em quando a febre surgia quando o paciente ia à casa de sua mãe, ou de lá voltava. Desde essa constatação, até eu decifrar completamente o complicado quadro da doença — atrás do qual o inconsciente ocultara a paixão — passou-se muito tempo, mas finalmente o paciente curou-se.

Febre histérica — pelo que sei, ninguém diagnosticou a histeria. Mas é fácil lançar mão das palavras, e não posso impedir que alguém utilize a expressão "histeria". Mas disponho de um outro caso da doença para contrapor às objeções; um caso que se caracteriza pelo fato de se poder provocar a febre, a título de experiência, pronunciando-se certos nomes ou palavras. Esse paciente também estivera sob os cuidados de vários médicos. Durante dois anos não poupamos esforços para encontrar alguma coisa, e tanto a tuberculose como a sífilis foram aventadas como hipóteses. Não houve reação na tuberculina, mas pelo menos o teste de Wassermann foi positivo, e as impigens e descamações da pele, os abscessos no membro e afecções na garganta não deixavam dúvidas quanto ao diagnóstico. E, mesmo assim, um médico atrás do outro revidou a suspeita inicial de sífilis. Com suas constantes mudanças, o quadro da doença não queria encaixar-se em nenhum esquema e os sintomas não reagiam a nenhuma terapia. Surgiam, para logo desaparecer quando bem entendiam. Afinal tentei usar a psicanálise e a tentativa superou as expectativas, tanto no que se refere ao êxito terapêutico como ao enriquecimento de minhas experiências. O interessante no caso foi que as manifestações podiam ser arbitrariamente provocadas, tocando-se propositalmente nas partes ainda não analisadas desse inconsciente com fobia sifilítica.

A minha doença aos doze anos, citada anteriormente, fez com que o inconsciente utilizasse ainda uma outra arma: o sono. Desde aquela época até uns trinta e cinco anos, eu dormia diariamente de doze a quatorze horas. Era capaz de dormir a qualquer hora do dia e em qualquer situação, ao que parece sem sonhar ou pelo menos sem recordar que tivesse tido sonhos, ao despertar. Passei o período escolar num internato, onde fui várias vezes castigado por essa mania de dormir; mas, como os castigos não produzissem efeito, fui levado a um médico. Ele entendeu corretamente o excesso de sono e me aconselhou a deixar tudo como estava. Dessa maneira, escapei de muitas coisas que poderiam haver destruído minha psique. Depois, fui confrontado várias vezes — como qualquer outro médico — com esse tipo de necessidade de dormir. O cansaço repentino e a capacidade de adormecer imediatamente levam aos desfalecimentos e convulsões, tanto de caráter histérico como de outro tipo.

Naquela época, surgiram duas outras manifestações que podem ser interpretadas como meios de proteger um Isso hipersensível: estados de semi-adormecimentos em que simplesmente vegetava, e o dom de esquecer detalhes e períodos inteiros de minha vida. De um modo geral, pode-se considerar uma sorte esse procedimento do inconsciente, de neutralizar impressões incômodas; ele facilita a vida, concentra as forças para ocasiões especiais, economiza-as para serem usadas em algumas horas. Contudo, sob certas circunstâncias, muita coisa vai se depositando em torno ao cerne do complexo originário, o Isso torna-se cada vez mais sensível, a necessidade de não pensar e esquecer abrange áreas maiores da vida, preparando assim o caminho para a alienação senil ou de outro tipo.

Não é raro o inconsciente recorrer ao desejo de evitar impressões desagradáveis para inibir as funções de alguns sintomas do organismo, seja retardando-as ou apressando-as como acontece com a circulação, a respiração ou a alimentação no amplo sentido da palavra. Daí surgem as mais diversas conseqüências, desde os graus menores da constituição física fraca até as mais graves caquexias de caráter localizado ou geral.

Na época daquela minha enfermidade febril, surgiu ainda outro elemento, cujo significado já mencionei. Meu rosto ficou quase todo coberto por eczemas, e a cura foi seguida de queda de cabelos no topo da cabeça. Parece-me interessante mencionar que no mesmo verão recebi o primeiro esclarecimento sobre relações sexuais de que tenho consciência. A acne, típica da puberdade, não se manifestou em mim. Mas, em contrapartida, pude observar, algumas vezes, a formação de pequenos eczemas em volta do couro cabeludo, nas sobrancelhas ou nos lábios, que desapareciam logo ou depois de um certo tempo. Acabei me convencendo de que se tratava de tentativas de resistência do inconsciente. Essas erupções, que mal eram perceptíveis, surgiam quando a proximidade de alguma pessoa começava a me excitar. Todas as vezes em que procurei conscientizar-me desse processo, do objeto da minha libido e do complexo inconsciente que se ocultava detrás disso, consegui livrar-me das erupções no prazo de vinte e quatro horas. Certos fenômenos, contudo, me motivaram a não empreender tais tentativas de tratamento em mim mesmo sem necessidade, uma vez que o objetivo da medida inconsciente do Isso era por demasiado evidente. Mas, ao clinicar, fiz uma série de experiências sobre eczemas das mãos, psoríase, furunculose, etc., que ampliaram significativamente meu entendimento das formas de expressão e atuação do Isso. Com bastante eficácia, o Isso se vale de deformações do nariz, cujas relações com a vida sexual são bem mais variadas do que se imagina. Quem já observou a influência da psicanálise sobre narizes vermelhos ou um rinofima – que, como se sabe, não se torna perceptível de um dia para outro – não pode fechar-se a esta interpretação da tentativa de resistência.

Talvez o acontecimento mais admirável de minha atividade médica tenha sido o tratamento de um grave caso de esclerodermia, que obteve um êxito surpreendente. Durante muito tempo fiquei preponderando quanto a utilizar ou não a estória desta doença para representar a atividade inconsciente nos mecanismos orgânicos, mas afinal acabei recorrendo a mim mesmo, porque assim estaria menos inibido por questões do sigilo profissional.

Meu décimo sétimo ano de vida registrou acontecimentos que foram decisivos para todo o meu desenvolvimento posterior e que estão intrinsecamente relacionados com a minha estória da inflamação de garganta. Eu tive então uma espécie de escarlatina disfarçada. Fazendo uma retrospectiva, suponho que nesse caso também atuou a força protetora do inconsciente frente a complexos sexuais, que haviam sofrido uma remexida recente e precisavam ser recalcados. O processo da doença provocou uma inflamação diftérica da garganta, com formação de abscessos e uma inflamação dos rins que se tornou crônica. Talvez fosse possível procurar saber por que o Isso foi escolher justamente a inflamação dos rins para policiar minha vida. Mas também quanto a isso só posso apresentar suposições e nenhuma razão concludente. Apenas gostaria de indicar que minhas primeiras lembranças giram em torno de tonéis para colher a água das chuvas, calhas e fontes, e que até a puberdade conservei uma tendência à enurese noturna. Seja como for, os vestígios da escarlatina – nefrite tornaram a aparecer logo após uma pneumonia – novamente relacionados a complexos sexuais – transformando-se numa hidropisia crônica. Edemas na retina enfraqueceram minha vista e, por muito tempo, fiquei sujeito a enjôos e vômitos. Devido à minha cegueira temporária e às restrições impostas à minha capacidade de me movimentar e trabalhar naquela época, fui obrigado a voltar-me completamente para a vida interior. Assim, fiquei impedido de continuar trilhando um caminho de êxitos externos cada vez maiores, que – como eu hoje reconheço – teria me levado ao infortúnio devido ao meu caráter. Em toda a minha vida, raramente me deparei com relações capazes de provar tão nitidamente a conveniência das forças inconscientes, como as verificadas nessa enfermidade. Até as conseqüências dessa intervenção na minha vida serem superadas, na medida do possível, passaram-se mais ou menos uns dez anos. Não vou entrar em maiores detalhes quanto àquilo que o Isso pretende e consegue, ao impedir uma pessoa de desempenhar totalmente suas faculdades, ao fazê-la balançar sobre o abismo e dar-lhe por acompanhante o fantasma da morte e da doença. Neste contexto, a questão da educação pela doença nos levaria longe demais.

Ao enumerar os distúrbios de minha saúde, eu me adiantei mencionando a hidropisia, e retorno a acontecimentos dos meus primeiros anos de vida. Eles esclarecem por que o inconsciente escolhe certas partes do corpo como pontos de ataque para sua atividade doentia ou, em outras palavras, como pode surgir uma disposição local. Durante a febre provocada pela escarlatina, já se manifestara a tendência do inconsciente a fechar a entrada ao interior do meu ser. De um modo geral, o Isso raramente recorre à inflamação da garganta como recurso de defesa na idade adulta, enquanto nas crianças e na puberdade as amígdalas são sempre as sentinelas alertas da alma sensível. No entanto, em muitas pessoas, as mucosas das vias respiratórias são suscetíveis à irritação durante a vida inteira; freqüentemente o Isso acha tão cômodo usá-las como estação de controle que surge um catarro mais ou menos crônico. No meu vigésimo ano de vida, meu inconsciente recorreu a esse meio — que com freqüência encontramos também em crianças — e desde então serve-se dele ininterruptamente.

Naquela época, passei um ano fazendo o serviço militar. Como meu caráter não se adapta a pressões e a uma obediência passiva, não sei por que razões, até hoje considero muito duro esse período de minha vida de soldado. Ele só se tornou suportável porque eu tossia expelindo impressões inaceitáveis, forma esta de defesa que meu inconsciente não abandonou, e que é muito comum nas pessoas. Em quase todas as pessoas, com quem se convive por um certo tempo, pode-se observar de vez em quando algum tipo de tosse, desde os impulsos quase imperceptíveis até os ataques mais fortes que se assemelham à asfixia. Sabe-se que muita gente começa o dia tossindo. Essas pessoas eliminam assim as impressões do sonho, e ao mesmo tempo cospem de dentro de si as pequenas e grandes fantasias do medo e os embaraços do dia que se inicia. Não obstante, o que consegue entrar e parece venenoso ao Isso, ele dissolve e envolve em muco, joga para fora e ainda por cima cospe. O estranho nesse procedimento é que o inconsciente trata igualmente e equipara os invasores físicos e psíquicos. Prestando atenção na convivência cotidiana, facilmente se se convence de que uma única palavra que toca num complexo de veneno psíquico é capaz de provocar a mesma tosse provocada em alguém pela inspiração de cloro. Não há por que surpreender-se com esse fenômeno. Qualquer criança sabe que a expressão facial de nojo pode provocar o vômito, assim como uma intoxicação física. E se basta ver ou sentir o cheiro de comidas saborosas, ou até ouvir o tilintar da louça para que as glândulas salivares e digestivas produzam secreção, então é compreensível que a mucosa das vias respiratórias possa fazer algo parecido.

Mais tarde, o meu inconsciente ampliou ainda mais o uso da entrada da laringe como local para controlar impressões psíquicas, fazendo com que as narinas inchassem em reação a certas idéias. Mas tudo isso parece não ter bastado ao inconsciente, pois nos últimos anos também recorreu à produção de mucosidade no nariz para atender a esses seus objetivos, o que salta à vista numa comparação com o estado anterior. Volta e meia conheci pessoas em meu consultório, cujas reações eram até maiores frente ao mau cheiro de uma palavra ou pensamento. Nestas pessoas, surge no mesmo momento um resfriado, que em geral desaparece novamente depois de uma meia hora. Desta consideração pode-se concluir sem delongas que eu admito o condicionamento psíquico da febre do feno[8] e conseqüentemente atuo nesse sentido – muitas vezes com êxito. Sou forçado a concluir também que a propensão a qualquer tipo de doenças dos brônquios e dos pulmões é criada pelo inconsciente. Não se deve ter a presunção de descobrir todas as razões e finalidades da vida inconsciente. Devemos ter consciência de que toda análise é unilateral, e até fazemos bem em considerar intencionalmente apenas um lado, como eu procedi com a conveniência da atuação do inconsciente. Desejo ressaltar que é do meu conhecimento que essa inflexibilidade altera a visão das coisas. Não obstante, peço que se aceite a idéia de que o Isso considera a garganta como a entrada para o nosso interior. Por mais errada ou rudimentar que seja, essa idéia é proveitosa e de aplicação prática. Uma outra manifestação física minha demonstra como as medidas inconscientes são confusas quando predispõem algum local do corpo a funcionar como guardião da saúde mais profunda do homem. Por volta de 1904, o Isso construiu uma nova barreira no meu pescoço, sob a forma de um papo, que no início atingiu apenas a metade esquerda, o lado "pecaminoso" da tireóide, e depois englobou também a parte direita. Tratava-se, de ambos os lados, de excrescências fibrosas como núcleo do tumor, em torno do qual se depositou um tecido mais solto. Aos poucos, tanto os núcleos como os tecidos mais soltos foram aumentando, e a esses sintomas juntou-se o inchaço do pescoço e do rosto. Dentro de poucos anos, o perímetro do pescoço saltou de 39 a 45cm. Analisando-se o fenômeno sob o ponto de vista da conveniência, o sentido da doença fica evidente a partir de suas conseqüências: dificuldades para respirar, contenção de movimentos e atividades. Há outras implicações ocultas e mais profundas mas que podem ser explicadas se nos lembrarmos das relações existentes entre a glândula tireóide e as funções sexuais. Devemos ter em conta sobretudo o aumento – poderíamos dizer que quase normal – da tireóide na fase de desenvolvimento da menina. Em seus trabalhos sobre teorias da sexualidade infantil, Freud provou que, num certo período, todos nós temos a idéia da "gravidez intestinal", que seria uma conseqüência imediata da fecundação através do ato de engolir o sêmen. Essa idéia depois desaparece da consciência, mas, ao que tudo indica, fica no inconsciente. Ao chegar a puberdade, aviva-se o problema da geração das crianças e do parto, tanto no nível do consciente como do inconsciente, cujos complexos recalcados se juntam às cadeias de pensamentos conscientes e todo tipo de fantasias sobre fecundação espiritual e divina, e sobre nascimentos ilegítimos. O crescimento da tireóide coincide no tempo – e, segundo creio, também nas

---

8. Resfriado alérgico: alergia da conjuntiva e da mucosa nasal, provocada por hipersensibilidade ao pólen das gramíneas e de flores de árvores ou arbustos (N. da T.).

causas – com esses procedimentos curiosos e pouco investigados até hoje. É possível se comprovar, por um lado, os desejos fantasiosos de se ter um filho na garganta e, por outro, as medidas de precaução do Isso contra a fecundação pela boca. Essa dupla natureza de todos os fenômenos só causa espanto em quem desconhece a psicanálise. Quem sabe lidar com ela sabe que o Isso não é somente duplo como múltiplo e que preenche ao mesmo tempo várias condições que não abrangemos. Um processo análogo verifica-se na formação de papo no adulto, e que esse processo foi muito intenso no meu caso deduz-se do resultado de minha auto-análise, durante a qual o papo desapareceu quase por completo – subentende-se que inclusive os núcleos fibrosos – deixando apenas leves vestígios.

A objeção de que o homem não alimenta idéias e desejos de gravidez é ultrapassada. Independentemente do fato de que todo ser humano em si é e tem que ser homem e mulher, o que não se deve esquecer na questão das fantasias conscientes e inconscientes em torno da masturbação e da autofecundação, independente disso, as teorias da fecundação pela boca vêm de um período em que a criança sequer entendeu a impossibilidade de uma gravidez masculina. Essas idéias infantis sobre a forma da concepção contribuem para a compreensão da inflamação de garganta, sobretudo no início da adolescência, como uma particularidade do "complexo de envenenamento". Os complexos de "envenenamento" e de gravidez registram, periodicamente, um certo parentesco.

Investigar a disposição local é uma fonte de prazer para o psicanalista, desde que ele ainda seja capaz de alegrar-se com surpresas e resultados repentinos. Muitas vezes, basta perguntar pela finalidade que um sintoma poderia ter, para eliminar ou melhorar consideravelmente a sensação subjetiva de doença localizada. O inconsciente responde com admirável precisão que, por exemplo, a rouquidão está aí para forçar a comunicação de um segredo aos sussurros, ou a dor no braço para alertar contra a tendência a um ato violento ou ao roubo, o mau hálito para manter pretendentes à distância, as mãos frias para ocultar um sentimento quente, o enrubescimento para esconder o rosto sob um véu, etc., etc.... Uma série de curas repentinas, que atribuímos à sugestão, à influência pessoal do médico, no fundo se devem ao reconhecimento momentâneo do Isso de que a pessoa já não precisa mais dessa ou daquela proteção.

A observação das forças do organismo que predispõem à doença me envolveram profundamente nos problemas do inconsciente. Foi resolvido o problema? Não, ainda não foi atingido, apenas insinuado. De minhas explanações não se depreende nenhuma afirmação útil do que seja, afinal, o inconsciente. A expressão de que um Isso, um Deus, governa em nós o corpo e a alma diz tão pouco quanto a idéia de que a vida física e psíquica não passam de formas mutáveis exteriormente, formas de manifestação do Isso. Dizer que as inter-relações entre o corpo e a alma configuram a vida também é uma mera circunscrição do problema, não uma explicação. Afinal de contas, chega-se aqui também à conclusão de que todo o saber é fragmentário, que o *x* da vida não pode ser determinado, e que não há mais nada a dizer sobre as palavras corpo e alma, a não ser que são termos que não correspondem aos conceitos.

Desse jeito, eu estaria a ponto de admitir que não existe um condicionamento psíquico das enfermidades corporais. O inconsciente não é psíquico nem corporal. Pessoalmente eu duvido que algum dia a questão seja colocada corretamente, quem diria então respondida. Isso significaria poder abranger e julgar o inconsciente com nossos pensamentos conscientes, quando o consciente depende, no todo e em suas partes, do inconsciente.

Contudo, para nós, médicos, não tem muita importância que a pergunta fique sem resposta e que nem sequer possa ser formulada. A nossa profissão exige resultados práticos. Não se trata de explicar como ajudar o enfermo, e sim de ajudá-lo. A nossa função não é bem elaborar teorias corretas, mas encontrar hipóteses para o trabalho, que produzam resultados no tratamento. Graças à ajuda de hipóteses comprovadamente falsas, fizeram-se descobertas surpreendentes em todas as áreas, na química, na física, e sobretudo na medicina. O exercício da medicina não conta até o presente com teorias exatas, porém a sua história demonstra que as grandes realizações cabem a quem – indiferente às reprovações da lógica – tem a coragem de ser parcial, a coragem de ouvir uma das muitas vozes com que o inconsciente se expressa.

A questão, portanto, não é saber se podemos afirmar com certeza: a doença surgiu através dessa ou daquela cadeia de pensamentos do inconsciente, mas sim de podermos afirmar que a doença desaparece com a revelação desta ou daquela ligação, ou, dito de outra maneira, se há perspectiva de uma intervenção benéfica nas enfermidades orgânicas, com a ajuda da psicanálise.

Não há dúvida de que podemos influenciar o Isso, tanto em suas funções psíquicas quanto corporais, através de intervenções materiais, químicas, físicas e cirúrgicas. A idéia contrária, a de que as intervenções psíquicas – a matéria do Isso, para usar uma outra expressão – podem mudar o corpo humano, levá-lo da doença à saúde e vice-versa, essa idéia pode soar estranha, mas é conhecida há muito tempo, e enquanto o mundo existir não deixará de ser colocada em prática a cada momento. Em última instância, os dois procedimentos dão na mesma, atacam o mesmo ponto: o inconsciente do ser humano. A amputação de um membro não é o processo de cura; é a reação do inconsciente, seu empenho e seu poder de curar as cicatrizes e revitalizar o organismo enfraquecido pela enfermidade e pela operação. Quem primeiramente reconhece que não é a operação a devolver a saúde à perna e ao ser humano – um juízo aparentemente fácil, mas na verdade bem difícil –, que nossos recursos médicos nunca levarão a uma cura direta e que sempre entram em ação fatores de cura que nos são completamente desconhecidos, que o objetivo do tratamento não pode ser o de curar como por passe de mágica através da nossa arte, mas sim o de liberar as forças inconscientes, quem reconheceu tudo isso também há de reconhecer que, sob certas circunstâncias, pode ser conveniente ativar esses fatores de cura do Isso por meio da psicanálise.

Pode-se imaginar o processo de recuperação mais ou menos como uma reforma do organismo. O organismo individual tem no próprio inconsciente toda a mão-de-obra e geralmente também todo o material para realizar essa reforma. Se não realizá-la voluntariamente – o que costuma fazer de forma mais ou menos perfeita – isso é sinal de que há algum obstáculo paralisando as forças inconscientes. Talvez haja um muro que deva ser derrubado por fora, ou então montes de entulho que se acumularam e cabe removê-los; vez por outra, também falta material de construção; aí é preciso uma operação cirúrgica, tratamento pela física ou pela química. Talvez os operários do Isso sejam muito comodistas e tenham se habituado demasiadamente às condições reinantes onde se sentem bem, ou não se atrevam a iniciar o trabalho por subestimar suas capacidades. É quando estão em seus direitos a sugestão, a persuasão, a ordem. Mas também pode ser que uma proibição alheia, uma proibição de um governante anterior ou de um inquilino atual que têm seus contratos, pesem sobre o Isso, que o Isso de certo modo acredite estar preso a algum juramento ou que os seus dons característicos tenham sido desvirtuados pela educação e levados a utilizar uma técnica errônea. Se é assim, o melhor seria buscar das profundezas do passado remoto ou recente essa pretensa proibição, essa técnica errônea e apresentá-la ao Isso do homem para nova decisão. Esse é o procedimento da psicanálise, um método que tem a vantagem de reconhecer como fator determinante aquele que vai cuidar da reforma, portanto o Isso, e tratar com ele como se trata com um especialista.

Conforme as circunstâncias, todos esses caminhos são viáveis, às vezes somente um deles, outras é preciso trocar de caminho, mas a recusa a trilhar o caminho da psicanálise, por estar este esquecido ou fora de moda, ou recorrer-se a ele apenas em casos de neurose porque supostamente o corpo só pode ser tratado fisicamente – uma frase cuja falsidade qualquer médico reconhece, mesmo contra a vontade, devido à sua atividade cotidiana – essa recusa é uma imprudência, desde que Freud apontou o caminho da psicanálise.

Ao fazer a comparação com a reforma, eu me referi à proibição que pode pesar sobre as forças inconscientes. Dito em outras palavras, isso equivale ao conceito do recalque, que desempenha um papel muito importante na psicanálise. Quem lida com a psicanálise e a eliminação desscs complexos, mais cedo ou mais tarde acaba fazendo a surpreendente experiência de que, durante a análise, surgem e desaparecem, com uma regularidade não casual, fenômenos que aparentemente nada têm a ver com os complexos analisados. É possível observar mudanças psíquicas e físicas em objetos que se formaram bem antes do limite de lembranças do indivíduo, ou seja, antes do quarto ano de vida. Em conseqüência disso, somos obrigados a tratar também de recalques que não podem ser trazidos à consciência do paciente. Afinal foi preciso recorrer ao significado de acontecimentos pré-natais, e isso foi feito com sucesso. No entanto, tateamos no escuro, e se o efeito benéfico de uma análise dependesse de ela ser completa, total, estaríamos em maus lençóis. Nunca se conseguiu e nunca se conseguirá esgotar uma só análise. Na prática, as coisas ocorrem de maneira bem diferente. O tratamento não precisa ir tão longe, aliás nem pode fazer com que todos os complexos do passado venham à consciência do Ego. O que é necessário é ativar o Isso a exercer sua função.

A esse respeito também só se pode falar através de metáforas. O Isso possui forças de fermentação em estado latente. Se estas forem liberadas por algum tipo de intervenção – física ou psíquica – começam a trabalhar independentemente e, conforme o tipo e o vigor do fermento liberado, apoderam-se de uma ou outra parte do Isso e fazem com que entre em ação. Mas o inconsciente é atemporal, vive e deixa viver já na semente. As mesmas forças que existem num rapaz de vinte anos estavam ativas desde o início. As forças de fermentação podem ter sido desligadas no menor gérmen de vida, para serem ativadas posteriormente. A sua liberação só depende em pequeno grau de nosso tratamento, a verdadeira decisão da recuperação ou de permanecer na doença não cabe aos médicos, está exclusivamente nas mãos do Isso, do inconsciente. Porém, eu não duvido que o Isso possa influenciar as camadas mais profundas do seu ser, inacessíveis à consciência humana, quando suas camadas superficiais entram em fermentação.

Estou prevenido para o fato de minhas idéias causarem estranheza até aos psicanalistas – mas não a todos –, quem diria aos médicos que são mal informados sobre as teorias de Freud, como aconteceu antes comigo. Eu me esforcei por ser parcial e faço idéia dos erros em que incorri nesta exposição, devido a essa parcialidade. Minha única intenção era manifestar, tão claramente quanto possível, que restrição do tratamento psicanalítico ao terreno da neurose não corresponde aos conhecimentos acerca do efeito da análise. Esses limites são muito estreitos.

A psicanálise não pode e não irá deter-se diante das enfermidades orgânicas. Ainda veremos até onde chega o seu alcance.

Sobre o Isso

Esta é uma reflexão sobre o Isso. Em vez da frase: eu vivo, ela defende a seguinte idéia: eu sou vivido por Isso.

Quanto à pergunta, o que é esse Isso, eu não tenho nenhuma resposta. Posso, contudo, fazer algumas indicações, e é nesse sentido que devem ser lidas as seguintes páginas.

1. Uma criança de três anos fala de si na terceira pessoa, coloca-se ao lado de si mesma, age como se houvesse em sua pele uma personalidade alheia que é vivida por alguma outra coisa. A criança só entende o conceito e a palavra Eu depois, numa fase em que, há muito tempo, é capaz de pensar e agir de acordo com a razão. Nunca se deve perder de vista este fato fundamental. Ele dá a entender que o Eu ou Ego não passa de uma forma de manifestação, que é uma forma de expressão dIsso.

2. No momento do nascimento, a criança começa a respirar. Ela age oportunamente e, ao adaptar-se às novas condições de vida, à atmosfera, executa uma ação, que, analisada objetivamente, parece tão premeditada quanto a fuga de alguém que sai correndo de uma casa em chamas ou a ação de abrir o guarda-chuva quando começa a chover. Existem semelhanças entre os reflexos e nossa ação consciente. A questão da diferença entre vida consciente e inconsciente se impõe, e deve ser ponderada a possibilidade de que tudo aquilo que costumamos chamar de manifestação consciente da personalidade não passe de uma ação encoberta do inconsciente, do Isso, cujas medidas de prevenção incluem a pulsão à ilusão.

3. Da união entre o espermatozóide e o óvulo humanos surge um ser humano, não um cachorro ou um pássaro; nele há um Isso que força

o desenvolvimento do ser, que constrói o corpo e a alma do ser humano. Esse Isso dota sua criatura, a personalidade, o Ego do ser humano, de nariz, boca, músculos, ossos, cérebro, faz com que esses órgãos funcionem e entrem em atividade já antes do nascimento, e impele o ser que está surgindo a ações convenientes, antes de completar-se o desenvolvimento de seu cérebro. Pergunta-se se esse Isso, que é capaz de tanta coisa, não estaria em condições de construir igrejas, de compor uma tragédia ou inventar máquinas; pergunta-se se toda manifestação de vida humana, seja corporal ou psíquica, saudável ou enfermiça, pensamento, ação ou função vegetativa não pode ser atribuída em última análise ao Isso, de modo que o corpo, a alma e a vida conscientes fossem uma ilusão.

O pressentimento e a busca do Isso é uma preocupação constante de cada um em particular e de toda a humanidade, como o demonstra a vida cotidiana, bem como a filosofia e a religião de todos os tempos. Com a psicanálise, Sigmund Freud nos deu um meio de perceber e delinear o segredo. Se a tentativa de trazer suas idéias até o leitor por meio deste trabalho fracassar, então peço que se leve em conta que não foi Freud quem escreveu este livro e que a psicanálise não pode ser responsabilizada pelos balbucios de um indivíduo.

Uso propositalmente a expressão balbucio, não por modéstia, mas porque sobre o Isso não se pode falar, senão apenas ensaiar palavras. A dificuldade de se fazer entender já vem do fato de que palavras tais como: corpo, alma, Eu, personalidade deviam ser excluídas destas considerações, ou pelo menos utilizadas num outro sentido que não o usual, o que é impraticável. Um exame mais detido mostra inclusive que todos os conceitos e denominações tornam-se oscilantes, inseguros frente ao Isso, porque contêm em si símbolos e interferem em outras áreas conceituais, em conseqüência da pressão natural à associação, ampliando-se assim a complexos mais ou menos nitidamente delimitados.

Para não deixar o leitor assustado com tanta ciência, exponho um exemplo para esclarecer o que entendo sob pulsão ao símbolo e à associação. A aliança é tida como símbolo do matrimônio, só que poucos sabem por que essa argola expressa o conceito da união matrimonial. As definições, segundo as quais o anel significa um elo ou o amor eterno sem começo nem fim, permitem muito bem tirar conclusões acerca do estado de ânimo e da experiência de quem assim o define, mas não esclarecem o fenômeno ou por que os poderes desconhecidos foram escolher precisamente um anel para identificar o estado civil de casado. Mas se partirmos do princípio de que o sentido do casamento é a fidelidade conjugal ou sexual, a interpretação fica fácil: o anel representa o órgão sexual feminino, enquanto o dedo é o órgão masculino. O anel não deve ser tocado por nenhum outro dedo a não ser o do marido, portanto no anel da mulher há um juramento: não ser tocada por nenhum outro órgão sexual que não o do esposo.

Essa equivalência entre a aliança e o órgão feminino, entre dedo e órgão masculino, não foi concebida arbitrariamente, e sim impelida pelo Isso do ser humano, e qualquer um pode comprová-lo em si mesmo ou nos demais, fazendo uma observação corriqueira: como as pessoas brincam com o anel no dedo. Essa brincadeira que consiste em movimentos de vaivém do anel no dedo, de virar e torcer, começa sob a influência de certas sensações, cujo sentido é fácil de adivinhar, mas que geralmente não chegam plenamente à consciência. Nas mudanças de assunto, ao ouvir ou pronunciar certas palavras, ao contemplar quadros, pessoas, objetos, em todas as percepções sensoriais possíveis, praticamos ações que ao mesmo tempo nos revelam aspectos psíquicos ocultos e provam fartamente que o ser humano não sabe o que faz, que algo inconsciente o obriga a revelar-se simbolicamente, que essa simbolização não provém do pensamento intencional mas sim da atuação desconhecida do Isso. Afinal, quem é que, sob a vista de outras pessoas, faria movimentos que delatam sua excitação sexual, que expõem em público o ato sempre escondido da masturbação? E, mesmo assim, continuam brincando com o anel até aqueles que sabem interpretar o símbolo, pois têm que fazê-lo. Os símbolos não são inventados, eles existem simplesmente, pertencem ao patrimônio inalienável do ser humano, e até pode-se dizer que todo ato de pensar e agir consciente é uma conseqüência inevitável da simbolização inconsciente, que o ser humano é vivido pelo símbolo.

Tão humanamente inevitável como o destino a simbolizar é a pressão à associação, que no fundo é a mesma coisa, já que associar é sempre unir um símbolo a outro. A partir da mencionada brincadeira do anel, conclui-se que a simbolização do anel e do dedo como homem e mulher conduz necessariamente à notória representação do ato sexual. Se seguirmos os obscuros caminhos que vão da percepção semiconsciente de um estímulo à ação de puxar e empurrar o anel, veremos que certas idéias passam como relâmpagos pelo pensamento, fato que se repete em outros indivíduos e em outras circunstâncias. Verifica-se uma cadeia obrigatória de associações. O uso simbólico do anel como distintivo do casamento também surgiu por associações inconscientes e obrigatórias. Ao fazer estas reflexões, surgem profundas relações entre o jogo primitivo com o anel e velhas idéias e costumes religiosos, bem como uma relação com importantes complexos da vida pessoal, o que nos compele a investigar as sendas misteriosamente entrelaçadas da associação, sem a ilusão de querer fazê-lo metodicamente. Logo reconheceremos, portanto, que a visão da aliança como algema ou união sem começo nem fim explica-se pelo desgosto ou por inclinações românticas que necessariamente vão buscar suas formas de expressão no acervo de símbolos e associações comum à humanidade.

Se depois de tudo isso que destrinchei, ainda chamo a atenção do leitor para o fato de arrogar-me pessoalmente o direito humano universal de não se expressar claramente, acredito ter levantado mais ou menos a idéia de que se enfrenta dificuldades intransponíveis ao se falar sobre o Isso. Como único caminho à compreensão, eu considero o salto no próprio âmago das coisas. A hipótese de que somos vividos por um Isso acaba com uma série de conceitos com os que nos acostumamos a pensar; eu já mencionei que para o Isso não existe nem corpo nem alma, pois ambos são formas de manifestação desse ser desconhecido, e que o Ego, a individualidade, torna-se duvidoso, pois podemos seguir o Isso desde a fecundação e retroceder mais ainda até a cadeia dos antepassados. Assim fica faltando a limitação temporal, porque, da mesma maneira que o começo, o fim também desaparece na imprecisa escuridão. De verdadeiros antagonismos, a vida e a morte transformam-se em conceitos elaborados arbitrariamente, porque ninguém é capaz de reconhecer quando o Isso deixa morrer ou faz viver. A delimitação espacial também não funciona para o Isso, que flui e se espalha nas imediações; não é possível determinar o ponto em que um pedaço de pão, um gole de água, um simples compasso de inspirar o ar, um objeto da visão, da audição, do olfato, do paladar e do tato passam a ser propriedade do Isso. As diferenças entre os sexos se diluem, o Isso humano é desde sempre homem e mulher, e mistura-se novamente na fecundação. A determinação da idade falha, pois nIsso há fatores de todas as fases etárias vividas, não só a partir da fecundação, mas desde o tempo dos bisavós. E por último, o que é mais importante na minha reflexão: a consciência do homem perde sua posição central, cede-a ao inconsciente, sem que se possa encontrar uma linha definida de demarcação.

O caminho que eu segui leva, é claro, à proposição: tudo é um. Mas com isso não atingi o objetivo destas considerações; a fim de aproximar-me da essência do Isso, devo compor provisoriamente um Isso-indivíduo artificial, limitado no tempo e no espaço e sujeito à vida e à morte – o Isso de um ser humano. Reservo-me o direito de repetir, uma que outra vez, que essa separação do todo só foi concebida para atender a certos objetivos. Também recorrerei insistentemente ao fato de que o indivíduo não é homem nem mulher mas ambos, que sua idade não é determinada, ele tem ao mesmo tempo um, dez, trinta anos, e que o que lhe vêm à consciência depende da permissão do inconsciente. Quem duvidar que é realmente assim com o sexo, a idade e a inteligência, como eu dou a entender, que pergunte à primeira mulher que encontrar se ela já viu algum homem que fosse completamente homem. Ou a qualquer homem se já encontrou um ser que fosse totalmente mulher. Ele que veja se um adulto de repente não é uma criança por sua postura, seus movimentos, sua expressão facial, seu modo de agir e pensar. Ele que preste atenção na voz de seu interlocutor para ver se, no meio de uma frase, ela não fica fina como a voz de uma criança, que reflita que respiramos, dormimos, comemos, bebemos, sorrimos e choramos como sempre o fizemos, que reflita que não podemos digerir nem o menor pedaço da pão com toda a nossa razão e vontade, que só deixamos atingir a consciência apenas uma ínfima parte de tudo o que vemos e ouvimos, que quase nunca sabemos o que nossas mãos fazem ou se nosso tórax está estufado ou comprimido, que nosso modo de pensar, agir e falar baseia-se em fundamentos constituídos na mais tenra infância.

Por tudo isso que eu disse, conclui-se que é mais conveniente escolher a criança como objeto da investigação sobre o Isso. Na criança a diferença entre os sexos não é importante, a aparente diversidade da idade não conta e normalmente não se fala de vida consciente na criança que ainda não desenvolveu a razão. Os resultados da análise do Isso da criança talvez nos ensinem que a frase do Evangelho "se não fordes como as crianças, não entrareis no reino dos céus" tem razão de ser, que o objetivo da vida é tornar-se criança novamente, e que no máximo nos cabe escolher entre ser infantis ou pueris.

Ao refletirmos sobre a infância, o primeiro fato que nos chama a atenção é que as mais importantes experiências, os mais importantes acontecimentos dão-se nos primeiros três, quatro anos de idade: o nascimento, o crescimento e formação do organismo e suas partes, o aprendizado das funções vitais, a respiração, a alimentação, a visão, o pensamento, o andar, a fala, o reconhecimento do ambiente e de certas relações com o meio, etc... Comprimidas num curto período de tempo, estas realizações da criança são enormes, tão grandes que, comparado a elas, tudo o que o ser humano executa posteriormente é mínimo: o sorriso condescendente com que o adulto encara os feitos da criança, visto assim, parece a mesma ridícula arrogância de um brutal açougueiro frente à figura frágil de um cientista ou artista que produz valores verdadeiros com sua atividade. O estranho é que não temos recordações desse tempo, embora nele sejam criadas as bases da vida futura até nos mínimos detalhes, e sem a participação do Ego consciente de sua existência. Os acontecimentos continuam exercendo seus efeitos, condicionando o próprio futuro, sem que a consciência guarde lembrança disso, sem que nem mesmo a impressão da vivência entre no plano da consciência. Conclui-se portanto que, além da lembrança consciente, existe uma memória inconsciente muito mais poderosa, que a memória não é o critério para medir a importância de uma experiência e que o cérebro humano tem a tendência a esquecer acontecimentos, parcial ou completamente, na proporção em que eles afetem sua existência. Portanto, no complexo processo de formação do ser humano, não podemos confiar plenamente em sua memória; o melhor que podemos fazer é pensar que provavelmente aquilo que não nos foi comunicado é o essencial. Por isso, mesmo os relatos de parentes e amigos – independente de que sejam testemunhas não confiáveis por outras razões – só devem ser utilizados com cautela na avaliação de acontecimentos e influências. O estudo das manifestações involuntárias de excitação durante um relato possibilita conclusões bem melhores: a maneira como um fato é contado, a interrupção no meio da frase, a altura e o tom da voz, a expressão facial e a postura, etc. Mais importante ainda é observar os aspectos físicos e psíquicos que consubstanciam a aparência individual e que podem ser considerados os elos finais da cadeia de vivências. Mas o decisivo – e eu digo isto perfeitamente consciente do alcance desta afirmação que aparentemente contradiz nosso método indutivo de pesquisa – são as conclusões elaboradas a partir das condições genéricas da vida infantil. Eu me refiro principalmente ao fato de que o bebê não pode existir por si, depende da ajuda alheia, sobretudo da mãe.

No ventre da mãe forma-se a criança, nesse ventre ela vive nove meses, cresce e amadurece. Nunca mais o ser humano manterá com outro ser uma relação de proximidade equiparável à relação com a mãe durante a gravidez. Devemos o desejo de amar e de sermos amados a esse período de intrínseca união. A idéia da "mãe" domina nossa vida sentimental nas relações com os demais; a falta de uma união como essa que experimentamos nos acompanha ininterruptamente e determina a escolha de nossos amigos e colegas de trabalho, nos leva à mulher, dirige o sentimento e a razão ao contrair matrimônio e nos dá, no abraço, por poucos segundos, a sensação de sermos um só. O nosso Isso carrega sempre consigo a lembrança do estado de completa união em busca de repetição; divide a sensação completa do amor infantil em milhares de partes mutantes, transferidas a pessoas, animais, plantas, objetos animados e inanimados e que acabam se reunindo em complexos maiores de sentimentos.

Pouco sabemos sobre a vida do ser humano antes do seu nascimento, mas, a partir das manifestações posteriores, podemos tirar algumas conclusões válidas. O estado de tranqüilidade em que a criança repousa no ventre materno parece ter muita importância para os processos inconscientes do ser humano. É constante a necessidade de uma paz silenciosa, seja sob a forma do sono regular que ocorre sob o efeito da escuridão noturna e assim mantém uma analogia ao sono no útero, seja pelos desejos indefinidos – mas não por isso menos prementes – de segurança num determinado ambiente. Desejos que muitas vezes parecem um capricho e podem transformar-se em grande sofrimento ao não serem satisfeitos. Desde o garoto que abriga a cabeça exaltada no seio da mãe para que ela acaricie sua testa, seu cabelo, passando pelo homem que, cansado, repousa no colo da mulher, até o ancião na cadeira de balanço frente ao calor da lareira, a mesma busca de paz acompanha as pessoas; e, mesmo que inconstante, ela se intensifica até chegar ao último desejo de tranqüilidade, a cova. O nascimento e a sepultura são duas coisas juntas, uma antiga verdade que se reflete na linguagem e no pensamento. A expressão "mãe terra" atravessa todas as épocas, costumes e línguas da humanidade, e não é por acaso que falamos em "seio da mulher" e "seio da terra". Tanto à mulher como à terra confiamos o gérmen, tanto numa como na outra cresce o fruto da vida em semente. A terra para lavrar é o símbolo da mulher e, tomando-a como ponto de partida, a ponte de paz nos leva ao cemitério[1], à terra de Deus, onde se deita o homem para o longo sono, na esperança de um despertar.

Essas relações entre a cova e a mãe, entre morte e amor ainda irão ocupar nossa atenção e nos dar uma ou outra oportunidade de iluminar um pouco as profundezas do Isso. No momento, vejo-me na obrigação de seguir as pistas do segredo que une a terra à mulher.

Citei a terra fértil como símbolo da mulher, mas com isso não quis dizer que alguma alma poética iluminada, partindo de um sentimento obscuro, tenha criado a metáfora da analogia entre a mulher e a terra; como também não quis dizer que um cérebro esperto reuniu os dois conceitos num pensamento. Vejo nessa simbologia e em outras semelhantes a atuação do Isso do ser humano através dos tempos, impelindo-o irresistivelmente ao conhecimento da mulher e a rasgar o sulco desse solo vivo para semear em suas profundezas a semente humana, e levando ao próprio momento de homem tornar-se agricultor. Para mim, não há uma semelhança exterior e derivada do pensamento entre a mulher e a terra, entre amar e arar o campo: o próprio símbolo já existia e dele surgiu o cultivo e toda a cultura da Terra.

Certas invenções do homem têm uma incrível semelhança com a construção do corpo humano, e isso embora a invenção tenha antecedido a pesquisa do órgão em questão. É o que acontece, por exemplo, com a máquina fotográfica e o olho, ou com a construção de estruturas de ferro e a nossa estrutura óssea. Podemos contentar-nos em constatar o fato; mas, se vemos nisso algo mais do que um jogo externo do acaso e aceitamos a existência de uma ligação interna em que o cérebro humano projeta exteriormente as formas do organismo nas criações humanas, também temos que admitir que do mesmo modo os instintos e as funções do homem se transformam de alguma maneira em manifestações de vida, e que o desenvolvimento da cultura segue as mesmas forças que regem o desenvolvimento individual.

À tranqüilidade em que vive a criança no ventre materno vem aliar-se uma segunda condição básica de desenvolvimento da vida fetal: a proteção garantida ao embrião por sua permanência uterina. "Seguro como no seio materno" é a forma de a linguagem expressar tal relação. Tendo por base esta condição de proteção e de ser protegido, o homem

---

1. Em alemão: *Friedhof*, literalmente campo da paz (*Frieden*) (N. da T.).

desenvolveu a sua moradia de forma semelhante ao que acontece com várias espécies animais; todas as hipóteses que procuram explicar a construção da casa e os caminhos da arquitetura, sem considerar o fato fundamental de o ser humano morar durante nove meses na mãe, levam necessariamente a falsos resultados. Não foi a razão, buscando proteger-se do tempo e do inimigo, que construiu a casa e deu-lhe as mais variadas formas; do ventre materno nasceu por si só a arquitetura e um impulso inconsciente deu-lhe a ferramenta, o material e a forma. Basta dar uma olhada na instalação de uma casa da Antigüidade, com seu *impluvium*[2], seu *vestibulum* e *atrium* para comprová-lo; a uretra e a entrada da vagina ali estão simbolizadas em parte, exceto a denominação. E como na mulher é a chama do amor que tudo anima e conduz, na casa, o ponto central é a chama do fogão, em torno da qual se reúne tudo que é amor e veneração desde tempos imemoráveis. Ao utilizar a casa e o quarto como símbolo da mulher, o sonho, como linguagem do inconsciente, confirma tratar-se realmente de um feito "às cegas" de Eros, o que é possível seguir até nos detalhes.

Diversas formas de objetos cotidianos desenvolveram-se a partir dessa derivação. Tudo o que abriga algo dentro de si, desde o armário e a mala, até os pacotes e cartas ou a bolsa e as roupas nos foi dado pelas forças ocultas da maternidade; diariamente, a cada minuto, comprovamos essa estreita relação nas menores e quase imperceptíveis sinuosidades do pensamento, nas expressões idiomáticas, nas formas de vida fisiológicas e patológicas, como por exemplo na vertigem, no enjôo, na dor de cabeça das mulheres ao arrumarem a mala ou nas dificuldades em escrever uma carta, amarrar um pacote, em se vestir, etc... Quem já abriu os olhos para o inconsciente sempre achará novas provas deste tipo de reflexão.

É muito característica a utilização da abóbada, de formas côncavas, que, simbolizando nitidamente o útero, dão a impressão de segurança e proteção. Neste contexto, menciono a câmara dos tesouros, que ao mesmo tempo sugere a preciosidade de um conteúdo guardado em seu interior, e que na mulher repousa como filho ou amante. A palavra abóbada nos leva a igreja, ampliando a perspectiva ao surgimento de determinadas formas de crença e de expressão para essa crença, a partir do Isso da maternidade. A igreja recebe seus filhos como noiva do Senhor e abriga os fiéis no seu seio. Essa aliança mística de temporalidade e eternidade, religião e Eros, como existe especialmente no credo católico, revela-se a olho nu na edificação da igreja que simboliza a união dos sexos. A "abóbada materna" da nave com seu átrio, as pias de água benta à entrada, o

---

2. Reservatório quadrado, situado no solo do átrio, para colher a água da chuva (N. da T.).

altar sobre o qual o corpo do Senhor, do filho, é sacrificado, juntam-se à elevada torre, desde sempre um símbolo do homem, onde estão pendurados os sinos, duplicando o símbolo, já que a campânula destes representa a mulher, o badalo o homem. Na ponta da torre brilha o galo dourado, em todas as línguas cultas um substituto do homem, que se vira em direção à atraente mulher. Este jogo arquitetônico é reforçado pela cúpula, o templo do sagrado e seu corpo grávido. O templo antigo já nos ensina essa relação com Eros, pois dificilmente nos equivocaríamos ao derivar as colunas, que predominam em sua forma, do falo, diretamente, ou com alguns rodeios do tronco da árvore. A força do símbolo é mais nítida ainda na construção do templo judaico; as peças mais sagradas estão separadas do átrio por uma cortina que só se abre diante do alto-sacerdote.

O que costumamos encarar como resultado do pensamento humano, da razão humana, na verdade é uma criação do inconsciente, do Isso, cuja atuação se revela no símbolo, talvez seja criada pelo símbolo. Quanto a isso, convém observar que o símbolo atua em todos os seres, inclusive naqueles que não o reconhecem. Qualquer pessoa se submete ao símbolo, que nasce com ela, conduz suas mãos no trabalho, seus pés ao andar e sua língua ao falar, mas poucas são conscientes de sua dependência, e não há ninguém que consiga aplicar realmente esse determinismo na vida cotidiana, por mais que esteja convencido teoricamente de sua absoluta conveniência. A convicção de que o homem possui livre-arbítrio é uma condição de vida imposta pelo Isso, à qual realmente não se pode escapar.

A relação de proteção entre mãe e filho norteia os caminhos do pensamento tanto na vida pública como pessoal. Para que se entenda o que quero dizer, deve-se considerar que a sensação de proteção é a primeira experiência do ser em gestação, que essa experiência dura nove meses para ser complementada depois, de outras maneiras, durante a infância, e que nesses nove meses se formam todos os órgãos em que se vive a vida humana. Pelo fato de que tudo que é essencial no ser humano, toda e qualquer célula e todo órgão, qualquer sensação primitiva e todo ato gozam desde o princípio da segurança propiciada pela proteção alheia e ajuda alheia, a necessidade de ser protegido e apoiado cresce com o homem e dele é inseparável. Ele não pode fazer nada a não ser procurar incansavelmente apoiar-se nos seus semelhantes, nas coisas, na divindade, nas idéias, buscar outras coisas e outros seres, fugindo à solidão e à independência. Deste amor ao próximo desenvolvido com o próprio homem, originou-se a família, em cujo seio vive o indivíduo, dele surgiu a força humana que conformou a criação da sociedade. Seu poderio exige alguma forma de Deus – que mesmo para os ateus é uma necessidade – um Deus que tudo conduz pelo bem, e em cujo seio repousam o passado, o presente e o futuro.

Esta ânsia pelo outro se contrapõe ao apreço pela solidão, que é uma necessidade da alma, derivada das mesmas condições do período da gravidez. Assim como a sensação de solidão eventualmente pode assustar, do mesmo modo o homem esmorece até nas vivências com o seu ser mais querido, volta-se para si e mergulha em si, a fim de tudo esquecer. O isolamento no ventre materno ensina o homem a afastar-se do mundo em seus mais fundos sentimentos, pensamentos e trabalhos produtivos, a transformar-se no próprio mundo e encontrar tudo em si, a ser Deus e criação. Tudo o que admiramos nas realizações individuais provém da intensa solidão, da auto-estima e da relação consigo próprio. Do efeito recíproco destas duas correntes contrárias que se atrapalham, misturam, aceleram, detêm e incentivam, que impelem o ser humano para fora e levam-no para dentro, forma-se a vida, desprendendo-se do seio materno e, numa ansiedade inconsciente, a ele aspirando retornar.

No silêncio da vida intra-uterina intervém uma sensação que não é menos importante para a formação da humanidade do que tudo o que já citei até agora: o ritmo. Por longos meses o coração palpita no embrião em intervalos regulares, e eu estaria inclinado a dizer que essa é uma das poucas percepções sensoriais, e a mais poderosa dessa fase. Não sabemos até onde chega a sensibilidade auditiva da criança no ventre materno, e tão cedo não iremos sabê-lo. Mas o constante estremecimento alternado de todo o organismo, que parte do coração, não deixa de influir na formação do ser só porque mais tarde acreditamos não percebê-lo, um erro aliás que a própria sensação de palpitação se encarrega de desmentir numa noite silenciosa ou num estado de exaltação. O ritmo governa não só a música e a arte poética, como também a fala, os movimentos, e até o próprio pensamento segue as leis do ritmo; o sentido do ritmo é uma condição do processo criativo, da mesma forma que a percepção e o reconhecimento de determinados fenômenos no reino da natureza. É a condição prévia e imprescindível do desenvolvimento humano. Eu não creio que as batidas do coração sejam o único ou o mais nobre meio do Isso para impregnar de sensação rítmica o consciente e o inconsciente do ser humano, mas convém reter tal possibilidade. Após o nascimento, talvez a respiração compassada seja igualmente importante. Neste ponto, gostaria ainda de chamar a atenção para a influência exercida pela flutuação da criança no líquido amniótico. A conseqüência dessa particularidade artística do Isso, que visa oferecer melhor proteção, já que o corpo do feto pode desviar-se facilmente de qualquer golpe externo, é um suave balanço em cadência rítmica a qualquer movimento da mãe, especialmente ao andar. Esse acostumar-se prematuramente ao vaivém não desempenha um papel importante somente no adormecer da criança embalada nos braços da mãe ou no berço; também faz-se notar no terreno do erotismo, onde parece ter um significado crucial, uma vez que o ato sexual pode ser encarado como um embalar e balançar e portanto, em certo sentido, como o ansiado retorno ao seio materno. A conotação erótica do balanceio pode ser facilmente observada no rosto das crianças, e o inconsciente do artista também a conhece, o que é perceptível sobretudo nos motivos pictóricos do rococó. Além do vaivém, a sensação de voar pelos ares também está relacionada a isso, pelo menos são freqüentes sensações de volúpia que vão até a ejaculação durante vôos planados. Também acredito que o desejo nutrido pelo homem de voar, desde tempos remotos, é condicionado fundamentalmente pelo balanço no ventre materno. Não se deve esquecer que, após o nascimento, a criança faz, várias vezes por dia, verdadeiras viagens aéreas da cama ou do chão aos braços da mãe, e que, para a criança, é um enorme prazer ser repentinamente levantada pelos braços do pai ou atirada para o alto. Aí também se manifesta claramente o sonho em que o ato de voar simboliza o ato sexual. A figura de Cupido, ao ser concebida com asas, demonstra a forte conotação erótica. O curioso fato de os anjos do cristianismo também serem representados alados leva a estranhas relações entre religião e erotismo, que se explicam por sua origem comum: as fortes impressões da infância, tantas vezes repetidas. A fim de elucidar o significado da ordem rítmica da vida humana, baseada essencialmente nos hábitos e suas conseqüências rítmicas, pode-se enumerar toda uma série de manifestações fisiológicas e patológicas, das quais menciono aqui apenas o fenômeno do mal-estar em caso de alterações imprevistas em nossos horários habituais, especialmente na hora de ir dormir, e as ânsias de vômito.

 A alegre sensação de calor, em sentido literal e figurado, está intimamente ligada à permanência no ventre materno. A necessidade de se agasalhar e aquecer as habitações, assim como a satisfação de dormir numa cama aconchegante, de um aperto de mão caloroso e do calor que emana do coração de entes queridos, estão intimamente relacionadas com a longa estada da criança na temperatura interior da mãe, cuja importância para o seu crescimento e desenvolvimento ressalto mais uma vez. Igualmente significativo, em todos os sentidos, é o prazer de tomar um banho quente, que não passa de uma repetição da vida pré-natal, um retorno às condições do útero. O efeito tranqüilizador e sonolento do banho produz-se com o auxílio das forças inconscientes, como acontece em grande parte com tudo aquilo que costumamos explicar simplesmente por uma influência química ou mecânica. Um comprovante dessa misteriosa identificação do banho com o ventre materno são as idiossincrasias contra o banho quente que, de uma forma ou de outra, sempre ocultam graves conflitos com a mãe. Em geral, os acidentes durante o banho também remetem ao complexo das relações para com a mãe, embora não se deva esquecer que o inconsciente utiliza a banheira, inúmeras vezes, para provocar distúrbios, usando-a como símbolo do risco de gravidez frente ao desejo ardente, e a torneira ou ducha como imagem da uretra do homem.

O crescimento da criança no útero materno traz conseqüências curiosas. Tanto para a mãe como para a criança, as condições de espaço e dimensões tornam-se paulatinamente insuportáveis. O desejo de sair do estreito recipiente em que está espremida é muito grande na criança, principalmente quando ela toma gosto pelos movimentos e conhece as agradáveis sensações de esticar os braços e as perninhas, mas é tão grande quanto a ânsia da mãe em livrar-se por fim da enorme barriga e seu peso, e poder voltar a viver como outra pessoa qualquer. O aumento de peso e tamanho da criança destrói automaticamente o bem-estar da união tão próxima, desperta o desejo de separação. Eu sou da opinião de, que o parto somente se dá quando o impulso de separação, de comum acordo a ambas as partes, torna-se uma decisão. Portanto, o parto não é um processo mecânico e sim um acordo mútuo entre duas individualidades inconscientes, que de algum modo interferem ativamente. Se não houver essa atividade conjunta, a criança fica no ventre materno e lá se petrifica. Os casos de gravidez demasiado longa explicam-se pela existência de certas objeções à aparição da criança. Naturalmente é difícil – difícil mas não impossível – descobrir as objeções da criança quanto ao nascimento. Já a mãe, freqüentemente, consegue trazer à consciência as motivações inconscientes. Verifica-se que o seu fator principal é o medo das graves conseqüências do parto, de uma deformação da criança, etc. O parto pode retardar-se especialmente quando há um grande interesse no nascimento de um filho homem, e a perpectiva do nascimento de uma menina traria desavenças e constantes desentendimentos entre os pais. Neste caso, parecem entrar em jogo confusos estados de humor e obscuros sentimentos de culpa. Nos abortos espontâneos ou provocados, comprovam-se facilmente as intenções inconscientes de eliminação ou assassínio da criança, de modo que, deste ponto de vista, não se justifica uma diferenciação fundamental entre um e outro. O antagonismo aparente baseia-se na superestimação da intencionalidade consciente e na subestimação do Isso.

Aos poucos, o ventre materno torna-se uma prisão para a criança em crescimento. Eu acho provável que os castigos de encerramento, o amarrar o corpo ou os membros, o ato de fechar as crianças no quarto escuro provêm de reminiscências inconscientes da vida pré-natal. Em todo caso, uma das raízes do mais forte impulso do ser humano, o instinto de liberdade, remonta a esse período. O homem almeja sair da estreiteza e atingir a imensidão, deixar as amarras e movimentar-se livremente. A identificação do ventre materno ao cárcere, como acontece freqüentemente nos sonhos, revela a curiosa mescla de ódio e amor que é característica do ser humano. As mais fortes paixões estão sempre voltadas para a mãe, afirmativa ou negativamente, e tanto o temor de ser enterrado vivo como o medo da escuridão noturna e do inferno remontam às condições pré-natais. Este é mais um indício de que as principais linhas que norteiam o caminho do homem pela vida, e da própria humanidade, foram traçadas no claustro materno. Isto também é válido para as duas paixões mais profundas e poderosas, o amor e o ódio. Não vale a pena falar do amor materno, louvado em mil e uma variantes, e que nos lábios da mulher transforma-se em algo inquietante, e eu estaria tentado a dizer que numa arma perigosa. Embora a manifestação materna de que a mãe alimenta o filho com o próprio sangue seja demasiado presunçosa, inconsciente e egoisticamente voltada ao agradecimento e à falta de liberdade da criança, o fato é que a mãe protege a criança e lhe possibilita a existência e o crescimento, de modo que ela pode arrogar-se o direito de considerar o fruto de seu ventre como sua criação, e o dever de amá-lo. Agora gostaria de chamar a atenção para uma outra fonte do amor materno que geralmente não é explicada porque abala, em seus mais profundos fundamentos, a bela lenda dos sofrimentos da gravidez e os subseqüentes sacrifícios maternos; contudo, a própria aparência e o humor da mulher grávida, sua notória saúde, refutam esse palavreado. Mas não se deve deixar de mencionar que a natureza da mulher se caracteriza por um vazio não preenchido, por fome de conteúdo, e que a criança lhe dá esse conteúdo e sacia tal fome. O crescimento de um ser no seu corpo, por mais vagaroso que seja, é um grande prazer, o maior prazer para a mulher, cuja duração compensa todos os sofrimentos e mantém vivo o desejo de repetição, desejo que só pelas sensações e movimentos de vida em seu ventre, chega ao êxtase momentâneo da volúpia.

É igualmente fácil de se entender que o amor da criança pela mãe surge, o mais tardar, no período embrionário; tudo o que já foi mencionado poderia ser repetido neste ponto.

Em contraposição, não se considera o fato de que o ódio entre a mãe e a criança já é provocado pela natureza desde esse tempo; tenho certeza de que a maioria dos meus leitores acha *a priori* um contra-senso que exista tal ódio, ainda por cima necessário por natureza. E não obstante esse ódio existe; e é tão intenso que nos inclina a dizer que suas conseqüências para a vida humana são tão importantes quanto as do amor mútuo. Eu já disse que só uma repulsa cada vez mais forte possibilita o ato do nascimento. De parte da criança, na qual é difícil qualquer exame analítico, destaca-se, neste ponto, os irados pontapés, que qualquer mãe inteligente distingue perfeitamente dos movimentos prazerosos do embrião. O desejo de vingança pela longa e incômoda prisão se descarrega através de forças elementares, como a da criança ao abrir passagem no parto, que em muitos casos acaba rasgando o períneo com seus ímpetuosos movimentos do crânio ou dos ombros. Acontecimentos posteriores no curso da vida fornecem inúmeras provas da hostilidade da criança contra a mãe, de forma a permitir tais conclusões, sobretudo porque ao falar das intenções vingativas da criança me refiro ao inconsciente, ao Isso que está além da intencionalidade consciente. No entanto, eu diria que essa concepção aparentemente blasfêmica da relação entre mãe e filho não é estranha ao povo, no fundo de seu coração. O quarto mandamento, "honrar pai e mãe", é o único em que o legislador achou necessário estabelecer uma recompensa especial pelo seu acatamento, um indício certo de que achava quase impossível este mandamento ser respeitado. Uma estranha ironia do destino quis que a promissão do quarto mandamento aos poucos se tornasse como que uma maldição. Como o homem acredita numa longa vida e no bem-estar como condições naturais de seu futuro, não sabe o que fazer com esse mandamento suplementar, a não ser virá-lo do avesso e entendê-lo assim: se não honrar os pais, você vai se dar mal e vai morrer cedo. Mas como o mandamento é irrealizável e ninguém é capaz de honrar exclusivamente os pais – veremos adiante com que incrível esperteza a natureza impede esse honrar os pais, que meios de pressão ela utiliza e tem que utilizar para afastar a criança da mãe – a promissão do quarto mandamento só serve para despertar remordimentos de consciência; assim, ela adquire um significado semelhante ao da maldição do Deus forte e zeloso, um Deus derivado da figura do pai, o Deus do primeiro mandamento que castiga os pecados até a terceira ou quarta geração. Contudo, veremos que o medo e os remorsos do Isso também servem de forças propulsoras da vida, como o contentamento e o orgulho pelas realizações. Isto não exclui que justamente o quarto mandamento, sob certas circunstâncias, tenha um efeito funesto, por desenvolver suas forças principalmente durante a puberdade, que por si já é um período repleto de perigos. Baseado nos costumes de nossa educação escolar, refuto enfaticamente a objeção de que as leis do Velho Testamento nada mais significam para a nossa geração. Especialmente o quarto mandamento conservou e conservará sua grande influência, enquanto persistir a nossa constituição da família que exprime a idéia central dessa família e está indissoluvelmente ligada à vital e necessária vontade de o adulto permanecer como senhor da criança.

Muito mais nítido do que o ódio da criança é a repulsa da mãe em relação ao embrião. Sua mais forte expressão é o aborto, mas também se manifesta no nascimento prematuro, processos que já mencionei como conseqüência de intenções inconscientes. Bastante interessante é a disputa entre o Ego e o Isso, entre o consciente e o inconsciente. As tentativas de abortar a criança são numerosas, mas muitas vezes o Isso da mãe se defende tão bem que a gravidez ocorre sem distúrbios até o nascimento normal, contra a vontade do Ego e apesar de todos os esforços para interrompê-la, como por exemplo as quedas, montar a cavalo, carregar pesos, etc. Chega a ser até divertido o costume muito comum de tentar provocar um aborto através de banhos quentes. Disponho de uma ampla experiência de banhos quentes durante a gravidez, pois faz trinta anos que recomendo às gestantes tomarem diariamente um banho de assento à temperatura de 36 graus. Graças a este hábito, a criança desenvolve-se bem e o parto transcorre mais facilmente, o que não é razão para assombro, mas conseqüência da melhor circulação. O Isso inspira o Ego à má intenção, mas, ao executá-la, a criança se mantém viva, contrariando o objetivo consciente. São freqüentes outras artimanhas do Isso e elas são tão surpreendentes que, lembrando involuntariamente as palavras de Nietzsche, levamos a sério as alegrias da vida e rimos da tristeza.

O vômito é uma manifestação da gravidez intimamente ligada à repulsa da mãe quanto a ter um filho. Da perspectiva de uma psicologia rudimentar, podemos considerar os enjôos e o vômito como um desejo do Isso, no sentido de expulsar do interior do corpo alguma coisa, digamos um veneno. O sucesso que obtive com as chamadas ânsias incontíveis de vômito em gestantes, revelando pela psicanálise os complexos psíquicos, leva-me a afirmar que muitas vezes a concepção é encarada como um envenenamento, e tratado correspondentemente pelo inconsciente. Aliás o envenenamento é um conhecido símbolo da gravidez nos sonhos. Isso se explica, em grande parte, pelo fato de a beleza da mulher ser destruída pela gravidez e pelo parto, e que portanto seus efeitos podem ser equiparados às deformações da intoxicação[3]. Além disso, o cérebro da adolescente é entupido por toda espécie de estórias pavorosas sobre os perigos e as funestas conseqüências do parto, sejam estas pertinentes ou não. O complexo reforça-se mais ainda com o costume de as mocinhas se entregarem a fantasias e se colocarem na situação da mãe solteira e procurarem viver suas sensações, uma espécie de masturbação mental, que eu diria manifestar-se em todas as mulheres e que alcança seu êxtase na idéia do infanticídio; curiosa mas explicavelmente, segue-se a idéia da execução na fogueira, uma idéia que abriga o segredo de morrer pelas chamas por um pecado de amor ardente, uma idéia que encontrou sua expressão mais vigorosa na alma popular, sob a forma do inferno. A identificação do fogo do inferno com a chama do amor é a base também – por mais estranho que pareça – do desejo que muitos têm de ser incinerados após a morte. Em parte é a reativação da idéia do purgatório, em parte o desejo inconsciente de tornar impossível a Deus impingir o castigo, queimando-se completamente a carne, de medo da ressurreição, ou então, se isso tudo não resultasse, uma tentativa de negociar com Deus menos rigor na sentença, por já se ter sido consumido fisicamente pelas chamas. Mas, em última hipótese, é o impulso de provar a chama da volúpia até mesmo na morte. Uma outra forma igualmente

---

3. Uso indiferentemente os termos envenenamento e intoxicação, pois ambos são expressados pela mesma palavra alemã: *Vergiftung* (N. da T.).

contraditória de castigo para os pecados reside na idéia da metempsicose que está se expandindo agora nos cérebros de homens e mulheres. Ser transformado num animal é realmente um doce castigo, pois assim pode-se dar livre vazão a todos os instintos animais.

Tenho consciência de que a minha maneira de expor as coisas não é agradável ao leitor e parecerá submergi-lo num caos se ele procurar entendê-la seriamente. Mas não é minha culpa se os assuntos humanos não se dispõem ordenadamente um ao lado do outro como numa gaveta e sim num enrolado novelo. Mesmo correndo o risco de que até os mais pacientes terminem este capítulo rindo ou de mau humor, devo mencionar agora as relações da vida com o enjôo e o vômito, que só mais adiante irão adquirir significado. Acho oportuno não perdermos de vista a associação: gravidez-envenenamento-enjôo-vômito. Há também a gravidez-fantasma ou psicológica e o envenenamento da alma, e quem os admite e lhes dedica atenção logo reconhece que são numerosos casos, que continuamente fazem das suas conosco, independentemente da idade ou do sexo, e que o Isso responde com as chamadas moléstias estomacais, que afinal não passam de símbolos da gravidez.

A comum aparição de dor de dente no início da gravidez também constitui uma tentativa do Isso materno de prejudicar a criança. Os dentes simbolizam as crianças, um fato cujo significado para a vida humana não deve ser subestimado; eles crescem na cavidade bucal, que para o Isso simboliza o ventre materno, assim como ele estabelece um paralelo entre os lábios e os lábios da vulva, entre a boca e o colo do útero, como se pode deduzir de muitos costumes e expressões populares. As conclusões que qualquer um – mesmo quem se considerar muito acima das superstições dos incultos – pode tirar, comparando a conformação da boca aos órgãos genitais femininos, o seu tamanho, estreiteza, maciez, amplitude, são forçadas pelo inconsciente e são significativas para a escolha do objeto de paixão. Os dentes são bebês e a linguagem dos sonhos o comprova. Neles, o nascimento pode ter dois símbolos: um deles é o surgimento de novos dentes, o outro, a queda de dentes, que consubstancia a morte da criança. Partindo desta idéia, o Isso considera e utiliza a dor de dente como adoecimento da criança, como prenúncio do parto e risco de vida. Ou seja, em certas condições, o Isso permite que o dente adoeça, porque quer eliminar de seu alcance algum de seus filhos, seja este imaginário ou real. As dores de dente das gestantes, portanto, são os desejos expressos pelo Isso sob a forma de moléstias, desejos de acabar rápida e completamente com o estado odioso, desejos de expulsão e morte da criança. Possivelmente haja aqui alguma ponte entre o apodrecimento dos nossos instrumentos de mastigação e a tendência cada vez maior ao uso de dentaduras, o que, contudo, só poderá ser analisado quando se esclarecer de uma vez por todas se a nossa crescente cultura estraga ou não os dentes.

Se considerarmos os sentimentos da vida embrionária, chegaremos à notável conclusão, tão contrária à nossa maneira habitual de pensar, de que somos capazes de sentir pela mesma pessoa ou coisa, amor e ódio, que as mesmas pessoas ou coisas nos agradam ou desagradam conforme as olhemos pela direita ou pela esquerda, e ainda que as nossas inclinações e rejeições mudam como o tempo. Esta observação é importante, pois esclarece nossos conceitos sobre amor eterno e fidelidade inquebrantável, de modo a podermos reconhecê-los pelo que são realmente: acordos inconscientes, atendendo a determinados fins da vida familiar e em sociedade. É evidente que a existência, lado a lado, do ódio e do amor provoca conflitos que determinam e influenciam o caráter e as ações das pessoas, bem como sua saúde ou doença. Peço que não se perca de vista esta particularidade das variações do humor humano, ilustradas pela idéia do paralelismo, do contrário toda a exposição se tornará incompreensível.

As condições psíquicas do parto advêm do paralelismo de amor e ódio, que só aparentemente são opostos, e dos conflitos que provocam durante a gravidez. O nascimento marca o processo de separação entre a criança e a mãe, processo que a partir desse momento acompanha a vida do ser humano. Um jogo de alternância dessas duas sensações impele a criança do ventre materno à luz, faz com que saia dos braços da mãe para colocá-la sobre seus próprios pés, repele a criança do colo em que está sentada levando-a ao quarto e deste para o ar livre e a escola, afasta-a da mãe e a aproxima do pai, dos irmãos, amigos, professores, do trabalho e do lazer, faz com que o ódio surja abertamente em certos períodos, quando o garoto sente vergonha da mãe frente aos amigos, e a menina se rebela contra a mãe aberta ou disfarçadamente. Contudo, os grilhões continuam sua existência secreta no inconsciente e quando a união entre mãe e filho(a) aparentemente se dissolve por completo com a fundação de uma nova família, é a mãe, em última análise, a idéia da mãe, a profunda experiência interior no período pré-natal que impele o homem ao interior da mulher e o faz amar aquela que se assemelhe à essência da mãe, que lhe ordena transformar a amada em mãe, mesmo sabendo que assim perderá o encanto físico; que motiva a mocinha a tornar-se mulher e mãe, e persegue os seres humanos através da vida, em direção ao seu único objetivo, a mãe-terra.

O ser humano é a criança de sua infância, e tudo o que vive não passa de uma longa e inútil tentativa de tornar-se adulto e soltar-se da mãe, que termina fazendo com que a criança que nele existe sobreviva a todos os tempos, para reaparecer mais nitidamente à medida que envelhece. A ilusão da vida cai por terra, caem os dentes e os cabelos, os movimentos e ações tornam-se infantis, o caráter libera-se dos fingimentos e entrega-se à vivência do momento. O sentido da vida pessoal é voltar a ser criança, ou mais ainda fazer ressurgir a criança que nunca deixou de existir, e dessa luta perdida desde o princípio, luta do Ego para crescer, tornar-se independente, escapar à mãe, nada resta às pessoas em si, ficando tudo para a sociedade e para o que chamamos de desenvolvimento, progresso e história da humanidade.

A mãe, o amor à mãe e o ódio à mãe, tudo dá aos seres humanos, inclusive o Deus. Pois Deus está em nós, nós somos Deus, o Isso é Deus, um todo-poderoso Isso. A idéia de que Deus existe vem do fundo do Isso, somos obrigados a acreditar em Deus porque nós mesmos somos Deus. A idéia de Deus é conseqüência inalienável da autoconsciência, à qual ninguém escapa. Quem se denomina ateu ou convence os demais a chamarem-no assim, só está tentando evitar um nome, porque gostaria de negar sua infância e porque nele se enfrentam diretamente o ódio e o amor à mãe. Por querer fugir à autoridade do complexo materno, encobre esse fragmento de divindade com trapos e palavras, de modo a acreditar que não mais o vê. Tornou-se, portanto, parcialmente cego e, nesse estado de cegueira parcial, o Isso o utiliza para certos objetivos que podemos identificar. Precisamente as últimas décadas, com seu materialismo que já nos parece estranho, provam através de seus resultados, sua técnica, ciência e arte, que o Isso, sorridente, obriga seus filhos rebeldes – que, perante o ódio à idéia da mãe, alimentam a fantasia infantil de uma origem nobre, do príncipe-mendigo, e com ela fazem um romance para adultos – a realizar um trabalho útil. Com a ajuda da psicanálise é possível provar que, quem nega fria ou passionalmente a divindade, trava uma luta pessoal contra sua mãe, que nada tem a ver com a sede de verdade, mas se baseia no sentimento inato em cada ser humano de ser onipotente, de não ser filho de sua mãe e sim independente dela, autônomo, adulto. Mais tarde retornarei ao sentido destas três últimas palavras, detrás das quais se esconde o problema. Por enquanto, procurarei encontrar um meio de se reconhecer que a idéia de Deus é uma necessidade humana desde a vida embrionária. Eu parto do princípio de que a criança no ventre materno sente obrigatoriamente a onipotência, não só por participar da atividade do Isso na construção da pessoa a partir do óvulo – e portanto melhor compreendê-la – mas também porque cada momento lhe dá a consciência de sua onipotência em relação ao mundo exterior.

As necessidades do recém-nascido são satisfeitas pelos adultos de uma maneira que praticamente nos é desconhecida, mas são satisfeitas e com base neste fato é correto afirmar que o Isso da criança produz desejos que ele mesmo satisfaz. A criança é o senhor absoluto do pequeno mundo em que vive. Como num conto de fadas, todo desejo é concedido sem precisar sequer ser manifestado. A sensação de onipotência é conseqüência inevitável dessa condição; inúmeras vezes modificada pelas circunstâncias da vida individual, por elas reduzida e muitas vezes quase extinta, acompanha o ser humano a vida toda e nunca o abandona. No entanto, por algum motivo nos é inerente uma pressão a superestimar o consciente, a razão, e a reprimir a noção do poder do inconsciente, relegando-a às mais profundas camadas do nosso ser vaidoso, de tal modo que tendemos a atribuir erroneamente ao Ego a onipotência que de fato nos acompanha até o final da vida. Porém, como esse Ego não possui nenhum poder, o que fica mais do que evidente no curso da vida – pois tudo o que é consciente não passa de ilusão, de loucuras da vaidade – a crença na nossa onipotência fica cada vez mais soterrada a cada ano que passa, o que costumamos exprimir através da locução "perder as ilusões". Em vez de voltar nossa perspectiva para dentro e assim entender o Isso – tarefa que se torna mais difícil quanto mais inteligente for a pessoa, no sentido comum de inteligência, enquanto se resolve por si nos débeis mentais e também nos doentes mentais – projetamos nossa própria onipotência para fora e criamos a divindade. Aqui encontramos as raízes de todas as religiões e de toda religiosidade, que surgem necessariamente onde prevalece o amor do Isso ao complexo materno, enquanto os filosofemas e pseudofilosofemas, que crescem no mesmo terreno, devem sua forma ao ódio do Isso à mãe. Em geral é muito fácil reconhecer tudo isso até nos mínimos detalhes nos mitos, em doutrinas, dogmas e sistemas, e foram feitas inúmeras tentativas de transpor tais conhecimentos para a literatura, no campo das sagas e contos do mundo encantado. O que desejaria ressaltar aqui é que os conceitos de Deus, milagre, encantamento, magia, telepatia, mecânica, força, centros de energia, etc., resultam da estranha discrepância entre consciente e inconsciente, da vaidade do Ego e da humildade do Isso.

Em princípio, não há dúvidas quanto à existência da onipotência na vida fetal, já que a constituição do embrião é espontânea. A fim de tornar mais compreensível minha afirmação de que essa onipotência continua existindo na vida posterior, quisera chamar a atenção para os processos da alimentação. Enquanto se exclui a possibilidade de o embrião no ventre materno conseguir consciente e intencionalmente sua alimentação, somos levados por nossa presunção a acreditar que, a partir de um certo momento após o nascimento, o ser humano começa a buscar sua alimentação com a ajuda do pensamento consciente. Essa suposição é falsa, o que se comprova só pelo fato de não se poder precisar em que momento surgem pela primeira vez tais intenções voltadas à aquisição de alimentos e bens para o corpo e a vida. Não seria plausível fixar esse momento no início de uma atividade remunerada, nem na primeira vez em que a criança consegue articular um pedido de pão. Em princípio, não há nenhuma diferença entre o choro do recém-nascido e o anúncio de um operário procurando emprego nos classificados de algum jornal. Em outras palavras, o anúncio foi motivado pelas mesmas manifestações inconscientes de poder do Isso que os choramingos de um bebê ou o desejo silencioso do embrião. Nós inventamos diferenças só porque não entendemos que a intenção consciente não passa de uma forma de manifestação do inconsciente, que está para as formas inconscientes de atração fisiológica – como supomos existirem no processo de alimentação do feto – assim como uma ordem verbalizada está para a que desencadeia o gesto. Talvez fique mais claro o que quero dizer, se focalizarmos a alimentação, não de todo o organismo mas de um de seus órgãos, o cérebro. De toda a gama de substâncias que circulam no ser humano, o cérebro escolhe de forma inteiramente independente o que precisa, assim como alguém que vai a um armazém e compra manteiga, pão e ovos porque precisa deles. Do mesmo modo que o comprador manifesta seus desejos ao vendedor e mostra seu descontentamento quando esta ou aquela mercadoria não está boa ou está em falta, o cérebro também pede isso ou aquilo a seus fornecedores e sabe fazer valer seus desejos, algumas vezes com bastante insistência. A única diferença existente entre os dois procedimentos é que, ao comprar, o homem está convencido de agir conforme a sua razão, enquanto não reconhece as "compras" inconscientes das células cerebrais. De fato, quem age em ambos os casos é a onipotência do Isso, e que apenas muda de instrumento, mais ou menos como um jardineiro ora pega na pá, ora na enxada.

Eu espero que o leitor tenha feito mais ou menos uma idéia do que eu quis dizer ao afirmar que a onipotência nos acompanha até o fim. Que a vida destrua em nós a crença nessa onipotência, é uma de suas brincadeiras mais cruéis, um castigo para a soberba do homem, que, contudo, a própria vida nos inculca. É curioso que o desmoronamento da nossa sensação de onipotência ocorra paralelamente à aparente expansão dos nossos meios conscientes de poder. Enquanto o embrião possui o desejo inconsciente como único instrumento, o recém-nascido faz uso da voz e depois dos gestos, da palavra e finalmente da ação, e a cada nova aquisição perde um pedaço de sua onipotência e de sua sensação de onipotência. Porém, em seu lugar a vida lhe dá um presente dotado de uma força discrepante, que ora o eleva, ora o humilha quase até a destruição, conforme o Isso decidir: o senso de responsabilidade, ao qual se liga intimamente o sentimento de culpa. Veremos mais adiante por que precisamente a sensação de culpa é utilizada na separação da criança em relação à mãe e, por outro lado, como essa sensação de culpa se nutre do processo de desligamento e se torna um dos fatores a determinar a curva em que transcorrem as relações dos pais com a criança e assim todos os acontecimentos da vida.

Essa curva atinge o primeiro ápice no momento do parto. O ato do nascimento está tão envolto em lendas que é até difícil considerá-lo com imparcialidade. Se não fosse assim, um curioso fato mereceria maior atenção, o fato de que a expressão e o comportamento da parturiente de forma alguma correspondem à idéia comum de que ela sofre. Deixando de lado o medo das contrações, a mulher chega a estar alegre, entusiasmada, seu rosto está bastante vermelho e em seus olhos brilha um fogo abrasador, como só se vê no ápice da excitação e do desejo. A conclusão de que o parto não é uma vivência horrorosa mas sim um êxtase da volúpia carnal resulta por si mesma; mulheres que reúnem as duas raríssimas qualidades da sinceridade e da observação confirmam que as contrações são voluptuosas e que especialmente a passagem do crânio da criança pela vagina supera em intensidade qualquer outro prazer erótico.

Posso imaginar que minha concepção das contrações como excitação sexual pareça um paradoxo, e sei disso por comunicações que me foram feitas verbalmente. Talvez o leitor se disponha a pensar novamente no assunto, se levar em conta como a natureza é prática ao dotar o parto com a mais intensa sensação da vida, em vez de indispor as mulheres contra ele, através de fortes dores. Em assuntos tão importantes, a natureza é demasiado cética como para fiar-se somente nas preferências éticas do sexo feminino, embora eu admita, de bom grado, que também sabe utilizá-las. É da própria natureza das paredes da vagina o desejo de alargamento e, quanto mais grosso for o objeto que preenche seu vazio, maior o prazer. A objeção de que a mulher sofre, que grita, não é convincente. A parturiente sente dores, mas não sofre, uma diferença de grande significado na compreensão da vida humana. Não têm nenhum valor os relatos das mães, contando os sofrimentos por que passaram; com isso apenas estão anunciando que também estão submetidas a essa curiosa característica de todos os humanos, de gabar-se de suas dores e doenças, e afinal não agem muito diferente da galinha que, cacarejando, sabe atrair as atenções para a sua imponente personalidade. Essa tendência inconsciente de fingir diante do mundo é reforçada pelo susto que o desligamento da criança provoca no Isso da mãe. A primeira experiência lhe aponta a ameaça de ruptura que se abre entre ela e seu filho e é compreensível que procure superá-la por todos os meios, inclusive a mentira, e justamente pela mentira: eu sofri e dei meu sangue por você. O exagero na descrição dos riscos e dores do parto tem suas raízes na ambição de domínio, da mesma forma que as expressões: "você é minha carne, meu sangue" – o que realmente não é o caso – ou: "eu vivo só pelos meus filhos" – o que tampouco é verdade, afinal ninguém vive pelos outros. Quando muito pode-se morrer por alguém, mas aqui também cabe colocar um ponto de interrogação. Como é que uma pessoa – mesmo tratando-se de uma mãe – poderia viver pelo outro, respirar por ele, comer, beber, dormir, usar o urinol ou ir ao banheiro? Tudo isso e muitas coisas mais cada qual faz por si, não dá para fazer no lugar do outro. Admitamos com franqueza: fazemos tudo por nós, só para nós, e não foi sem motivo que Cristo declarou que o mais elevado objetivo do esforço humano é amar o próximo como a si mesmo – não mais do que a si mesmo. Já seria muito, se fôssemos sinceros pelo menos uma vez na vida.

Peço que não me interpretem mal, como se eu pretendesse acusar as pessoas ou mesmo as mães. Minha função não é acusar; procuro apenas constatar como são as coisas, e ao fazê-lo não posso deixar de registrar a mentira, que ela pertence à natureza do ser humano – que mente com a mesma necessidade que, por exemplo, a de ter duas pernas e dois braços – que suas mentiras têm um sentido e uma finalidade. Quem condena a mentira *a priori* e a coloca como o maior dos crimes, a essa pessoa só posso recomendar cautela, pois a investigação psicanalítica nos ensina que aquele que clama com fervor contra o vício é o primeiro a sucumbir diante dele. Num dos evangelhos apócrifos encontra-se a resposta de Cristo à pergunta de Pilatos: o que é a verdade? É a seguinte: "A verdade não está na terra nem no céu, nem entre a terra e o céu". Quem recordar este versículo lembrará da relatividade de qualquer verdade, lembrará que o que hoje é errado amanhã poderá ser certo e depois de amanhã novamente errado; não será crédulo, não se deixará convencer, principalmente pelo que se proclama verdadeiro, como também não desprezará o mentiroso, pois conhece em si próprio a mentira inevitável.

Conhecer-se a si próprio é um grande bem, talvez o mais elevado que o ser humano possa atingir. O fato de a mãe evitar o reconhecimento de seu estado de inverdade interior confere ao seu ser, à sua vivência, o teor trágico ante o qual todos nós nos curvamos. Por mais alto que fale de seu filho, que proclame seu amor pelo filho, não consegue encobrir a voz interior que lhe diz: "você está mentindo, são apenas breves momentos em que você é a mãe do seu filho". No amor materno mescla-se a vaidade, que apresenta como mérito o que surgiu de um momento de êxtase, o ódio que sempre atribui à criança a culpa pela deformação e pelos sofrimentos, o prazer de atormentar, que pode descarregar na criança qualquer desgosto e encontra satisfação na encenação do sofrimento, em observar como o véu da dor crescente vai se alastrando no rosto da criança – algo delicioso; mas, para não nos conscientizarmos da crueldade do nosso ser, intitulamos tudo isso de brincadeira inocente ou até de educação. A educação, aliás, não é outra coisa senão o prazer pelo sofrimento do outro, ou para expressá-lo de outra maneira: se a natureza não nos tivesse dado o prazer de castigar como característica inata, não teríamos a força nem o incentivo para educar a criança. Por isso, e para não alterarmos nosso comodismo, e finalmente para convencer-nos de nossa própria grandeza, nós educamos o que é pequeno e não tem capacidade de resistência, e isso tem sua razão de ser. Pois se tivéssemos em mente apenas os interesses da criança, ninguém, nem mesmo a mãe, moveria um dedo.

O próprio parto revela a crueldade da mãe. Pode-se imaginar algo mais doloroso do que a passagem da cabeça humana comprimida por uma abertura demasiado estreita? Basta ter visto uma só vez o rosto de um recém-nascido, basta ter acompanhado uma só vez os sinais de vida do bebê após um longo parto, basta pensar que o ser humano entra na vida gritando, para saber que o verdadeiro sofredor, durante o parto, não é a mãe, é a criança.

Os Desejos de Castigos Terrenos e Divinos e Sua Satisfação

Certa vez, um jovem me deu uma estranha explicação para a sua crença na vida após a morte. "Quando eu morrer", disse ele, "irei a Marte para começar outra vida". Eu lhe perguntei o que vinha à sua cabeça, ao pensar em Marte; sua primeira resposta foi "Marta", e logo depois, "mamãe". Marta era o nome de sua mãe. Meu paciente era prematuro, tendo nascido aos sete meses de gestação.

Se não fosse o fato de essas palavras serem proferidas na primeira consulta, antes que o paciente soubesse algo sobre o complexo de Édipo, eu não teria atribuído tanta importância a essa satisfação de um desejo através da crença que, sem profanação, abre o sagrado regaço da mãe ao filho. Portanto, posso afirmar categoricamente que essa resposta não foi influenciada e veio das profundezas do inconsciente, pois nunca faço preleções sobre o tratamento aos meus pacientes, procurando levá-los imediatamente à associação, sem qualquer explicação preliminar.

Pelo que sei, não é rara a idéia de uma reencarnação em Marte após a morte; eu mesmo já me deparei várias vezes com essa crença, antes de conhecer a psicanálise freudiana. Não saberia dizer se a explicação dada pelo meu jovem cliente tem valor universal, mas pelo menos se aplica ao caso de uma pessoa muito amiga, falecida há vários anos, que sentia muito a falta da mãe.

É comum nos depararmos com uma outra forma do desejo de penetrar no corpo da mãe, expressa na ânsia de voltar à terra, à cova. O seio da mãe-terra é um objetivo cobiçado; o corpo do morto é entregue à mãe como o sêmen para o renascimento na ressurreição, e o receio de ser devorado pelos vermes – idéia bastante propagada, cuja justificativa é evidente – deve ser atribuído à associação entre verme e criança. O medo muito comum de ser enterrado vivo também faz parte deste contexto, pois representa a satisfação do desejo fortemente reprimido de incesto com a mãe, ao mesmo tempo em que manifesta a saudade da vida intra-uterina.

Como agora as preferências recaem sobre a cremação, em vez do sepultamento, uma série de análises me levaram à hipótese de que neste caso também se trata da satisfação de um desejo. É certo que a crença no inferno e no purgatório desapareceu da consciência de muitas pessoas, mas continua viva no inconsciente e emerge através do costume da cremação. Aqui é evidente a idéia de purificação pelas chamas redentoras; a incineração equivale a um purgatório mais curto, à abreviação dos sofrimentos do inferno. Ao rejeitar a cremação, a Igreja Católica provavelmente tenha uma vaga suspeita desta relação. Algumas análises comprovam que esse procedimento significa uma tentativa de escapar ao castigo eterno pela penitência voluntária da cremação, significa que o corpo, ao ser destruído e reduzido a cinzas, torna impossível a ressurreição da carne. As últimas disposições de um falecido, para que suas cinzas sejam espalhadas pelos quatro ventos ou atiradas ao mar, não passam da ingênua ilusão de que Deus nosso Senhor não as encontraria e portanto não haveria ressurreição.

O hábito da cremação abrange ainda a satisfação de um outro desejo, que também está relacionado com o inferno e o purgatório. Para o inconsciente, fogo e amor têm o mesmo significado. Basta mencionar aqui alguns elos da longa cadeia de provas no campo da linguagem (expressões como: chama do amor, amor ardente, etc.), da mitologia (Zeus e Sêmele[1]), da vida e dos costumes (tochas nas cerimônias de casamento) e sobretudo o ato de fazer o fogo sobre uma cavidade macia, esfregando-se pedaços duros de madeira. Como resultado desta equiparação, a cremação é o desejo de sentir a chama da paixão mesmo após a morte, de ser por ela consumido, de dissolver-se na própria chama da paixão e através dela.

Seria oportuno abordar, a esta altura, as intrínsecas relações entre amor e morte, que para os gregos eram como dois irmãos gêmeos, pesquisar o que significa "morrer" dentro da amada, e como as chamas do entusiasmo e da força criativa, desencadeadas pela "morte de amor na volúpia" aquecem e configuram toda a existência humana. Mas é mais apropriado ao meu tema tentar aprofundar por que a crença no diabo e nos tormentos do inferno não passa de outra coisa senão uma manifestação do insaciável impulso humano ao prazer.

---

1. Amante de Zeus, mãe de Dionísio; incitada por Hera, Sêmele quis ver Zeus em todo seu esplendor divino e morreu fulminada por seus raios (N. da T.).

A noção popular do inferno é a de uma caverna escura, com uma garganta por entrada e paredes úmidas, onde ardem as chamas eternas que assam os pecadores. O curioso é a escuridão do espaço, apesar das labaredas. O senhor desse inferno é o diabo, um sujeito peludo com as conhecidas insígnias de lascívia, patas de bode ou cavalo, chifres de bode e, para eliminar qualquer resto de dúvida, um rabo, sendo que o rabo, conforme o pensamento de todos os povos e de todas as épocas, equivale ao membro masculino. Partindo desta identificação do diabo com o instrumental da volúpia masculina, entende-se por que o fogo do inferno não produz claridade, por que suas paredes são úmidas e sua entrada é chamada de garganta ou boca. O inferno é o órgão sexual feminino, onde o diabo, dotado de rabo, atiça as brasas com um espeto. O óleo fervente, que frita os condenados, é o esperma[2]. Se não me engano, alguém já chamou a atenção para o belo romance da moça e do eremita, em que Boccaccio utiliza esta comparação. O instinto sexual, a pulsão ao prazer e a manhosa esperteza do inconsciente, são tão grandes no ser humano que até o castigo eterno se transforma em gozo eterno.

O fato de a justiça ter concebido a idéia da fogueira como punição pode ser atribuído às mesmas causas inconscientes. A estaca, à qual era atado o condenado, simboliza evidentemente o falo, assim como, num outro procedimento, os genitais femininos eram representados pela cabana de folhas na qual ficavam e com a qual eram queimados os sentenciados a morrer, pelo fogo. Esse motivo também aparece nos contos de fada, como por exemplo, no dos sete corvos e em João e Maria[3].

No curso da minha atividade médica, algumas vezes me deparei com a fantasia de ser queimado vivo, alimentada por crianças precoces e garotas na puberdade. Durante as primeiras semanas da guerra, chamou a minha atenção o fato de as descrições de queima de casas, relatadas por soldados em suas cartas, serem lidas com um estranho mas notório prazer erótico, e recontadas acrescidas de um forte colorido.

Dando seqüência a estas observações genéricas, vou expor alguns resultados analíticos que talvez esclareçam certas características dos castigos terrenos e celestiais. Uma jovem imagina sua punição no inferno como uma tenaz incandescente que aperta e solta o bico dos seus seios. A análise posterior revelou que os mamilos correspondiam ao falo e a

---

2. É significativo que estas três comparações sejam alinhadas na seguinte definição do café: escuro como a noite, doce como o amor e quente como o inferno (N. do A.).

3. Os dois contos citados são dos irmãos Grimm. No conto *Hänsel und Grete* ("João e Maria"), a bruxa é empurrada pelos meninos para dentro do forno. Mas curiosamente não há nenhuma alusão a fogo ou à morte pelo fogo no conto dos sete corvos. Esta é a estória de sete meninos que a ira paterna transformou em corvos e que são salvos pela irmã caçula (N. da T.).

tenaz às coxas da mulher, o que em parte se justifica pelos dois tipos de secreção, o leite e o sêmen. As associações subseqüentes mantinham os mamilos, enquanto a tenaz equivalia a lábios sugando; afinal permaneceu a comparação tenaz/lábios, e os bicos do seio transformaram-se novamente em pênis. Devo acrescentar que é possível seguir o complexo do busto nesta paciente desde a primeira infância, complexo este que um forte trauma levou ao recalque, mas que sempre procura atingir o nível consciente. Suas tentativas de impedir o crescimento dos seios através do uso de roupas justas também estão baseadas na satisfação de um desejo: o de ser um garoto e o usufruir a sensação de roçar os seios no vestido apertado. Interpreto como um desejo reprimido a sua aversão contra o costume de muitas mulheres cruzarem os braços sobre os seios e movê-los de um lado ao outro, de forma a excitar discretamente os mamilos. Também lhe é insuportável o movimento de vaivém do tórax, como se faz freqüentemente para provocar a excitação dos seios. Uma outra cadeia de associações, partindo das atrocidades de cortar-se os seios das mulheres em tempos de guerra, levou novamente ao castigo de apertar os mamilos no inferno, e deste ao complexo de castração: o bico do seio é o pênis que é comprimido. Neste ponto da análise, surgiu um dado que passo a expor para melhor examiná-lo. Minha experiência confirma a exatidão do que vou comunicar a seguir, mas um simples testemunho não tem valor. Aos poucos minha paciente relacionou as diversas variações da fantasia de ter os mamilos apertados por ferros incandescentes, com certas teorias infantis sobre a cópula e a castração, que complementou com procedimento reais do ato sexual. Inicialmente ela manteve a comparação bico do seio/membro, e tenaz/boca, mas então substitui o ato de chupar (ato da tenaz) pelo ato de morder e disse haver imaginado na infância que a mulher morde e arranca um pedaço do pênis, engole-o e daí nasce a criança. O pedaço retirado torna a crescer, porém permanece o perigo da mutilação, da castração. Manifesta-se então a sensação de culpa e, ao que tudo indica, sua fonte mais importante é o impulso ao onanismo. O jogo amoroso, muito comum, de mordiscar suavemente os mamilos da amada ou o membro do amado – brincadeira que mais uma vez comprova a satisfação do desejo através de um castigo – demonstra como são freqüentes tais associações e que pressão elas exercem sobre o ser humano. Da idéia de castração, a associação salta de repente à comparação tenaz/coxas, as coxas da mulher, e enquanto se mantém a associação mamilos/pênis, surge a idéia de que o relaxamento do membro após a ereção é uma castração. Esse pensamento é ligado em seguida a um episódio que esclarece várias questões. Quando criança, a paciente brincou muito com um galo da Cochinchina, por quem ela tinha o maior carinho, principalmente porque, ao encostar o rosto e a boca nas penas macias do seu pescoço, se lembrava do seio de sua mãe. Um belo dia, esse galo desapareceu e a menina ficou inconsolável. Embora todos negassem que o galo fora abatido, ela ficou com a idéia fixa – não sei se com razão ou não – de que o galo fora decapitado, assado e ela tinha comido um pedaço da sua carne. Essa impressão fora reforçada pelo fato de a garota ter visto alguma vez que os frangos continuavam andando depois de ter-lhes sido cortada a cabeça. Neste ponto se encaixa a concepção infantil do coito através do ato de morder e engolir, pois o galo (*Hahn*) e o pinto do homem são idênticos (coquete, o galo nas torres, a torneira[4], etc...). Portanto, a equação é a seguinte: mamilo-pênis, tenaz-dentes-coxas da mulher, pênis-ereção-cópula-relaxamento-castração. Ainda devo mencionar que a enferma tinha um complexo de salvação muito acentuado, sobre o qual haveria muito o que dizer. Ao objeto de sua fantasia ela deu o nome de *Mahatan*, sendo a sílaba *Ma* derivada de *Mama* (mamãe), *Ha* de *Hahn* (galo) e *Tan* de *Altan* (seios).

A forma com que este desejo de castigo no inferno foi satisfeito é evidente, e talvez permita tirar conclusões quanto à pena medieval de arrancar pedaços do corpo com uma tenaz incandescente e quanto ao estranho prazer em relatar atrocidades de guerra como a amputação dos seios. No entanto, as associações que conduzem ao complexo de castração, incluindo o esmorecimento do pênis e a decapitação, são bastante importantes, de modo que vale a pena insistir nesse ponto. Sou da opinião que a sentença da decapitação desponta de uma ligação inconsciente com a idéia de castração, que por sua vez utiliza como fonte, entre outras, a transformação da ereção em relaxamento, através da ejaculação. Para o inconsciente, o ser humano ereto, com a cabeça levantada, é o falo; a ação de se cobrir a cabeça tem uma simbologia que fala por si só, como se não houvesse muitas outras provas disso. A diminuição da pessoa pela decapitação significaria portanto a castração e também o pênis que murcha e se transforma num cadáver ambulante. A fim de fundamentar, pelo menos um pouco, esta concepção, e sem desviar do tema, gostaria de chamar a atenção para algumas lendas e episódios bem conhecidos. Em primeiro lugar, temos o relato bíblico de João e Salomé. Tanto na Bíblia como em todas as versões posteriores, ressalta-se o caráter erótico da dança de Salomé, que pode ser interpretada, sem querer forçar os fatos, como o próprio ato sexual; o fato de João – que não sem razão foi chamado de Batista – ter sido decapitado, aponta na mesma direção. Mas tudo isso salta mais ainda à vista na estória de Judith e Holofernes[5], permeada de sensualidade. O ato da degolação revela-se como um claro substituto do ato sexual. A circunstância de Judith enfiar a ca-

---

4. Em alemão: Wasser*hahn* (N. da T.).

5. Holofernes, general assírio e companheiro de armas de Nabucodonosor, foi seduzido e decapitado por Judith (N. da T.).

beça decapitada num saco é importante, pois esse saco tem um triplo significado: em primeiro lugar, é a vagina da mulher, depois é o prepúcio, onde se encolhe a cabeça do membro, escorrendo o sangue da virgem, e finalmente são os testículos, o que resta da castração, da amputação do pênis. Como terceiro exemplo, cito a luta entre David e Golias, que é uma simbologia do membro pequeno e ereto e do membro adormecido, na qual a pedra atirada pela funda representa a ejaculação. Golias é apenas a incorporação do pênis ereto, a pedrada em sua cabeça é a castração e ao mesmo tempo o relaxamento do membro, pedrada que mata o pênis ereto e transforma o gigante no pequeno David. Gostaria de aproveitar a oportunidade para reparar que a idéia de uma conexão inconsciente entre o complexo de castração e o esmorecimento do membro após a ejaculação não contradiz o parecer de nosso mestre, Freud, sobre as relações entre castração e parricídio ou sacrifício do pai. Os elementos pai-procriador-pênis formam uma corrente fechada, assim como cópula-castração-morte. O medo da castração adquire portanto uma outra justificativa, como desejo reprimido de ereção e ejaculação. No decepamento também há a satisfação de um desejo, como bem o explica a atração exercida pelas execuções.

Uma mulher jovem imagina que o diabo introduzirá em sua vagina, a marteladas, uma grossa estaca de madeira. Ela é casada com um homem que foi completamente impotente durante o primeiro ano de casamento, e mesmo depois ela não se sentia satisfeita porque as dimensões do seu membro não lhe bastavam. Primeiramente, a análise trouxe à baila que, no início do casamento, um médico – que em outra ocasião ela chamou de Satã – alargou com rispidez a abertura da vagina, introduzindo-lhe um espéculo. Isso lhe provocou uma forte sensação de prazer, que ela então quis projetar por toda a eternidade. Ela também atribui a essa intervenção médica uma variante de sua fantasia do inferno, que se apresenta sob a forma de ser esquartejada, amarrada a quatro cavalos. O ato de abrir as pernas na mesa do ginecologista é uma das raízes desta idéia, enquanto a outra está ligada a alguns episódios de sua infância. A casa de seus pais estava situada nas imediações do campo de equitação de um regimento de cavalaria. Quando pequena, esteve várias vezes nesse local, guardando uma forte impressão do membro do cavalo; quando se considera que uma criança, de pé ao lado de um cavalo, não chega nem até a barriga deste, e portanto observar de perto como o membro desponta e aumenta de tamanho ao urinar, dá para supor o que isso pode ocasionar na alma de uma garotinha. Várias análises me confirmaram que uma cena como essa fica profundamente gravada no inconsciente e que geralmente costuma aumentar bastante as expectativas da vida sexual. Nesta paciente, como em outras crianças, formou-se muito cedo a idéia da espessura do pênis, e portanto foi muito grande tanto o recalque após a decepção com o ato sexual, como a sensação de volúpia com a intervenção médica. A fantasia de abrir as pernas no esquartejamento também está ligada ao cavalo; um dos soldados costumava colocar a menina sobre o cavalo, sem deixar de acariciar suas pernas bem abertas em função das dimensões da sela, apropriada para adultos. Provavelmente não estarei contando nenhuma novidade aos psicanalistas, ao chamar a atenção para as estranhas correntes subliminares que fluem a partir do exame ginecológico das mulheres. E no entanto não recordo que essa fonte tão comum de sintomas neuróticos tenha sido suficientemente explicada e sem falso pejo. Expus justamente este caso, em si não muito instrutivo, para que pelo menos eu próprio não me esqueça de quantas calamidades e alegrias têm lugar na mesa de exames ginecológicos.

Um desdobramento dos procedimentos inconscientes, semelhante ao que contei da introdução da estaca e do esquartejamento, revela-se no caso de uma mocinha que tem a fantasia de estar deitada, de pernas abertas, sobre um cepo e ser golpeada nos órgãos genitais pelo machado do diabo, que curiosamente tem traços femininos e pode estar vagamente associado à mãe. A análise descobriu que a moça, sentada na cozinha num desses cepos para cortar lenha, deixou que um cachorro a lambesse até atingir o orgasmo. Isso aconteceu enquanto os demais habitantes da casa encontravam-se na igreja. Hesitante, ela contou uma variação, de que o castigo possivelmente seja o cão do inferno lamber seus genitais com a língua incandescente. A paciente sempre experimentou um prazer todo especial em colocar-se de pé sobre um espelho e abrir os lábios da vulva, o que se converte, na fantasia do inferno, na abertura de seus órgãos genitais a golpes de machado. O desejo experimentado ao entreabrir os lábios é atribuído à mãe-diaba, que uma vez ela viu nua e abaixada para frente. Esse acontecimento, segundo ela, ocorreu aos quatro anos, sendo que os olhos e o nariz da criança deviam estar bem próximos da entrada da vagina da mãe. Em dois outros pacientes me deparei com o mesmo dado. Não quero deixar passar a oportunidade de mencionar que as duas últimas mulheres citadas têm uma forte ligação com o pai e vivem em franca hostilidade com a mãe. Acredito que a escolha do objeto – cavalo e cachorro – está relacionada a isso.

Facilmente explicável é a fantasia de uma enferma de que no inferno teria que cavalgar, nua, numa navalha. Ela atribui a idéia diretamente ao fato de ter visto uma representação do inferno com figuras de cera, na qual não faltava a cena obrigatória em que um grupo dos mais diversos condenados estava montado sobre uma navalha. Outros pacientes confirmavam que tais figuras de cera eram exibidas, há anos, nas cidades ao longo do Reno. Não obstante, a fantasia não se justifica apenas por isso. Independente do fato de essa mulher preferir a relação sexual por trás, a análise revelou que aos dezessete anos ela foi desvirginada por trás, quando estava sentada no colo de um homem, muito antes de ter visto a imagem do suplício da navalha, e antes de casar-se. As camadas profundas do seu inconsciente encerram também um trauma sofrido aos cinco anos de idade, quando um jardineiro alcóolatra, que costumava atraí-la para o porão, sentou-a no colo e esfregou a mão e o pênis nos seus órgãos sexuais. O diabo que ela imagina tem as feições inchadas e os olhos avermelhados, o cabelo escuro e despenteado e a barba desse jardineiro. As associações partem da sua barba dura e levam à navalha, e mais além ao complexo de castração. Quanto a isto, a paciente recordou que quando era pequena sentia inveja de seus irmãos e amarrava a ponta da blusa entre as pernas, apresentando-a como o seu pintinho. A volúpia do sofrimento, que ronda na cabeça das pessoas sob o pseudônimo de masoquismo, é bastante acentuada nesta mulher, uma circunstância que não se deve perder de vista no tocante às fantasias de castigos da raça humana.

Um caso semelhante à excitação provocada pela navalha contou-me uma outra paciente, cujo maior prazer era a idéia de ser chicoteada nos órgãos sexuais com uma cobra – segundo ela venenosa – de forma que os dentes venenosos mordessem a carne, arrancando-a ao ser retirado o chicote/cobra.

Outra concepção popular é a de que o condenado é enfiado num espeto, sendo assado como um churrasco sobre as brasas. É evidente que essa fantasia satisfaz o desejo de sentir no corpo o falo incandescente. A pena de morte em que o condenado é atravessado por uma estaca ou espeto também surgiu da projeção do símbolo na realidade. Como não se pode obter um esclarecimento direto sobre os métodos usados na execução de penas de morte, o jeito é examinar essas relações através das fantasias de suicídio que todos alimentam. Conforme a minha experiência, o método de extermínio escolhido nessas fantasmagorias está sempre intimamente ligado, nas associações e simbologias, aos desejos eróticos predominantes. Talvez isso explique a notória preferência atual das suicidas pelo afogamento e o envenenamento – ambos provenientes de idéias de gravidez – ou por atirar-se de uma janela, o que exprime o desejo de "cair" no sexo, enquanto o homem prefere um tiro ou a forca, o que por sua vez corresponde nitidamente aos seus desejos sexuais de ejaculação e distensão no laço da mulher.

A idéia do condenado ser transpassado pelo espeto me levou a uma análise que esclareceu vários pontos obscuros. Em várias narrativas, bem como numa série de análises, como por exemplo na da navalha, o demônio aparece sob a forma de um sujeito preto; coincide, portanto, com a conhecida figura do ladrão todo de negro que muitas mulheres – e homens também – procuram debaixo da cama ou atrás das cortinas, porque acreditam e desejam que seu falo/punhal seja desembainhado e entre em ação; nos desejos de violação, que eu saiba comuns a todas as mulheres – a violação é a única prova verdadeira de amor para a mulher – o criminoso geralmente é preto, a não ser que apareça sob formas peculiares derivadas de experiências pessoais. Nas últimas décadas, a associação preto-estupro-desejo levou a uma curiosa relação de amor das mulheres e mocinhas com o elenco negro de Hagenbeck[6], enquanto esse desejo surge, com muita freqüência desde a guerra, sob a forma de medo da fúria lasciva dos soldados coloniais. Não incorreríamos em nenhum erro ao considerar essa coloração negra da personificação do diabo, do amor e do medo como uma representação do segredo da noite, da parte mais bela do dia, e da escuridão da vagina, sem esquecer que o negro, em contraposição ao branco, significa o pecado excitante frente à tediosa inocência. Apesar disso tudo, ainda não se ponderou por que o diabo aparece como marrom em vez de preto, o que relativamente ocorre até com maior freqüência. Pessoalmente, quem me explicou isso foi a análise de uma senhora de idade, já mencionada antes, mas não desejo impor tal explicação a ninguém e sim apenas expô-la. Essa senhora imaginava que o diabo iria lhe introduzir um espeto no ânus e girá-lo em seu intestino. Desde a primeira infância esteve sob o signo do erotismo anal, e como acontece muitas vezes — diria que é um fenômeno quase generalizado — ela utilizou as fezes, que pressionavam para sair e eram retidas, como instrumento de auto-satisfação, desejando prolongar por toda a eternidade este tipo de volúpia. A cor marrom do seu diabo justifica-se por si, e o que é válido no seu caso pode ser generalizado. Dessa forma, também podemos interpretar a lenda das moedas do diabo que se transformam em excremento. O inferno seria transferido então para o traseiro do ser humano, o diabo fedorento seria as próprias fezes, o que não é de se admirar diante do paralelismo, de vigência geral, entre vagina-e-ânus, pênis-e-fezes. Nesta oportunidade gostaria de acrescentar que o papel do excremento humano com a mesma forma do pênis me parece que não foi suficientemente ressaltado na vida humana, apesar de todos os trabalhos sobre erotismo anal. Quem tem essa propensão conhece o prazer dificultando a defecação antes de conhecer o prazer genital, vale-se dessa forma de satisfação com mais freqüência que da genital, e ela o acompanha em todas as fases de sua vida, até o momento da morte. É imprescindível para o tratamento de prisão de ventre e diarréia — mas também para a avaliação da vida humana em todas as suas formas — reconhecer que desde o princípio o impulso à auto-satisfação se localiza, entre outras zonas erógenas, na região anal e ali permanece. Não se trata de uma categoria erótica especial de algumas pessoas: todos, sem exceção, possuem tanto o erotismo anal como o genital. Todos nós estamos tão habituados a esse tipo de auto-satisfação através das fezes, que mal permitimos que isso chegue à nossa consciência. Um certo tipo de con-

---

6. Karl Hagenbeck, além de fundar um zoológico em 1907, dirigia um circo; trata-se, portanto, de um grupo de artistas circenses negros (N. da T.).

tração muscular, imitando arbitrariamente a retenção de uma evacuação iminente, elucida a qualquer pessoa o que ocorre no erotismo anal. Assim, podem-se compreender as teorias infantis da concepção, o complexo do dinheiro, a pederastia, a castração que equivale à queda das fezes e muitas outras coisas, inclusive por que o diabo tem o pêlo marrom.

Um jovem que durante a guerra, por sua permanência nas trincheiras, teve uma forte inflamação dos nervos de ambas as pernas – que levou ao seu afastamento da ativa e apesar de inúmeros exames e tratamentos fez com que não fosse convocado novamente, embora não gozasse de proteção – manifestou que na sua visão do inferno ele tinha que dançar sobre uma plataforma incandescente. A hipótese mais provável é de que suas fortes dores tenham motivado a idéia deste curioso tormento no inferno. A análise, que aliás acabou com a sua nevrite, esclareceu, porém, outros fatores. Quando criança, ele havia observado, detrás de uma cortina, como sua mãe, com quem mantinha uma relação ambivalente de ódio e amor, preparava um banho a vapor pelo método de Kneipp, derramando água sobre um piso de tijolos em brasa. Ele não se lembrou se a mãe estava totalmente nua, mas tinha a certeza de ter visto suas pernas, que lhe causaram uma forte impressão. Os pés femininos são para ele o objeto da excitação. Seu pai, aliás, é sapateiro e costumava descrever os pés de sua mãe como os mais bonitos que já tinha visto. O enfermo, que sempre usou calças curtas, sentia fortes dores cada vez que olhava as pernas de qualquer ser feminino, na presença de sua mãe. Uma segunda justificativa de sua fantasia no inferno leva igualmente à figura materna. Ele tinha um irmão, um pouco mais velho, filho do primeiro casamento do pai. Para escapar a qualquer suspeita de rigor como madrasta, a mãe tratava o enteado com muito carinho, chegando supostamente a castigar o próprio filho pelo que o enteado fizera. Assim, meu paciente reforçou a idéia de ser o filho preterido; achava que ele era o enteado, e sob a inspiração de um conto infantil, em suas fantasias fez com que a mãe, a madrasta má, dançasse em sapatos pegando fogo. Ao configurar seu suplício no inferno, procurou a constante repetição do momento decisivo de sua vida, em termos do despertar do desejo. A barreira do incesto não lhe permite reviver esse momento claramente, usando somente as circunstâncias externas como material. A nevrite deve ser considerada como um pagamento a prazo do castigo que ameaça ser eterno.

Nos últimos anos, a idéia da metempsicose expandiu-se sorrateiramente entre nós, de várias maneiras. A satisfação de desejos, através de outra reencarnação, é tão evidente que não preciso entrar em maiores detalhes. Quando um homem teme, por exemplo, voltar ao mundo transformado em mulher, ou uma mulher em um sacrificado operário, a justificativa é clara. Vou citar brevemente o caso de uma senhora que acreditava numa segunda vida tendo que servir a uma patroa brutal. A fantasia estava condicionada por uma relação muito estreita de dependência para com a mãe violenta e por uma inclinação homossexual prematura por uma empregada doméstica. Tal tendência foi reforçada por um impulso extraordinariamente forte à masturbação. Como a empregada representa simbolicamente os órgãos sexuais femininos, ao reencarnar numa serviçal ela se transforma completamente no próprio órgão do prazer. Esta satisfação do desejo de onanismo é mais ou menos a mesma coisa que a idéia muito comum de retornar ao mundo na pele de algum animal. Ao animal é permitido satisfazer seus instintos sem que ninguém o reprove. Não se deve subestimar a escolha do tipo de animal como meio de penetrar no inconsciente. O receio de se ficar louco, aliás, também me parece motivado em parte pela mesma satisfação do desejo; assim como acontece com os animais, aos loucos tudo é permitido.

Finalmente exponho a fantasia de reencarnação de uma jovem senhora, que revela uma forma curiosa de aversão e nojo a partir do recalque. Durante a análise desta paciente, surgia esporadicamente a figura de um certo homem, um amigo de seu pai. Ela sempre pronunciou o seu nome com todos os sinais de um forte desprezo e, ao encontrá-lo de vez em quando, todos os seus sintomas pioravam consideravelmente. Ao analisar suas opiniões sobre a transmigração da alma – ela pertence à categoria das mulheres aplicadas e se dedica à filosofia indiana – ela declarou de imediato que viveria sua outra vida num bordel. Esta satisfação do desejo por meio da crença é praticamente da mesma espécie que a idéia de transformar-se num animal, e pode ser considerada como expressão do conhecido desejo de prostituir-se, de entregar-se ao sexo. Mas o mais surpreendente era a sua imaginação de que seria justamente esse homem nojento a livrá-la da cafetina e a passar a noite com ela. Essa noite, a possibilidade de estar junto ao homem odiado, lhe proporcionava as mais exacerbadas fantasias libidinosas que utilizavam, para atingir a perfeição do prazer, tudo o que supostamente lhe causava aversão. Minha paciente não havia melhorado até expressar suas fantasias que expuseram claramente a intensidade e a extensão do recalque ligado a uma série de complexos; a partir de então, progrediu rapidamente até curar-se por completo.

Colecionei estes fragmentos de análises sob o ponto de vista parcial da satisfação dos desejos, porque o exercício da medicina me obrigou a buscar em todas as relações da vida esta peculiaridade característica do sonho. Uma visão unilateral é sempre boa, desde que periodicamente se mude a posição da qual se observa.

Uma Análise de Sintomas

Um de meus clientes sofria, há alguns anos, de repentinas dores nas pernas, que segundo ele eram ataques tão fortes que o impediam até de pensar. Iniciei a análise, pedindo-lhe que me dissesse o que provocava dores nas pernas. A resposta foi a seguinte:

As dores vêm de tanto andar. O Judeu Errante anda sem parar, Ahasver[1]. O nome decompõe-se em: *hasslos* e *verhasst*[2] (O *A* significa "sem" + *has* = *hasslos*; *ver* + *has* = *verhasst*); as sílabas da decomposição são colocadas sobre a cruz. Sem ódio e odiado é Cristo na cruz. Cristo é o consagrado, a cruz uma pessoa de braços abertos, uma mulher abraçando o homem, a mãe na qual o filho está pregado. O ungido é o falo, que adormece, que morre no abraço da mulher; a fim de matar o falo, a mulher movimenta a espinha, o *os sacrum*[3]. A cruz é o sofrimento, todo padecimento vem da mulher, da mãe, do desejo de incesto do filho que almeja entrar no ventre da mãe. Através de contrações que emanam da espinha, o filho é expulso e exposto à vida dura; ele quer voltar ao corpo da mãe, voltar à cruz e lá ficar pregado. Cristo é a humanidade, que sofre por causa da mãe, pelo problema da mãe.

---

1. Nome dado em 1602 à figura do judeu errante, que segundo a lenda foi condenado a andar sem parar, por ter batido em Cristo ou ter-lhe negado um breve repouso em sua caminhada ao calvário (N. da T.).

2. *Sem ódio* e *odiado*, respectivamente (N. da T.).

3. Aqui provavelmente no sentido de boca sagrada, entrada de um órgão. A palavra *Kreuz* em alemão significa tanto *cruz* como *espinha*; no final desta frase optei por traduzi-la como espinha, embora os dois significados tivessem cabimento, por tratar-se de uma associação (N. da T.).

Como eu sabia que meu paciente costumava utilizar como meio de resistência o complexo do incesto, ou, como ele dizia, o problema da mãe, eu o interrompi e o conclamei a retornar à palavra cruz.

> Dores nas costas (*Kreuzschmerzen*). Meu pai sofria de dores nas costas. Algumas semanas antes de sua morte, eu, que não vivia com ele, passei as férias ao seu lado. Mas, antes, visitei meus avós. Naquela época, conheci um menino que estava de cama porque tinha algum problema na perna; talvez a tivesse quebrado. O pai desse menino era amigo do meu avô e tinha uma doença na medula.

O paciente mostrou sinais de inquietação, o que não me causou surpresa pois sabia que seu pai também era doente da coluna. Eu contava chegar logo a uma solução, mas ele desviou a conversa.

> Não, agora eu me lembro, o garoto teve a perna amputada, ele só tinha um toco. Amputar a perna é castração. Impotência. Agora estou com tamanha dor nas pernas que não posso continuar falando.

Chamo a atenção do enfermo, dizendo que ele só sente dores para escapar do tratamento, o que fica evidente pelo fato de ele trazer novamente à tona o complexo de castração e impotência, que – como nós dois sabemos – sempre é utilizado por ele como meio de resistência. Insisti que retomasse a palavra cruz/espinha e me dissesse como a conheceu.

> Espinha, dor nas costas. Só as mulheres têm dor nas costas.

Ele disse ter percebido, quando criança, que sua mãe às vezes se queixava de dor nas costas, na espinha. Depois ele descobriu que isso estava relacionado com a sua menstruação. "Minha mãe é a cruz da minha vida."

O paciente hesitava ao falar, suas palavras eram interrompidas por suspiros, seu rosto estava contorcido, as mãos frias e úmidas. Como ele novamente procurasse desviar, falando do problema da mãe, intervim de novo perguntando o que é que uma criança entende por dor nas costas.

> Eu sabia o que ela queria dizer com dor nas costas. Ela costumava apontar onde doía, a espinha.

Certamente. Mas o que pensa uma criança quando essa parte do corpo é chamada de espinha (cruz)? O Sr. vê alguma semelhança entre o sacro (*Kreuzbein*) e uma cruz?

> Não. Também não é muito provável que eu tenha relacionado pela primeira vez a palavra "cruz" com dor nas costas. É mais provável que através do conceito de dor eu tenha ligado de alguma forma a cruz de Cristo com as dores nas costas da minha mãe.

UMA ANÁLISE DE SINTOMAS

Que idade o Sr. tinha quando tomou conhecimento da crucificação de Cristo?

Quatro ou cinco anos. Eu devo ter conhecido as dores de minha mãe antes disso e também alguma cruz, por exemplo a cruz das janelas[4], um caminho-cruz[5], ou melhor, uma encruzilhada.

Antes que eu pudesse perguntar como é que ele se confundiu com a palavra, o paciente prosseguiu:

Agora eu sei! A primeira cruz que conheci deve ter sido uma jóia da minha mãe ou da minha babá. Quando criança, engoli alguma coisa, uma moeda ou coisa parecida, mas pode ter sido uma cruz. Talvez eu tivesse a idéia de que minha mãe engolira uma dessas cruzes que ficou parada na barriga, acima das nádegas, e ali estava apertando. Lembro-me de ter me arranhado uma vez numa cruzinha; geralmente elas têm ornamentos com pontas afiadas. Talvez eu pensasse que minha mãe estivesse com uma cruz dessas no corpo, machucando suas costas ao curvar-se, de modo a haver uma hemorragia.

Dados introduzidos pela palavrinha "talvez" são suspeitos. São relatados para fazer pouco caso da análise. Porém, detrás do desprezo se esconde o certo, basta continuar procurando com paciência. Neste caso também foi assim, os dados acabaram revelando a constelação real. Mas, antes que isso acontecesse, a ironia intensificou-se ainda mais.

Antes dessa jóia, é claro que conheci a chupeta, uma coisa de borracha vermelha, com um anel feito de chifre em volta; ela também tem a forma de uma cruz. Talvez eu tenha engolido uma, ou minha mãe receasse que eu pudesse engolir a chupeta.

Repreendi o paciente, cujas dores não cessavam, dizendo que ele não viera para debochar (*sich lustig machen*), mas para ser tratado e livrar-se de suas dores. Pedi a ele que se concentrasse nas dores e me dissesse o que lhe viesse à cabeça.
"Ahasver".
A repetição do nome chamou a minha atenção e combinei isso com a observação de que as dores haviam começado quando fora mencionada a doença na medula.
"Ahasver", disse eu, "zombou do Cristo odiado e sem ódio. Preste atenção!"

---

4. *Fensterkreuz*: trata-se de janelas compostas de vários vidros, cuja junção forma uma cruz (N. da T.).

5. *Wegkreuz* = caminho-cruz foi o que disse o paciente, palavra que não existe, mas sim outra, invertendo os elementos: *Kreuzweg*: encruzilhada (N. da T.).

Levantei-me e, proferindo as palavras "pernas debochadas" (*lustige Beine* – literalmente: pernas alegres) – essa é uma expressão berlinense que caracteriza os passos de quem sofre de *tabe dorsalis* –, comecei a imitar esse modo trôpego de andar. No mesmo momento meu paciente começou a rir, exclamando:

É... Cristo é meu pai e eu debochei dele. Aliás, minhas dores passaram.

Não relatei esta análise de sintomas por causa do êxito, que é um acontecimento costumeiro no tratamento freudiano, mas em primeiro lugar porque a seguir o enfermo desenvolveu uma teoria da concepção muito peculiar, e depois porque desejo acrescentar algumas observações sobre a validez ou não de leituras psicanalíticas para os pacientes.

Aquele senhor me contou então o seguinte: a primeira cruz que ele conheceu deve ter sido um medalhão em forma de cruz, no qual sua avó guardava uma mecha de cabelo do seu falecido marido. Desse costume de conservar a lembrança de um morto dentro da cruz, ele tirou a idéia de que sua irmã, morta poucos meses após o nascimento, estava dentro da cruz que havia em sua sepultura. Era nisso que ele devia ter pensado quando empregou a expressão caminho-cruz (*Wegkreuz*) em vez de encruzilhada (*Kreuzweg*)[6]. O que quis dizer foi: fora com a cruz, a irmã que vá embora, abaixo tudo o que é desagradável.

O nascimento de minha irmã, assim como sua morte – eu tinha então três anos – devem ter causado uma forte impressão em mim, e como minha mãe me contou que sofreu as seqüelas do parto até muito tempo depois, acho que lá em casa falou-se muito em dor nas costas, na região lombar, nessa época. Também me lembro de ter visto minha irmã com uma chupeta dessas, com um aro em volta, como descrevi, afirmando que tinha o formato de cruz. A chupeta deve ter provocado em mim uma forte comoção, pois eu vivia chupando o dedo, o que continuei fazendo por vários anos. A idéia de que um bico possa ser engolido vem do próprio aro de proteção que rodeia a borracha; como minha mãe era cheia de temores, certamente houve muitas advertências tanto para a babá como para a criança. Acho que, ao ouvir a expressão dor nas costas, concluí que minha mãe tinha engolido uma cruz ou qualquer coisa parecida com um bico e que isso estava enroscado na barriga, na parte das costas. Só que estou me referindo a um outro tipo de bico, uma chupeta para adultos. O Sr. afirma – e acredito nisso – que as crianças imaginam o nascimento como a evacuação das fezes. Mas então o Sr. tem que apresentar alguma explicação de como a criança vai parar na barriga da mãe. Aí o Sr. vem com a estória de que a mãe chupa o membro do pai. Ao se conhecer o ovo da galinha e os pintinhos, a teoria é modificada. Já que o menino sabe por experiência própria que os testículos têm a forma de ovo, aí vem a idéia de que a mulher morde e engole os genitais do homem, e que as crianças surgem do ovo. Esse pensamento se cruza com a observação do período menstrual e a

---

6. *Weg* em alemão é *caminho*; mas *weg* é um prefixo e um advérbio que quer dizer: *fora, vá embora, abaixo, morra* (N. da T.).

descoberta que a mãe, em vez do membro, tem uma coisa que se assemelha a uma grande ferida. Com base nisso, a teoria muda; a criança acha que a mãe também tem pênis e testículos, mas que, de tempos em tempos, eles são cortados pelo pai, que a faz comê-los. O corte causa a hemorragia. Assim, a criança praticamente elimina a indesejável gratidão para com o pai, uma vez que ele é só o castrador e não o procriador. De vez em quando, isso dá origem a uma criança que é expelida pelas vias naturais. Mas geralmente não se chega a tanto; é quando a coisa fica enroscada e causa dores que são denominadas de acordo com a cadeia: bico-genitais-cruz-dor nas costas, e que se prolongam até que os ovos[7], etc. apodreçam e sejam eliminados. Acho que – pelo menos no meu caso – essa teoria fundamentou a seguinte idéia: enquanto a mãe tiver dor nas costas, não virá nenhum bebê. Portanto, minha idéia exprime esse desejo. Aliás, o bico com o aro tem uma relação simbólica com o pênis e a vagina.

Ao submeter a um exame crítico esta teoria desenvolvida pelo meu paciente, não posso lhe negar uma certa lógica interior, afinal sei que ela existe na cabeça das crianças. Só que – agora toco na questão da validade ou não de conhecimentos prévios de psicanálise – é muito discutível que ela lhe pertença. Certamente é de sua autoria derivar as dores nas costas da deglutição de uma cruzinha, a comparação da chupeta com a cruz e a combinação do nascimento da irmã, a cruz no seu túmulo e a dor nas costas da mãe. No entanto, a idéia de que o pai castra regularmente a mãe e lhe dá os órgãos cortados e os ovos para comer, do que circunstancialmente nascem as crianças, ele bem pode ter ouvido de outros pacientes tratados por mim, e até é possível que alguma vez eu mesmo tenha lhe dito isso.

Quanto à identificação entre cruz e mãe, entre Cristo e falo, não tenho dúvidas de que foi exatamente isso que aconteceu. Há alguns anos, dei umas conferências para um grupo de pacientes meus, cujos textos foram impressos e são do conhecimento do enfermo. A seguir, exponho o conteúdo do trecho do qual meu paciente extraiu as comparações.

Se admitimos que a cruz é a mulher que abraça, o resto resulta automaticamente. O falo morre na mulher, inclina sua cabeça e expira; reina a escuridão, a terra treme e a cortina do templo rasga-se diante do Altíssimo. É evidente a simbologia da noite, do estremecimento e da ruptura do hímen. A retirada do corpo da cruz é a separação após a união sexual, enquanto o enterro e os três dias de permanência no sepulcro são a fecundação e a gravidez. O número 3, de três dias, é escolhido em representação dos nove meses (três vezes três), porque era necessário condensar o símbolo da gravidez, nove, favorecendo-se o símbolo fálico três, firmemente consolidado no mito cristão, e assim corresponder aos interesses da unidade. O número 3, do pênis e dos testículos, é a base da trindade, caracterizada pelo triângulo cercado de raios e um olho dentro e que é uma anti-

---

7. O contexto não esclarece se o paciente disse "ovo" ou "óvulo", já que na linguagem corrente a palavra *Ei* tem esses dois significados, além de "testículos" (N. da T.).

ga propriedade do mito cristão; o mesmo número torna a surgir nas três cruzes do Gólgota, sendo a cruz de Cristo a do meio e a mais alta, e se reflete nas três Marias, que tantas vezes aparecem juntas em contos, lendas e representações artísticas. O outro símbolo fálico, o sete, surge nas sete estações da Paixão, nas sete espadas que atravessam o coração de Maria e nos sete dias da Semana Santa. Cair no inferno é uma duplicação da simbologia do ato sexual; o inferno não é outra coisa senão a projeção do órgão genital feminino na religião. A Ressurreição é o nascimento e a recuperação da potência sexual; a Ascensão representa a ereção. É característica a atuação de Cristo como jardineiro, como alguém que cava o jardim da mulher. Após a Ressurreição, Cristo aparece para as duas Marias, o que deriva do desejo de incesto recalcado e da transferência de libido da mãe a mulheres com nomes parecidos. A coroa de espinhos, onde está enfiada a cabeça sangrando do mártir, o manto púrpura no qual é envolvido, o junco em sua mão, todas essas coisas se acumulam na determinação do símbolo. Conscientemente ou não, as pessoas em geral conhecem a cruz como mulher ou mãe, o que se deduz da representação muito comum de um rosário vermelho como o sangue, envolvendo a cruz, bem como da denominação dada à moléstia tipicamente feminina das dores na região lombar (*Kreuzschmerzen*). Contudo, não se trata simplesmente da mulher, mas da imagem da mãe, o que deixa transparecer a insistência em se apresentar Cristo como filho, do mesmo modo que a unidade de Deus-Pai e Deus-Filho se deduz do desejo do filho de ser o pai, o esposo da mãe. A palavra "Salvador"[8] também aponta para o falo, e qualquer sonho demonstra que a denominação "Filho do Homem" é utilizada pelo inconsciente como símbolo fálico. Além da trindade pai-mãe-filho, existe esta outra: homem-membro-sêmen criador. É mais fácil compreender a mescla do culto maternal a Maria com o culto a Jesus, o crucificado, característica da Igreja Católica, interpretando-se a cruz como mãe e o crucificado como filho, enquanto o mito como um todo baseia-se no desejo de incesto. Aliás, este desejo de incesto, para mim, está relacionado ao fato de que todos nós sentimos saudades do corpo protetor da mãe, e disto facilmente poderíamos deduzir o desejo do sono e da morte, já que a cama e o túmulo simbolizam o colo materno. Caberia estudar esta questão no tocante à menina. Será que o seu desejo de incesto, além de voltar-se para o pai, também está dirigido à mãe? Quais seriam as condições desse desejo de incesto?[9] Tenho absoluta certeza de que o desejo erótico do ser humano mantém uma ligação intrínseca com a permanência intra-uterina e que, em certo sentido, toda motivação sexual provém do desejo de incesto, é uma nostalgia do regaço materno.

A única explicação para o fato de paciente expor minhas próprias especulações como sendo de sua autoria é que o processo de transferência estava marcado por uma forte atitude negativa em relação a mim e que sua intenção era o deboche.

O mesmo se pode dizer da seguinte informação do paciente:

---

8. Salvador = *Erlöser*; o verbo *erlösen* tem a conotação subjacente de *soltar, liberar de um aperto ou aflição* (N. da T.).

9. Várias vezes me deparei com esse fenômeno nas mulheres, diagnosticando o desejo de incesto com base no quadro real. Que eu saiba, as mulheres também utilizam a expressão: eu quero entrar dentro de você (N. do A.).

Quando o Sr. me perguntou o que queria dizer "sem ódio" e "odiado", primeiro respondi "Ahasver", e só disse "Cristo" depois, quando o Sr. achou que a resposta "Ahasver" era um equívoco, uma repetição da decomposição que eu havia feito. Mas eu disse "Ahasver" em plena consciência, e agora ainda acredito que a definição sem ódio/odiado se adapta tanto ao judeu errante como a Cristo. Eu o citei em primeiro lugar, porque Ahasver sou eu, e Cristo é meu pai. As duas figuras do mito existem dentro de cada um, assim como Judas e Cristo estão dentro de nós. Esse também é um exemplo para a sua teoria da ambivalência, cujos direitos de publicação lhe cedo; acrescente, por favor, que tanto Cristo quanto Ahasver são judeus errantes, e que o décimo terceiro a sentar-se à mesa da ceia e trazer a morte tanto pode ser Judas como Cristo, o que certamente não deixará de impressionar.

Eu nem precisaria dizer expressamente que há muito me tornei bastante cauteloso quanto ao aproveitamento teórico de idéias manifestadas por pacientes cultos e talentosos, para chegar a conclusões genéricas. No tratamento de cada indivíduo, não tem a mínima importância se isso ou aquilo vem diretamente de sua cabeça ou se é produto de leituras. Afinal, ao redor dos agentes externos sempre se cristaliza tanta matéria recalcada que se justifica sua utilização na análise.

Sobre a Psicanálise do Orgânico no Ser Humano

A cada ano que passa, a pesquisa psicanalítica vem ampliando sua área de atuação. No entanto, o estudo do orgânico no ser humano permaneceu um tabu até agora, embora um ou outro psicanalista já tenha sido obrigado a penetrar no terreno batizado de "orgânico". Valeria a pena investigar de onde vem esse santo temor. Porém, vale a pena, mais ainda, cruzar a fronteira e dar uma olhada nessa terra proibida.

Há uns cinco anos, fui procurado por uma senhora que padecia de uma grave neurose. A paciente provinha de uma família numerosa, situando-se, pela faixa etária, mais ou menos no meio da "escadinha", ou seja, entre os irmãos mais velhos e os mais novos. Conforme declarou, desde cedo nutria uma grande paixão por seu pai, um amor que se manifestava em sonhos diurnos e noturnos, intensificando-se até o desejo de incesto. Conseqüentemente, sua atitude em relação à mãe parecia francamente hostil; o ódio e a sede de vingança dominavam sua vida sentimental e acabaram fazendo com que ela abandonasse a casa paterna e seu país, situado em outro continente, e viesse à Alemanha. Ela casou-se, e após a morte do marido, cujo caráter em muito se assemelhava ao de seu pai, caiu numa neurose multiforme, da qual não melhorou nem ao sentir uma nova e forte paixão por um outro homem. A análise seguiu seu curso sem resistências dignas de menção; tudo parecia encaixar-se perfeitamente no complexo de Édipo. De repente, em pleno processo de melhoria, irrompeu uma forte hemorragia pulmonar e, a partir de então, a paciente teve 23 hemorragias graves no curto período de quatro semanas. A análise, que prosseguiu apesar dos violentos e ameaçadores sintomas, trouxe à tona informações que propiciaram – ao longo de anos de tratamento – a cura da neurose. Inicialmente, as hemorragias revelaram-se como uma forma de resistência; a primeira delas ocorreu quando a análise procurava aprofundar sua relação com a mãe. Durante o período mais perigoso, bastava pronunciar a palavra "mãe", a título de experiência, para provocar o sangramento.

Ferenczi já havia ressaltado que o inconsciente se utiliza tanto de sintomas orgânicos como de sintomas neuróticos para proteger seus recalques. Nesse contexto, ele se refere a sintomas "passageiros". Tal qualificação não me parece uma boa escolha; trata-se igualmente – como espero demonstrar – de sintomas passageiros tanto quanto de enfermidades orgânicas crônicas.

Uma das surpresas, durante o período das hemorragias, foi a descoberta de que o novo caso de amor da paciente tinha uma incrível semelhança com sua mãe. Este reconhecimento questionava os fundamentos do tratamento até então, baseado no complexo de Édipo. Ficou evidente que o amor à mãe era bem mais forte que o amor ao pai, e que fora duramente reprimido na mais tenra infância. Este fato confirmou-se reiteradas vezes ao longo dos cinco anos em que tratei a paciente. Cada sintoma a manifestar-se novamente, fosse de natureza orgânica ou funcional, e até mesmo os mais leves mal-estares psíquicos ou físicos estavam relacionados com o recalque da libido frente à mãe, e cada aparição revelava novos conflitos recalcados que puderam ser resolvidos. Menciono isso porque, ao contrário da aparente simplicidade do complexo de Édipo, as coisas acontecem de outra maneira com a menina. No seu caso, a primeira escolha do objeto amado também recai sobre a mãe; inicialmente ela não está voltada ao sexo masculino, a escolha da mãe mantém a primazia sobre a libido heterossexual, o que sempre ocorre – segundo minhas observações – sobretudo por ser reforçada pelo desejo de posse, tão próximo ao narcisismo. Aqui provavelmente se encontram as raízes do segundo impulso amoroso que domina a mulher: o desejo de conceber uma criança.

O recalque da libido frente à mãe estava ligado a um outro complexo, cuja revelação esclareceu por que o inconsciente foi escolher justamente a doença pulmonar como sintoma. Há alguns anos, a irmã predileta da paciente enfermou-se gravemente quando passava uma temporada em sua casa. Logo verificou-se tratar-se de uma tuberculose galopante. Acompanhada da irmã gravemente doente, minha paciente retornou a seu país, onde ela veio a falecer pouco tempo depois. A chegada em casa coincidiu com o aniversário da mãe, e minha paciente, carregando a irmã agonizante, a ela se dirigiu com as seguintes palavras: "Eis o meu presente para você". Esta manifestação que, como veremos adiante, tinha um duplo sentido, fora profundamente reprimida e só foi recordada, com muito esforço, anos após as hemorragias terem cessado.

Agora um fato estranho: as hemorragias tiveram início no mesmo mês em que, anos atrás, fora diagnosticada a tuberculose da irmã, e se estenderam até a data do aniversário da mãe, quando então cessaram. Desta relação conclui-se que o complexo recalcado volta à tona sob a forma de uma enfermidade pulmonar e portanto orgânica, do mesmo modo que acontece com uma convulsão histérica. A pena de talião entrou em vigor no seu caso, pois minha paciente julgava-se duplamente culpada pela morte da irmã: em primeiro lugar, por acreditar que a irmã se contagiou devido ao seu descuido, e depois por ter deixado sua irmã sozinha e sem auxílio na cabine do navio, durante a viagem de regresso, enquanto ela ia fumar e flertar com alguns passageiros no convés. Cinco anos após as hemorragias, perto da data da morte da irmã, o cheiro do cigarro – que normalmente a paciente suportava bem – causava-lhe mal-estar. Porém tudo isto não basta para explicar por que o inconsciente foi escolher justamente as hemorragias como sintoma. Sua irmã tivera fortes acessos de tosse, mas não devolvia sangue, embora registrasse freqüentes hemorragias provenientes dos rins (nefrorragia). Resultou que o sangramento representaria um parto. Apesar de o seu aparelho reprodutor ser plenamente saudável, e não obstante seu grande amor pelas crianças, a enferma não quis ter filhos. Como justificativa, disse que antes da puberdade ouviu gritos assustadores de uma mulher, ao visitar uma clínica; esses gritos foram atribuídos a uma parturiente, e nesse momento ela jurou nunca ter um filho. Aproximadamente na mesma época, ela viu num museu de anatomia algumas reproduções (feitas de cera) de crianças com sífilis hereditária, o que só fortaleceu sua decisão, pois nunca se pode saber com certeza se não há casos de sífilis na família do marido. Contudo, essa pseudojustificativa ocultava graves complexos, primeiramente o forte desejo de incesto com o pai, o único homem de quem quisesse ter um filho, e depois o medo da punição[1]. Esse medo surgiu aos treze anos, quando seus pais tiveram mais um filho. Movida por um ciúme doloroso, sentia seu ódio pela mãe duplicar-se, devido a essa gravidez tardia, transferindo todo esse ódio à irmã mais nova, alimentando-o no correr dos anos, até bastar como ensejo para a separação da pátria e do pai. A idéia de sífilis foi engendrada com o objetivo de afastá-la do pai; a enferma usou uma pequena mancha na barba paterna para convencer-se de que ele era sifilítico. O medo de ter que pagar, através do parto e do filho, por todos estes pensamentos pecaminosos que alimentaram sua fantasia por tantos anos e que algumas vezes foram

---

1. Groddeck emprega as expressões *Angst vor der Nomesis* e *Nemesisgefühl*, medo e sensação de Nêmesis é uma entidade mitológica que tinha por missão punir os faltosos e impor a justiça; inspirava o temor do remorso e do castigo (N. da T.).

até transformados em ações, esse medo baseia-se em acontecimentos que remontam à primeira infância e apontam diretamente para o nascimento daquela irmã que morreu tuberculosa. A análise dos sonhos, dos costumes e das mais variadas manifestações neuróticas e orgânicas revelou que, aos quatro anos de idade, minha paciente tentou interromper a gravidez de sua mãe através de um chute na barriga.

Sob este ângulo, a hemorragia parece concentrar uma série de fatores: por um lado, a tentativa real de matar a criança no ventre materno e o artifício de culpar-se pelo contágio da irmã; por outro, o desejo de incesto e o anseio de um filho, anseio recalcado e substituído pelo medo. Também está embutida no sintoma a sensação de punição – que praticamente poderíamos considerar como extensiva a todas as mulheres, e talvez aos homens – sensação de ajuste de contas, e que portanto seu sangue tenha que ser derramado, por ter derramado ao nascer, o sangue da mãe. E finalmente está concentrada ainda a satisfação do desejo de dar à mãe o sangue do seu coração. A estranha exclamação: "Eis o meu presente de aniversário para você" não expressa apenas o ódio malévolo e irreconciliável por seu amor ter sido desprezado, ou o triunfo com a morte da criança que levou a paciente a sentir-se traída pela mãe; em sua ambivalência, ela deve ser entendida no sentido literal, como sinal de que, por amor a você minha mãe, renuncio aos meus próprios filhos e os mato no meu ventre, e lhe trago a agonizante na data em que festeja o seu nascimento, mãe, esta minha irmã amada por mim como se fosse minha filha.

Na verdade, a renúncia supostamente intencional a ter filhos é produto de recalques que remontam pelo menos ao quarto ano de vida, mas que provavelmente já haviam surgido aos dois anos de idade, com o nascimento da irmã seguinte a ela. Assim como acontece no sonho, na neurose e em milhares de manifestações da vida, a censura exerceu aqui seu ofício, desfigurando a matéria infantil ao relacionar acontecimentos ocorridos na época; creio haver analisado de modo suficiente embora incompleto o alto grau de concentração dessa censura. O deslocamento do parto – dos órgãos genitais aos pulmões – foi claramente ressaltado e justificado pelo desejo inconsciente de a enferma punir-se pela morte ou pelo assassínio da irmã. Resta apenas descobrir outras razões para justificar por que o inconsciente simplesmente não escolheu hemorragias uterinas para representar o parto, ou – afastada esta hipótese – por que não recorreu à nefrorragia, seguindo o exemplo da irmã. É compreensível que a censura não tenha permitido a metrorragia, se observarmos a atitude da paciente em relação à sua feminilidade. Ela nunca se conformou em não ser homem, ou melhor, em não ser ao mesmo tempo homem e mulher. Ou seja, no fundo ela tem a idéia fixa de que só existe um sexo, com os seios da mulher e os genitais masculinos. Seus hábitos, suas roupas, penteado, seu modo de pensar e de falar durante toda a sua vida são uma prova disso, e tal fixação nessa teoria infantil não só influenciou a forma de seu rosto e retardou o surgimento da menstruação até os dezesseis anos de idade, como também provocou uma estranha deformação na região genital, que graças à dilatação das veias simulou, frente ao inconsciente, uma espécie de pênis. Reservo-me o direito de retomar, em outros contextos, esse processo característico do inconsciente e que tantas vezes observei. Aqui basta constatar que a censura não podia permitir a representação do parto através dos genitais, porque implicaria eliminar primeiramente a fixação no desejo de ter um pênis.

A nefrorragia tampouco podia ser usada, porque havia interferência de recalques não superados, ligados ao esvaziamento da bexiga. Até onde alcança a sua memória, a paciente não se lembra de ter usado o urinol durante a noite, ou de ter urinado ao ar livre, um comportamento, aliás, que não é raro. A análise dessa característica deixou transparecer três coisas: a primeira delas é uma lembrança de infância, de quando viu uma menina desconhecida agachar-se numa rocha para urinar. Como ela estava mais abaixo, a visão dos genitais vermelhos entreabertos impressionou-a. A segunda referência é uma vaga idéia de ter brincado ao ar livre com alguns meninos que urinaram na sua presença. O terceiro fator é a lembrança, que lhe provoca asco, de um enorme urinol usado por sua mãe, e que de alguma forma ela relaciona com a sua irmã mais nova, sem precisar por quê. O vermelho vivo que ressalta da primeira lembrança conduz diretamente ao complexo de castração, ainda mais que a enferma costumava chamar os genitais femininos de "a grande ferida"; a ligação da irmã mais nova ao urinol da mãe explica-se pela noção de castração aliada à observação da urina durante a menstruação e após o parto – ela diz ter passado vários dias com a mãe na cama, durante o resguardo, sem perceber o sangramento. A vaga lembrança dos garotos urinando leva diretamente ao surgimento da aversão quanto a ser vista no ato de urinar, de vergonha pela falta do pênis. Como a urina sangüinolenta toca no complexo de castração, a censura barrou a hemorragia renal como meio de representar o parto.

Este breve segmento de uma longa estória clínica mostra que as idéias freudianas podem ser aplicadas no esclarecimento e tratamento de males orgânicos. O inconsciente lança mão do recalque para produzir tanto as doenças orgânicas como as nervosas. Escolhe por si a forma – orgânica ou psíquica – para defender-se da conscientização do recalque.

Há oito anos, veio me consultar um operário, com quem estava relacionado em algumas atividades sociais. Uns seis meses antes, ele me contara por alto a sua estória. Nasceu numa aldeia nas montanhas, recebendo de sua mãe uma severa educação católica; nunca havia freqüentado uma escola. Seu pai morreu cedo. A princípio foi pastor de cabras, depois foi ter com um sapateiro, para aprender o ofício. Este recebia às vezes a visita de um cego, que na aldeia era chamado de blasfemo, por nunca comparecer à igreja. Após aprender a profissão, passou um tempo andando de um lugar a outro, até fixar residência. Por ocasião da consulta, contou-me que era míope desde a infância, que tinha freqüentes sangramentos da retina ultimamente, e que seu oftalmologista lhe recomendara abandonar o ofício de sapateiro e dedicar-se a alguma atividade ao ar livre. Dessa forma, ele conseguiria postergar por um bom tempo a cegueira que fatalmente iria acometê-lo. Da nossa conversação se depreendeu que os sangramentos ocorriam principalmente no outono, quando ele era invadido por uma sensação de tristeza. Pedi que citasse um número e, ao indicar o oito, negou que aos oito anos tivesse acontecido algo significativo para a sua vida interior. Nesse momento, lembrei-me de que, ao contar sua estória de vida, ele se estendeu bastante sobre o cego chamado de blasfemo, e então lhe perguntei se alguma vez ele havia blasfemado contra Deus. Sorrindo com um ar de superioridade, respondeu que para ele não havia nem Deus nem Igreja, que já tinha se livrado disso há muito tempo. Mal pronunciadas estas palavras, afundou na cadeira e desmaiou. Ao despertar, relatou com os olhos lacrimejantes que realmente havia blasfemado contra Deus uma ocasião,

e isso aconteceu, de fato, quando eu tinha oito anos. Eu estava com meu irmão e mais um menino da aldeia; nós atiramos pedras contra um crucifixo que havia nos limites da aldeia, o Cristo de madeira despregou-se da cruz, caiu e quebrou-se. Nunca contei isso a ninguém, nem confessei o pecado quando criança. Deve ter sido isso. E foi em outubro, pois estava perto do aniversário do meu irmão e ele faz anos em outubro.

Fiz-lhe algumas recomendações e as hemorragias cessaram por um ano. Em outubro do ano seguinte ele voltou; na noite anterior tivera um pequeno sangramento. Como seu filho esbarrara no olho à noite, essa deveria ser a causa. Perguntei por alguma hora do dia, e ele mencionou cinco horas. Às cinco horas, ele tomara o bonde numa certa parada. Pedi-lhe então que retornasse ao local para investigar o que ele poderia ter visto por lá. Ao regressar, contou que em frente ao ponto há um crucifixo, no qual curiosamente ele nunca reparara, apesar de tomar o bonde ali todos os dias. A conversa prosseguiu e me inteirei de que nesse dia ele havia recebido uma carta do irmão, seu cúmplice na blasfêmia, que, desolado, se queixava de sua pobreza. A partir de então, não houve hemorragias por mais de um ano. Em janeiro de 1915, ele recebeu uma convocatória, concedendo-lhe oito dias de prazo para se apresentar em alguma seção de recrutamento para a guerra. Dois dias antes de sua partida, houve um novo sangramento à noite. A pergunta sobre a hora do dia revelou que, às treze horas, ele conversara com um homem que levava no peito a medalha da cruz de ferro. Nos últimos cinco anos não se registrou mais nenhum distúrbio, embora o paciente, tendo mudado novamente de profissão, passe de oito a nove horas por dia debruçado sobre uma escrivaninha.

Neste caso é bastante evidente o objeto do recalque, é Cristo e a cruz. Contudo, por trás disso está o complexo de Édipo, oculto numa camada mais profunda. Cristo na cruz é o símbolo do incesto com a mãe, cuja repressão anda de mãos dadas com o recalque da culpa pelo parricídio. Como indiquei, o paciente perdera seu pai muito cedo. Para a escolha da doença oftálmica como castigo e meio de resistência contra a lembrança, foi decisivo para o inconsciente o encontro com o blasfemo cego da aldeia e a profunda relação do complexo de Édipo com os olhos, oculta no ser humano e ainda não explicada satisfatoriamente.

Neste caso é característico como o inconsciente protege o elemento recalcado de vir à lembrança. A princípio intervém com a blasfêmia, que é uma destruição direta do símbolo do incesto, e depois a deposita sobre o complexo de Édipo, de modo a este ficar totalmente encoberto. Então faz surgir a miopia, que sempre é um indício da insuficiência do meio comum de o inconsciente ver as coisas, meio que empregamos diariamente sem sabê-lo: mas como isso tampouco basta, recorre gradualmente à cegueira. Com os demais sentidos, o inconsciente procede de modo semelhante: usa distúrbios auditivos agudos e crônicos para suavizar os tabus auditivos, provoca resfriados ou a hipersensibilidade do nariz, caso as sensações olfativas tenham falhado, deixa a língua pastosa para impedir a degustação, ou altera as percepções sensitivas. O inconsciente tem um procedimento análogo com os órgãos responsáveis pelos nossos movimentos; assim, a artrite nas mãos, por exemplo, é o recurso do inconsciente na luta para recalcar o complexo do onanismo, que está significativamente associado à idéia da morte – como indica a equação: orgasmo-morte, Eros-Thanatos[2] – como também está ligado ao complexo de Édipo, nas seguintes equações: pênis-procriador-pai, e matriz-mãe. Eu paro por aqui, e passo a outras considerações.

O inconsciente utiliza doenças e distúrbios orgânicos – e, num sentido mais amplo, procedimentos orgânicos – na representação mímica dos recalques, do mesmo modo que lança mão das convulsões histéricas ou qualquer outro sintoma neurótico.

Há alguns anos, fui procurado por uma senhora que sofria de um inchaço no seio esquerdo. Seu irmão, um renomado oncologista, diagnosticara câncer. Além do equívoco do diagnóstico – pois o tumor desapareceu – a análise revelou que o fator decisivo foi uma reprodução da *Flora* de Tiziano, pendurada sobre a cabeceira da cama de seus pais. O inchaço homogêneo do seio representava esse quadro que impregnou a

---

2. Enquanto Eros é o deus do amor, Thanatos mitologia grega é a morte. É representado por um jovem alado, levando na mão, abaixada, uma tocha apagada ou ainda acesa (N. da T.).

libido infantil; seu inconsciente conservara em suas profundezas a imagem da mãe amamentando, após o segundo parto, a irmã mais nova, com quem ela tinha uma ligação libidinosa, sendo que o seu inconsciente, fazendo-se passar por homem, usou o seio direito como máscara do pênis e o esquerdo para sugerir o pecado do incesto e do homossexualismo.

Um caso parecido de reversão ocorreu com uma senhora neurótica que tinha um dos seios atrofiado, e através da análise conseguiu igualar o tamanho dos dois, quinze anos após a manifestação da atrofia. A ocasião que propiciou o recalque e sua representação orgânica apresentou-se durante a puberdade: apesar da proibição, a paciente ia várias vezes a uma padaria comprar doces. Na porta de entrada, estava afixado um postal, mostrando como um homem enfiava a mão na blusa semi-aberta de uma moça e segurava seu seio, "arrancando-o". A expressão "arrancar" levou ao complexo de castração, que constituía o cerne da neurose desta paciente e era simbolizado pela atrofia de um dos seios. Nesta ocasião, aproveito para mencionar o fato por demais conhecido de que o inconsciente utiliza as operações de amputação, especialmente dos dedos da mão e dos pés, como representação figurativa da castração. Mas que eu saiba, ninguém chegou ainda à conclusão de que a enfermidade orgânica, a justificar a operação, é desencadeada pelo inconsciente com a finalidade da amputação. Baseado no êxito de algumas análises, posso afirmar que sobretudo a inflamação do apêndice e dos ovários muitas vezes está relacionada e condicionada à idéia de castração; o apêndice é escolhido por simbolizar – na idéia do enfermo – os órgãos sexuais masculinos, devido à sua constituição vermiforme, anexado a um órgão que equivaleria aos testículos; os ovários, por evocarem a sugestão curiosa e errônea de que são como um bastão, com óvulos/ovos (*Eier*) pendurados nas extremidades.

O infantilismo é um exemplo de fixação; citarei, por suas peculiaridades, dois casos de fixação parcial no crescimento dos pêlos; dois pacientes meus não apresentam nenhum fio nas axilas, enquanto os pêlos do púbis tiveram um crescimento normal.

Uma forma muito conhecida de regressão é a suspensão esporádica das regras, embora este caso quase sempre tenha como fator coadjuvante a satisfação do desejo de gravidez. Freqüentemente a queda de dentes ou de cabelos está relacionada com a regressão (nestes sintomas sempre atuam também a representação da castração e a satisfação do desejo de voltar a ser um recém-nascido). Em última análise, toda doença é uma regressão à infância, à fase de recém-nascido, ou até a vida intra-uterina, devendo-se levar em conta novamente a satisfação do desejo de estar sob os cuidados da mãe.

No campo da satisfação dos desejos recaem sobretudo várias moléstias de senhoras. O próprio exame médico, com as necessárias manipulações, está estreitamente ligado aos recalques, aos desejos de exibição e outras manifestações da libido que se liberam sob o pretexto do tratamento; isso explica também a imensa capacidade de o inconsciente iludir-se na quebra dos tabus. Ao mesmo tempo, desejo mencionar que foi desse modo que o inconsciente criou a ginecologia – que mal se conhecia um século atrás – com todas as suas vantagens e seus graves danos. Seria muito gratificante investigar o surgimento de áreas específicas na nossa ciência médica, assim como fizeram os adversários de Freud com a psicanálise.

Os dois fatores decisivos na orientação e aplicação do tratamento psicanalítico, a resistência e a transferência, não são uma novidade para a terapia orgânica, embora talvez não sejam realmente conhecidos. Na verdade, a resistência irrita os médicos, que procuram vencê-la segundo seu talento, com brutalidade ou bajulação, enquanto as conseqüências da transferência atribuíram, cheios de satisfação, à própria perfeição. O fato de Freud ter dito claramente o que esses fatores significam nos tornou mais modestos e mais seguros. Este que praticamente é o mais importante de seus ensinamentos talvez seja o único destinado a tornar-se um patrimônio comum a todos os médicos. Aliás, deve tornar-se, e assim será. O tratamento da resistência e da transferência encerra toda a sabedoria da arte medicinal.

A resistência exerce a mesma influência na parte orgânica do ser humano – esteja este sadio ou doente – que na neurose. Qualquer seção de tratamento de qualquer enfermidade o comprova. Em lugar da controvérsia toda, apresento apenas um exemplo. Como discípulo de Schweninger, habituei-me desde o princípio a controlar minuciosamente o peso dos pacientes. Se o paciente está fazendo regime, não registra aumento de peso, a não ser que exista um determinado tipo de resistência, no sentido freudiano, contra o médico; do mesmo modo, a perda de peso, quando o paciente deve engordar, só se verifica quando há uma resistência desse tipo.

Encontra-se sob os meus cuidados um paciente que, entre outras coisas, vinha sofrendo de hemorragias renais no último ano. Quando as hemorragias começaram a diminuir, aparecendo esporadicamente, verifiquei uma certa regularidade: cada nova hemorragia correspondia à construção da barreira; elas só desapareceram depois de eliminada a resistência.

Todo agravamento de uma enfermidade é sinal de que há uma resistência. A experiência me deu provas disso, mas essa é uma necessidade absolutamente teórica, pois, de fato, a resistência não se verifica em relação ao médico e sim aos recalques, ou seja, procura evitar que o próprio doente se conscientize do recalque. A resistência nunca está baseada somente no caráter ou no comportamento do médico. Está voltada principalmente para o caráter e o comportamento do paciente, sendo apenas projetada na figura do médico porque a auto-acusação é desagradável e traria à tona os complexos recalcados. Não considero uma exceção, mas sim uma regra universal, que o doente critica no médico aquilo que deveria reprovar em si mesmo. A forma da resistência é uma transferência de si para a pessoa do médico.

O tratamento de distúrbios orgânicos e sua cura estão submetidos à lei da transferência. Quem conhece esta lei não deve esperar que eu fundamente minhas afirmações através de exemplos. O espaço da revista não bastaria para um só deles. Em seu lugar, porém, quero chamar a atenção para uma forma especial de transferência, muito importante para tudo que é orgânico: a transferência do objeto ao sujeito, uma transferência que traz o elemento externo para dentro do sujeito, um apropriar-se do objeto, uma espécie de imitação inconsciente. Isso é comum em casos de neurose, mas também se verifica na vida cotidiana e provavelmente existe uma denominação apropriada para esse fenômeno. Na área orgânica, parece-me que essa transferência não foi devidamente considerada, embora seja tão importante e tão rodeada de mistérios quanto a hereditariedade, que é um setor onde se acomodaram inúmeras fantasias leigas e científicas. Talvez justamente por isso ela tenha sido relegada a segundo plano. Ao relatar o caso daquela senhora com o quadro *Flora* de Tiziano, já forneci um exemplo dessa transferência do objeto ao sujeito. Conheço ainda um caso parecido, em que uma moça, bastante vaidosa em relação à beleza de suas formas, incorporou os seios enrugados de uma mulher idosa, um outro em que a ubre e o pênis foram transformados em seios pendentes, vi o globo ocular de um paciente aumentar e saltar após a contemplação de um quadro representando um caolho, desaparecer o sintoma depois de solucionados os complexos, tornar a aparecer e a desaparecer. Também me deparei várias vezes com a apropriação de um eczema, de certas rugas, de queda de cabelo, sintomas de gravidez, através do aumento de peso, do crescimento da barriga e dos seios e amenorréia. O objeto é de tal importância que reservarei meu material para uma futura publicação.

De tudo o que foi tratado aqui, conclui-se que, assim como acontece com várias formas de neurose, a aplicação da psicanálise aos distúrbios orgânicos segue as mesmas leis teóricas e obtém os mesmos resultados práticos positivos.

A Pulsão à Simbolização

Nesta revista, a lenda do pecado original já foi interpretada com a ajuda de símbolos, a partir de outra perspectiva. A serpente que seduz Eva – e, depois desta, todas as mulheres – é considerada como o falo, a árvore boa, que dá bons frutos e é agradável à vista, tem o mesmo significado (falo), enquanto os seus frutos representam os testículos e a glande, mas ao mesmo tempo são os seios e a vagina, quando é a mulher que oferece esses frutos. Essa explicação é correta, como o demonstra a continuação da estória, que conta como o primeiro casal humano se envergonha de sua nudez, mal havia provado da árvore do conhecimento. Só sente vergonha da nudez e só pode senti-la quem está atormentado pela consciência culpada de sucumbir ao pecado do sexo[1]. O pecado original, a que a estória se refere, é o ato de amor entre o homem e a mulher, e a expressão "conhecimento" é empregada no mesmo sentido em que aparece várias vezes na Bíblia, como um conhecimento, como o ato de deitar-se com a mulher e praticar a união sexual.

Dada a clareza da situação objetiva, seria uma tolice acreditar que a simbologia da serpente, da árvore e da maçã, seria uma interpretação arbitrária, que alguém de fora estaria querendo transpor para dentro da estória. A simbologia está aí dentro desde o princípio e, quem quer en-

---

1. É estranho que, aos poucos, se tenha estabelecido a tradição de que a fruta do pecado era a maçã, considerada desde sempre como um símbolo dos seios e das nádegas. Evitou-se designar como tal o figo, que é mencionado no mesmo trecho, embora este simbolize a vagina – ou talvez precisamente por isso (N. do A.).

tendê-la, entende-a. Seguindo-se o desenrolar do relato, fica mais difícil ainda acreditar numa intenção artificial ou proposital. Deus lança uma maldição sobre a serpente, a mulher e o homem, que está impregnada de símbolos. "Andarás sobre a tua barriga", disse ele à serpente, "e comerás da terra por toda a vida"; dependurado na barriga, o pênis balança de um lado para o outro a cada passo do homem, e sua boca está voltada para a terra. E mais: "Haverá inimizade entre ti e a mulher, entre o teu sêmen e o dela. A mesma esmagará tua cabeça e irás mordê-la nos talões". Essa é a simbologia da luta do amor, ou da guerra dos sexos, o esmagamento da cabeça é o esmorecimento do membro após a ereção e a ejaculação, e a mordida no calcanhar – que nos contos de nossas amas sobrevive como a bicada da cegonha – o parto; a maldição lançada sobre a mulher explica isso. A terra que Adão terá que cultivar, sob o suor de seu rosto, que lhe dará espinhos e cardos, essa terra, da qual ele foi tirado, é a mulher, cuja voz ele obedeceu.

Não se pode atribuir a nenhum plano artificial tamanho acúmulo de símbolos. Eu creio que neste ponto já posso afirmar que os símbolos não são colocados propositalmente pelo poeta em sua obra, pelo menos não é sempre assim. Mas de onde vêm então, o que são esses símbolos, e, se não são um engenhoso trabalho do ser humano, como é que entram em sua obra? Só é possível responder a esta questão – se é que isso é possível – quando se analisa como os símbolos são aplicados na literatura. Tomarei por exemplo o conto de Branca de Neve, tentando expor, um a um, os símbolos puros.

Uma mulher morre ao dar à luz uma filha. A filha é o símbolo dos órgãos sexuais femininos, que coincidem com a descrição da aparência de Branca de Neve; branco como a neve é o corpo, vermelho como o sangue os genitais em si, negro como o ébano os pêlos; o branco ressalta também o caráter de intato e intocável do órgão. O parto é o nascimento da maturidade sexual, a entrada na idade fértil, o sangue na neve é a primeira menstruação; o corte no dedo indica que o período equivale a uma visão bem infantil da castração. A maturidade sexual, por ser um castigo à castração, provoca uma mudança na carinhosa relação entre mãe e filha, entre a mulher e seus genitais, a mãe torna-se a madrasta que mantém uma atitude hostil frente à Branca de Neve – as suas partes pudendas – e manda matá-la, com toda a sua inocência e beleza, por dois motivos: por desejar sua violação, a perda da virgindade, e de vergonha desse desejo. O ato de olhar-se no espelho deve ser entendido no sentido literal; em todas as partes do mundo, as mocinhas costumam observar o corpo nu diante do espelho e examinar seus órgãos sexuais. Porém, a observação diante do espelho é concomitantemente um símbolo da masturbação, que expressa o desejo de praticar o ato sexual com um homem. A Branca de Neve é enviada ao bosque – os pêlos do púbis – com o caçador, que representa o homem, enquanto sua faca é o falo, para ali ser assassinada, ou seja, o desejo da noite de núpcias está presente. No entanto, não se chega ao ato sexual, a menina continua intata e, no seu lugar, o caçador mata um filhote de javali, o que sugere a distensão do pênis. A Branca de Neve passa a viver então em segurança, detrás das montanhas, que podem ser consideradas como as nádegas, junto aos 7 anões. O anão é conhecido como símbolo do membro adormecido. O número 7 caracteriza a cabeça, o tronco, os membros e o pênis; o homem é o 7 sagrado, enquanto a mulher é o 7 mau, castrado².

Uma das versões do conto, segundo a qual o sétimo anão teve que dormir junto ao sexto na mesma cama, porque Branca de Neve precisava da sua – sendo portanto eliminado da estória –, é igualmente um símbolo de castração. Então a madrasta faz uma nova tentativa de assassinato; ela reprime e sufoca até a morte o seu desejo sexual. Os mesmos anões – a idéia do homem – fazem ressurgir a excitação. O pente envenenado é um ato de onanismo: o pente representa a mão com os seus dedos. A última tentativa é bastante característica. A Branca de Neve é envenenada através de uma maçã – nós a conhecemos, baseados no pecado original, como símbolo masculino; a madrasta morde e come a metade branca da maçã, ou seja, ela faz o papel de mulher fria durante o ato, enquanto a Branca de Neve fica com a parte vermelha: os órgãos sexuais se excitam no jogo amoroso. No entanto, não se chega à ruptura do hímen. A maçã fica presa na garganta, o jogo do amor ficou limitado ao prelúdio. O caixão de vidro é o perigo que ronda a virgindade nesse jogo, o príncipe é o homem, o serviçal desajeitado que dá o empurrão decisivo, o membro. A versão de que o pedaço de maçã salta da boca, além de ser a evidente inversão de "para dentro" e "para fora", é o abandono da satisfação sexual através do prelúdio, em favor do ato sexual em si. Os tamancos da madrasta malvada pegam fogo e ela morre queimada, ou seja, a mulher fria, que finge ter pudor, fica eroticamente excitada – satisfaz, com o castigo, seu ardente desejo.

Com todo este desfile de símbolos, ninguém pode insistir em pensar que o autor do conto usou de alguma técnica para reuni-los arbitrariamente. Só uma força pode fazer isso, uma força que lhe é própria, é certo, mas que ele não domina. Essa força é o inconsciente. O inconsciente expressa-se através de símbolos, envia-os para cima, à consciência, dando ao autor o material com o qual ele tem que construir sua obra. Ele não é totalmente livre ao criar, deve seguir o caminho que o inconsciente lhe dita, fazendo surgir o símbolo. Através de uma compulsão associativa – que também é uma característica, uma propriedade do inconsciente –,

---

2. A palavra bruxa, porém, não deriva do número 6, mas na interpretação analítica com freqüência é relacionada ao 6, e o número 6 é o 7 ao qual falta o 1, o homem castrado – o sexto mandamento reforça isso. Também é comum a equação: bruxa-mulher-mãe (N. do A.).

esse primeiro símbolo se alinha a outros, o que em certo sentido condiciona o curso da obra literária.

Não é nem um pouco estranha a idéia de que os contos e as sagas, que são formas de literatura popular, nascem de misteriosas forças criadoras; quem quiser chamar estas forças de inconsciente, não atrairá a cólera alheia sobre si. Mas quando se afirma que a arte poética também provém do inconsciente, no que tem de essencial, que os símbolos estão no poeta e o obrigam a engendrar uma determinada obra, à qual, em última instância, ele só dá a forma – quando se afirma tudo isto, não se deve contar com aprovação, principalmente quando se trata do poema "O Pescador" de Goethe. "A água murmura, a água intumesce" – a água murmurante é o símbolo do ato de urinar, um símbolo do qual é possível dizer que exerce uma forte atuação sobre o corpo, como qualquer pessoa que passeie ao longo de arroios murmurantes pode comprovar; a pressão da bexiga não se faz esperar por muito tempo. A vara de pesca – observe-se a forma peculiarmente masculina que Goethe utiliza – é imediatamente identificável como símbolo do pênis, e a tranqüila frieza do pescador demonstra como lhe é alheia qualquer excitação. Somente a expressão "espreitar" indica que ele sente nostalgia do desejo. Aí, das águas agitadas emerge subitamente uma úmida figura de mulher. O símbolo erótico, contido na expressão "úmida mulher", bem captou o espírito do gracejo popular. Também sabemos que a mulher é um dos inúmeros símbolos dos órgãos genitais femininos. A umidade mostra a excitação que se apodera da mulher ao ver a vara, que provoca o funcionamento das glândulas e o umedecimento das mucosas. A "sedução num fervor mortal" lembra o parentesco entre amor e morte, enquanto a expressão "cio" abriga tanto o símbolo feminino como o masculino. As relações mútuas entre os sexos estão representadas da mesma maneira que na narração do pecado original. A visão do homem, de sua serpente, sua vara, desperta o desejo da mulher, umedece-a e só quando os órgãos femininos, o cio feminino, ascendem às raias da volúpia, ela se vê compungida a atrair o homem, a levar seu membro à ereção. Como ela atribui ao homem a culpa pelo desejo, temos praticamente uma repetição do que faz Adão ao responder ao Senhor: "a mulher que me destes por companheira deu-me de comer" – ou do que faz Eva, quando responsabiliza a serpente de Adão pelo acontecido. Mas no lugar da vara surge então o peixinho, que se sente bem na água, no fundo do regaço feminino. Nos sonhos e neuroses, na vida cotidiana e no antigo cristianismo o peixe é um conhecido símbolo fálico; concomitantemente ele significa a criança; o peixe/falo morre na mulher, para reviver, ressuscitar novamente como cria do peixe, como o novo peixe/falo. Os próximos símbolos, sol e lua conduzem às camadas mais profundas do inconsciente infantil, às relações de amor entre pai e mãe: o Isso da criança captou essas relações, explicou-as simbolicamente e transformou-as num novo símbolo; elas operam nas profundezas e todos aplicam esse complexo inconsciente para estimular a cobiça sexual. A expressão "respiração ondulante", usada no verso seguinte, corresponde a essas observações infantis que captaram os movimentos ondulantes ligados à respiração ofegante do prazer. O céu profundo é novamente o órgão feminino que – curiosa ou naturalmente – ao mesmo tempo é céu e inferno, e cujos mistérios são a raiz da religião e do mito. A qualificação "úmido e transfigurado" ressalta novamente a excitação desse céu, enquanto o azul, como cor da esperança, é a promessa de um filho. A idéia da criança, da imagem e do reflexo da criança, torna a repetir-se na expressão "teu próprio semblante", que concomitantemente é um símbolo de onanismo, enquanto o "eterno orvalho" concentra numa só expressão o mar como símbolo da mãe e de tudo que é humano. Nos versos seguintes, um símbolo se liga ao próximo, o pé descalço, que é preso pela rede, é o falo, o crescimento do coração é a ereção cada vez mais forte, que termina na morte, no não-ser-mais-visto. O duplo significado de todos os símbolos é frisado, especialmente pelo inconsciente da poesia, no penúltimo verso: "meio que ela o puxou, meio que ele afundou".

Usei propositalmente a expressão "inconsciente da poesia", em vez do poeta, porque com isso quis dizer que uma obra de arte – como talvez qualquer ação – tem vida própria, tem a sua própria alma, e que – para dizê-lo de outra maneira – o símbolo, assim que emerge, alinha novos símbolos pela pulsão associativa, que se tornam a matéria da poesia. À atividade consciente do poeta resta apenas dar-lhe a forma. Pelo menos nisso ele parece ter liberdade. Uma investigação mais aprofundada das questões do consciente e do inconsciente mostra, decerto, que não existe uma atividade livre, uma livre escolha do consciente. Os dois sistemas, consciente e inconsciente, não se contrapõem em igualdade de forças; o consciente é dominado pelo inconsciente, com o que não quero dizer que o inconsciente não seja influenciado também pelo consciente. A função deste sucinto trabalho é apenas sugerir o condicionamento do consciente – mais não se pode fazer quanto a estes assuntos que estão além de toda e qualquer compreensão; ao apresentar os símbolos, ele não explica nada, limitando-se a lembrar que tudo o que é efêmero não passa de uma metáfora, uma alegoria.

O adulto se esforça e se atormenta para entender a simbologia, e de quando em vez consegue compreender alguma obra humana em suas relações simbólicas com o inconsciente. À criança essa capacidade de compreensão simplesmente é dada, fato que devem ter sempre presente aqueles que se dedicam, na prática, à criança, ou ao estudo teórico da natureza infantil. Perde-se rapidamente essa sensibilidade dos primeiros anos de vida, dando lugar ao que se chama de sã razão humana, mas que, na verdade, não passa de estupidez adquirida à custa de recalque. Há pouco, eu tentei provar que a capacidade de trabalhar os símbolos é inerente ao poeta. Quanto às suas semelhanças com a criança, seria melhor demonstrá-lo tomando por base o *Struwwelpeter*[3], que também apresenta a vantagem de revelar alguma coisa do caráter do médico – seu autor exercia a medicina num manicômio –, que, graças às suas ilustrações, se transpõe para o campo da pintura. Escolhi a estória "O Malvado Frederico", porém observo que a pesquisa de símbolos é viável em outras partes da obra, com igual êxito. Cada verso e cada ilustração nos levam à convicção de que por trás de tudo há um determinado pensamento simbólico do ser humano em ação – é ele que exerce a pressão – e que, através do poder peculiar da associação, um símbolo se alia ao outro, criando assim a poesia e a ilustração.

Ao se observar as imagens, a primeira coisa que chama a atenção é a predominância da cor marrom que, como sabemos, é a cor das fezes; a estreita ligação da crueldade com as tendências sexuais anais é bem acentuada – e inconsciente, deve-se acrescentar. O complexo anal logo se manifesta numa cadeira de balanço[4] que coroa o primeiro quadro. Além do marrom, há bastante amarelo nas ilustrações, a cor da urina. Na primeira delas, lembram a micção a posição de um dos personagens, de pernas abertas, a fonte onde o cão bebe água e o urinol que se vê através das portas entreabertas do criado-mudo de Frederico, que está doente no seu quarto. Correspondendo a este erotismo anal, a estória gira em torno das inclinações sádicas do garoto. As imagens que a acompanham estão repletas de símbolos de impotência: uma gaiola vazia, um galo e um canário mortos, um gato esmagado, atirado sobre uma pedra. A mosca com as asas arrancadas leva ao complexo de castração, que já é sugerido pelo fato de o canário estar colocado entre as pernas de Frederico, como se acabasse de cair dele. A ação de mostrar a língua, enquanto arranca as asas é característica do prazer pela violência. A análise tem demonstrado que sempre que a língua aparece entre os lábios – durante uma conversa, ou qualquer ação – há uma crescente excitação sexual com tendências violentas. O caráter sexual do conto ressalta também um outro símbolo: a escada. Ela aparece sob diversas formas em todas as ilustrações, sem qualquer motivo que justifique a sua presença. Um outro dado curioso das forças inconscientes é que as imagens ressaltam o fundo das calças (desabotoável) de Frederico, enquanto não está nem pintado nos demais personagens. Então surge o símbolo dominante do membro masculino, o chicote, primeiramente frente à babá, que substitui

---

3. *Pedrinho, o Desgrenhado* – título que reúne vários contos infantis em forma de versos, do médico, poeta e pintor Heinrich Hoffmann-Donner – século XIX (N. da T.).

4. Em alemão, a palavra *Stuhl* significa, além de cadeira, fezes, funcionamento do intestino (N. da T.).

a mãe e os órgãos femininos. O vermelho do período menstrual conseqüentemente está representado na saia vermelha da personagem feminina, que mal é encoberta pelo avental branco simbolizando a virgindade. Além da crista do galo, que tal como a língua vermelha do cão, representa a glande, a cor vermelha só é usada para pintar o estofado da cadeira e o vinho, ambos símbolos da mulher e da menstruação, o que contrasta com outras ilustrações do livro. Dessa agressão ao objeto de amor feminino, a representação simbólica passa para o interesse pelo homem. Entre dois corrimãos (as pernas), Frederico sobe uma escada, em direção à fonte (pênis), levando na mão o chicote e com o olhar voltado para uma igrejinha (o símbolo do ato sexual). É marcante o impulso ao onanismo. Frederico se esgueira até a fonte onde está o cão, o que deve ser interpretado como o ato de escutar, às escondidas, o pai urinar. Notam-se vagamente as teorias sexuais infantis que concebem a relação entre pai e mãe como uma micção do pai dentro da mãe, o que é sugerido pelo cano amarelo da fonte, como homem, e a pia como mulher. A seguir, vem o ódio contra o pai, manifesto no espancamento do cachorro. O quadro é uma representação gráfica do profundo desejo do filho de tornar seu pai impotente; o rabo do cão/pai está escondido, mal é visível, enquanto Frederico eleva seu chicote e levanta uma de suas pernas. A castração é apresentada através de múltiplos símbolos. O cão morde a perna, o boné cai da cabeça e o chicote da mão, e é arrastado pelo cachorro de orelhas em riste e rabo orgulhosamente empinado. Os símbolos empregados na ilustração que apresenta o médico mostram como a castração marcou profundamente. O doutor em pessoa é o substituto do pai, sentado no trono vermelho da cadeira, da mulher, assim como o cão no quadro anterior. Ele está com a mamadeira de Frederico na mão e lhe dá a colher, a cavidade, a transformação em mulher. O garoto malvado mostra só uma mão, a outra não se vê, e o topete, que na ilustração anterior estava levantado e em meio aos símbolos dos testículos, desapareceu. A cavidade ainda é representada pelo chapéu do médico, virado ao contrário, na porta entreaberta do criado-mudo, no urinol e na escada construída em forma côncava. Como se não bastasse tudo isso, ainda há um bastão ao lado do criado-mudo, enquanto a potência do pai é frisada pelo narigão do doutor. As arvorezinhas ao lado da escada – dispostas em dois grupos, cada um de três árvores – representam a potência sexual do pai e a força castrada de Frederico. A última figura ilustra a saborosa refeição do cachorro, ao lado da mãe: ele está comendo um bolo e salsichas, e no seu copo foi servido vinho. Nesta cena, o rabo está na altura mais elevada.

Eu me deparei com os mesmos fenômenos observados no *Struwwelpeter* – ou seja, que na representação figurada pode-se encontrar símbolos que coincidem com o tema apresentado e dificilmente são oriundos da intencionalidade consciente do artista – na pintura mais famosa do mundo, *A Criação de Adão*, de Michelangelo. Deus-Pai flutua no ar, no espaço livre. O manto às suas costas está abaulado, formando uma espécie de saco, onde se comprime um amontoado de crianças, enquanto ele próprio, descoberto, destaca-se ao longo de todo o seu comprimento, com o braço estirado para frente, apontando com o indicador para Adão. À sua frente, deitado sobre o solo árido, está Adão, recostado e ainda inerte; representado como se estivesse pendente de uma escarpa, Adão flexiona uma das pernas num lampejo de força incipiente, tocando a outra, enquanto a vida começa a fluir em seu corpo fraco. A cabeça e as costas procuram desprender-se da colina, e o braço, meio adormecido, levanta-se lentamente em direção ao espaço. Despertando a noção da criação do homem, e por ela despertado, o impulso sexual – independentemente do esforço pessoal do artista – se impõe através do símbolo humano universal do falo completamente ereto frente ao membro que começa a se levantar.

Eu espero que meus exemplos tenham levado o leitor a compreender como foi que a busca de símbolos nos objetos me forçou a supor que o símbolo é um meio através do qual nosso inconsciente se dirige à nossa consciência. Minhas próximas considerações sobre diversas manifestações de vida não têm a pretensão de constituir uma interpretação completa e inequívoca, visando tão-somente motivar um ou outro a investigar essas questões tão curiosas.

A escultura grega procurou instituir um cânon do corpo masculino, e a Antiguidade já havia estabelecido seu padrão na figura de Doríforos, o jovem nu levando uma lança[5], o conhecidíssimo símbolo fálico. No maior escultor moderno, Michelangelo, o símbolo se impõe sem o seu consentimento consciente, quando ele coloca, na sua *Pietà*, o corpo sem vida de Jesus no colo de Maria, a mãe, representada tão jovem quanto o filho, o falo distendido e morto, que repousa no seu regaço.

Todos sabem que a casa é um símbolo do ser humano, especialmente da mulher. Mas é preciso ressaltar expressamente que o homem só pode ter chegado à idéia da morada, representando simbolicamente o útero fecundado pela casa, através de uma pressão, uma pulsão interior à simbolização. Aconteceu com o ser humano o mesmo que com o pequeno ninho dos pássaros ou com a construção de cavernas pelos texugos. É possível comprová-lo tanto nas edificações primitivas como nos templos e palácios mais suntuosos, ou nas mais intrincadas fortificações. O símbolo da porta ou da janela não foi trazido de fora, não foi tirado *a posteriori* do tipo de casa; foram a união sexual e o nascimento que, com a ajuda da simbolização, inventaram os quartos, portas, janelas, chaves e

---

5. Escultura grega de Policleto (cerca de 450 A.C.), conhecida somente através de cópias em mármore (N. da T.).

fechaduras, criaram nichos e neles colocaram estatuetas, cavaram trincheiras e construíram diques e torres. Quem se movimenta dentro de casa tropeça a cada passo com o símbolo, vê nitidamente como um leva necessariamente ao outro, criando, pela via da associação, novas imagens da existência humana. O fogo, a paixão abrasadora, constrói o fogão, a Deusa-Mãe que abriga em si as chamas, e deixa a criança crescer, na simbologia do calor e da ação de cozer. Ao fogão se associam a panela, a colher, a xícara, sempre novas formas do espaço ligado à mulher. O aquecimento a lenha ou a carvão também tem a mesma origem, enquanto a luz do fogo, pressionada pela *imago* do falo, inventou a lâmpada a óleo, a vela, os pauzinhos de madeira para fazer fogo, e abre caminho no mundo inteiro sob a forma de luz elétrica. A faca, o punhal, a lança e demais armas semelhantes, simbolizam a ferrada do macho; acompanhados da tesoura e do garfo – respectivamente a fêmea de pernas abertas e a mão representando o onanismo – todos esses símbolos derivam do complexo de castração; a mesa é uma reprodução da mãe que amamenta, que alimenta, o armário é uma imitação inconsciente da gestante, o espelho surge do prazer com a masturbação, as cortinas são os lábios da vulva e o hímen, os tapetes as macias mucosas, a cama, o jogo amoroso em si, a mulher é o depósito, amalgamada ao homem que é o teto, a coberta, constituindo uma só unidade que abriga em seu seio a criança. A vida intra-uterina criou para si o banho com a banheira, torneiras, ducha e água, e não esqueçamos que o complexo anal trouxe a cadeira, o trono, a privada, assim como o falo nos deu a bengala, o cetro e a pena.

O mesmo ocorre com a escolha, o adestramento e a utilização de nossos animais domésticos. O ser humano não chegou pela razão à idéia de cavalgar, mas como o homem monta sobre a mulher, a criança sobre o pai, além de ser levada pela mãe no ventre, buscou um símbolo para isso, encontrando-o na montaria, no ato de cavalgar sobre o cavalo, o burro, o camelo, etc... Atrelou os animais de tração, colocando-os diante da carroça, numa representação simbólica da gravidez, e, impelido pela necessidade, inventou o barco e o mastro, retratando a mãe e o falo.

Daí é só um passo para se atribuir o cultivo da terra à compulsão simbolizadora do ser humano, sendo que a terra é o ventre da mulher, o arado é o homem que, segundo a teoria infantil, abre os sulcos na mulher para despejar a semente, da qual cresce o fruto. Segue-se o enxerto das árvores, o plantio na terra e em vasos, até a formação de hortos e jardins. O jardim florido, cuja imagem forneceu as pinturas do Paraíso, alberga um símbolo atrás do outro, desde a árvore frondosa no centro, passando pela fonte jorrante, o caminho ladeado de arbustos, a sebe que contorna o jardim, até o córrego que o atravessa, as roseiras e a folhagem onde se regozija o amor. O ancinho é a mão que diverte, a pá e o regador são símbolos fálicos, enquanto o adubo, relacionado às fantasias infantis, se origina do nascimento e do complexo anal.

Do ânus vem também o dinheiro, e o comércio simboliza a vida do recém-nascido, que retribui o alimento e os cuidados maternos com a mais particular de suas criações, com as fezes e a urina; por um caminho paralelo transcorre a simbolização da relação de troca entre o homem e a mulher, na qual o primeiro fornece a força de seu lombo, para que um filho lhe seja procriado.

Há alguns anos, esta revista já expôs a noção de que a linguagem humana provém dos impulsos eróticos do inconsciente. Basicamente, isso coincide com a minha concepção de que o inconsciente elabora simbolicamente a sonoridade da voz, a fim de representar, com a ajuda da laringe, certos fenômenos interiores, e que, portanto, a fala é um colar de símbolos, no qual cada conta, cada palavra, é a figuração de um fenômeno inconsciente.

Eu me contento com indicar algumas possibilidades de se estudar a pulsão associativa do ser humano no campo da linguagem. Trata-se, primeiramente, de investigar a linguagem das crianças, sobretudo os sons emitidos pelos recém-nascidos. Tal estudo irá esclarecer muita coisa obscura até agora. Nos adultos, chamam a atenção as singularidades da voz. Na mesma pessoa ela pode ser grave, de repente aguda, forte ou suave. Se nos fixarmos nessas oscilações, importantes no tratamento das doenças, reconheceremos que através delas manifesta-se o inconsciente, que um tom de voz que do normal salta bruscamente para uma entoação aguda, por exemplo, exprime que quem fala tornou-se uma criança por uns instantes, enquanto o tom mais grave, em meio a uma voz aguda, significa a transformação no homem forte. Quanto a isto devo mencionar, a fim de evitar um mal-entendido, que para o inconsciente não existe a diferença de idades, pelo menos ela não existe no mesmo sentido que tem para o consciente. Eu já me referi, em outro artigo, à diminuição da voz e sobretudo à rouquidão passageira, como símbolos do segredo, enquanto que aumentar a intensidade da voz sempre foi um indício da vontade de convencer o interlocutor. A interrupção de uma frase é característica de insegurança e objeções ocultas o que o inconsciente utiliza para expressar seu veemente desejo de auxílio, através de uns tapas para "desemperrar", como o demonstra qualquer aula escolar ou qualquer conversação.

Em meio à pulsão simbólica, que abrange todas as palavras, distingue-se nitidamente a origem de palavras que imitam um determinado som, e é compreensível que as denominações dos ruídos primitivos do ser humano sejam praticamente as mesmas numa série de idiomas, como por exemplo: caca, pipi, peido, etc... Por ocasião do último congresso de psicanálise, a Sra. Spielrein manifestou a suposição de que os sons do M e do P (F), de mãe e pai provêm do ato de sugar o seio, sendo o M o signo da ânsia e o P (F) o símbolo da saciedade, de poder deixar o seio materno e voltar-se para o meio ao seu redor. À sexualidade e aos órgãos genitais estão ligados, em algumas palavras, complexos simbólicos que concentram todo um setor da vida humana, como por exemplo nas expressões *"vögeln"* ou *"ficken"*[6]. Enquanto a primeira recorre ao mito de Eros e dos anjos, que deu origem ao avião e aos balões, a outra nos conta a estória de como surgiram os sacos, as sacolas, as pastas escolares, o carregamento de mercadorias em vagões e os navios mercantes.

Tem-se algumas surpresas ao se interpretar em sua simbologia cada palavra de uma frase, ligando-se os signos a um contexto, procedimento este que, à parte seu significado teórico, já é considerável pelo simples fato de ser usado esporadicamente por todos nós, e com maior freqüência por certos doentes, causando desentendimentos de maior ou menor monta.

Não há quem duvide que o canto e a música têm seus símbolos. Também já se chamou a atenção para a estranha coincidência existente entre a construção do piano e a do ouvido, surgindo até a idéia de que esse instrumento, de alguma forma misteriosa, seria uma imitação inconsciente, projetando o órgão auditivo no mundo exterior. Analisando a simbologia, veremos que há no piano um símbolo ao lado do outro, desde o baixo do homem, passando pelo soprano da mulher, até o mais alto agudo da voz infantil, que ali estão o segredo do nascimento, do amor e do túmulo, assim como os movimentos para cima e para baixo do arco do violino simbolizam o encanto da voluptuosidade, devendo sua existência à pulsão a tal simbologia. Os quatro espaços intermediários do pentagrama para as notas também são um signo da mãe que, do mesmo modo que a cruz, caracteriza os quatro membros da mulher, em oposição ao quinto membro do homem. Dentro dessa mãe e sobre ela sobem e formigam as notas/criancinhas, desde os finos espermatozóides fecundados até os frutos cheios e maduros. Com a escrita ocorre o mesmo que com a partitura musical. A escrita moderna, mesmo em seus bruscos movimentos de sobe e desce, na ligação da pena com o tinteiro e o líquido que se derrama, delata sua origem simbolicamente erótica, enquanto as variações individuais do modo de escrever, ao se desviarem da linha reta, para cima ou para baixo, simbolizam excitação ou adormecimento, sugerem uma prolongação do prazer através de interrupções no meio da palavra, mostrando, em suas variadas características, o lado infantil, adulto, astucioso ou confuso do ser humano. Sabe-se que cada letra tem sua origem como símbolo baseada na história, o mesmo acontecendo com as cifras e os algarismos, porém não é proibido ir mais além e deduzir as pequenas singularidades de nossa própria escritura da compulsão à simbolização, os pequenos ganchos e formas arredondadas, os traços abruptos

---

6. Designações vulgares do ato sexual. A palavra *vögeln* tem o mesmo radical que *Vogel*, pássaro, e *ficken* o mesmo de *Ficke*, bolso, sacola (N. da T.).

bem como os sinais de pontuação. Não seria difícil analisar a invenção da tipografia, assim como da máquina a vapor, do telefone, da bicicleta ou do automóvel, sob o mesmo ponto de vista que empreguei até agora. Porém se me disserem: tudo isso é uma bobagem, aceito a opinião alheia, mas continuo acreditando, mesmo sem provas, talvez até porque não seja possível prová-lo; afinal, quanto mais tempo se se dedica ao assunto, mais desconfiado se fica quanto a provas. Mas se me disserem: você está fantasiando, contestarei que graças a Deus; e, se acharem que fui buscar tudo isso muito longe, direi que, ao contrário, todas essas coisas estão muito próximas como para serem vistas mesmo sem boa vontade.

Todos nós lemos na fisionomia do nosso vizinho se ele está triste ou alegre, sabemos que seu rosto muda simbolicamente; reconhecemos seu humor pelo modo de caminhar, pela sua postura, pelo cantarolar de uma melodia. Talvez ele não queira demonstrar como se sente, mas o inconsciente obriga-o a simbolizar. Assim, a mulher que se deita na presença de outro automaticamente cruza os pés, expressando simbólica e inconscientemente: eu sei o que pode me acontecer agora; assim também acontece com o homem que se apruma quando quer parecer forte, assim se fecha o punho, colocando-se o indicador sobre o dedão para desejar sorte[7], assim a romana virava a mão e o dedão para baixo quando o gladiador não conseguia despertar sua lascívia através da luta, e levantava mão e dedo teso para aquele que lhe agradasse, sem saber o desejo que estava expressando. Nossos movimentos são simbólicos, só dependem indiretamente da nossa vontade, e na verdade só obedecem ao nosso inconsciente. Se é assim, por que não poderiam ser compreendidas em sua simbologia as nossas invenções?

O sintoma da neurose exprime simbolicamente uma movimentação do inconsciente, e pessoalmente acredito que o mesmo ocorra com o sintoma orgânico. Será que o ser humano não pode conceber o binóculo da mesma forma que concebe a complicada estrutura da neurose, da comoção ou da loucura? Entre os leitores desta revista, ninguém mais deve duvidar que a religião e a ciência, que qualquer atuação e pensamento humanos estão sob o signo e o domínio dessa misteriosa coisa que chamamos de inconsciente, e cujas manifestações, por qualquer ângulo que as consideremos, são sempre simbólicas. Esta compilação pode ser desnecessária, mas sempre convém encarar o objeto, por mais óbvio e conhecido, como se fosse novo. E por achar proveitoso repetir velhos pensamentos, desejo enfim chamar a atenção para algo que todos conhece-

---

7. A "figa" existe entre nós como símbolo da sorte, desde que representada em amuleto; como gesto, bem se sabe que seu sentido é outro (N. da T.).

mos, mas praticamente não levamos em conta: para a simbolização da criança.

Para nós, adultos, aparentemente uma cadeira é uma cadeira, para a criança, porém, é também muitas outras coisas: uma carruagem, uma casa, um cachorro ou outra criança. Para nós, aparentemente uma torneira é uma torneira, mas para a criança é um ser que faz pipi. O adulto se esforça em reprimir e ocultar a simbologia, enquanto a criança vê muito bem os símbolos, não pode proceder senão de forma claramente simbólica. Aquele que quiser ver, também poderá ver na criança que o símbolo não é levado de fora para dentro, que ela o percebe porque o ser humano tem uma inclinação simbólica, porque é um ser simbolizador.

O Sentido da Doença

Doença e saúde são tidos por opostos. Mas não o são, do mesmo modo que o frio e o calor não são opostos. Assim como estas duas sensações são a expressão de diferentes comprimentos de ondas de um mesmo raio, a doença e a saúde são formas de expressão de uma só vida. A doença não vem de fora, não é um inimigo, mas sim uma criação do organismo, do Isso. O Isso – ou chamêmo-lo de força vital, de si próprio ou organismo – esse Isso, do qual nada sabemos, e não reconhecemos senão uma ou outra forma de manifestação, deseja expressar alguma coisa com a enfermidade; ficar doente tem que ter um sentido.

É impossível determinar esse sentido genericamente, impossível a começar porque não há limites definidos entre saudável e doentio, porque não podemos afirmar categoricamente: aqui começa a enfermidade, ali termina a saúde – e nem podemos fazê-lo teoricamente, de modo que nossa situação corresponderia ao ponto zero da determinação do calor. Afinal, só poderíamos averiguar o sentido que a doença tem para nós, seres humanos – como acontece, aliás, com todas as coisas –, portanto apenas o sentido que percebemos pessoalmente; uma formiga ou um carvalho atribuiria um sentido diferente do humano a tal manifestação de vida, Silva não sente o mesmo que Pereira, há distintas interpretações.

Não obstante, a questão do sentido da doença tem um valor, um valor prático, um valor para o médico, entendendo por médico todo aquele que trata, seja ele da secretaria da saúde ou médico rural, pastor, curandeiro, alguém que aplique o magnetismo, mulher sábia ou simplesmente uma mãe; pois o diploma tem a ver com o título de médico, não com o conceito. Seria conveniente dirigir a atenção para essa questão do significado da doença e pelo menos tentar encontrar uma resposta, mesmo que limitada. Vale a pena escolher uma das inúmeras formas de enfermidade, observá-la objetivamente em seu contexto e em suas relações com a vida, e dar-lhe um sentido.

Alguém sai do banheiro e vai até a sala; tropeça num batente, cai e quebra a tíbia direita. A fim de descobrir que sentido tem esse acontecimento para o meu juízo, eu analiso as conseqüências. A primeira coisa a se observar é um duplo susto: primeiramente durante a queda, sob a seguinte forma: agora eu estou caindo, física e moralmente, e então após a queda: agora eu me machuquei. Nem todas as pessoas se assustam ao cair, e nem sempre se assustam; a medir pelo olhar das crianças bem pequenas, elas nem chegam a se sobressaltar. Ao que tudo indica, para sentir o susto é preciso ter experiência e, além do mais, estar num certo estado de ânimo — pois os adultos nem sempre levam um susto ao cair. Eu sou da opinião que esse estado de ânimo é a consciência culpada. Enquanto a queda em si não passa de uma perda repentina do equilíbrio, do ponto de apoio, o susto ao cair informa que esse ponto era importante, que foi uma leviandade abandoná-lo ou querer abandoná-lo, apesar da proibição externa ou interior, e que por isso há a ameaça de um perigo, uma penalidade. A queda é uma confissão: perdi o direito à posição ereta, o direito a ser um ser humano de valor, não sou suficientemente forte para tanto; é ainda um pedido: ó destino, ó Deus, não me julgue como julga as pessoas, veja, eu sou uma criança que não pode nem ficar de pé, indigna de sua ira. Não me castigue, estou caído aqui, indefeso; me apóie, pois sozinho não consigo me levantar.

O segundo item que o observador percebe é a expressão de dor. A dor pode ser considerada como um castigo. E assim chegamos bem ao centro do jogo mágico da vida, ao labirinto das aparências e ilusões, no qual o inconsciente do ser humano se diverte à custa da nossa razão. A intensidade da dor reprime instantaneamente a sensação de culpa que durante a queda emergia aos poucos das profundezas; passa-se a acreditar que já se foi castigado além da conta, a sensação de ter merecido o acontecido desaparece, e em seu lugar já entra em ação a indignação pelas perfídias do destino. Resta apenas a advertência: nunca mais torne a fazer algo parecido, uma advertência que se repete a qualquer tentativa de movimento. Porém, o reconhecimento do que possa ser esse "algo parecido" logo é engolido pela dor. Seja cauteloso, é tudo o que se ouve. E, cada vez mais alto e nítido, se manifesta: estou indefeso, me ajudem vocês que são grandes. Tenham piedade, aliviem minhas dores. Sofro e sou inocente. Vocês têm a obrigação de me ajudar. Vejam aqui, estou deitado, sou uma criança, vocês estão de pé, andam, é sua obrigação ajudar a criança.

A advertência a ser cuidadoso é imposta pela fratura do osso, a impedir que se continue andando do modo costumeiro. O sentido é o seguinte: como você faria coisas piores ainda do que já fez, se continuasse andando, porque a direção que você escolheu iria expô-lo a perigos mortais, faria você cair nos abismos insondáveis do inferno, eu, o seu Isso, fazendo uso de minhas faculdades plenipotenciárias, deixo você inerte provisoriamente por algumas semanas. Retire-se da vida, deite na sua cama, seja criança e você encontrará uma mãe que cuide de você.

Se os pressupostos e as hipóteses que levantei até agora estão corretos – e para mim eles são corretos –, já é possível tirar algumas conclusões a respeito do sentido da doença – e estendo a validade deste princípio a todas as enfermidades, doenças de todos os tipos e em qualquer período da vida; em primeiro lugar, o sentido da doença é a advertência: não continue vivendo como pretende, e tal advertência se intensifica, conforme for, aumentando a pressão até decretar a "prisão preventiva" do doente, ou levá-lo à morte. O Isso intervém em meio a vários impulsos conflitantes no organismo, restringe a prepotência, põe fim à luta através da doença ou da recuperação, ou deixa que continue existindo em certos limites como moléstia crônica, ou finalmente aniquila a disputa entre as partes através da morte. Quando alguém fica doente, alça-se a voz do Isso, ordenando à alma e ao corpo, aos órgãos, tecidos e células, a todas as suas criaturas: fiquem onde estão, nem um passo mais! Eu lhes concedi ampla independência, mas como vocês querem abusar, brigando entre irmãos, vou restringi-la, e, se isso não bastar, eu vou acabar com a independência, como também destruirei vocês.

É possível imaginar-se um Isso diferente, atribuir-lhe um outro papel, por exemplo, o de fazer as seguintes reflexões: assim não dá para continuar, não quero arcar com a responsabilidade pelo que está acontecendo em e com minha criação, esta pessoa aqui; vou me transformar novamente em criança, relegar a responsabilidade de novo à mãe ou àqueles que se vangloriam de poder arcar com a responsabilidade, o médico, o enfermeiro, àquele que se imagina adulto, sábio, forte. No ato de adoecer expressa-se o desejo de ser pequeno, receber ajuda, de ter uma mãe e ser isento de culpas. Este desejo poderia intensificar-se até a nostalgia das condições pré-natais, quando não havia consciência, quando o cérebro ainda não pensava, uma nostalgia que me parece estar presente em todos os desmaios e estados de perda da consciência. Essa nostalgia do passado existe em diversos graus de intensidade, variando também quanto aos seus objetivos, mas é possível avaliá-la aproximadamente, contemplando-se e analisando-se suas formas de expressão, seus sintomas. É difícil dizer até que ponto se exprime na enfermidade essa sensação de culpa, de origens misteriosas, que torna tudo confuso, sendo a própria confusão; no entanto, eu não duvido que ela seja um dos fatores da doença, a atuar desde os primeiros meses de vida, talvez até antes, que se manifesta na mais tenra infância sob a forma de ficar-se doente. E assim teríamos o sentido de certas formas de enfermidade: o desejo de castigar a si próprio, de se penitenciar.

Se é certo que um dos sentidos da doença é advertir contra o perigo, pergunta-se que perigo será esse, comum a todas as pessoas. A primeira coisa em que pensamos é no perigo ineludível da morte. De acordo com isso, ficar doente exprimiria o medo da morte. É provável que seja assim, mas então estaríamos diante de um novo mistério. Se de um modo geral existe o medo da morte, logo deve haver igualmente um anseio generalizado pela morte, afinal o medo é um desejo, um desejo recalcado, como se diz hoje em dia. Será possível? Será que o ser humano, que qualquer pessoa, tem o nostálgico desejo da morte? (Os gregos, que entendiam a simbologia do Isso melhor do que nós, atribuíram ao deus da morte os mesmos traços que ao deus do amor, pois, num certo sentido, o amor e a morte eram uma coisa só. Para nós também são a mesma coisa, só que não queremos admiti-lo, e nem ousamos pensar nisso.) De fato, nós morremos quando amamos, nossa personalidade se anula nesses raros momentos da vida, pois – para dizê-lo de uma vez – amar, de tal modo que o amor possa ser equiparado à morte, o ser humano só consegue por breves segundos. A morte e o amor são a mesma coisa, também para nós, a ânsia de amar é a ânsia de morrer e vice-versa.

Isso soa um tanto místico, aliás, é mesmo, e assim deve ser. Mas não deixa de ser menos verdadeiro e de ter um sentido menos notório. Possuímos uma religião que ainda nos parece simbolizar a existência humana. Esta religião permite que o deus do amor morra na cruz, seja enterrado e ressuscite. O homem, entretanto, desfalece na mulher, em imediata proximidade com o *os sacrum* (abertura, osso sagrado), com a cruz da mulher – posto que, após a união carnal, o homem não é mais homem e sim criança – ele se enterra no seio da mulher como o corpo do morto é enterrado no seio da terra, para levantar-se dessa cova como filho de sua mãe. É assim: o ser humano deseja a morte porque deseja o amor, e o amor porque deseja a morte, o seio materno. Portanto, o sentido da doença é desejo de morte e medo do amor, desejo de amor e medo à morte.

Cristo, como símbolo, nos permite dar um passo mais adiante na interpretação do sentido da doença. Cristo morre na cruz; mas a cruz é o *os sacrum*, o sagrado. Da cruz partem as contrações, a morte da vida infantil no ventre materno e a ressurreição; a cruz é a própria mãe. Nessa cruz morre o filho do homem, o amor personificado. Então eu me pergunto: não é o desejo irrealizável de unir-se à mãe – irrealizável porque o filho está pregado exteriormente à cruz, mas na posição contrária, voltando as costas à mãe – não é esse desejo o mais profundo sentido da doença? Ou ele caracteriza apenas um aspecto desse sentido, havendo outros mais obscuros e irreconhecíveis? Deve ser assim, e talvez não seja um atrevimento, uma suprema arrogância, afundar com Fausto no reino das mães.

No exemplo por mim escolhido, há detalhes que permitem tirar certas conclusões sobre o sentido neste caso especial e que devem ser consideradas no tratamento; portanto, já significa alguma coisa que tenha sido quebrada a perna direita, pois o lado direito não é o mesmo que o esquerdo. A parte inferior da perna não é igual à superior, à coxa. O local do acidente, o batente entre o banheiro e a sala, as percepções sensoriais do acidentado, antes, durante e após a queda, suas experiências e o círculo de pensamentos (do seu Isso) predominantes no momento da ocorrência, tudo isso e outras coisas mais compete observar, se se quer interpretar aproximadamente o sentido dessa doença. Só que não cabe ao médico ser esse intérprete: é só o paciente que pode prestar informações acerca do seu Isso, suas intenções e ações, pois cada Isso tem sua própria maneira de pensar e captar os símbolos. O papel de quem faz o tratamento se limita a motivar o Isso relutante a se expressar, e, o que é mais importante, a ocultar sua essência o mínimo possível, evitando pretextos que suscitem desconfiança.

Em poucas palavras, vou me referir à importância do sintoma para a atribuição de um sentido à enfermidade. Quanto a isso, deve-se proceder francamente, eu diria que quase candidamente como uma criança. O ser humano tem as pernas para andar. Portanto, o sentido da fratura e de qualquer afecção dos membros inferiores é o seguinte: o Isso acha melhor não andar temporariamente. Tratando-se de uma moléstia das mãos, pressupõe-se a proibição de usá-las, talvez diante do perigo de roubo, do onanismo, de um ato violento ou de qualquer outra ação ou fantasia que o despótico Isso considere improcedente. Nas afecções que atingem as aberturas do corpo, pode-se atribuir o sentido de que o Isso não quer deixar entrar em si, ou sair de si alguma coisa. As erupções cutâneas têm a finalidade de assustar ou atrair, pois a lei é essa: cada ação do Isso tem um duplo sentido, um senso e um contra-senso, ou talvez um múltiplo sentido. Haveria inúmeros exemplos, mas a minha opinião a respeito está dita. Só quem não quer ver e não pode ver, duvida de que essa atribuição de sentido, como sugerido por mim, é um patrimônio comum a todos os seres humanos, que necessariamente devemos dar-lhe um sentido. Neste contexto, seria dispensável lembrar que os gregos imaginavam Homero como sendo cego e Hefestos[1], coxo. Ao primeiro atribuíram um Isso que, por meio da destruição do mundo visual, impedisse qualquer interferência na sua riqueza interior, ao segun-

---

1. Hefesto, deus do fogo e das artes metalúrgicas, era chamado de Vulcano pelos romanos (N. da T.).

do, um que lhe tirasse a liberdade de movimento, prendendo-o à bigorna.

O caminho, que aqui indiquei brevemente, é bom para se trilhar e oferece muitas perspectivas.

Sobre a Resistência e a Transferência

Freud introduziu o conceito de resistência, no curso de suas experiências voltadas ao tratamento e à compreensão de neuroses, psicoses, e casos intermediários, situados na intersecção dessas duas formas de doença. Ao se extrapolar os conhecimentos da psicanálise à medicina como um todo é que se reconhece a importância desse conceito. Através da "resistência" podem-se esclarecer alguns pontos no tocante ao curioso fenômeno da arbitrariedade com que o Isso do doente dirige o tratamento do médico para o bem ou para o mal, embora isso seja insuficiente como explicação: o conceito de resistência aplica-se sobretudo como norma para o andamento do tratamento.

A doença é uma forma de expressão do Isso: se os gestos, as palavras, os pensamentos, as ações, mecanismos fisiológicos como a respiração, o pulso, o sono, a digestão ou a evacuação, não bastam para manifestar claramente certos processos internos do Isso individual de cada ser humano, ele recorre ao meio ambiente, ali escolhendo algum elemento que lhe sirva para ficar doente e assim exprimir, com a ajuda das manifestações patológicas, o que não consegue exprimir por vias normais. Se não conhecemos, não compreendemos as leis que regem a sua atuação, mesmo não sabendo sequer se tais leis existem, sabemos, pela experiência de cada momento da vida, que o Isso tem costumes sob os quais gosta de viver e agir. Portanto, pode-se admitir que o Isso não recorra de bom grado ao recurso excepcional da doença, procurando retornar o mais breve possível às suas formas habituais de expressão na vida saudável. Em outras palavras: no Isso doente existe até a morte uma disposição à saúde, que se contrapõe à disposição à doença, que resiste a ela.

Como ele quer expressar com a doença o que não pode expressar por vias saudáveis, mas por outro lado tem o impulso de voltar às suas formas normais e salutares de expressão, a recuperação acontecerá assim que o Isso se convencer de que já não necessita do estado de exceção. Geralmente o Isso chega por si a essa convicção. Se não o fizer, é chegado o momento de o tratamento intervir com todo o direito. Por mais variadas que sejam as formas de tratamento empregadas, a única função do tratamento é apresentar ao Isso enfermo os elementos do meio ambiente que pareçam convenientes ao Isso do médico ou de quem faz o tratamento. Cabe primeiramente provar ao Isso doente e teimoso que ele pode sair-se bem novamente, recorrendo às suas formas salutares de expressão. O Isso pode aceitar essa prova, seja esta através do uso do bisturi, de remédios, de mudança de clima, banhos medicinais e da chamada medicina natural, da sugestão ou da psicanálise, da verdade aparente ou real, da mentira aparente ou real, em resumo: através de todos os meios físicos e psíquicos adequados à vida. Nesse caso, o processo terá êxito. Mas, se não aceitar tal prova, o médico saberá que a disposição à doença exerce resistência, uma disposição ou vontade que muitas vezes não passa de um mal costume. Cabe a ele, então, investigar tal resistência e superá-la de alguma maneira, seja por meio da violência ou da astúcia.

Se a regra é a cura por si, sem qualquer tratamento, e a exceção é a necessidade de ajuda externa, por que será que o Isso freqüentemente abandona, após algum tempo, a linguagem da doença, que pelo menos tem a vantagem de alertar os que cercam o doente? Essa questão será abordada em outro contexto, numa outra ocasião. Mas há como provar por que o Isso, tendo descoberto que é bem mais fácil transmitir uma mensagem através da doença que da saúde, persiste nessa atitude, escolhendo entre a suscetibilidade, um estado enfermiço passageiro ou doenças crônicas: até mesmo um bebê, que dispõe relativamente de poucos meios de expressão, sente que ficar doente é um meio infalível de exercer o poder. Quanto mais cedo o Isso infantil fizer tal descoberta, tratando de averiguar que tipo de doença forçaria o meio ambiente, isto é, principalmente a mãe, a desdobrar-se em carinhos e atenções, mais arraigado será o costume de "falar" através do estado doentio, sobretudo das enfermidades crônicas. Ao fazer estas afirmações, contudo, não desejo correr o risco de provocar um mal-entendido, como se o autor achasse muito importante a mãe comportar-se perante o filho de forma a propiciar a saúde deste, o que está fora de cogitação, devido ao ceticismo do autor em relação a toda atividade educativa baseada exclusivamente na razão e na reflexão. Apesar deste risco, devo ressaltar a importância deste procedimento do Isso, porque, quando ele adoece, costuma apelar para essas experiências da infância como meio de resistência – eu diria que o faz por preguiça –, reforçando essa resistência com um outro instrumento da infância que Freud denominou de "transferência".

Como, a fim de adoecer, o Isso costuma recorrer ao mundo exterior para ali escolher algum dano, algum micróbio "patológico", um resfriado ou um acidente como "causa da doença", é compreensível que no início também retire do ambiente os meios de resistência, para aplicá-los, com uma esperteza surpreendente, em mil variações e sob mil e uma máscaras.

Da massa de resistências, uma delas ressalta como a mais utilizada e a mais eficaz para atrapalhar o tratamento, que é a resistência contra o médico. É uma idéia muito comum – embora equivocada – que o enfermo confia no médico de sua escolha. Geralmente não é ele mesmo que escolhe o médico; acaba indo ao doutor porque seus familiares ou outras pessoas, apesar de bem-intencionadas aconselham mal, insistindo em convencê-lo; portanto não dá para se falar de confiança nenhuma. Mas inclusive aqueles que não são pressionados a se tratar chegam ao médico no mínimo com uns 50% de desconfiança. É só a vontade de sarar que vê no médico um amigo que pode ajudar; a vontade de ficar doente, cuja existência se comprova justamente pelo aparecimento da doença, encara o médico como seu mais perigoso inimigo e, na maior desconfiança, fica à espreita de razões para hostilizá-lo. Quando o Isso enfermo não encontra nenhuma razão, inventa alguma. Tal procedimento tem a vantagem de que o rancor sem motivos permanece oculto, e conseqüentemente pode seguir roendo as entranhas por semanas, meses e anos, amargurando o médico às escondidas, em sua injustiça, em sua infâmia e ainda levar a equívocos, se o enfermo tomar o rancor inconsciente por alguma espécie de culpa, recalcá-la e esta tornar-se duplamente perigosa ao ser recalcada, devido à necessidade de expiar a culpa e escolher, como forma mais imediata de penitência, o agravamento ou a prolongação da doença.

Estas anotações provisórias sobre a resistência terão atingido seu objetivo se ressaltaram quão importante é o seu papel nas manifestações doentias da vida, quão necessária e inevitável é a sua pesquisa para a teoria sobre a saúde e a enfermidade, e que a resistência e sua superação são o campo de atuação e o objetivo de todo tratamento, qualquer que seja a doença. Nem o médico nem o paciente devem esquecer que a resistência contra o médico é na verdade uma resistência contra o tratamento, e portanto só é de grande significado em termos de tratamento. Pode-se partir do princípio que cada agravamento da doença, seja esta de que tipo for, indica claramente duas coisas: "você, médico, cometeu um erro" e "você, paciente, foi infame com o seu médico". A franca confissão do erro é pré-requisito para que tenha êxito a sensível indução do doente a encarar a verdade, no que, afinal de contas, reside a saúde. O doente sabe que a enfermidade é um meio desleal, e tende a ver no médico o juiz, principalmente por saber que os médicos não podem julgar. "Se eu levar esse aí, que se vangloria de ajudar as pessoas, a julgar e a condenar, então eu também poderei decretar meu sofrimento e minha morte; assim, a doença deixa de ser um pecado", conclui o enfermo. Ledo engano! O médico e o doente têm algo em comum: nem um nem outro têm o direito de julgar; nem para o médico nem para o doente existe moral; nem para um nem para o outro existe pecado. Ambos estão acima do bem e do mal.

A Ambivalência a Serviço da Transferência e da Resistência

Doença e saúde são formas de expressão que estão sempre à disposição do Isso. A observação dessas duas formas leva a um fato digno de nota: o Isso nunca aplica somente uma de suas linguagens, mas sim as duas simultaneamente, pois ninguém fica totalmente doente, algo conserva-se saudável em seu organismo, mesmo se afetado por uma grave enfermidade; do mesmo modo, ninguém é completamente saudável, mesmo gozando de uma excelente saúde, sempre registra algum achaque. Pode-se ilustrar esta relação, comparando-a a uma balança. O Isso brinca com os pesos, coloca uns à direita, outros no prato da esquerda, mas nunca deixa nenhum deles vazio; essa brincadeira muitas vezes estranha, sempre significativa e nunca sem sentido, é a vida. Se o Isso perde o prazer no jogo, assina sua própria sentença de morte. A morte é sempre voluntária, o ser humano não morre sem querer morrer. No terreno do "doente e sadio", o Isso tem a capacidade de aplicar os pesos em ambos os lados, isto é, tem a dupla vontade de ser sadio e ficar doente, valendo-se sempre concomitantemente dessa dupla capacidade, dessa dupla vontade. Mas é ambivalente num terceiro sentido ainda, por usar em suas brincadeiras os mesmos pesos para a esquerda e para a direita, por construir com os mesmos elementos a linguagem da doença e da saúde. Não tem cabimento a idéia de que a doença é algo estranho à natureza do organismo, vindo de fora, não pertencente a ele, e não desejado e criado pelo organismo com certos objetivos.

Essa capacidade, essa vontade, essa utilização real de elementos só aparentemente antagônicos, essa ambivalência das formas de expressão é uma propriedade característica do Isso. Graças aos fatos revelados pelas experiências de Roux, Driesch e sobretudo por Spemann, pode-se concluir que o óvulo fecundado, a forma básica de expressão do Isso, já possui a propriedade da ambivalência, aplicando-a na formação do organismo; quem pesquisar atentamente esse fenômeno nos processos fisiológicos e patológicos comprovará tantas vezes a sua existência que até mesmo as pessoas de má fé nada terão a objetar. No campo da psicanálise – desse método imprescindível para se aproximar do Isso e influenciá-lo, misturando formas de manifestação conscientes e inconscientes, sendo que as inconscientes tornam-se conscientes e vice-versa – Freud provou a ambivalência da vida psíquica e expôs suas idéias de um modo acessível a todos. Sabemos que o amor contém em si o ódio, que o desprezo é acompanhado de consideração, que o escárnio é ao mesmo tempo admiração, que o conselho desaconselha, a ordem proíbe, o sim é um não. A partir do momento em que nos inteiramos disso, estava aberto o caminho à compreensão daquilo que Freud chamou de transferência. O ser humano sente – quanto a isso não há discussão. Porém, pergunta-se se é correta a concepção corrente de que as sensações são provocadas por estímulos externos, são respostas a impressões do mundo exterior, ou então se essa é a única concepção correta. Só posso responder que ela não é a única concepção certa, que é errada ou pelo menos indemonstrável. Podemos informar o que acontece em nós quando ouvimos música, vemos cores, ou sentimos calor, mas sobre as coisas fora de nós só podemos dizer o que nos dita o Isso através da percepção. O Isso, que ininterruptamente está em movimento, tem uma disposição, cuja base desconhecemos, mas podemos imaginar a nosso bel-prazer como uma base físico-química, térmica, elétrica, radiológica, oculta, física ou psíquica; nessa disposição, procura no mundo exterior por impressões que possam justificá-la perante a razão, ou poderíamos dizer que transforma o mundo exterior para que se adapte à disposição momentânea. A linguagem pelo menos corrobora esta interpretação da percepção. Perceber (*empfinden*) é encontrar (*finden*) alguma coisa que existe frente a nós e portanto fora de nós, e a palavra perceber pressupõe que o ser humano, seu, é quem age, enquanto o exterior é a voz passiva, é quem sofre a ação da procura, sem dela participar.

Tal constatação é significativa neste contexto porque a aceitação do domínio absoluto do Isso em sua disposição momentânea permite esclarecer uma série de fatos, por exemplo, o fenômeno curioso de que hoje achamos fria uma temperatura que amanhã nos parece quente, que uma pessoa de quem gostamos de repente torna-se insuportável, ou que hoje consideremos bom, bonito, admirável o que amanhã, ou dentro de dez anos, numa outra pessoa vamos achar ruim, feio, abominável. A vida cotidiana fornece inúmeros exemplos desse procedimento do Isso. Quem se sente bem, aprecia o sol, se expõe ao seu calor ou senta-se diante das chamas crepitantes da lareira; quem está de mau humor procura a sombra, retira-se à escuridão, acha e sente que luz e calor são insuportáveis; quem está predisposto ao amor, logo encontra um objeto para sua paixão, mesmo que seja um romance de amor impresso ou uma cena de amor na imaginação; quem odeia, procura e acha o que odiar, sente ódio; quem se sente culpado não vai demorar muito a encontrar nos outros a culpa que tanto o incomoda e que projeta exteriormente, justificando-a de fora, como se, em vez de ter cometido uma falta, tivesse sofrido uma injustiça.

Vê-se que o Isso procede nas sensações da vida do mesmo modo que no adoecimento: pega do mundo exterior o que precisa para si, calor, frio, fome, sede, amor, inveja, bacilos da tuberculose, estreptococos, balas de revólver, punhais pontiagudos, cascas de laranja para escorregar e quebrar uma perna, cáries para estragar os dentes e deformar o rosto e assim afastar os demais, faz alguma substância no seu interior produzir mau hálito para defender-se do beijo odioso ou cobiçado, utiliza a sujeira que adere ao cabelo para elaborar o perfume afrodisíaco da sedução amorosa ou compra com a mesma finalidade uma água-de-colônia, sente-se ridículo e eis a razão para dar risada, está triste e logo vê ou ouve algo para debulhar em lágrimas.

O Isso, porém, tem a propriedade da ambivalência. Se sente a necessidade de calor – sabei-me lá por que –, a malária pode ser útil para produzir calor, febre; mas como o Isso também é assaltado pelo desejo de frio, a mesma doença serve, pois a febre é alta porém o corpo todo se sacode de frio. O desejo sexual desperta na jovem, levando-a a sentir um estranho ardor – ignorado pela pesquisa e sempre erroneamente interpretado – acompanhado de um sangramento periódico e da secreção de substâncias odoríferas com um longo raio de ação, destinadas a seduzir o homem, e que conseguem seduzi-lo; porém a relutância quanto ao desejo também se aviva, ataca os nervos da cabeça e da região lombar, diminui o prazer pela vida e joga na cama a mocinha em luta consigo mesma. A gestante alegra-se com a vinda do filho, mas o Isso ambivalente obriga-a a vomitar, essa tentativa tragicômica de eliminar rapidamente o feto pela abertura que ela mesma, aos dois anos de idade, julgava ser a porta de entrada do acasalamento e da fecundação. Um outro Isso faz o homem bancar o galanteador, o impulsivo, o conquistador, mas, na sua ambivalência, contrabandeia em seus humores o gérmen da sífilis ou da gonorréia, tornando-o imprestável, por um bom tempo, para a sua jactanciosa selvageria. Assim, o Isso impele a menina e o garoto a amarem através do pai e da mãe seu objeto de paixão e carinho, dando-lhes ao mesmo tempo um desejo: ah, ela, a mãe, bem que poderia ficar doente para eu escapar de seus olhos perscrutadores e gozar da companhia do pai sem ser perturbada; ah, se ele, o pai, morresse, eu bem que poderia ser o homem da minha mãe, seu senhor e seu amado, para poder fazer tudo o que tivesse vontade sem temer o seu rigor.

O Isso é ambivalente, brinca com a vontade e a relutância, com o desejo e o desejo contrário, fazendo seu misterioso e profundo jogo de ponderações, levando o doente a uma posição dupla e dúbia frente ao médico, ao ver em sua figura simultaneamente o melhor amigo que quer ajudá-lo e a quem ele ama, e a ameaça à sua criação artística, a doença. É a ambivalência que torna o paciente obediente, ao mesmo tempo em que cria a resistência, o verdadeiro e único objeto de tratamento, o campo de atuação do médico. O conhecimento da resistência será uma condição fundamental de toda atividade médica futura e sua descoberta é suficiente para colocar Freud ao lado dos grandes médicos de todos os tempos. Mas, só vamos compreender melhor esse fenômeno, analisando como ele se vale da transferência.

Ao que tudo indica, desde o nascimento, e provavelmente já no ventre materno, desde o início de sua vida, o Isso tem a capacidade e a necessidade de amar e odiar. Esse amor e esse ódio em grande parte são voltados para si mesmo durante toda a vida, mas o Isso, podendo dispor desses sentimentos, reparte-os entre os objetos do mundo exterior, a começar por tudo aquilo que está próximo à vida infantil, coisas, acontecimentos, pessoas, calor, ar, luz, leite, seio, umidade, fezes, urina, água, roupa do corpo e de cama; aconchego, acomodações, espaço, estreiteza e amplitude, grandeza e pequenez, perigo, medo, fome, sede, respiração, evacuação, nascimento, amamentação, ternura, impaciência, cuidados, falta de jeito, amor, ódio, amabilidade, banho, prazer, sono e outros; entre as pessoas, sua atenção está voltada inicialmente para a mãe, e mais uma vez para a mãe, e novamente à mãe, e só depois ao pai, ao irmãos ou a quem quer que esteja à sua volta. A criança encara estas coisas todas e muitas outras com sentimentos ambivalentes, sente inclinação ou repulsa. Como o Isso tem por principal característica a memória, sobretudo a memória inconsciente, tende ao que chamamos de hábito: acostuma-se, diante de certas circunstâncias, a reproduzir as mesmas sensações. Sem ter consciência do que faz, tira conclusões tais como: já me aconteceu três vezes ter que ficar com as fraldas sujas por todo um tempo, quando a mãe está junto a várias pessoas; quando o homem grande está em casa, sou obrigado a tomar meu leite bem rápido; quando está escuro não me dão nada para beber, ou só com muita relutância eu consigo alguma coisa; a campainha incomoda; outras pessoas incomodam; depois que o homem grande brinca comigo, o leite da mãe é muito mais gostoso; os irmãos incomodam; as vozes de mulheres gritando indicam que vai haver a dolorosa lavação com espuma e sabão nos olhos; o trovão distrai a atenção da mãe; quando eu choro, cuidam de mim; só quando o grandão pára de roncar de repente, eu recebo umas palmadas; as flores no quarto, quando são trazidas por homens grandes, bigodudos, tornam as mãos da mãe mais macias; quando a mãe vem da cama do pai, sinto-a quente e distraída; o grandão, todo desajeitado, me afasta de si quando eu o honro com o meu pipi, etc., etc... Formam-se sentimentos habituais, produzidos cada vez que as circunstâncias são estas ou aquelas, independemente de serem justificados ou não, pois um estado de ânimo anterior os "transfere" à nova situação. Há boas razões para se dizer que antes de terminar o terceiro ano de vida, a criança descobriu tantas fontes de sensações de todos os tipos que o ser humano, a partir de então, só precisa transferir e não faz nada mais que isso; a não ser que uma transferência não se adapte à situação do momento, quando então ela faz outra transferência, talvez até uma completamente oposta.

O Isso utiliza em grande medida, como meio de resistência, a capacidade de transferir, com extrema rapidez e injustiça, catalogando o que é "bom" e o que é "mau"; transfere para o médico sentimentos de amizade ou inimizade, ajudando ou dificultando os seus esforços. Como em certo modo a vida consiste em transferências, para não ser esmagado por tal abundância de fenômenos, o médico deve escolher algumas transferências a serem usadas no tratamento da resistência. A principal delas, neste caso, é a transferência da mãe para o médico, seguida pela transferência do pai. Esse é o exemplo que Freud nos proporcionou, e sua escolha é comprovada na prática. Mas com isso não quero dizer que não haja outras formas de transferência, ou que tenhamos o direito de deixar fora de cogitação outras possibilidades de transferência. Há a hipótese de que as transferências impessoais possam ser até mais importantes que as duas mencionadas, no entanto, no atual estágio, a atividade médica gira em torno dessas duas, da mãe e do pai, à pessoa do médico.

O Isso e a Psicanálise, além de Considerações Gerais sobre os Congressos Científicos de Outrora, bem como da Atualidade

Durante a última reunião em minha casa, me pediram que contasse minhas impressões do congresso de psicanálise, realizado este ano em Hamburgo. Mas como eu só permaneci em Hamburgo por nove horas, das quais passei só umas cinco no salão do congresso, tinha pouca coisa a dizer. À parte os acontecimentos em que estive envolvido pessoalmente, os quais logo passarei a relatar, só chamaram a minha atenção alguns fatores externos que gostaria de expor à consideração. Em primeiro lugar, menciono a abundante oferta. Eu suponho ter uma capacidade razoável de apreensão, de qualquer modo ela não deve ficar muito abaixo da média; e, no entanto, não consigo seguir exposições eruditas, com a devida atenção, por mais de duas ou no máximo três horas por dia. Se eu estivesse entre os organizadores, reservaria oito dias inteiros para o congresso, só deixaria 2 conferencistas falarem por dia, um de manhã – num horário humano, digamos de 10h30. ao meio-dia – o outro de tarde, das 16h30 às 18 horas. Em meia hora não há quem consiga transmitir toda a sabedoria acumulada ao longo de dois anos, sem cair numa velocidade diarréica, ou concentrá-la de tal modo que o ouvinte, como na interpretação de um sonho, tenha que preencher as lacunas adivinhando. O congresso começaria com uma recepção no sábado à noite, ocasião em que todos os discursos formais seriam apresentados de uma só vez, para que a partir da manhã de domingo começassem as 12 exposições, sem nenhum tipo de introdução; na manhã do sábado seguinte, o presidente do congresso faria um resumo de tudo o que foi tratado, explicando em alemão o conteúdo das conferências em inglês, e em inglês o das conferências pronunciadas em alemão, pois é um contra-senso presumir que todos os participantes dominem as duas línguas; é óbvio que ele se faça representar por outra pessoa na língua que não domina. O material lhe seria fornecido pelos oradores, cabendo a cada um fazer a sinopse de sua exposição. Sua função – aliás uma tarefa nada fácil – seria a de proporcionar uma visão geral e clara do andamento dos trabalhos, de modo que todos saibam: estas e aquelas são as impressões que teve do congresso esse homem que ajudei a eleger nas últimas eleições para a presidência, atestando, através do meu voto, a sua honorabilidade e sensatez. Em seguida, seria eleito o novo presidente. Encerrada a parte científica do congresso, ainda haveria uma noite para o último encontro e as despedidas. Cada participante assistiria às seções de acordo com o seu tempo e a sua vontade, não havendo necessidade de se suportar tanta sabedoria em dose única. Eu exigiria ainda que os oradores pronunciassem livremente sua palestra, sem leitura de texto; quem não consegue fazer isso, ou não domina seu tema – e portanto deve esperar mais um ano até saber exatamente o que pretende dizer – ou sente vergonha e tem medo de ser caçoado, mas então não deveria inscrever-se como orador perante uma platéia atenta de psicanalistas, dos quais se espera paciência, e cujo riso – pelo menos teoricamente – não pode ser maldoso. Eu realizaria os congressos todos os anos, sempre nas mesmas datas e no mesmo lugar. A psicanálise, por sua natureza, floresce ali onde se sente em casa. A constante mudança de data e lugar em princípio traz inquietação, enquanto um ambiente conhecido traria por si a sensação de companheirismo. E, para terminar, eu proibiria o fumo durante as reuniões. Quanto à paixão pelo fumo, acho que ganharia qualquer aposta, mesmo tratando-se de uma capacidade de fumar de dimensões freudianas; não obstante, eu me atreveria a passar sem charutos ou cigarros, por uma hora e meia, duas vezes por dia, durante oito dias.

No congresso deste ano, uma outra coisa chamou a minha atenção, ou melhor, uma opinião que já vinha se impondo por ocasião dos encontros de Haia e Berlim, tornou-se certeza: os participantes de congressos fazem como se não soubessem que fora da associação internacional também há psicanalistas talentosos, de sólida formação, enfim excelentes psicanalistas; em todas as palestras que tive o prazer de escutar, falava-se de análises leigas, desautorizadas. Eu não contesto a existência de análises que assim possam ser denominadas, mas quem vive numa casa de vidro não deve atirar pedras. Que eu saiba, nenhum dos psicanalistas de renome tem uma formação de tal ordem que lhe permita sentir-se outra coisa que não um analista leigo. Aprender a psicanálise virou moda recentemente. Talvez essa moda seja útil – não tenho experiência quanto a isso –, espero que ela aos poucos se torne útil, mas, agora, que a criança recém-nascida ainda está enrolada em fraldas, é um despropósito alguém fazer passar por obra-prima a paisagem que regou com sua própria mijada, e declarar as realizações de outras crianças nesse campo como porcaria desautorizada. A psicanálise é um assunto que diz respeito ao mundo inteiro; pretender restringi-la ao pequeno círculo da associação é um atrevimento que será vingado, pois existem outras pessoas capazes e não há dúvida de que, dentro de alguns anos, muita coisa que hoje é tida como sabedoria será considerada uma bobagem. Se eu não tivesse essa convicção, colocaria em dúvida o valor da causa, pois algo que é correto desde o princípio, que é entendido corretamente por todos, não pode ter muito valor. Se a associação de psicanálise quiser manter a sua importância, ou melhor, se quiser recobrá-la, deve desistir de estabelecer dogmas ao estilo do Concílio de Trento ou da Confissão de Augsburgo, de fazer críticas mesquinhas e passar por banca examinadora, e voltar a si, lembrando que tem uma missão elevada, ou seja, a de pesquisar, questionar e tornar a pesquisar. Tem todo o direito de escolher seus membros, mas que se sinta exclusiva é no mínimo imprudente. Comete assim o mesmo erro que a comunidade médica ao tachar de charlatães todos aqueles que não têm o reconhecimento estatal do diploma. É um médico quem se sente como tal e é aceito pelo doente como médico; analista é quem se considere um conhecedor da resistência e da transferência e em condições de tratá-las, a quem as pessoas procurem para analisar suas resistências e transferências e tratar-se. Isso não tem nada a ver com a filiação à associação de psicanálise. Se a associação, cujo criador e mentor espiritual nunca se submeteu à análise, e que conta em sua primeira fila com nomes como Sachs, Pfister e Rank, afirma que o ideal é que sejam chamados de psicanalistas somente os médicos formados e submetidos à análise, que todos os outros não passam de analistas leigos, despreparados, ou seja, que se apropriaram ilicitamente dessa denominação, está debochando de si própria.

Bem, é chegada a hora de expor minha palestra, mas antes permitam-me dizer ainda duas palavras sobre o efeito da conferência.

Quando eu desci do pódio, onde me senti incômodo e acabei dizendo uma porção de coisas, menos o que queria dizer, os primeiros a me cumprimentar calorosamente foram dois senhores que me disseram não ser psicanalistas, mas que gostaram muito da palestra e um deles chegou até a afirmar que a minha conferência tinha sido a única até então a merecer a denominação de científica. Eu já me sentia triunfante, quando ele acrescentou: "contudo, ela não foi propriamente científica, mas pelo menos algo assim como filosófica, uma filosofia da natureza". Quando me inteirei que o elogio partiu de um psicólogo formado e registrado, fiquei mais tranqüilo, contando, ansioso, com o louvor do outro, que por sua vez era zoólogo, na esperança de ouvir algo sobre a minha compreensão da alma animal, embora a explicação do Isso não seja precisamente aplicável à zoologia. Mas ele não fez nenhum comentário, e fiquei contente por um americano me dirigir a palavra, para me dizer, de passagem, que estava muito contente em saber que suas idéias haviam sido difundidas na Europa. Este cavalheiro cedeu lugar a duas inglesas que, entusiasmadas, me asseguraram que tinha sido maravilhoso, só que, devido aos seus parcos conhecimentos da língua alemã, não haviam entendido quase nada. Então veio ao meu encontro um velho amigo e me disse: "Você tinha que ver as caras na mesa da presidência, estavam bastante sérias". E finalmente esbarrei com um verdadeiro analista, que me informou que o modo de expor minhas idéias tinha lhe agradado muito, mas, quanto ao conteúdo da palestra, não era satisfatório. Mais esse comentário e eu estava cheio, mas, com o estômago vazio, fui procurar um local para almoçar. Porém, na chapelaria, ainda me deram mais uma lição, que em vez de Isso eu deveria dizer Deus, e no restaurante alguém me cumprimentou pela minha conversão à Faculdade de Teologia. Isso abalou minha convicção de que eu entendia alguma coisa de psicanálise, e embora precisasse regressar com urgência a Baden-Baden, decidi testar minhas capacidades psicanalíticas, assistindo às duas conferências da tarde, nas quais mostrariam seu saber duas celebridades de nossa corporação. Deixei o salão do congresso bastante abatido, pois entendera bem pouco de tudo a que os dois senhores se referiram sob a atenção geral. Mas a sorte me favoreceu, ou talvez Deus quisesse me premiar pelo meu ingresso involuntário no seu reinado, o fato é que encontrei um velho conhecido na viagem a Frankfurt que me informou que a Igreja Católica se interessara pelos ensinamentos psicanalíticos, que todos os anos enviaria alguns jesuítas e beneditinos para receberem uma sólida formação ministrada por especialistas, e que provavelmente a psicanálise aos poucos seria levada ao seio da Santa Igreja. Isso me serviu de consolo.

Finalmente aqui está o que eu queria dizer, mas não disse:

"Minhas senhoras, meus senhores

Nos círculos de pesquisadores sérios, não é usual começar uma palestra que pretende ser científica, com uma *captatio benevolentiae*. Não obstante, peço-lhes que deixem de lado todas as tendências à crítica científica durante a meia hora em que falarei aos senhores, que esqueçam que são psicanalistas e simplesmente permitam que minhas palavras cheguem aos senhores e os encontrem de espírito aberto, como quem ignora muitas coisas. Só assim o que eu tenho a dizer será proveitoso. Após a minha fala, a sua crítica se encarregará a tempo de separar o que é aproveitável.

Toda contemplação e especialmente toda reflexão científica representa uma violação da verdade. Para contemplar ou analisar algo, é preciso dissociá-lo da totalidade e eliminar o contexto. O ato de pensar ou falar sobre particularidades ou sobre certas áreas pressupõe a ficção de que as particularidades existiriam fora do conjunto da totalidade, de que é realmente possível se delimitar este ou aquele setor; sem este modo de pensar, que com certeza é falso, não haveria ser humano nem vida humana, como não haveria comunicação, entendimento entre as pessoas. O decisivo na diferenciação entre o pensamento científico e o corriqueiro é que, no uso cotidiano, esta veracidade do todo e esta mentira da parte permanecem no inconsciente como coisas independentes, enquanto a pesquisa científica tem consciência da ficção. Para ela, a parte é o todo e o todo é a parte. Porém, como praticamente não se pode trabalhar com esta antiqüíssima verdade, somos obrigados a dividir e classificar, traçando limites artificiais.

Assim, por exemplo, diferenciamos no início de cada ciência os seres vivos ou orgânicos dos inorgânicos, de modo completamente arbitrário, pois ninguém sabe ao certo onde começa a vida e onde termina o inorgânico. Distinguimos com igual arbitrariedade o reino vegetal do animal, deste separamos o ser humano, construímos raças, nações, famílias e finalmente indivíduos, seres humanos individuais, tudo arbitrariamente, embora saibamos que isso é artificial. Até hoje, ninguém soube dizer quando é que esse pretenso ser individual começa a existir, se na hora do nascimento, da vitalidade, se na concepção, nos ovários e testículos dos pais ou dos antepassados, ou em algum outro momento. Se quisermos ser exatos, devemos dizer: já vivíamos desde os tempos de Adão e Eva, no primeiro ser vivo, nos minúsculos átomos atemporais do universo.

Mas é preciso fixar um limite para a existência individual, e esse princípio, de acordo com as minhas necessidades práticas e científicas, eu determino como sendo o momento da união entre o óvulo e o espermatozóide. O início do ser humano, o objeto da minha análise científica, é a fecundação. E, o que surge dessa união, eu chamo de Isso do ser humano. Tal denominação caracteriza o indefinido e o indefinível desse ser, o milagre.

O Isso faz milagres desde o primeiro momento, realizações químico-físicas complexas e adequadas, assim como determina movimentos direcionados, divisões, leva um átomo para cá, outro para lá, tudo com um sentido e tudo bem ponderado, numa concentração tão complexa de procedimentos interligados e convenientes, que há várias gerações a ciência vem trabalhando através de observação e experiências, sem chegar ao fim, descobrindo a cada dia elementos novos e admiráveis. O Isso, porém, faz tudo brincando, por si e com a maior segurança. Conhece exatamente tudo aquilo que nossa razão, a duras penas e em vão, procura entender, possui desde o início todos os conhecimentos, inclusive os ocultos, aplicando-os com soberania. O Isso receia a própria soberania e divide-se em proporções matemáticas regulares, sabe contar e operar com as grandezas infinitamente pequenas ou imensas, melhor que o maior dos matemáticos, faz cálculos dos mais complicados, constrói máquinas e apartamentos, cria de si e por si instrumentos vivos extremamente precisos, serviçais que ao menor gesto obedecem, em resumo:

trabalha com uma segurança infalível, baseada em conhecimentos exatos. Então forma tecidos, órgãos, possui e demonstra ter conhecimentos anatômicos e fisiológicos de primeira categoria. Sabe onde é o lugar de cada célula, o que compete ao sangue e ao fígado, e atribui aos pulmões seu lugar, sua função. E, ainda por cima, cria um estranho órgão, o cérebro, e estou convencido de que, ao fazê-lo, caçoa de si mesmo, pois sabe muito bem: este órgão, que eu criei com o meu pensamento, logo irá imaginar que pode pensar por si e com independência, quando não passa de um instrumento, uma espécie de brinquedo que eu, o Isso, criei para mim.

Observe-se que o Isso existe anteriormente ao cérebro, cria o cérebro, permite-lhe pensar, dá-lhe tal capacidade. Tudo isto é de fundamental importância para a compreensão daquilo que tenho a lhes dizer.

E o Isso vai em frente, faz surgir o coração, dá a tudo forma e configuração. Faz-nos crescer, fica com vontade de movimentar-se e dá aos músculos e nervos a capacidade e a ordem para se moverem. Podemos soltar a imaginação e supor o que quisermos, no fundo é o Isso que nos faz pensar, sentir e agir, que nos vive ou dá a vida. É preciso saber ainda que ele nos dá a consciência e a ilusão do 'Eu', a moral e a repressão. Pode-se contrastar o consciente e o inconsciente, mas não se pode jamais opor o Isso ao consciente; pode-se confrontar o Ego com o inconsciente ou os impulsos, mas jamais com o Isso, pois o Isso engloba consciente e inconsciente, o Ego e os impulsos, corpo e alma, o fisiológico e o psicológico; perante o Isso não há uma fronteira demarcando o físico e o psíquico. Ambos são manifestações do Isso, formas de apresentação.

Desde tempos imemoráveis, toda a humanidade procura conhecer e estudar o Isso, e pode-se dizer que não faz outra coisa senão investigar esse Isso que constrói a nossa pessoa segundo uma planta completamente elaborada, lhe dá a sua consciência e a ilusão do pensamento e da razão, além da sensação do Ego, que ele marca com a necessidade de culpa e penitência, que constrói tanto igrejas quanto casas com cartas de baralho e castelos no ar, que nos ensina a amar e a inventar instrumentos de morte. Todo o nosso esforço e a nossa atuação têm por objeto esse Isso. A fim de poder estudá-lo cientificamente, metodicamente, devemos fixar-nos em suas manifestações e aprender a língua em que ele nos fala.

O Isso não fala apenas através da palavra, todas as formas dizem algo: o nariz grande, a boca rasgada e grande, o polegar achatado, o arco das sobrancelhas, o corte do cabelo, a maneira de comer, beber, respirar, a profundidade do sono, a posição do corpo, todo e qualquer movimento, o cheiro que exalamos, o calor de nossa pele, o tom da voz, a mudança em cada um desses itens. Nossos feitos, nossas sensações, o nojo, o amor, todos são modos de falar, formas de expressão do Isso. E uma dessas formas de expressão é a doença, sendo que a doença orgânica, que ao mesmo tempo é psíquica, nos revela algo sobre o Isso e seu inconsciente com a mesma clareza que as enfermidades psíquicas, que concomitantemente são físicas. Assim como os atos falhos nos revelam recalques, como o sonho nos apresenta o complexo de Édipo sob milhares de formas, sob o comando do Isso, como a neurose nos fala de narcisismo e a paranóia de homossexualismo, assim a pulsação e os distúrbios cardíacos também nos falam de recalques e do complexo de Édipo, o tumor cerebral de recalques e do pensamento. O sintoma orgânico, inclusive, parece fazer revelações com maior clareza e de forma mais compreensível, ou pelo menos manifesta com maior premência seus pareceres e advertências. Os distúrbios cardíacos costumam contar sobre o amor, seus recalques e a culpa de amar, as moléstias estomacais se referem às profundezas da alma, pois o Isso montou a sede da alma na barriga, o câncer no útero fala de pecados contra as obrigações maternas e da volúpia arrependida, a sífilis revela a rigorosa moral sexual do Isso.

Eu poderia falar durante dias sem parar, e não estou exagerando. Mas para quê? Permitam-me que volte à questão do recalque. A vida consiste em recalques. A fim de perceber uma coisa isoladamente, temos que reprimir ou recalcar a maior parte do que vemos, ouvimos, cheiramos e sentimos. Para nos movermos temos que recalcar, e também para que o nosso sangue circule bem, para que pensemos, fiquemos doentes ou tenhamos saúde, devemos recalcar continuamente. Não fazemos nada e nada acontece conosco sem que recalquemos, e recalcamos o que o Isso deseja ver recalcado. Ele usa o recalque na área psíquica a fim de dar margem a complexos psíquicos que julga convenientes, mas utiliza o mesmo procedimento para provocar manifestações físicas e talvez até com maior freqüência; como, por exemplo, para tirar a visão de alguém porque ela é nociva à psique, ou, ao revés, incapacitar a psique de fazer percepções porque isso seria nocivo à vista. Acredito que estes exemplos sejam mais do que suficientes.

Se o Isso cria premeditadamente todas as doenças com certos fins, e se a enfermidade manifesta uma função do Isso, todo tratamento deve voltar-se ao autor da doença, ao Isso.

Disse propositalmente 'autor', pois para mim o bacilo da tuberculose não é o autor ou a causa da tuberculose, mas sim o instrumento do qual se vale o Isso para ficar tuberculoso. É ele quem decide se um micróbio torna-se patogênico ou não, se o contágio do vírus da escarlatina leva realmente à erupção da doença ou se o vírus é combatido e aniquilado; é o Isso que decide se na queda o osso é quebrado ou não.

Assim como o Isso decide sobre a doença, decide sobre a saúde que também é uma forma de expressão sua, ativando os meios para estabelecer ou recuperar a saúde, se assim se dispuser. Tal como escolhe no meio ambiente algo que sirva de causa para a doença, quando sua natureza quer se expressar em prol da recuperação, vai buscar no ambiente algo que sirva de instrumento para a cura. O Isso trata-se a si mesmo.

Procura entre os médicos – diplomados ou charlatães –, quando deles precisa, e, daquilo que eles sabem, escolhe o que favorece seus esforços em restabelecer a saúde; uma vez é uma operação, o corte do bisturi, outra ocasião é um medicamento cardíaco à base de digitalina, um banho quente, um tratamento à base de eletricidade, uma mudança de clima, uma sugestão ou análise. O médico nada pode fazer senão observar atentamente a linguagem do Isso, sua maneira de expressar-se física e psiquicamente, e adivinhar o que ele quer, oferecendo-lhe o que adivinhou. O Isso tudo examina, decide e conserva o melhor. Seu procedimento é equiparável ao da célula, que, cercada de substâncias alimentícias, decide autonomamente o que quer aproveitar.

Em princípio, não há tratamento certo ou errado; é o Isso que faz o tratamento ser certo ou errado. Só assim se explica por que a maioria das enfermidades se curam sem intervenção médica e por que é mais fácil que muitos consigam sarar sob 'o tratamento ministrado pelo primeiro que aparecer, seja este um pastor, um sonâmbulo, um charlatão que pretensamente cura pelo magnetismo, do que sob os cuidados de um catedrático.

O que tudo isso tem a ver com a psicanálise? Muita coisa. No momento ela é com toda a certeza – e provavelmente no futuro também o será – o mais importante instrumento de tratamento e o mais exitoso método de cura que temos. Para tal, precisa apenas ampliar sua área, ou mais que isso, admitir aberta e francamente que seu objeto já não é o que a palavra "psique" supõe, como era o caso no início, ou seja, não é o que leigos e cientistas entendam por psique – pois a psicanálise ocultou isso por muito tempo. Desde o momento em que se passou a considerar a vida antes da formação do Eu, portanto antes do terceiro ano de vida, quando o objeto principal da análise tornou-se o nascimento, a vida pré-natal e sobretudo o inconsciente, o recalque, já não se trata daquilo que até então se chamava de psique, mas de um novo conceito de psique, de uma psique que pode utilizar o cérebro ou trabalhar diretamente sem ativá-lo, que trabalha vegetativamente e é independente do cérebro, que já existia antes do cérebro e da consciência, e que construiu o cérebro. Como método de pesquisa, a psicanálise não faz outra coisa senão examinar a totalidade psíquica, inclusive o que está fora ou além do cérebro e da consciência. O psicanalista que presta atenção na prisão de ventre, no enrubescimento, nas dores agudas, nas mudanças de fisionomia – o que todos fazem – estará violentando seu próprio pensamento se não ouvir e interpretar a linguagem da febre da escarlatina, do tumor, da tuberculose: estará recalcando, se não o fizer.

As razões desse recalque são suficientemente claras. Mas de nada adianta: o elemento recalcado arrebenta as amarras. Quem ler a obra de Freud com atenção, sem preconceitos e sem se preocupar com seus recalques, logo perceberá que ele entende por psique o mesmo que eu, uma forma de manifestação da vida, não precisamente o sistema 'consciente', concebido até então como psique, mas o sistema 'inconsciente', sobre os quais reina, soberano, o Isso. Freud sabe que o 'psíquico' não é antagônico ao 'físico', de forma alguma, apenas é outra manifestação de vida. Para sabê-lo não é preciso nenhuma informação oral de sua parte, podendo ser lido em cada linha publicada por Freud. Para ele, assim como para mim e para qualquer pessoa, não há nenhum limite entre corpo e alma. Só que por razões profissionais, como especialista em doenças nervosas, ele deu uma outra denominação mais acertada e afinada com seus objetivos, limitando-se, ao que tudo indica, ao campo das neuroses e psicoses. Mas na verdade ele acredita no Isso, como todos acreditam, têm que acreditar, como já acreditaram e seguirão crendo.

A palavra psicanálise tem um significado bem distinto como método de tratamento. Ela abrange o consciente e o inconsciente, desde que haja capacidade de consciência, isto é, a psicanálise escolhe como instrumento, a fim de chegar ao Isso do doente, o cérebro deste, seu pensamento e suas sensações. É possível se analisar tudo sob a óptica da psicanálise, mas nem tudo pode ser tratado pela psicanálise. Como tratamento, é verdade que ela não só deve interpretar o que o doente diz, mas também o que ele faz, e não apenas o que faz mas o que ele é. Se eu uso a expressão 'a psicanálise interpreta', devo acrescentar que os procedimentos analíticos durante o tratamento não são realizados pelo médico e sim pelo paciente, ou seja, a este cabe interpretar, não ao médico. Se excepcionalmente o médico se vir obrigado a interpretar, deverá fazê-lo sob a forma de sugestões, tendo em mente sempre o risco de que o enfermo provavelmente fará da interpretação médica uma arma de resistência. Tentei várias vezes esclarecer qual é a diferença básica entre a minha técnica de tratamento e a de outros psicanalistas, cheguei à conclusão de que eu dou mais valor ao sintoma no mais amplo sentido da palavra, que freqüentemente interrompo a livre associação e faço o paciente retornar ao sintoma ou aos sintomas, que por sua vez eu só interpreto em casos de extrema necessidade. De acordo com minha opinião e com minha experiência, é o paciente que deve fornecer a interpretação, o que ele faz e muitas vezes interpreta errado de propósito. Neste aspecto, meu tratamento se assemelha à procura de uma agulha, de olhos vendados. Quem já tentou fazê-lo, sabe que sempre é possível encontrá-la, desde que se consiga concentrar toda a atenção na mão e na agulha, orientando-se pela resistência que se sente na mão. É um fato conhecido que o tratamento psicanalítico é o tratamento das resistências. Tanto no meu caso, como no de outros psicanalistas, o resultado é o mesmo, os pacientes retornam por si aos primeiros anos de vida, porque o princípio da repetição ineludível também se aplica ao sintoma, tomando-o no mais amplo sentido. Assim como a neurose, uma pequena inflamação da garganta também tem suas raízes nos acontecimentos, recalques, reflexões, nos conflitos infantis conscientes, inconscientes, passíveis ou não de conscientização, de tipo físico ou psíquico. Eu considero um preconceito que tantos psicanalistas evitem o exame físico do paciente, indicado pela ciência e pela experiência, e que repudiam o tratamento concomitante do corpo. Isto não traz nenhuma vantagem, tendo-se em vista os resultados, como também não é vantajoso para o tratamento da neurose. Eu sei que o exame é uma faca de dois gumes e que pode causar inúmeros danos. Mas o psicanalista sabe que tudo o que o doente nos oferece quanto a emoções, elogios e declarações de amor é mentira e ilusão, são invenções com objeto de resistência. Se é que alguém está em condições de proceder a um exame inofensivo, essa pessoa é o psicanalista. Para a própria psicanálise como método científico de investigação é fundamentalmente errado deixar de fazer o exame físico — e eu uso de propósito a cortante expressão 'errado', com plena consciência de provocar um embate. Isso ainda tinha sentido quando se tratava de estabelecer as bases da psicanálise. E como Freud fez isso de vez e não deixou nenhuma dúvida a esse respeito, eu não entendo por que é que nós fazemos de conta que a nossa função seria conferir o seu trabalho ou mesmo tornar-nos vários Freuds em pessoa. Realizada pelo enfermo, a observação e análise do sintoma físico não deve ser subestimada em seu significado para a teoria das neuroses.

Eu ainda gostaria de dirigir algumas palavras aos círculos dos que não são psicanalistas de profissão. Gostaria de expor à sua consideração, como também à dos analistas em seu curioso isolamento por iniciativa própria e mantido com tantos cuidados, se não é chegada a hora de anexar ao campo de trabalho da psicanálise a cirurgia, a oftalmologia, a otorrinolaringologia, a dermatologia e o estudo da sífilis. Tenho a convicção de que se podem obter muitos êxitos no tratamento de moléstias dessas áreas, tal como no campo da neurose e da medicina interna, e talvez até maiores sucessos, e que a ciência, em sua decantada exatidão, encontrará resultados surpreendentes, que também serão proveitosos para a teoria e o tratamento das neuroses. Mas o fato de que todas essas disciplinas passem pelos ensinamentos de Freud, sem perceber o grande enriquecimento da pesquisa médica e a ampliação da área de estudos da medicina, não testemunha um alto conceito do seu instinto científico nem de sua paixão pela ciência.

Ao terminar, permitam que eu diga ainda algumas palavras sobre Freud. Sua conquista, a descoberta do inconsciente, da resistência e da transferência, foi comparada às descobertas de Copérnico. Essa comparação pode ser útil aos sábios, mas para nós, para os seres humanos, Freud fez muito mais. Ele descobriu que, além da linguagem dos sons e gestos, há centenas de outras linguagens mil vezes mais importantes e verdadeiras, há meios de comunicação e entendimento que nos aproximam do ser humano. O que Freud fez, se a questão é buscar equivalências, só pode ser comparado à atuação dos fundadores das religiões na história mundial. Ele ensinou ao gênero humano novos caminhos da compreensão mútua, aproximou as pessoas, transpôs milhares de vezes o abismo que separa uma pessoa de outra, deu a seus seguidores uma nova vida, mais profunda, mais alegre e infantil, um novo modo de amar, um novo modo de crer. O saber é dúvida, a crença é certeza. No terreno científico, Freud nos obrigou a duvidar e questionar tudo aquilo que imaginávamos saber até então. No plano puramente humano, deu-nos a crença no nosso semelhante. Freud intensificou a capacidade de as pessoas se conhecerem mutuamente, o que leva por si e necessariamente ao crescimento do amor pelo próximo e do respeito pelo outro, e dá a oportunidade de maior liberdade na vida, diminuindo a compulsão à mentira e ao medo. Para mim, é uma felicidade conhecê-lo.

Sobre o Absurdo da "Psicogênese"

Uma mocinha vem me procurar. O que ela tem, para usar uma expressão popular, é boqueira no canto direito da boca, ou seja, uma comissura na junção dos lábios. "Isso já está assim há vários dias", diz ela. "De manhã, quando me levanto, parece curada, mas durante o dia a feridinha aparece de novo". Responde negativamente à pergunta de se alguém lhe deu um beijo proibido e à suposição de que andou se vangloriando de alguma coisa. Em compensação, sorri um pouco quando lhe pergunto se andou falando mal de alguém, e diz que isso pode ser certo. E quando eu chamo a sua atenção para o fato de a ferida situar-se no lado direito, e que portanto ela devia ter caluniado alguma pessoa da família, ela diz: "É isso, trata-se da minha irmã". No dia seguinte a boqueira estava curada.

Esses breves episódios dizem com mais clareza e insistência, e melhor que qualquer manual, que os distúrbios orgânicos podem ser influenciados positiva ou negativamente pela mente do ser humano.

Os sintomas contam numa linguagem acessível algo sobre o modo como surgem as doenças e como podem ser tratadas. E o que relatei aqui em torno de uma pequena comissura vale igualmente para as grandes feridas e as mais graves moléstias orgânicas. Só o organismo vivo pode adoecer, o que está morto pode alterar-se mas não ficar doente. E como a vida sempre foi uma misteriosa coexistência do que se convencionou chamar de corpo e alma, devendo ser entendida como uma unidade de corpo e alma, logo se deduz que não há "organismo" e "psiquismo", nem doenças físicas ou psíquicas e sim que são sempre os dois a enfermar ao mesmo tempo, em quaisquer circunstâncias. O corpo é algo morto, portanto não pode adoecer; nós já nos esquecemos que nossos antepassados, em vez da palavra corpo (*Körper*), usavam a expressão cadáver (*Lichnam*), como os holandeses ainda utilizam, assim como os ingleses só usam a palavra *corps* no sentido de cadáver. Não sei se existe uma alma, uma psique independente e imaterial, ainda não travei conhecimento com um ser dessa natureza. Mas nem todos os que estão convencidos da existência de um mundo dos espíritos são loucos. Talvez haja algo semelhante. Mas com toda a certeza esses espíritos, se existirem, não podem ficar doentes no nosso sentido humano, pois para tanto é preciso o corpo.

Recentemente, virou moda falar da psicogênese de certas enfermidades e escrever sobre o assunto. Aqueles que utilizam tal expressão, afinal, devem dizer claramente o que entendem por psique. Me parece que eles entendem a psicogênese a partir do mundo psíquico consciente. E o que é que fazem então com os animais? Eles pensam ou não pensam? E quanto às bactérias? Têm uma psique ou não? E se têm, onde é que os sábios marcam o início da psique? Se não se quer incluir a vida, o pensamento e as sensações inconscientes no conceito de "psique", então façam o favor de dizê-lo. Só assim saberemos do que se trata e poderemos deixar de lado todo esse assunto de psicogênese, como algo sem maior significado. Porém, se o inconsciente for incluído entre as formas de expressão da psique, então nem é preciso falar-se de psicogênese, pois todas as doenças seriam concomitantemente psicogênicas e fisiogênicas.

Para mim, não se coloca a questão da psicogênese. As enfermidades são manifestações de vida, e mesmo o sábio mais renomado não tem a mínima idéia quanto ao modo como elas surgem, como também nada sabe sobre o modo como elas desaparecem. Quanto a isso, só se pode especular, imaginar. Como os conceitos "psique" e "fisio" são utilizados na medicina sem nenhuma reflexão a respeito, e como é impossível modificar hábitos de pensar já estabelecidos, eu tratei de corrigir a questão com a palavra "Isso". Gosto principalmente do caráter indefinido desse termo – o "X" seria demasiado matemático, além de exigir uma solução, enquanto o meu Isso deve expressar que só um tolo pretenderia entendê-lo. Não há nada que entender. Mas como o Isso é o essencial no ser humano, quem utiliza o termo quer dizer: não entendemos nada sobre a vida, só podemos vivê-la. Assim, todas as definições perdem o valor, têm apenas um sentido momentâneo, só são legítimas à medida que convêm a algum objetivo. As definições não são pedras com que se podem construir um edifício, aliás, a função da ciência não é construir, uma vez que a vida já está solidamente edificada, é inabalável e imutável, a menos que ela própria resolva mudar. Tudo é mutável e portanto os conceitos também, e a mudança será maior e mais profunda quanto mais amplos forem os conceitos. Já é hora de decidir: ou se elimina de uma vez as palavras corpo e alma, ou se procura redefini-las.

Por enquanto, não posso pensar em termos de psicogênese.

Sobre a Catamnésia de Dores de Cabeça e Anotações Gerais sobre a Técnica Psicanalítica

Uma senhora queixa-se de fortes dores de cabeça. Como sentou-se na correnteza, entre duas janelas abertas, daí viria a moléstia. Eu pergunto para que temos a cabeça. – Para pensar. – E se as suas dores forem piorando cada vez mais, o que acontecerá com o pensamento? – Não se consegue mais pensar. – Portanto a Sra. tem dor de cabeça porque não deve pensar em algo. – Eu não saberia dizer se há algo em que não deva pensar. – Algo muito importante e muito desagradável. A propósito, quando alguém começa dizendo: "eu não saberia dizer", é porque sabe, a forma condicional o delata. – Bem, então eu não sei, ou melhor, eu sei sim, vem da correnteza. – As pessoas parecem não querer entender que podem ficar umas cem vezes de pé ou sentadas na correnteza, sem que lhes aconteça algo. Como geralmente não há inconveniente, quando surge algum dano é porque houve alguma outra coisa. Esse algo mais é o pensamento insuportável, proibido em certo sentido. – Quando eu era pequena, duas tias velhas me proibiram de ficar na correnteza, diziam que era perigoso. Hoje eu me sentei de propósito na corrente de ar; talvez seja uma transgressão. – As frases que começam com "talvez" são suspeitas, é todo um palavreado do qual se retira o peso[1]. Eu lhe digo que a Sra. reprimiu um pensamento que está ligado à correnteza. – O Sr. tem razão. Quando minha mãe morreu – sua última doen-

---

1. Nesta frase Groddeck faz um trocadilho intraduzível, valendo-se da palavra "talvez" – *vielleicht*, que pode ser decomposta em "viel", muito, e "leicht", leve. Literalmente ele escreve, portanto: *muitas palavras, mas elas são leves* (N. da T.).

ça foi uma bronquite – eu me recriminei, achava que era culpada pela sua morte; o médico disse que tudo começou com um resfriado, e como ela já não saía de casa há muito tempo, ela podia ter-se resfriado com a correnteza. Então eu me lembrei que, antes dessa doença que levou à sua morte, expus minha mãe à correnteza, ao abrir as duas janelas do quarto para ventilá-lo. A propósito, hoje é o aniversário de sua morte. Minha dor de cabeça passou. – A título de esclarecimento, devo acrescentar que esta senhora que teve dor de cabeça era acompanhante de uma de minhas pacientes que tem muito medo de resfriados. Ela aproveitou a ausência desta amiga para arejar a sala do apartamento que compartilhavam. Alguns dias antes, uma amiga de ambas havia falecido. À parte expor o efeito de uma conversação de cinco minutos, eu relatei este caso para anexar algumas observações.

Segundo a minha experiência, mesmo que as dores de cabeça sejam condicionadas por graves distúrbios orgânicos, elas surgem apenas no momento em que uma idéia importante e desagradável é afastada do pensamento, recalcada. Neste caso, era a idéia de haver matado a mãe. O recalque de um pensamento não é o único fator a provocar dor de cabeça, como não é o mais importante, mas está sempre presente.

Todas as pessoas de nossa cultura, que perderam sua mãe, acreditam ser culpadas de sua morte, e crêem mesmo que a mãe não tenha falecido perto de si, mas à distância.

Todos os adultos que foram educados atribuindo desde a infância algum significado especial a datas de aniversário ou falecimento – há várias pessoas que em vez do aniversário festejam o dia onomástico, ou do santo do mesmo nome – passam a data da morte e do aniversário da mãe, e eventualmente outras datas memoráveis, alteradas em sua natureza, com mal-estares e freqüentemente com dor de cabeça. O fato de essas dores serem usadas especialmente nas celebrações à memória da mãe se deve a que o Isso concebe a cavidade craniana como o ventre da mãe, e o pensamento como os filhos.

Todos os seres humanos, até mesmo os considerados sadios, têm uma memória inconsciente muito precisa para datas e horários, e levam consigo – como expressou Stekel – um calendário inconsciente. Isto vale para todos, não só para os neuróticos. A denominação "neurótico" só é válida para a comunicação entre os médicos. Devemos supor que o médico saiba que a neurose não é um estado permanente, mas que vem e desaparece, que um paciente pode estar neurótico durante algumas horas e temporariamente estar bem, que em geral os períodos em que está livre da neurose são bem mais longos que os outros em que está afetado por ela; e que, por outro lado, as pessoas consideradas normais também vivem diariamente períodos neuróticos. Na linguagem corrente não se deveria usar a palavra neurose porque ela é sempre utilizada erroneamente, o mesmo acontecendo com o termo histeria. Os médicos também deveriam ser cautelosos com as palavras. Eles não estão isentos da regra geral, segundo a qual, onde não há conceitos, se encaixam as palavras.

A palavra "correnteza" encerra muitos mistérios, como também o fato de tratar-se de duas aberturas, geralmente fechadas, que ao se abrirem se comunicam através da corrente de ar. É inegável que as pessoas podem adoecer após terem sido expostas à correnteza, ou em algum tipo de relação com esse ato. Mas o efeito provocado – a doença – não se deve somente à atuação física da correnteza e sim à junção dos fatores físicos aos procedimentos inconscientes do pensamento, dirigidos pelo Isso. Todo resfriado pressupõe um iminente aquecimento do inconsciente, que é combatido através de um forte resfriamento físico.

Darei alguns exemplos de dores de cabeça relacionadas ao recalque de certos pensamentos. Uma senhora levantou-se com dores de cabeça, que persistiram até a minha chegada. Sentia-se bem ao deitar-se, nada de dores, dormiu bem e não sonhou. Com toda a certeza ela já se levantou com dor de cabeça, esta não surgiu após o despertar. Não sabe o que dizer quando lhe pergunto por algo em que não goste de pensar, quando lhe peço para citar algo desagradável, qualquer coisa, me responde que não lhe vem nada à cabeça, e, quando lhe pergunto no que está pensando naquele momento, me diz não estar pensando em nada. Essa é uma típica resposta de resistência, que contudo comprova como o ser humano às vezes é incapaz de controlar o que se desenvolve em seus pensamentos, pois não é possível que o cérebro fique realmente parado. É contra nós mesmos, e não contra os demais que dirigimos a última das resistências, a mais forte e importante, porém o que fazemos é projetá-la no mundo exterior. A seguir, perguntei por alguma hora do dia. A paciente citou 22h30. – O que a Sra. estava fazendo nessa hora? – Dormindo. Disse que foi se deitar às dez da noite. – Mas tem certeza de que já estava dormindo a essa hora? – É provável que ainda estivesse tentando conciliar o sono. Agora me lembro de algo. A coisa mais desagradável que eu posso imaginar é descobrir, de noite, quando costumo fazer uma retrospectiva do dia, que deixei de fazer algo programado. Ontem eu queria escrever uma carta a uma pessoa que está muito triste, é muito apegada a mim, mas de quem eu não gosto. Não escrevi a carta ontem, nem hoje, e de noite, antes de dormir, fiquei me censurando. Deve ter sido isso, pois a minha dor de cabeça passou. – Não investiguei as ligações mais profundas, uma vez que não utilizo a análise no tratamento desta senhora, e sim outros recursos. Quisera acrescentar apenas que o costume de prestar contas pelo transcurso do dia, por mim louvável e benéfico, revela uma certa inclinação do respectivo Isso à hipocrisia farisaica e ao julgamento. O dito: "Não julgueis!" vale também em relação a nós mesmos.

Durante o passeio, uma pessoa fica com dor de cabeça. Desse passeio só se lembra de ter sido seguida por um cão gordo e desconhecido, que não conseguiu afastar de si; essa pessoa resolve então voltar e acompanhar o cachorro até a casa a que aparentemente pertence. A análise revelou que esse alguém com dor de cabeça mantém uma relação conflitiva com um amigo seu, muito chegado, e que pouco antes do passeio alguma coisa mexeu nesse conflito não resolvido. O amigo deseja que essa pessoa vá passar uns tempos na casa dos irmãos, mas ela não quer e não se atreve a dar sua opinião. Durante a consulta, a dor desapareceu. Também não prossegui com as averiguações neste caso por visar a outros fins que não os analíticos. Porém, posso indicar como eu teria dado seqüência à análise. Eu perguntaria por que ela citou o detalhe de o cachorro ser gordo. Esse dado aparentemente sem importância, e que provavelmente foi incluído para dar maior ênfase ao relato, é obra do inconsciente, sendo muito significativo tanto para quem conta como para quem ouve ou lê e para o assunto em si – como aliás todas as pequenas nuances de uma estória, que não estão diretamente ligadas à ação. Esse caminho pode ser empregado na análise de textos e poesias, e talvez, com a devida cautela, os detalhes revelem alguma coisa sobre o autor. Mas não se esqueçam: eu disse "talvez".

A seguir, gostaria de me pronunciar sobre a minha visão geral da análise. Em primeiro lugar, perdi o costume de analisar acontecimentos externos ao tratamento do paciente. Naturalmente eu acabo percebendo atos falhos, erros ou alguma outra coisa, o que é inevitável, mas me esforço para não interpretá-los e acredito que aos poucos tenho conseguido fazer essa espécie de recalque. Durante o tratamento, eu também procuro evitar interpretações minhas, o que vem se tornando um procedimento rotineiro. Enquanto outros médicos acham que interpretar é muito benéfico, na minha opinião é um equívoco. Isso não corresponde à minha clientela e nem à minha maneira de exercer a medicina. Eu sei que, com muito treinamento e um grande dom intuitivo, se é capaz de interpretar corretamente. Mas com a mesma freqüência se cometem erros ou se faz uma interpretação incompleta, dando pretexto à resistência. Eu procuro ter sempre presente que o médico é o inimigo do doente, assim como da disposição do paciente à doença; por outro lado, o médico é tido como amigo pelo doente, ou pela parte deste que deseja a cura. Além do mais, de tanto interpretar, a gente se habitua a uma sensação de onipotência e acaba acreditando na infalibilidade do que diz, levando até o paciente a se atribuir essa infalibilidade tão cômoda. Tenho a sensação de que, na vida particular, deve-se deixar de lado todas as análises e interpretações.

Em segundo lugar, gostaria de frisar que não tenho a ambição de analisar o paciente "até o fim". A análise deve ser conduzida até o final – dizem alguns – mas eu acredito que essas pessoas não saibam que estão dizendo uma grande tolice. Não existem análises concluídas. Não compete apenas ao médico decidir até que ponto a análise deve ser conduzida, pois ele não é o elemento mais importante na decisão. O término do tratamento não é outra coisa senão a interrupção do tratamento, e quem o suspende não é só o médico, o paciente participa ativamente, e em geral conscientemente, muito mais do que suspeitam os analistas. Não somos nós, os médicos, que encerramos o tratamento, inclusive os que não recorrem à análise, e sim o Isso do paciente, assim como o verdadeiro agente da atividade médica é o doente e não o médico. O maior perigo para o médico é a petulância.

Em terceiro lugar, ressalto pela milésima vez que na minha atuação médica a análise é apenas um meio entre vários e que recorro tantas vezes a ela apenas porque a natureza da doença ou o material me obriga a descobrir algum recurso que ainda não tenha sido empregado. Muitas vezes eu nem chego a analisar, ou faço com que o paciente nem o perceba, que pelo menos ele faça de conta, perante si mesmo e os demais, que não foi analisado. Daí se deduz que eu pratico muitas vezes o que foi chamado de análise de sintomas. Como aqui na *Arca* cada qual pode expor livremente sua opinião sem ter que justificá-la, eu afirmo que não existe outra coisa senão a análise de sintomas, e vou mais além: não há nenhum outro tipo de tratamento, a não ser o tratamento dos sintomas. Porém, a característica mais perigosa do médico é a arrogância e sem arrogância ele não seria médico. Não é preciso analisar tudo, nem tudo pode ser analisado e nem todo aquele que "aprendeu" a analisar sabe fazê-lo – conheço muitos que não "aprenderam" e entendem muito mais do assunto que os que se sentem consagrados. O estudo não faz o analista, assim como o estudo não faz o médico. Assim como Kneipp e Priessnitz foram excelentes médicos, e recentemente Coué, todos eles bem melhores que milhares de médicos diplomados, agora existem alguns analistas que praticam a análise com excelência sem sequer conhecer o nome de Freud, e sempre haverá gente assim, pois as verdades de Freud são como o ovo de Colombo: uma vez demonstrado, qualquer criança consegue colocar o ovo em pé. Análises com fins de aprendizagem? Por enquanto, qualquer um de nós, ao ensinar, dará umas vinte lições erradas para cada uma que acertar. Mas não importa, pois nada pode causar danos tão graves, como faz supor o ditado do *nil nocere*[2]. Todas as pessoas possuem o mesmo grau de burrice e ignorância. Uma não é mais burra que a outra, só que cada qual tem a sua própria burrice. Pode não ter importância sabê-lo, mas é bastante confortante. O porquê disso, deixo que o leitor descubra por si.

Para os insatisfeitos, mais uma estória contando um pequeno artifício que se pode utilizar, mas nem por isso é obrigatório. Uma paciente fica com dor de cabeça à tarde. É a data de aniversário do seu falecido

---

2. *Não faz mal nenhum* (N. da T.).

marido. Ela sabe que aniversários de parentes mortos são dias perigosos e portanto estava precavida, mas não adiantou. Nesse dia, uma amiga vem buscá-la para dar um passeio. A caminho, as dores de cabeça tornam-se mais fortes, aos poucos ela sente também enjôo. Voltando a casa, tem vômitos, mas o mal-estar persiste. Refletindo sobre o que poderia ter provocado esse estado, lembrou-se de repente que a amiga mudou o caminho previsto, alegando que se continuassem teriam que passar pelo cemitério, onde havia um enterro naquele momento. Elas subiram uma colina e apesar de sua pretensa aversão pelo enterro, a amiga ficou observando-o da colina onde se avistava o cemitério. Depois que minha paciente esclareceu o que houve, passaram as dores de cabeça e o mal-estar. Minha paciente não me contou o que pensou da atitude da amiga, que no início se mostrou sensível, para depois revelar sua curiosidade frente à morte. Também não mencionou quais foram as lembranças de sua vida psíquica que despertaram o enjôo, e eu não insisti nesse ponto. Porém, me interessava saber por que a dor de cabeça, que surgira horas antes do mal-estar, desaparecera por si, com a descoberta da tendência ao enjôo. Ela disse ter certeza de que as dores começaram quando estava em casa, no mesmo quarto em que conversei com ela, tentando adormecer. Pergunto por algum objeto no quarto e ela menciona as flores que estavam à sua frente, sobre uma mesinha. Elas já não estariam frescas, começando a exalar mau cheiro? Por que as conserva então? – perguntei. Disse que ainda eram bonitas e que, a não ser ela própria, ninguém iria perceber nada. Contou ainda não suportar o mínimo cheiro de apodrecimento das flores. Tratava-se de jacintos e seu falecido marido, que teria aniversário na véspera, não permitia jacintos dentro do quarto, alegando que eram flores usadas nas coroas fúnebres. Aí estava, portanto, a causa oportuna das dores: o cheiro de putrefação, aliado à lembrança do marido. Havia sido recalcada a idéia de putrefação, não a da morte, ficando tudo mais complicado devido ao episódio do cemitério. A melhora não me pareceu ter sido causada pela auto-análise, mas pelo fato de o vaso ter sido retirado do quarto, no momento da análise, devendo permanecer fora deste durante a noite. Isso é uma suposição minha, pois eu me lembro de um outro complexo, em outro contexto, há anos, tratando-se desta paciente que recorre algumas vezes a mim, e que estava relacionado com uma poesia de Freilichgrath: "A Vingança das Flores". Provavelmente ela tivesse lido alguma coisa sobre o centenário do poeta daquela vez. Mas eu não disse nada à enferma, não lhe disse que tinha outra opinião sobre a melhoria da sua dor de cabeça e que havia essa peculiaridade com as flores ou flores apodrecendo. Apenas gravei em minha memória.

Relatei este caso para demonstrar como facilmente a gente tende a atribuir uma melhora à análise. No fundo, nada sabemos sobre o andamento da análise, sabemos tão-somente que é um poderoso recurso do médico. Gostaria de acrescentar duas palavras sobre o complexo da morte. É muito comum nos depararmos com ele – é até mais freqüente do que parece admitir Stekel, embora eu não saiba exatamente o que é que ele inclui tanto nesse complexo. Eu espero que a estória que acabei de contar, e poderia contar muitas outras parecidas, leve outros analistas a serem cautelosos na avaliação e na construção de um complexo de morte independente de Eros. A poesia da vingança das flores se refere a outras coisas além da morte, e flores têm um grande parentesco com Eros, um parentesco quase tão próximo como o existente entre a morte e Eros, o deus do amor. Não estou muito seguro de que, além do princípio do prazer, haja outras fontes do saber.

Pensamentos Psicanalíticos sobre "Arteriosclerose"

Num sábado à noite me perguntaram se há alguma ligação entre a psicanálise e a arteriosclerose ou endurecimento das artérias. A questão não foi bem colocada, pois quem fez a pergunta não queria saber se por intermédio da psicanálise era possível se averiguar alguma coisa sobre o processo da arteriosclerose, da sedimentação de certas substâncias nas paredes dos vasos sangüíneos, uma questão que, pelo que eu sei, nunca foi formulada e assim que o for irá propor novas e inesgotáveis tarefas para a pesquisa médica e especialmente a analítica. O que esta pessoa queria saber era se eu achava possível curar os distúrbios comumente designados de arteriosclerose, através do tratamento psicanalítico. Em termos gerais pode-se responder afirmativamente. Estes casos de doença são passíveis de tratamento pela psicanálise, desde que a resistência do Isso não tenha alterado demasiado as capacidades do enfermo quanto à receptividade e expressão. Se tal tratamento deve ser feito, é uma questão de conveniência, e portanto não pode ser respondida genericamente, do mesmo modo que o médico não pode responder de antemão se uma inflamação nas articulações deve ser tratada com repouso ou movimentando-se as articulações afetadas. Cada caso individual é diferente. Mas desde já posso dizer que lamento muito que esse poderoso método de tratamento praticamente não seja utilizado na cura da arteriosclerose. Isso é grave.

Ao se combinar arteriosclerose e psicanálise, manifesta-se um tipo de pensamento sobre o qual cabe fazer algumas ponderações, antes de seguir com esta exposição. Entre os leigos e me parece que também nos círculos médicos, entende-se por calcificação das artérias uma doença que pode ser tratada, aliás essa concepção ressalta da própria pergunta, colocando lado a lado a arteriosclerose e a psicanálise. É incontestável que tal concepção também desempenha um papel na atuação do médico, e não obstante é errônea. Não se pode tratar uma doença, não há meios contra as doenças, não se trata de combater as enfermidades: o objeto do tratamento é o ser humano enfermo. A doença dá origem a sintomas e estes talvez possam ser combatidos com vista a determinados fins e freqüentemente – mas não sempre – a recuperação se dá com e através da eliminação dos sintomas. Um erro muito comum é eliminar simplesmente os sintomas porque eles são uma espécie de linguagem do Isso, através da qual ele pode fornecer pistas do material recalcado. De qualquer modo, só se pode concordar com a crença muito cômoda de que para cada doença existe um remédio, admitindo que cada ser humano tem a sua própria doença e que duas pessoas a quem se atribuiu, para facilitar a compreensão, a mesma etiqueta de "pneumonia", têm duas enfermidades diferentes e portanto há bilhões de doenças, sendo uma verdadeira obra de bruxaria encontrar o remédio para cada uma delas. Aliás, esta idéia de que se trata de encontrar o remédio certo para cada doente individual, por sucessivas experiências, sem levar em conta o diagnóstico científico, foi praticada há algumas décadas pelos adeptos de Rademacher, e em certo sentido constitui ainda hoje o fundamento da homeopatia. Pessoalmente eu acho viável esse caminho, mas acredito que seria bem melhor abandonar de vez a idéia do combate à doença e convencer-se de que é mais aconselhável para o doente, o médico e as pessoas da nossa cultura, conceber a doença como uma providência necessária do Isso, oportunamente introduzida com finalidades determinadas e que decerto pode ser nociva para o ser humano como um todo. Assim estaria delineada a função da psicanálise diante do que se convencionou chamar de arteriosclerose: ela deve motivar o enfermo a interpretar o sentido dos sintomas e levar o Isso a substituir a linguagem da doença pela da saúde, por intermédio da conscientização das vivências recalcadas.

A expressão "o que se convencionou chamar de arteriosclerose" requer uma explicação. Nós nos acostumamos a usar a expressão "calcificação das artérias" para intitular uma doença. Contudo, o processo de calcificação de alguns tecidos do sistema circulatório não é doentio, registrando-se em todas as pessoas. Não traz graves conseqüências para a saúde, a capacidade vital e de realização do ser humano, como o demonstra a idade avançada de inúmeras pessoas sadias até o momento da morte, embora durante décadas tenha avançado o processo de calcificação das artérias. A morte não pode ser atribuída à sedimentação nas paredes dos vasos sangüíneos, assim como não se pode responsabilizar o crescimento pela morte de uma criança de 10 anos ou de um adolescente de 15 anos. Assim como o ser humano desenvolve as funções sexuais na puberdade, como a laringe se altera numa determinada época, a capacidade de reprodução se extingue, assim como os sentimentos e pensamentos mudam no transcurso dos anos, o homem leva uma vida diferente da criança e o ancião não vive igual ao homem, assim também acontece com a calcificação, que não tem nada a ver com doença. Quem pensa que uma pessoa de idade com artérias endurecidas adoece mais facilmente que um homem em pleno vigor de suas forças, que suas forças mentais ou espirituais sejam menores que as de um jovem, não entende muita coisa da vida. Nem as forças físicas do ancião devem ser subestimadas em comparação às do jovem. É certo que ele não vai vencer uma luta-livre, e seu rendimento não será dos melhores nas corridas e na esgrima, aliás nem vai ter mais vontade de competir, como também não vai demonstrar um grande interesse pelo amor sexual. Em compensação, dispõe de fontes de prazer que o homem desconhece em sua maturidade, caçoando delas em sua ignorância, como supera o jovem na capacidade de suportar fome, sede e falta de sono. "Fraquezas da velhice" é uma expressão muito tola, quando se imagina que a idade enfraquece o ser humano. Essa é uma forma de fraqueza que só pode surgir na velhice, assim como a fraqueza da convalescença só aparece nesse período ou as fraquezas infantis só na infância. Porém, se um adulto tivesse que passar por todas as mudanças que as crianças enfrentam diariamente sem cansaço, que gastar as mesmas energias, logo perceberia que a criança não tem menos forças, e sim outras forças. É a mesma coisa com as pessoas de idade, cujas artérias estão calcificadas. Se tomarmos por parâmetro o seu rendimento geral, veremos que não se tornou mais fraco e sim diferente.

Portanto a calcificação das artérias em si não é um processo doentio. O que é então? Um acontecimento normal e inevitável, que ninguém precisa temer, e para nós, médicos, um excelente meio de ocultarmos nossa ignorância, de atemorizar a humanidade e tornar-nos imprescindíveis; neste sentido a palavra "arteriosclerose" é quase tão útil como a palavra "sífilis".

A fim de evitar um mal-entendido, eu não estou inventando que eu ou algum de meus colegas se propõe a imaginar como assustar pessoas indefesas. Não foi isso o que eu quis dizer. Mas existe algo chamado inconsciente, a que estamos submetidos, eu e todos os médicos, assim como qualquer um. Este inconsciente nos leva a nutrir o medo nas pessoas, a inventar sempre um rufião ou bandido, a acreditar na sua existência e fazer com que os demais acreditem. Vivemos do medo e o nosso próprio medo nos permite ter uma alta consideração por nós mesmos e nossas realizações, e julgarmos importante o sofrimento alheio e a nossa ajuda. Baseia-se no medo à semelhança a Deus, sem a qual o médico – em maior grau que os demais – não pode viver. Há uma contradição insolúvel nos fundamentos da profissão médica: mais que qualquer outro, o médico precisa acreditar no lado bom de todas as coisas, tem que ser otimista, se não não presta. Mas, ao mesmo tempo, tem que ter a convicção de que a natureza ou Deus comete uma falha ao permitir que o homem fique doente, se não não poderia combatê-la, tendo que considerá-la certa e um bem para o indivíduo. Tem que superestimar o seu poder, ao mesmo tempo em que subestima a natureza que tanto venera. Teme a Deus e blasfema contra ele. E assim deve transmitir concomitantemente temor e confiança.

O termo "endurecimento das artérias" é útil para provocar temor, mas serve também para diagnosticar, quando não se sabe o que está acontecendo, e raramente a gente sabe. No entanto, o público quer um diagnóstico e sente-se bem ao receber alguma etiqueta. As poucas pessoas que rejeitam a plaquinha com o nome da doença, indicando o mal que as afeta, que só querem saber de sarar e não encaram sua doença como uma distinção concedida por Deus, essas pessoas não se levam em conta na clínica geral. Elas também encontram o médico de que precisam. Todas as demais, porém, apreciam um diagnóstico vazio como a arteriosclerose, tanto quanto o médico, pois ele tem a vantagem de ser sempre correto, já que todos acabam tendo calcificação das artérias, mais cedo ou mais tarde. Só que geralmente não padecem disso, raramente esse é o caso. Na minha opinião, a calcificação só é grave quando atinge as artérias coronárias. Infelizmente – ou graças a Deus, conforme a concepção – esta doença é rara e geralmente o diagnóstico é inviável, de forma que até os clínicos gerais com muita experiência não sabem muito a respeito. Portanto, nem com base na minha experiência, nem na minha sabedoria adquirida, estou em condições de afirmar que, num caso de *angina pectoris*, o único fator é a calcificação. A morte repentina destes enfermos, bem como uma série de sintomas, me levam a supor que pode haver outros fatores em jogo. Seja como for, o curioso é que esta doença rara sirva de pretexto a médicos e leigos para se assustarem diante da palavra arteriosclerose. A natureza humana é estranha, e não é sempre que conseguimos ver esse lado estranho e, quando o fazemos, ficamos horripilados diante da nossa desumanidade. Só as crianças conseguem rir inocentemente do sofrimento alheio e da morte.

Não tem sentido temer a calcificação das artérias coronárias, como não faz sentido temer a arteriosclerose. Não nego que exista calcificação das artérias na maioria das pessoas que morrem de derrame, como também não nego que é muito comum a ruptura do útero na hora do parto. O que eu nego é que essas rupturas sejam causadas exclusivamente pelo parto e que as hemorragias cerebrais se devam exclusivamente à existência de artérias endurecidas. Eu acredito até que a calcificação não é essencial para que haja tais hemorragias. Acima de tudo, considero um absurdo combater a concepção só porque de vez em quando ocorre a ruptura uterina, e acho uma presunção ridícula quando a cada parto se fala de possibilidades tão remotas ou se pensa no assunto sem motivo, mesmo tratando-se de partos difíceis.

É certo que o derrame ocorre mais freqüentemente que a ruptura do útero, mas eu continuo afirmando que ele não tem muita relação com a calcificação das artérias. Não vejo motivo para o tratamento da arteriosclerose. Mas o fato de que a maioria das pessoas com artérias calcificadas não tem derrame oferece uma sólida base para a atuação médica. Quem não perde de vista este fato, tomando-o como base, procura outros pontos para atacar no tratamento; trata-se de descobrir por que só algumas pessoas aproveitam o endurecimento de suas artérias para perder a consciência, matar-se, ficar paralíticas, ausentes e demais barbaridades que acompanham os derrames. É quando a psicanálise é chamada a atuar e pode mostrar seu valor. Várias vezes eu ressaltei esse aspecto da psicanálise, que ela é apropriada para reconduzir o pensamento e a atuação médica ao caminho da prática, deixando de lado o diagnóstico de meras palavras, e visando ao doente em si. Se perguntarmos a uma pessoa que teve derrame com que finalidade ela "deixou-se apanhar pela doença", teremos a resposta.

Posso fazer aqui apenas algumas indicações do que costuma acontecer em casos de apoplexia. Observei que a maioria dos derrames ocorre, ou na cama, sendo aqui o momento de levantar-se o mais perigoso, ou no banheiro, por ocasião da evacuação. Do ponto de vista mecânico, eu diria que não é a afluência muito rápida do sangue que leva o vaso sangüíneo a arrebentar-se, mas sim a defluxão. Isto estaria de acordo com um fato ao qual não se dá a devida importância, isto é, que raramente o derrame coincide com o movimento de dobrar o corpo ou abaixar-se. E muitos médicos proíbem seus pacientes de fazer tal movimento, justamente por temer um derrame. Pode-se ter as mais variadas opiniões, mas uma coisa é certa: do ponto de vista mecânico, o perigoso é a oscilação da circulação, e se quisermos tomar alguma medida preventiva, seria conveniente habituar os vasos sangüíneos do cérebro a oscilações circulatórias repentinas. Isso significaria aumentar a resistência das pessoas que correm o risco de um derrame, cautelosamente, através de várias medidas, entre outras também treinando-as a se abaixarem e se levantarem. Não é correto privar o enfermo dos movimentos que lhe são tão importantes porque se tem medo de que provoquem alguma desgraça e sejamos responsabilizados. Meu professor Schweninger costumava dizer: "Se uma pessoa está num estado tal que um simples movimento de abaixar-se provoca a sua morte, então já não há nada a se fazer. Ela acaba morrendo de um jeito ou de outro, e eu não sou covarde".

Porém, há outros pontos de vista que não o mecânico, e eu diria que tanto a cama como a privada estão relacionadas com os principais pecados que a nossa cultivada vida cultural ainda nos legou; que fenômenos como a ereção, a impotência, o ato sexual, parto, onanismo, exibicionismo, voyeurismo, castração e outros tantos, em todas as pessoas se complicam de algum modo em relação à cama e ao banheiro, de forma que em torno desses dois objetos acumula-se, em todas as camadas da alma, material recalcado e semi-recalcado. Há suficientes referências para a pesquisa e o tratamento. No entanto, é necessário saber que a velhice reativa o complexo de Édipo e outros complexos, e que na velhice, na segunda infância, ressurge a perversidade multiforme, que Freud descreveu como característica da infância. Eu acho que a perversidade não é nenhuma perversidade, já que, segundo a minha experiência, todos os seres humanos de qualquer idade são mais ou menos perversos. Mas isso não me impede de saber que a velhice, assim como traz também algumas perversões que permaneceram em segundo plano durante a idade madura, entre outras o que Stekel caracteriza com a denominação tão simpática de "onanismo oculto"; a forma aberta de onanismo também está presente. E por que se esquece que a velhice tem que fazer consideráveis esforços para reprimir inveja, ódio, pulsão de morte, medo da morte, avareza, sentimentos constantes mas que se intensificam na velhice? Diz-se que essas pessoas precisam privar-se. Sim, se fosse possível renunciar, mas quantos são capazes?

Por que eu acredito que a arteriosclerose é algo tão sem importância? Bom, algo eu já disse a respeito, outras coisas não há como dizê-las e muitas certamente eu não sei. Porém, desejo citar mais uma razão relativa ao zelo dos médicos que dão excessivo valor ao exame. Entre outras coisas, eles medem a pressão, mas não sei se aprenderam alguma coisa com isso, pois eu não acompanho a moda. Eis um exemplo do que eu observei: diante de uma pessoa de idade, o médico acha que ela tem idade suficiente para ter calcificação nas artérias. Aí resolve medir a pressão, e confirma sua "teoria". Depois receita iodo, uma estada num balneário de águas medicinais ou outra coisa "contra" a calcificação. Após um tempo, torna a medir a pressão, e que sucesso, a pressão está quase normal!

Seria maravilhoso se pudéssemos rejuvenescer artérias calcificadas. Um moinho novo é muito mais cômodo e eficaz que os antigos, de eixo de pedra. Não será que os vasos sangüíneos na verdade estão tão endurecidos quanto antes, mas aconteceu algum outro processo que diminuiu a resistência no sistema arterial? Não posso senão achar essa hipótese mais provável. Pode-se levar a mal o fato de eu não diagnosticar a "arteriosclerose"?

A Prisão de Ventre como Caso Típico de Resistência

Uma pessoa que estava em tratamento devido a prisão de ventre crônica descreveu-me recentemente algumas recordações infantis, acontecimentos relacionados com o médico de sua família. Seus pais eram preocupados e medrosos, e qualquer coisa que houvesse com o garoto, por mínima que fosse, qualquer coisa que lhe faltasse era motivo para chamar o médico. O doutor vinha, mandava o menino abrir a boca, examinava a língua, e perguntava: "Ele fez...?" "Fez sim, está tudo em ordem". Os olhos do médico ficavam grandes e atentos: "Fez realmente? Regularmente? Nenhum distúrbio? Nenhuma irregularidade mesmo? Bom, por via das dúvidas podemos receitar alguma coisa". Escreve a receita: "De hora em hora uma colherinha cheia, até que haja evacuação. E de noite o garoto estará novamente bom e sadio".

Era assim antes, e basicamente as coisas não mudaram muito. Só que os exames médicos tornaram-se bem mais morosos e complicados que o exame representado numa peça de Molière que leva a gargalhadas o público de hoje em dia. Mas essencialmente a prática médica ainda recorre aos milagrosos remédios para tudo de Molière. À ameaçadora pergunta do examinador da banca, lá vem a resposta automática do examinando, e assim, o remédio para a "doença" ainda é: purgante, laxante, lavagem, enema, só que em vez dos purgantes receita-se agora uma dieta (frutas, suco de frutas, etc.) e em lugar da sangria parte-se para a operação cirúrgica. O surpreendente nessa forma primitiva de tratamento é que é efetiva, tão eficaz que nem podemos imaginar. Em toda a história da medicina não há nenhum outro método terapêutico que tenha sido tão adotado através dos séculos e reiteradas vezes comprovado, a não ser talvez o tratamento psíquico. Não se passa um só dia sem que seja empregado milhares de vezes em todos os lugares do mundo. Como todo escárnio imortal, o deboche de Molière refere-se a uma verdade irrefutável.

No momento em que escrevi as palavras acima, reparei que grande idéia é resumir num breve parágrafo um problema que na verdade é um problema da humanidade. Justamente porque tange a toda a humanidade, porque é um problema com o qual nos deparamos diariamente, e praticamente se resolve por si, às vezes com a maior naturalidade, às vezes acompanhado de grandes complicações, e ninguém lhe presta atenção, valeria a pena abordar tudo o que ele oculta. Não somente vale a pena como é urgentemente necessário ordenar para nós, clínicos gerais, as modificações introduzidas pelos conhecimentos analíticos na concepção usual da obstrução.

Os leitores da *Arca* sabem que eu tenho o costume de perguntar inicialmente pelo sentido de um sintoma. A resposta mais comum em casos de prisão de ventre é a seguinte: o organismo retém em seu interior alguma coisa que deve ser eliminada. Assim, o Isso declara que quer conservar para si algo que teria que ser expelido para o mundo externo. Através da obstrução, o Isso diz o seguinte: os outros que se submetam à regra geral da evacuação a cada 24 horas, eu não o faço. A vontade própria se contrapõe ao costume humano, e como se admite não haver nenhuma vantagem aparente na retenção das fezes, pelo contrário, esta resistência ao hábito só traz desconforto como conseqüência, devemos considerar tal processo como uma teimosia.

As mais diversas razões levam a esse procedimento teimoso. De um modo geral, pode-se dizer que as seguintes motivações do Isso estão envolvidas: ele pode achar que o mundo exterior não merece inteirar-se do que existe no seu interior; ou tem tanta vontade de reter, que nem leva em conta os direitos do mundo exterior frente à questão, ou ainda pode achar que o conteúdo de suas entranhas é tão inferior que ele se envergonharia de expô-lo ao mundo externo.

Deixando de lado a questão da obstrução motivada por falhas inatas na formação do intestino, trata-se de pesquisar que razões teriam os recém-nascidos para apresentarem prisão de ventre. Até o presente, não encontrei nenhum indício no primeiro ano de vida que me levasse a crer na existência da sensação de vergonha nos bebês. Portanto, restaria somente uma certa hostilidade contra o mundo exterior, ou a apreciação do prazer causado pelo acúmulo de fezes. Na minha opinião, os dois motivos atuam concomitantemente.

Sabe-se que a parte inferior do intestino e o ânus, mas sobretudo a região do períneo, entre os órgãos sexuais e o ânus, são dotados de ramificações nervosas bastante sensíveis. O diagnóstico anatômico e fisiológico permite concluir que a passagem das fezes pelo ânus provoca sensações de prazer. Algumas observações confirmam tal conclusão: o recém-nascido sente prazer ao efetuar a sua primeira evacuação. Observa-se nitidamente a contração da musculatura e dos vasos sangüíneos. Contudo, deve-se ter presente que tanto a criança como o ancião não apresentam as sensações que os adultos costumam caracterizar de prazerosas, mas, em compensação, há outras sensações que o adulto embora as tenha não as identifica como prazer, e que são voluptuosas na infância e na velhice.

Como os nervos do prazer, na saída do intestino, na região do períneo e das nádegas não se alteram com o crescimento, o ato de defecar também provoca sensações de prazer nos adultos. Não tomamos consciência disso, porque nos acostumamos à excitação. Somos obrigados a desvalorizar os atos constantemente repetidos, através de um trabalho de recalque, do contrário simplesmente não poderíamos viver. Se cada ato cotidiano de ver, ouvir, sentir, respirar, andar, mover-se, conservasse o imenso prazer da sensação experimentada pela primeira vez, a vida do adulto seria inviável. Somente a ação de recalcar, de passar para o inconsciente – e provavelmente esta seja a causa de esquecermos as experiências dos primeiros anos de vida –, apenas o recalque do que por natureza é valioso e nos dá prazer e fica guardado no inconsciente, abre espaço para o que se desenvolve posteriormente no nível da consciência. Sob a grande indiferença do pensamento consciente em relação ao inconsciente, é difícil acreditar que cada evacuação provoque sensações de prazer também no adulto. Mas quem se interessar, mesmo superficialmente, em observar-se a si próprio – infelizmente essas pessoas são extremamente raras – facilmente pode comprovar o fenômeno.

Na investigação de questões como essa é necessário inicialmente libertar-se da magia de certos palavreados, do contrário nem se chega até o problema. O nosso tempo lida com palavras como "egoísta" e "egocêntrico" como se fosse uma grande falha no caráter possuir ou cultivar tais qualidades. Não tenho nem autoridade nem vontade de discutir sobre o valor ou a falta de valor moral e ético do egoísmo, mas como médico devo dizer que é assustador constatar que as pessoas se preocupam tão pouco consigo mesmas, inclusive os chamados egoístas e egocêntricos, estes menos ainda que os demais, pois sua vida costuma ser uma constante fuga de si próprio. Poderíamos pensar que eles servem ao seu Ego ou àquilo que tomam pelo seu Ego. De fato, porém, essa obediência ao Ego resulta de um grande temor de si mesmo, um afastar-se de si, das profundezas da alma. Para o médico seria muito útil que as pessoas se interessassem mais por si, pelas manifestações do seu Isso, pelos pedidos silenciosos e tão insistentes de sua alma que se esfola para ser ouvida, que trata de chamar a atenção de mil maneiras, ações, sonhos, sintomas de doença, e eu acho que os estudiosos da ética também deveriam observar atentamente esses fenômenos que se manifestam ao médico com tanta clareza.

Perdoem as divagações! A essência do recalque consiste no afastamento de si próprio e, como tanto se fala de recalques nestas páginas, permitam-me dizer algumas palavras sobre o egoísmo como eu o entendo. Dentre os fenômenos a comprovar que o ânus e o períneo são agentes de prazer no adulto, gostaria de destacar dois. Primeiramente que o grande prazer da ejaculação não é sentido propriamente nos órgãos sexuais e sim no fundo do períneo, cuja musculatura se contrai ritmicamente. Depois, porque se pode provocar uma sensação de prazer com um certo movimento de contração e distensão da musculatura do ânus.

Estes movimentos, que qualquer pessoa pode fazer a título de experiência, atuam em menor intensidade ao se reter as fezes. Os mesmos músculos são utilizados da mesma maneira só que em diferentes graus de intensidade na experiência e na tentativa de conter a evacuação. Como a criança é ensinada a conter as fezes por razões de higiene, o que aliás deve ser feito, muito cedo aprende que pode aumentar o prazer da evacuação, retardando-a. É compreensível que procure repetir esta vivência e que ela se torne um hábito. No entanto, o prazer derivado da atividade muscular quase sempre desaparece, e no seu lugar surgem inúmeros mal-estares e doenças, a partir da necessidade de castigar esse prazer que já não se sente mais, condenado pelo inconsciente como delito.

Se para o recém-nascido – assim como para o inconsciente de qualquer ser humano – se atinge um certo prazer retendo o bolo fecal, o que estimula a repetição e portanto leva à prisão de ventre como hábito, pergunta-se se também tem algum significado para o surgimento da prisão de ventre o outro pensamento acima citado: o mundo exterior não merece que eu lhe dê o conteúdo das minhas entranhas. O recém-nascido dispõe apenas de poucos recursos para expressar seu descontentamento para com o ambiente. Inicialmente pode chorar e gritar, depois recusar o alimento e finalmente pode provocar sintomas de enfermidades para atemorizar quem dele cuida e obrigar essas pessoas a redobrarem seus cuidados. Entretanto, logo a criança percebe que não consegue tudo através de gritos e que desse modo a maldade do ambiente até aumenta; aprende rapidamente a só empregar esse recurso com as pessoas junto às quais pode obter êxito. Recusar o alimento é um meio quase irresistível, mas, como a criança prejudica a si mesma, só recorre a ele em casos de emergência. No caso de o choro não bastar, resta-lhe o sintoma da doença, e, de todas as manifestações de enfermidade, é mais notório e mais fácil de se produzir o sintoma de perturbação digestiva: diarréia, vômito e prisão de ventre. Quem pretende exercer a pediatria, antes de lançar mão da artilharia pesada da prescrição de dietas e demais medidas médicas, deve examinar detalhadamente o meio ambiente da criança e tentar descobrir o que pode ter despertado o seu rancor. É importante sobretudo ajudar a mãe a recobrar seu equilíbrio emocional, pois quase todas as doenças dos recém-nascidos são atos de vingança contra a mãe. O sintoma mais efetivo – a criança logo descobre – é a diarréia que eventualmente pode intensificar sua influência sobre o humor dos pais ou de quem cuida da criança, fazendo-se acompanhar por vômitos. Muito mais cômoda, embora não tão eficiente, é a prisão de ventre, que, além do efeito sobre o ambiente, provoca sensações agradáveis nas partes que proporcionam prazer. Mas geralmente a criança só aprende as vantagens da contenção das fezes ao ser educada para a higiene, a não ser que a mãe ou alguém tenha usado desnecessariamente o prazeroso enema, movida por alguma tendência consciente ou inconsciente, ou então que a criança tenha descoberto de outra maneira a excitação intestinal. Em contraposição, a criança faz bem cedo a experiência de que pode impor seus desejos graças à prisão de ventre, e, recorrendo a esse meio, castigar qualquer desprezo e eliminar qualquer perigo que ameace sua tirania. Esta é a fatalidade da infância, que desde os primeiros dias de vida conheçamos como é irresistível ficarmos doentes. O inconsciente dificilmente abre mão dos conhecimentos adquiridos na primeira fase da vida, como também dificilmente deixa de usar uma ou outra vez a arma da doença, que normalmente aprende a aplicar desde a mais tenra infância, às vezes tendo suficientes justificativas para o seu procedimento, às vezes apenas seguindo fantasias e associações ridículas. É justificável que a análise de neuroses e distúrbios orgânicos procure insistentemente penetrar nas primeiras experiências de vida, e se este método de tratamento geralmente imuniza as pessoas, isto está relacionado ao fato de que a pessoa analisada de alguma maneira consegue desistir da tendência, cedo adquirida e há muito inconsciente, de submeter o mundo por intermédio da doença. Neste contexto, fala-se do lucro da doença, isto é, o lucro que o enfermo obtém através da doença. Seria muito bom se fosse divulgada esta concepção que manifesta com uma certa dose de ironia, um dos mais importantes fenômenos da vida humana, assim como não faria mal nenhum o enfermo entender o que está fazendo a si próprio e ao seu ambiente, ao ficar doente. No fundo ele sabe, pois todos os enfermos têm a consciência pesada. Não é muito difícil livrá-lo, pelo menos desses remorsos, mostrando-lhe que, ficando doente pela primeira vez, com muita probabilidade haverá uma recaída, pois cada enfermidade reafirma o poder do doente. O adulto também acaba com qualquer resistência ficando doente, quase sempre encontra bons samaritanos, mães-substitutas que cuidem dele e a única coisa a servir de contrapeso à tentação a ficar doente é a gravidade da doença, o incômodo dos sintomas.

Examinando-se a vida infantil deste ponto de vista, logo se reconhece que os distúrbios digestivos e talvez as afecções respiratórias constituem o principal contingente de moléstias humanas, uma vez que a mãe e as pessoas que cuidam da criança se acostumaram a encarar a evacuação como a medida do bem-estar da criança. E não deixam de ter razão, pois não dispomos de muitos recursos para avaliar rapidamente o estado de saúde de um bebê. Porém, não devemos esquecer – e sobretudo o médico não deve esquecer – que há uma tendência a se preocupar excessivamente com o intestino (muito mais que o necessário), devido à sensação de prazer que acompanha a evacuação e certos distúrbios intestinais. Um dos primeiros "pecados" que o homem moderno concebe como tal é o que está relacionado às funções intestinais, e é preciso saber que o recém-nascido utiliza o intestino para expressar sua vontade. Por mais horrível que isto possa soar, a evacuação é uma forma de expressão do pensamento humano. Durante toda a nossa vida procuramos reter e repetir com algumas variações os costumes prazerosos dessa fase – e muitas coisas eventualmente podem ser fonte de prazer para o recém-nascido –, o mesmo acontecendo com a exagerada valorização atribuída aos processos intestinais.

Bem se poderia escrever um livro inteiro sobre este tema, sem correr o risco de faltar assunto, mas é mais aconselhável limitar-se a algumas sugestões do que esgotar exaustivamente o tema. Pelo menos esse é o caminho indicado pela minha vocação. Buscando resposta a certas questões, algumas vezes pude observar atentamente o desenvolvimento dos recém-nascidos nas primeiras semanas de vida, antes que as autoridades sanitárias de Baden-Baden me comunicassem sua opinião, aliás muito ponderada e que não se deixou influenciar pelas objeções pouco inteligentes dos seus súditos – de que as mulheres poderiam dar à luz em quaisquer acomodações e até mesmo nos quartos particulares mais sujos, mas de forma alguma num sanatório sob direção médica, mesmo que o diretor do sanatório se abstivesse de toda e qualquer intervenção ou de um simples exame médico. Mas antes que isso ocorresse, e sob o testemunho de uma série de pessoas bastante razoáveis, pude comprovar o que até então eu apenas supunha: que a primeira evacuação do recém-nascido tem sua conotação de prazer e que uma vez ou outra esse prazer se manifesta em sintomas surpreendentes. Tive ainda a oportunidade de me inteirar sobre a prisão de ventre nos recém-nascidos. Conhecendo as dificuldades das mães que davam à luz no meu sanatório, e que se preocupavam de hora em hora com o bem-estar dos bebês, consegui convencer uma de minhas clientes que acreditava muito nos livros e na ciência – e por isso mesmo eu achava que seu bebê corria o risco de sofrer com as medidas higiênicas da mãe – a esperar quando ocorresse prisão de ventre. Aconteceu na quarta semana após o parto, os dias passavam e o bebê não evacuava. Quisera expressar *a posteriori* minha admiração por essa senhora que soube suportar com paciência e bom humor tudo o que lhe impus aos seus temores maternos. Durante todos esses dias, o bebê, uma menina, passou muito bem e estava alegre e sadio, seu peso aumentou e também a sua sabedoria, como demonstrou o resultado. No sétimo dia vieram as fezes, moles e normais, que saíram da menininha como de um tubo de pomada. A partir desse dia, o intestino do bebê funcionou regularmente até a data em que mãe e filha retornaram a casa. Algum tempo depois, a mãe me escreveu uma carta lamuriosa, dizendo que a criança estava bem, mas que seu intestino não funcionara desde a partida do sanatório. Como já haviam transcorrido nove dias, ela estava desanimada e me pedia que lhe escrevesse algumas palavras de consolo, dizendo o que deveria fazer. Antes que eu pudesse responder, chegou um telegrama com a notícia de que estava tudo em ordem, a evacuação fora normal, sem nenhum problema. A menina está agora com três anos e, após essas duas experiências, não fez mais nenhuma tentativa de chamar a atenção dessa maneira. Observei o mesmo em relação a outros recém-nascidos.

Eu afirmei que a atitude da mãe pode motivar a prisão de ventre da criança. Eu não diria que nos primeiros dias a criança tem uma capacidade perceptiva mais aguçada, mas pelo menos diferente. Suas experiências e percepções envolvem todo o organismo, ela ainda não se especializou, como é o caso mais tarde, quando o ser humano se fia em cada órgão dos sentidos separadamente, controla por exemplo as percepções auditivas através da visão, conferindo-as ou freqüentemente perturbando-as. No início, a criança tem uma percepção muito aguçada de tudo o que se passa no Isso materno, mas aos poucos vai perdendo essa capacidade. Este parecer foi se afirmando à medida que tentei estudar os processos inconscientes da mãe, cada vez que se registrava uma alteração no estado de saúde do bebê, sobretudo em casos de rejeição à alimentação. No caso de prisão de ventre já relatado, isso foi relativamente fácil, pois, duas semanas antes, um outro acontecimento me levara a estudar detalhadamente os recalques da mãe: de repente ela ficou sem leite. Uma análise cuidadosamente voltada ao sintoma restabeleceu a formação de leite após 24 horas. Tratava-se de preconceitos, principalmente do temor de uma inflamação nos seios e de que estes pudessem ficar deformados e caídos com a amamentação. Em outra ocasião, procurarei demonstrar que os distúrbios na formação do leite e as inflamações das glândulas mamárias no resguardo podem ser tratados, com ótimos resultados, pela psicanálise. De momento, ressalto apenas que a persistente prisão de ventre na criança me parece ser um sintoma de resistência da mãe. Mas isto não passa de uma suposição que eu menciono apenas para chamar a atenção para o modo de a criança reagir frente ao que está acontecendo com a mãe e na mãe.

Eu não questiono que o médico às vezes seja obrigado a adotar certas medidas em relação ao recém-nascido para restabelecer as funções intestinais, mas eu acredito que, em 20 casos, essas medidas são tomadas sem necessidade em 19 deles, e o que se faz desnecessariamente com o recém-nascido traz marcantes conseqüências posteriores, como ensina a investigação do inconsciente.

Se no recém-nascido só é possível comprovar como razão da prisão de ventre a sensação de prazer na retenção do bolo fecal, enquanto só podemos supor um certo desejo de vingança – mas com um grau tão alto de probabilidade que pode elevá-lo à condição de certeza – a cada mês que passa a situação fica mais clara. Toda mãe sabe que o bebê sente prazer em reter propositalmente as fezes, pois de tempos em tempos elas enfrentam um desafio à sua paciência ao acompanhar, elas mesmas ajudando a fazer força, os filhos sentados no trono por horas a fio, entregues ao prazer do momento. Pouco se pode fazer: é preciso ter paciência. Com paciência se vencem adultos e crianças, ela é a grande arma do médico. E não é difícil ser paciente, desde que não se permita a interferência do medo. Devemos ter em mente que o corpo humano tem uma abertura pela qual sairão as fezes em algum momento; não devemos esquecer a elasticidade do intestino grosso, que permite acumular uma grande massa de restos do processo digestivo, até esgotar sua capacidade – quem observar um chouriço pode ter uma idéia bem concreta disso. Quem percebe que as fezes não endurecem ao permanecerem no corpo por mais tempo que o normal, que isso não passa de estórias contadas, pois as paredes do intestino, após absorverem muito líquido, usam-no para amolecer o bolo fecal de modo a não haver motivo para se pensar logo em petrificação das fezes, como fazem os que conhecem o assunto apenas de ouvir dizer ou quando muito leram sobre isso em alguma coletânea de anomalias anatômicas; quem analisa com atenção os falatórios sobre intoxicação causada por obstrução, conseguindo desvendar o pingo de verdade que se oculta por trás disso, quem não perder de vista tudo isso, não perderá tão facilmente a paciência, sabendo como transmiti-la à mãe e às pessoas que cuidam da criança. E também não recorrerá levianamente a remédios ou a um enema.

A segunda razão, a vingança, ou para utilizar uma outra expressão que graças a Freud tornou-se corrente, a teimosia, surge muito cedo e sem deixar margem a dúvidas. Todas as mágoas que a criança sente e sofre, tanto as inevitáveis – ablactação, dentição, etc... – como as evitáveis, as queixas justas ou injustas, têm sua resposta sob a forma de perturbações digestivas: a mudança de babá, de residência, da alimentação, o mau humor de quem a rodeia, sobretudo da mãe. Dentre os distúrbios, o principal é a prisão de ventre crônica porque melhor se adapta a ser prolongada por um bom tempo e não é tão desagradável para a criança como a diarréia.

Aproximadamente ao mesmo tempo em que a teimosia se manifesta habitual ou ocasionalmente através da prisão de ventre, começa o período em que a criança é educada à limpeza e à higiene. É um período difícil para a criança, pois de repente a cheirosa oferenda da evacuação não é bem aceita a qualquer momento pela divindade materna, sendo às vezes recusada sob olhares e palavras de repreensão; um período cheio de oportunidades de castigar a mãe, por ter feito na hora errada e no lugar errado o que deveria ter sido feito no penico. É quando a criança descobre que pode dispor em grande medida e livremente do conteúdo de suas entranhas, e aprende o que é a propriedade pessoal. Nessa idade, não se pode perguntar à criança se é realmente assim, mas todo o seu comportamento frente às fezes é tão característico que não há razão para se duvidar: a criança – como também o inconsciente do adulto – conhece o conceito de propriedade através das fezes, e estas terão para ela e para o inconsciente o mesmo valor que tem, por exemplo, o dinheiro. Não quero me deter neste assunto, em qualquer artigo sobre psicanálise encontram-se inúmeras provas de validez desta afirmação. Como curiosidade, mencionarei apenas que as crianças acham que suas fezes são suficientemente valiosas como para premiar as pessoas de quem gostam, e assim derramá-las no colo de alguém, como sinal de sua afeição, de sua misericórdia. Visando ao interesse da causa, gostaria de incluir uma observação que esclarece o poder do inconsciente na formação de pensamentos e palavras, e que não deixa de ser engraçada. A afirmação de que o ser humano se serve de sua evacuação para expressar seu contentamento e sua mercê provém de Freud e do início da psicanálise, e portanto data dos últimos anos do século passado. Contudo, eu me lembro de que na minha infância, meu pai, um homem com um inconsciente muito característico e dotado de uma rara intuição para os processos do Isso, costumava referir-se à dejeção usando a palavra misericórdia. Ele tinha a idéia de que a misericórdia não recaía sobre aquela criança que evacuava, mas sim sobre toda a família.

Se as fezes significam ao mesmo tempo posse, propriedade, dinheiro, é claro que a função intestinal não depende somente ou em grande parte do tipo de alimentação ou das particularidades anatômico-fisiológicas do intestino, como geralmente se acredita, uma idéia aliás ridícula desde o princípio, pois qualquer um sabe por experiência própria da influência das alterações psicológicas, como, por exemplo, em casos de nervosismo, medo, etc... Ao homem moderno parece impossível reverter a seguinte dedução: eu estou com o intestino preso, e portanto daí vem o meu mau humor, minha dor de cabeça, a falta de apetite, o vômito, a queda do meu rendimento, e afirmar: minha vida psíquica perdeu o equilíbrio e, em decorrência disso, estou de mau humor, tenho dor de cabeça e – prisão de ventre. Diante dessa perspectiva unilateral, a afirmar sempre que o psíquico depende do orgânico, permitam-me afirmar com a mesma unilateralidade: não existe prisão de ventre que não seja condicionada pela vida psíquica. Eu sei que isso não é totalmente certo, que não há prisão de ventre sem o intestino e sem vida. Os cadáveres não sofrem de intestino preso e não podem adoecer. O certo está entre um e outro extremo e quem age com tranqüilidade e sem preconceitos não se esquece de que as condições psíquicas, ou melhor, que o consciente e o inconsciente atuam na prisão de ventre. Cabe examinar que fatores são importantes para o tratamento, os chamados fatores corporais ou os chamados de psicológicos, e, quem o fizer, talvez se surpreenda ao achar que vale a pena levar em consideração o inconsciente, tanto em casos crônicos, quanto agudos. É grande a probabilidade de êxito na eliminação da obstrução, além de haver uma porção de resultados colaterais satisfatórios. Contudo, para tanto não é necessário se acionar sempre ou muitas vezes o pesado aparato da psicanálise ensinada em nossas instituições, analisar o paciente inteiro, fazer uma análise completa. Uma maior simplicidade também dá certo e quase sempre é até melhor. Aproveito a oportunidade para repetir que pessoalmente não sei o que se quer dizer com uma análise completa ou uma verdadeira análise, e suspeito que quem usa tais palavras também não faz a mínima idéia do que está dizendo.

É bastante difícil colocar tudo o que é essencial numa exposição semiteórica como estou tratando de fazer. E no entanto eu creio que é uma base útil para o tratamento o princípio da obstrução indicar que algo está sendo retido no interior, quando deveria ser entregue ao mundo exterior. De tudo o que eu mencionei, podem-se deduzir os significados que podem assumir as fezes retidas no corpo: propriedade, gozo, teimosia, prazer na vingança por todas as injustiças sofridas. Embora não tenha a pretensão de dar uma visão completa, gostaria de acrescentar mais um significado: é o segredo que deve manter-se oculto, apesar da pressão para revelá-lo. Esta origem da prisão de ventre também se desenvolve nos primeiros anos de vida, e torna-se cada vez mais forte à medida que se vão recalcando coisas imperfeitas e inconvenientes. Para dizê-lo novamente com toda a clareza, a prisão de ventre é uma manifestação do Isso que diz: o que se espera de mim ainda não está pronto, ainda não terminei o que pretendo, exijo que me dêem mais tempo.

Assim chegamos a um ponto importante; importante principalmente para a prática médica. Tornou-se um princípio, uma espécie de dogma que o ser humano deva evacuar diariamente e pelo menos uma vez por dia e que, quem não o conseguir, deve ser levado a isso, submetendo-se a algum tipo de castigo por seu descuido, sua preguiça, por seu "intestino preguiçoso". Isso é um equívoco. Há muitas pessoas, uma grande quantidade, cujo organismo não se regula por essa "regra", que precisam de mais de 24 horas para extrair o aproveitável da alimentação ministrada. Impor a essas pessoas a obrigatoriedade de evacuações diárias equivale a condená-las à fome ou, para usar uma expressão moderna, a um estado de subnutrição. Isto é simplesmente um crime e com uma dupla agravante por ser cometido por pessoas que se dizem preocupadas pelo bem-estar de seus semelhantes, sejam elas charlatães ou médicos.

Mas o que se deve fazer quando são as crianças que manifestam prisão de ventre? Em primeiro lugar, identificar se o atraso representa ou não um perigo e não esquecer-se de que tudo não passa de um orifício por onde se elimina, mais cedo ou mais tarde, aquilo que o intestino não pode aproveitar. Com isso não quero dizer que não se deva fazer nada, embora considere a inatividade bem menos nociva que o excesso de zelo. O medo e a impaciência das mães exige um tratamento imediato e circunstancialmente esse tratamento pode ser muito difícil se a criança já foi contagiada pelo medo materno. O mais importante na prisão de ventre da criança e naturalmente do adulto também é que o sintoma da obstrução indica a existência de recalques em ação e que justamente esse quadro oferece a oportunidade de se conscientizar sobre o material recalcado, pois este deve estar bem próximo ao limiar da consciência. Ou seja: o objeto do tratamento nestes casos não é a prisão de ventre, é o recalque. A prisão de ventre é como uma intimação ao médico no sentido de se dedicar ao inconsciente da criança e não tem nenhum sentido ignorá-la e fazê-la calar-se à custa de purgantes e enemas. A prisão de ventre é a confissão da criança: eu retenho algo no meu interior, que gostaria de soltar de mim se tivesse a certeza de que não vai me acontecer nada desagradável por causa disso; convençam-me de que vocês merecem conhecer o conteúdo das minhas entranhas, da minha alma. – Para a criança, bem como para o inconsciente do adulto, a sede da alma está localizada na barriga, as portas principais de acesso à morada da alma são a boca e o ânus. O nariz, os olhos, os ouvidos são entradas secundárias e as principais saídas são novamente a boca, o ânus e também a uretra. – Assim que vocês tenham me convencido, vou desistir da prisão de ventre e, além do mais, vou lhes comunicar uma série de coisas que me oprimem, que são muito importantes para mim e que estou tratando de lhes anunciar com grande esforço, mas que logo irão submergir nas profundezas, das quais ressurgirão de alguma forma, talvez sob a forma de doença e talvez só dentro de alguns anos.

Deve-se perguntar à criança com esse tipo de distúrbio intestinal: o que você quer dizer com a prisão de ventre? Ela dará a resposta. Contudo, é preciso saber perguntar e decifrar a resposta. Em assuntos importantes, as crianças respondem através de símbolos, gestos, ações ou omissões, de sintomas muito particulares, inclusive através de palavras ou expressões verbais alteradas que podem parecer sem sentido ou uma tolice. Mas sempre respondem. Eu me lembro, por exemplo, que um garoto de cinco anos uma vez me respondeu a essa questão dizendo a palavra "galo" e passando um pedaço de chocolate, que tinha numa das mãos, à outra, que estava meio fechada. Isso queria dizer: eu sei que o galo não pode pôr ovos, mas sei que ele tem alguma coisa que a ver com os ovos; eu sei que ele pula na galinha e faz lá alguma coisa que está relacionada com a postura dos ovos, só não sei o que é e também não posso dizer que eu sei algo porque a mãe não quer, eu não posso nem perguntar sobre isso, e devo guardar para mim o meu saber incompleto.

É do meu conhecimento que um laxante ministrado oportunamente em certas moléstias infantis faz milagres e recorro a essa força milagrosa dos laxantes, portanto não sou nenhum adversário de se esvaziar, de vez em quando, a barriga, a alma infantil. Mas tenho consciência de que ao fazer isso talvez esteja barrando o acesso ao inconsciente infantil, à região dos seus recalques, e na minha opinião os médicos e as mães devem considerar o assunto com a devida cautela.

O que eu disse a respeito dos laxantes vale em maior medida para o enema. Uma vez ou outra uma lavagem é benéfica, geralmente é desnecessária e sua aplicação habitual torna-se um perigo. Observa-se um fato curioso na aplicação do enema: enquanto no primeiro ano de vida a criança raramente manifesta mal-estar, aos dois ou três anos, e também depois, costuma resistir a essa medida. Praticamente esta é a regra, havendo poucas exceções. A causa dessa resistência geralmente é atribuída ao fato de a criança recear a dor ocasionada pela introdução do instrumento. Isso não está bem colocado: o medo não surge da dor e sim a dor surge do medo. Como a criança liga a introdução do líquido a alguma idéia horrível, contrai o esfíncter meio consciente, meio inconscientemente e é natural que a injeção do líquido seja sentida como dor. O procedimento é muito semelhante a um outro fenômeno da vida sexual, bastante incômodo e funesto, o vaginismo. Eu tenho a convicção de que ambos têm a mesma raiz. O vaginismo, contração espasmódica e dolorosa dos músculos da vagina à entrada de um objeto, se baseia no medo. Em geral, este medo se refere a três coisas: medo do prazer sexual, proibido como se fosse um pecado, medo de ser rasgada e medo da gravidez. As três causas também estão presentes no comportamento da criança frente à lavagem intestinal. A sensação de volúpia, que surge em torno do ânus e que todas as pessoas sentem num grau que só quem se ocupa do inconsciente pode fazer uma idéia, começa a ser recalcada na época em que a criança é ensinada a se controlar: a criança de um ano já a considera proibida. Como a prisão de ventre em si já é considerada pelo inconsciente como um prazer proibido, que deve ser dissimulado, daí vêm os freqüentes efeitos colaterais da prisão de ventre crônica, dor de cabeça, mau humor, tonturas, eles são o castigo pela mentira hipócrita na qual se baseia afinal de contas a prisão de ventre – o inconsciente procura evitar a nova volúpia pecaminosa que vem do enema ou, quando isso não dá certo, fazer com que as dores anulem o pecado. Uma análise mais detida constata facilmente o motivo do medo da gravidez; sua origem é a idéia infantil de que a união sexual e a fecundação se processam pelo ânus, uma idéia que é comum a todas as crianças dessa idade. O medo da gravidez está insoluvelmente ligado ao medo de ser rasgado, porque nessa idade forma-se a idéia de que a barriga arrebenta na hora do parto. Aos poucos, um outro fator vem se acrescentar a estas imagens do medo, derivado do recalque do homossexualismo, e que representa um papel importante nas resistências inconscientes dos adultos.

A prescrição de dietas também tem seu lado negativo e deve ser muito bem ponderada, aliás como qualquer tratamento da prisão de ventre infantil. As proibições de comer e beber já são desagradáveis para o adulto, que por natureza é embrutecido e bem menos sensível à simbolização e à associação do que a criança, para quem cada acontecimento tem milhares de significados comoventes. A criança, contudo, nunca se satisfaz com a simples proibição que emana da autoridade – ela nem conhece tal conceito, terá primeiro que aprendê-lo – ela procura e acha as razões de proibições e mandamentos na simbologia. Como o ser humano posteriormente recalca o que pensou simbolicamente quando criança, às vezes restam incômodas conseqüências de prescrições aparentemente inofensivas.

Como primeiro princípio da atuação médica costuma-se citar a frase: *nil nocere*, sobretudo não se deve prejudicar com o tratamento. Ah, se não fosse tão difícil aplicar esse princípio! Todo tratamento médico representa um risco, e a psicanálise não é uma exceção. O preceito de deixar que as coisas se arranjem, ou deixá-las por conta de Deus, não é dos piores. Mas quando se quer agir, em vez de deixar por conta própria o sintoma da prisão de ventre até que se revele o recalque oculto por trás disso, ou que ele mergulhe nas salutares profundezas do Isso, não se deve esquecer que a criança gosta de brincar e num jogo ou brincadeira é mais fácil superar muitas resistências, sem ferir a essência da criança. Quando a isso também se constata que há bem poucos adultos e principalmente poucas mulheres que sabem brincar como as crianças brincam. Os homens costumam ser mais criativos nesse aspecto.

Não tenho a ilusão de saber muita coisa sobre as crianças, mas sei que só existe um caminho para se conhecer a criança, e esse caminho é observá-la com paciência e sem preconceitos. Como a mãe tem a missão de educá-la, é a pessoa menos indicada para observadora. A mãe não faz a mínima idéia da maior parte da vida infantil, e nem pode saber, porque esse conhecimento tornaria impossível a sua atividade educadora. Estou muito grato pela minha atividade médica, a cada ano que passa, me fazer desistir de qualquer intento de educar. É inútil querer educar conforme princípios predeterminados. O Isso se educa a si mesmo, educa para o que é útil aos seus misteriosos propósitos, para finalidades que muitas vezes estão em aberta contradição com o que o europeu culto acha correto e desejável. O Isso tudo examina, examina continuamente o universo inteiro e continuamente está tratando de escolher de tudo o melhor, o que lhe parece ser melhor.

Não é muito elucidativo abordar os complexos que interferem na prisão de ventre no adulto. De um modo geral, e no essencial, são os mesmos que se manifestam na infância e não se pode dizer o que é importante em cada caso individual, pois todo ser humano tem a sua própria prisão de ventre com uma conotação individual que o Isso justifica e mantém às vezes assim, às vezes assado, pelo consciente ou pelo inconsciente. O tratamento analítico, na maioria dos casos, não é necessário. Quando se quer eliminar a prisão de ventre quase sempre basta esperar, sendo útil às vezes estimular oportunamente as associações. Porém a análise é sempre indicada quando há tempo para isso, porque através dela encontra-se facilmente o caminho ao inconsciente. Ao recorrer a ela, o melhor é proceder metodicamente e sem se deixar confundir pelo jogo de esconde-esconde do paciente, procurar revelar suas relações com o dinheiro, seus grandes e pequenos apuros – até os multimilionários não gostam de pagar determinadas contas e certamente alguns impostos – e além disso dirigir sua atenção associativa para a posição do seu ser como um todo em relação ao dinheiro. Não se deve esquecer que o inconsciente é ardiloso e inicialmente tentará dizer não, circunstancialmente permanecerá na negativa por semanas ou meses até desistir da prisão de ventre, admitindo sua avareza ou, digamos de forma mais cortês, sua propensão a economizar. De menor importância para a eliminação do sintoma, mas muito importante para liberar os complexos, é a investigação associativa do segredo. Os complexos da gravidez e do parto muitas vezes se alinham por si na cadeia de associações. No tratamento do sintoma, raramente é necessário entrar na questão da volúpia que desperta a prisão de ventre, e no entanto diante desse aspecto continuamos tão embaraçados e mentirosos quanto estávamos antes dos trabalhos fundamentais de Freud, apesar da grande quantidade de literatura sobre os processos da volúpia e do seu recalque em relação ao ato da evacuação. É bem mais difícil do que se imagina o trabalho de recalcamento que transforma a obra do bebê nas fraldas, que todos acham uma gracinha, na própria expressão da sujeira. Quanto mais eu me dedico ao inconsciente, maior tornou-se a minha convicção de que os procedimentos de recalque do prazer sentido na evacuação são os mais importantes para o tratamento dos enfermos, o que já se manifesta no fato de a atividade médica há milênios consistir essencialmente em regularizar a defecação. Quem se entusiasma com paradoxos, poderá dizer que a invenção do moderno vaso sanitário com água teve tantos efeitos nocivos como benéficos, e quem conseguir pelo menos acabar com o pudor exagerado dos médicos, será um benfeitor da humanidade.

    Não posso encerrar minhas conjecturas sobre este objeto que em si é inesgotável, mas aqui não poderá ser exposto em toda a sua dimensão, sem ao menos mencionar a questão da resistência. É possível considerar cada sintoma de uma enfermidade, cada adoecimento como uma manifestação de resistência; isso não só é possível, como bastante proveitoso. Poderíamos dizer que a prisão de ventre é a própria resistência – sendo que eu reúno sob a palavra prisão de ventre todos os tipos de moléstias intestinais comuns, inclusive as diarréias que geralmente não passam de um negativo da prisão de ventre. Mas, justamente porque a prisão de ventre é a forma típica que a resistência escolhe para manifestar-se, é tão importante seu tratamento com os recursos da psicanálise, mesmo nos casos em que métodos mais simples garantiriam o êxito. Todo tratamento médico – eu o digo pela milésima vez e ainda vou repetir mais umas mil vezes – gira em torno da resistência do paciente, e na minha opinião o sucesso da psicanálise e naturalmente de qualquer outro tratamento, também da cirurgia, depende de se eliminar a resistência que é o único objetivo da análise realizada pelo médico, e não, como muitos imaginam, a conscientização dos elementos recalcados. É possível se tratar sem essa conscientização, mas nunca sem eliminar a resistência. No entanto, a vida é tão poderosa e oculta sua atividade tão bem que quase sempre a resistência desaparece sem que o médico perceba a sua existência ou seu desaparecimento, e portanto sem que ele precise dedicar-se a ela no tratamento ou com o objetivo de tratar o enfermo. Mas há um grande número de doenças que não saram até a resistência à recuperação da saúde tornar-se o objeto do tratamento, e nestes casos o melhor e mais viável é o caminho da observação atenta das possíveis resistências, para se chegar às profundezas da vida humana e investigá-las, se é que são passíveis de investigação.

Eu não sei se há pessoas para quem a investigação do ser humano não é a mais interessante das pesquisas. Para mim ela é, e tendo a afirmar que quem não comparte esta crença pratica uma espécie de ilusão. Mesmo que esteja enganado, ainda é certo que não é nenhuma desvantagem para o cientista conhecer muito bem o instrumento com o qual trabalha: o astrônomo suas lunetas, o físico sua balança, seu termômetro, os químicos seus reagentes, etc... O instrumento com que todos os pesquisadores e todas as pessoas trabalham, cuja qualidade e exatidão é fundamental para tudo que é humano, é o próprio ser humano. O grande desafio da nossa época é nos dedicarmos a esse instrumento, desde que Freud, ao iniciar a psicanálise, colocou em nossas mãos, nas mãos de qualquer pessoa, os meios de se conhecer a si próprio, isto é, conhecer o único ser humano que importa para a vida individual, muito melhor do que jamais foi possível. O ingresso nas trevas do inconsciente é possível agora, já não dependemos da mera adivinhação, encontramos caminhos que ultrapassam os limites do inconsciente humano e permitem ter uma visão do Isso, mesmo que restrita e muitas vezes nublada. Dentro em breve, não mais será possível praticar qualquer ciência sem recorrer à psicanálise como instrumento. Porém, como o trabalho com a psicanálise é obstruído pela resistência e consiste essencialmente na sua eliminação, seria aconselhável procurar e aproveitar as oportunidades de se informar a respeito da resistência. Não saberia citar nenhum outro campo tão apropriado a esse estudo, por sua extensão e clareza, quanto o da prisão de ventre. Eu repito: ela pode ser considerada a forma típica de resistência.

Deste ponto de vista, isto é, avaliando-se a questão do ponto de vista científico, não é aconselhável recorrer apressadamente a laxantes, enemas, dietas e recursos mecânicos para alterar um processo que pode esclarecer muitas coisas sobre a vida, bastando esperar com paciência e observar com atenção, sem provocar nenhum dano. Pelo contrário, o caminho mais seguro, e eu diria infalível, de fazer desaparecer a prisão de ventre crônica, é evitar a evacuação forçada e esperar, sob contínua observação e tratamento da resistência, que o intestino entregue por si o seu conteúdo.

Para encerrar esta exposição, sendo que reprimi conscientemente uma série de coisas que considero até muito importantes, gostaria de dizer algumas palavras sobre a minha maneira de tratar a prisão de ventre; mas insisto em que cada paciente individual tem a sua forma de prisão de ventre, e que, portanto, em princípio não se podem elaborar regras gerais.

Em primeiro lugar, eu não tenho medo e, por não tê-lo, não é muito difícil para mim tirar o medo do doente. Em segundo lugar, tenho paciência e, porque eu tenho paciência, o enfermo também aprende a ter paciência. Terceiro: eu nunca faço uso de laxantes ou lavagens, a não ser que me convença da existência de algum corpo estranho – digamos fezes muito endurecidas – que não saia do intestino por meios naturais, sem ajuda externa. Na última década não houve um só caso, como pode comprovar o meu registro do receituário, do qual não constam desde então laxantes, que aliás eu prescrevi raramente antes de entrar na fase analítica. Eu espero e posso esperar, pois me convenci – embora isso só acontecesse numa idade avançada – de que se trata apenas de um orifício que elimina e tem que eliminar o conteúdo do intestino, um fato que, a medir pela minha própria experiência, é difícil de aceitar, apesar de óbvio. Quanto tempo eu espero? Até que o intestino funcione por si. A demora mais longa que conheci foi de 29 dias; no trigésimo dia, veio uma ligeira evacuação, nada extraordinária.

Em outras épocas, prescrevi dietas, mas a guerra me ensinou, aliás também em relação a outras doenças, que essa arma geralmente é supérflua, isto é, prejudicial na minha opinião. Aos adeptos da intervenção médica comunico que, antes da guerra, eu tinha o hábito, que trazia bons resultados, de receitar em casos de prisão de ventre crônica uma dieta rigorosa à base somente de proteínas durante a primeira semana, seguida de uma segunda semana de dieta prescrevendo principalmente frutas, suco de frutas, compotas, legumes e verduras, etc... Se necessário, o procedimento era repetido.

A minha fama como médico espalhou-se devido ao talento pela

massagem, que me parece inato e desenvolvido graças à influência e aos ensinamentos de Schweninger. Mantive o hábito de fazer massagens, que a propósito é um pouco diferente da forma comum de massagear e praticado por mim e minha assistente, portanto não posso avaliar como teria sido se eu abandonasse esse recurso médico. Nesses casos, eu já não recomendo a ginástica, por considerar um perigo público a correria da *mens sana in corpore sano*, que deveria ser restringida no interesse do indivíduo e da coletividade.

A prisão de ventre me dá a oportunidade, que raramente se apresenta na minha atuação médica, de proibir alguma coisa. Eu proíbo meus pacientes, que sofrem dessa moléstia, de irem ao banheiro "sem que as fezes estejam começando a sair pelo ânus" e, com toda a autoridade que me é conferida, eu lhes proíbo de fazer força na hora de evacuar. A defecação deve vir normalmente, por si. Pressionar dificulta o ato, e o mesmo vale para o parto. As parturientes e as pessoas que sofrem de prisão de ventre devem ter paciência, chegará a hora certa e forçar só faz com que o esfíncter e os músculos se contraiam inconscientemente, e em decorrência a evacuação, como também o parto, seja dolorosa. Nesses dois casos, fazer força é desnecessário. Às pessoas que lhe solicitavam um autógrafo, Schweninger costumava pedir que escrevessem uma frase: O prazer reside na evacuação/esvaziamento (*Entleerung*). Eu diria que é na privação (*Entbehrung*) e acrescentaria que o parto é um prazer, pedindo encarecidamente a todas as mulheres que acreditem em mim e tenham paciência. A criança não pode forçar a passagem, esta ocorre por si.

Quanto ao resto, eu analiso pacientes com prisão de ventre mais para aprender do que pelo tratamento em si.

Eu continuo esperando até que as evacuações se processem regularmente, sendo que sou bastante modesto e me contento com evacuações a cada dois ou três dias, e até de oito em oito dias. Os meus pacientes estão de acordo com isso, e eu posso lhes certificar que nos últimos dez anos eles me fizeram ganhar a batalha, sem uma única exceção. A todos eles, o meu muito obrigado!

O Trabalho do Sonho e do Sintoma Orgânico

Durante muitas décadas, o pensamento médico esteve baseado num sistema que classificava os acontecimentos dividindo-os em dois reinos: um orgânico e outro psíquico; ambos eram separados por um reino intermediário e impreciso chamado de reino nervoso. Este último foi o campo de trabalho de Freud, e as descobertas a seu respeito modificaram paulatinamente a imagem que os médicos faziam do mundo. A atuação neste campo situado entre dois reinos aparentemente bem delimitados é o que Freud denominou de psicanálise. Logo se verificou que os fatos dados não se restringiam aos limites fixados por uma longa prática, que era preciso segui-los na área psicológica, se a intenção era dar seqüência às pesquisas. Sim, médicos e cientistas viram-se obrigados a dedicar-se a assuntos que nada tinham a ver com a saúde e a doença. Essa extensão da pesquisa e da busca impôs-se sem grandes dificuldades. Os psicanalistas aceitaram-na com naturalidade e o mundo exterior deixou de se opor a esta expansão, o que costumava fazer frente a todos os assuntos pertinentes à psicanálise.

Enquanto se apagava despercebidamente a fronteira entre "nervoso" e "psíquico", poupava-se com toda a cautela a existente entre "nervoso" e "orgânico"; desde o princípio, a psicanálise eliminou cuidadosamente tudo o que levantasse a menor suspeita de que acontecimentos orgânicos pudessem pertencer ao seu âmbito de atuação. Enquanto isso foi possível, a psicanálise o fez, mas a longo prazo não poderia dar certo. A antiga verdade, há muito conhecida, de que os processos orgânicos e psíquicos são diversos apenas na nomenclatura mas não em sua essência, impôs-se sob a pressão das descobertas freudianas, e o curioso é que não se impôs tanto no círculo dos psicanalistas profissionais que resistiram e se fizeram de surdos, mas sim entre os médicos da medicina interna, da ginecologia, cirurgia, oftalmologia e outras especialidades, quaisquer que sejam as suas denominações. Esta resistência dos psicanalistas é mais estranha ainda se considerarmos que os primeiros trabalhos de Freud estão voltados para a histeria, a qual não se sabe se pertence à área psíquica ou à orgânica e que de qualquer forma está tão próxima da fronteira corrente que a passagem ao campo orgânico seria tão fácil quanto a outra, ao campo psíquico. Se para Freud as razões pessoais com base em suas tendências foram decisivas na determinação do seu ponto de partida, o mesmo não se pode dizer da maioria de seus seguidores, muitos dos quais só se dedicaram à psicanálise após uma longa atividade em outras disciplinas. Deve haver uma outra razão para isso, e quem fizer averiguações verá que aqui há uma questão essencial, pode-se dizer até que estamos diante de um momento decisivo em que a psicanálise em vez de avançar está perdendo terreno. É lamentável que isso aconteça, e se se continuar tratando a área orgânica como um tabu – supostamente porque Freud não aprovaria a extensão da pesquisa a esse campo, o que com certeza é falso; ninguém demonstrou tanto interesse pelos meus esforços no tocante a essa questão quanto Freud – se isso continuar assim, afinal perderemos a oportunidade única de tornar a reunir o pensamento compartimentado e a medicina especializada, ambos caóticos, sob uma perspectiva global. Só o método psicanalítico de pesquisa tem condições de deter a dispersão das forças e reuni-las. Já fracassou a tentativa de atingir este objetivo por outros meios, porque só a psicanálise sabe atribuir à palavra "psíquico" um novo sentido sem ressaltar um antagonismo inexistente quanto ao "orgânico", enquanto as demais disciplinas, se não quiserem cometer uma auto-amputação, irão alterar as fronteiras entre os reinos psíquico e orgânico, sem contudo suprimir a demarcação em si.

Parece-me que Ferenczi foi quem sentiu mais nitidamente o perigo que emana de se relegar uma das funções essenciais da psicanálise. Seus trabalhos levaram-no a aproximar-se cada vez mais da necessidade de ampliar o campo da psicanálise; afinal, suas observações levaram-no forçosamente a submeter todas as formas de vida à pesquisa analítica. A fim de consegui-lo, fez algo muito curioso: inventou um novo nome, dizendo que futuramente devia se chamar a análise voltada aos setores da vida além do campo puramente psíquico de Bioanálise. Com esta denominação, contudo, ele escapou do problema em si e aumentou a confusão. Não é verdade que existe uma bioanálise, a vida não pode ser analisada, só se pode tecer especulações sobre a vida. A única análise que pode ser realizada no sentido que Freud lhe atribuiu é a psicanálise; o objeto a ser analisado é sempre a psique, e o instrumento com que analisamos é novamente a psique, nada mais que isso. Essa psique abrange, como Freud admitiu desde o princípio, o consciente e o inconsciente, não menos que isso, mas também nada mais. E o conceito de "inconsciente" deve ficar restrito aos elementos recalcados, de forma que a concepção original de Freud, identificando o inconsciente com os recalques, continue válida hoje em dia.

Em seu livro, *O Ègo e o Id (Das Ich und das Es)*, Freud me concedeu a honra de me indicar como sendo a primeira pessoa a empregar a expressão "o Isso" (*das Es*) e afirmar que iria assumi-la. É verdade, mas só que o conceito do "Isso" como eu o utilizava para as minhas finalidades, não servia para Freud e conseqüentemente ele o transformou em outra coisa diferente do que eu concebi; se é que o entendi corretamente, ele usou a expressão a fim de esclarecer suas idéias sobre aquilo que chama de tópico. Mas com isso não modificou nada essencial na psicanálise, não acrescentou nem tirou. Ela continuou a ser o que era, a análise do consciente e dos recalques, em suma: da psique. O Isso, no entanto, seja ele o Isso de Freud ou o meu, que só têm em comum a denominação, não pode ser analisado, como igualmente não pode ser analisado o Bio de Ferenczi.

É uma questão totalmente diferente, se se pode influenciar o Isso com a ajuda da análise, e essa pergunta deve ser respondida afirmativamente. A psicanálise, a análise do consciente e dos recalques, pode ser aplicada, com grandes benefícios, a todas as áreas da atividade médica, quer esta se refira a fenômenos orgânicos, psíquicos ou nervosos; é possível aplicá-la e isso quer dizer: sempre que o doente dê essa oportunidade e reconheça a conveniência do procedimento, abrindo mão da resistência. Um enfermo que levar a resistência ao extremo de perder os sentidos não pode ser submetido à análise, pois o objeto do tratamento é o consciente e o recalque, ambos passíveis de conscientização. Um enfermo que manifesta a sua resistência, sob a forma de uma breve doença, não pode ser analisado. Como Schweninger costumava dizer, não se pode ultrapassar um trem expresso com uma carroça puxada por bois. Um enfermo, cuja resistência – ou digamos, cuja satisfação do desejo – é uma fratura, não deve ser analisado e sim engessado, deixando o processo de cura por conta do Isso; no entanto, um enfermo, cuja fratura não quer se solidificar, esse deve-se analisar pois se pode evitar-lhe muito sofrimento, e talvez se consiga eliminar a resistência contra as tendências à cura que sempre existem. Em resumo, a aplicação da psicanálise é uma questão de conveniência, não da área da enfermidade. Para a aplicabilidade da psicanálise, é completamente indiferente se o Isso recorre, para manifestar-se, a formas de vida orgânicas, psíquicas ou nervosas.

Se não se quer admitir pelo caminho da teoria, a experiência com o tratamento psicanalítico, os seus resultados demonstram que os procedimentos orgânicos, em especial as moléstias orgânicas, não diferem essencialmente dos procedimentos psíquicos, como forma de expressão do Isso. Mas esse parentesco também se revela ao aplicar-se ao campo orgânico as diretrizes fixadas por Freud para melhor compreensão dos processos psíquicos. Em outras palavras: em benefício do bem-estar do paciente e para ampliar a compreensão dos médicos, pode-se interpretar o transcurso dos sintomas de uma doença orgânica do mesmo modo que se interpreta um sonho, empregando-se oportunamente o mesmo método da associação e as mesmas idéias teóricas que Freud indicou para a interpretação dos sonhos.

Freud diz que o sonho é constituído por uma grande variedade de elementos, e é compreensível que o mesmo se possa dizer do transcurso do sintoma orgânico. O elemento do sonho, na sua concepção, não é próprio, é um substituto de alguma coisa que o sonhador desconhece. É claro que se pode transpor esta frase para o sintoma orgânico; o sintoma não é o acontecimento em si e sim o que o acompanha concomitantemente. A seguir, Freud distingue o conteúdo manifesto e o pensamento latente no sonho, afirmando que há relações entre esses conteúdos – e portanto entre os sintomas manifestos e os procedimentos latentes nas manifestações orgânicas. Como primeira dessas relações, Freud cita a existência de um elemento comum a ambos; uma fração do que é próprio passou para o que é impróprio. Um exemplo dessa forma de análise do sintoma é qualquer hemorragia externa, que manifesta apenas uma parte do procedimento latente da enfermidade. A alusão que ele faz ao meio do trabalho de sonho (*Traumarbeit*) também está presente nas hemorragias internas, sob a forma de alteração da coloração da pele. Como terceiro meio do trabalho de sonho, Freud cita a elaboração de imagens (*Verbildlichung*). Ao deparar-se com o surgimento de febre, o médico deveria lembrar-se de que um dos fatores atuantes é o desejo do Isso de transformar em imagens a sua excessiva temperatura interna, as sensações demasiado quentes, e certamente não se cometerá nenhum erro ao achar que uma moléstia cardíaca apresenta em forma latente sofrimentos relativos ao amor e ao ódio, que se configuram sob a imagem do sintoma. Quem reparar na semelhança de características entre o trabalho de sonho e o trabalho do sintoma, achará inúmeras confirmações e irá deparar-se em toda parte com o meio da elaboração de imagens. Nos pacientes cardíacos e nos que estão em estado febril, dá para perceber claramente que no símbolo manifesto a acentuação é diferente do que se passa de forma latente. Freqüentemente o principal, o ponto central do processo latente e inconsciente, não se revela no sintoma manifesto.

Se é certo que o sintoma distorce o que é "próprio", deve-se levar em conta que nem sempre há uma distorção; assim, por exemplo, o desmaio muitas vezes é a clara satisfação de um desejo, ao desligar a pessoa imediatamente de tudo que é insuportável no mundo. Mas, se existe uma distorção, deve haver algo semelhante a uma censura ou repressão. O efeito provocado fala a favor de sua existência. Ao referir-se à censura, Freud falou de um "branco" que as pessoas sentem, e isso acontece por exemplo quando alguém leva um susto e tem a impressão de que seu coração parou; mas na verdade o susto ou o medo deveriam provocar uma aceleração do ritmo cardíaco, que por sua vez pode ser interpretada como a satisfação do desejo de fugir rapidamente da situação. A freqüente diminuição do pulso deveria indicar ao médico que estão acontecendo coisas com o doente, reações a fatos cotidianos mas que são significativas como símbolos, reações que provocam susto, susto que é reprimido pela censura.

O Isso usa amplamente os símbolos na fabricação de sintomas. A pesquisa neste setor é importante e necessária porque muitas vezes o Isso emprega símbolos por intermédio da psique, do consciente e do inconsciente (recalque). Conseqüentemente, a psicanálise pode ter acesso à produção de sintomas, analisando os símbolos, embora não se possa dizer o mesmo de todos os tipos de trabalho de sintoma. Os efeitos do que estou dizendo são bastante conhecidos, e até mesmo os mais severos defensores de que "a psicanálise só deve tratar de problemas psíquicos" acabam tratando de sintomas reconhecidamente orgânicos como se não houvesse diferença alguma entre o orgânico e o psíquico, como, por exemplo, os freqüentes distúrbios digestivos, os variados sintomas de moléstias que acompanham a menstruação, a febre do feno, a asma, a enxaqueca, o hipertireoidismo, várias erupções cutâneas, etc... Para livrar-se deste apuro, acrescentaram à doença a palavra mágica "nervosa", mas com esses truques só estão se iludindo, tudo por causa do preconceito, e obstruindo o caminho que os levaria, e aos outros também, a novas áreas a serem conquistadas. Como exemplo da aplicação de símbolos na produção de sintomas orgânicos, eu cito o símbolo do dente que representa um papel muito importante na formação de cáries, de periosteíte, de abscessos nos dentes e o símbolo do apêndice, que representa o conhecido triângulo membro-criança-fezes; eu diria que em quase todos os casos de inflamação do apêndice, desde as mais leves até as mais graves que levam à supuração, iremos nos deparar com esse símbolo que costuma ser eliminado completamente quando o paciente se conscientiza de que tal castração é desnecessária. Isso me leva à simbologia do dedo, que todos os analistas conhecem há muito, especialmente nos cortes e ferimentos que esmagam os dedos e que simbolizam a castração. Afinal, as feridas pertencem ao campo orgânico e não posso deixar de chamar a atenção mais uma vez para as forças de repressão ou de recalque, que influenciam tanto o cérebro dos psicanalistas, como o dos neuróticos ou o meu. Quem não se deter no corte-castração do dedo, e for suficientemente ousado para analisar pela psicanálise a paroníquia, verá que vale a pena e logo se aventurará a fazer o mesmo com o fleimão, as inflamações das articulações e outras moléstias, percebendo também que o símbolo do lado direito e do esquerdo, a simbologia dos membros da família (dedão/pai-de-todos) atuam no trabalho de sintoma, sob as ordens do Isso.

Não gostaria de sobrecarregar estas anotações com uma série de detalhes (se não teria que escrever agora um outro livro, o que só pretendo fazer mais tarde), mas quisera acrescentar que é uma grande tentação para mim acompanhar ponto por ponto todo o capítulo de Freud sobre a simbologia do sonho, como se pode ler em suas conferências, indicando, segundo a minha experiência, onde e quando cada símbolo é utilizado pelo Isso nos procedimentos orgânicos, não apenas nos doentios como também nos salutares.

Para se poder seguir as explanações de Freud sobre o trabalho de sonho, devo dizer algo sobre a utilização da concentração e da distorção no orgânico. Ou talvez nem seja necessário escrever sobre isto, tão compreensíveis e conhecidas são essas medidas. Como exemplo da primeira, cito o abscesso que concentra em si uma longa cadeia de procedimentos orgânicos. Características da distorção são as afecções da retina em casos de inflamação dos rins, ou as inflamações das articulações do joelho, em casos de gonorréia. Não pretendo examinar mais detidamente aqui estas intrincadas relações, apenas aproveito a oportunidade para ressaltar a capacidade do Isso de transformar processos orgânicos em sintomas manifestos, dar-lhes forma através da concentração, da distorção, etc... Eu não diria que o Isso sempre escolhe o caminho psíquico, mas muitas vezes o faz, recorrendo a complexos psíquicos, e portanto, sem se preocupar com a divisão da medicina em especialidades, faz coisas que muitos psicanalistas consideram inadmissível por ultrapassar, segundo eles, as fronteiras da psicanálise. Eu repito que o Isso nem sempre é acessível diretamente à psicanálise, mas logo que fatores psíquicos se imiscuem em suas atividades – e isso ocorre com muito maior freqüência nas enfermidades orgânicas do que o contrário, ou seja, a interferência comprovada de fatores orgânicos nas doenças psíquicas – se impõe o método analítico, e o Isso deseja-o, e muitas vezes não perdoa se seu desejo não for satisfeito.

Deste ponto de vista, de que o Isso distorce os fatores orgânicos, latentes, por intermédio de complexos psíquicos, fazendo surgir os sintomas manifestos, ou então forma tais sintomas diretamente com o que parece ser um material puramente psíquico – os processos da concentração e da distorção assumem um significado todo especial para a nossa terapêutica. Quando se consegue fazer com que se tornem objeto da psicanálise as concentrações de material psíquico, as distorções, as inversões, divisões, alusões, representações plásticas e figurativas, fixações e regressões, as repetições de vivências infantis, as simbolizações, etc..., verifica-se que os sintomas orgânicos se desenvolvem de forma semelhante ao trabalho do sonho e das neuroses, que em princípio não existe diferença entre procedimentos psíquicos e orgânicos, que assim como o sonho está permeado de materiais orgânicos – o que nunca foi questionado, que eu saiba –, o sintoma orgânico também está repleto de material psíquico, sendo por ele condicionado; em outras palavras, que a única diferença, aliás muito difícil ou até impossível de se explicar, é que o Isso às vezes prefere manifestar-se mais na área psíquica, outras vezes na área orgânica. Certamente não seria correto afirmar que em alguns casos são mais importantes as determinações internas, em outros os fatores externos, micróbios, fatores químicos, térmicos ou dietéticos, acidentes etc. e também não se sustenta, perante a crítica embasada na experiência, a idéia de que, nas manifestações psíquico-neuróticas, se trabalha quantitativa e qualitativamente com material mais de caráter psíquico do que nas manifestações orgânicas. Estamos por enquanto diante de um quebra-cabeça insolúvel. O que não é de se admirar, pois praticamente a questão só foi colocada em ocasiões tão raras que nem suscitou interesse. Antes de encerrar, gostaria de indicar, através de um exemplo, os variados complexos psíquicos que atuam na formação de um sintoma orgânico, mas não tenho a pretensão sequer de me aproximar de uma exposição completa, perfeita e que esgote o assunto. Escolho, para tanto, processos registrados na articulação do joelho.

A aplicação simbólica do joelho geralmente está associada aos símbolos do pênis, do coito e da gravidez; isso nos leva a pensar inicialmente na transformação do "próprio" em "impróprio", mas há uma ambivalência e o joelho como símbolo ainda contém a união de duas partes dessa ambivalência. Seus ossos contêm o três, o dois e, quando a perna está estendida, o um e a trindade. Portanto, por suas características anatômicas e fisiológicas, presta-se a alusões e à transformação em imagens, enquanto a capacidade de dobrar e estender permite realizar distorções de cima para baixo e vice-versa; também é próprio de sua condição realizar aumentos e diminuições, e ser utilizado nos movimentos de andar para frente e para trás, em distorções, reversões, em representações de direção (direita, esquerda), além de englobar todo o destino em termos de caminho de vida, na sua qualidade de instrumento do ato de andar: θεων εν γουνασι κειται[1], o que permite uma série de associações e reflexões, alinhadas ao parentesco do radical das seguintes palavras: *genu, genus, gene, gens,* γονυ, γιγνωσκειν, γιγνεσθαι, *Knie, kennen*[2]. Os acontecimentos envolvendo as pernas durante a infância, especialmente os joelhos, oferecem um grande número de pontos de fixação, aos quais se recorre diariamente no processo de regressão, ao mesmo tempo em que ocorrem repetições, rítmicas ou não, na articulação do joelho.

---

1. *Jaz sobre os joelhos dos deuses* (provavelmente verso de Homero) (N. da T.).

2. Respectivamente: *joelho, gênero, povo, raça, nação* (latim); *joelho, conhecer, vir a ser* (grego); *joelho, conhecer* (alemão) (N. da T.).

Esta relação poderia ser ampliada sem nenhuma dificuldade, mas acho que isso basta para que se faça uma idéia das múltiplas possibilidades de as vivências e experiências humanas, psíquicas e orgânicas, serem representadas sintomaticamente no joelho e com auxílio do joelho. A experiência também me ensinou que as afecções na articulação dos joelhos podem manifestar uma enorme quantidade de material recalcado, nela concentrando-se tanto procedimentos gerais da vida humana, como os de caráter pessoal. Cito, por exemplo, o campo da impotência e da castração, da acentuação do masculino, feminino, infantil, do paternal e maternal, da ereção e do esmorecimento, do grande e pequeno, do gordo e magro, etc... Os ferimentos nos joelhos e as inflamações, a artrite, a artrose e os tremores, as luxações e a formação de exostose contêm em si tanto material recalcado de fácil identificação que eu me vejo em condições de afirmar que em nenhum outro setor é tão simples se estudar o transcurso dos sintomas orgânicos à luz da psicanálise, como nas afecções dos joelhos; mas com isso não quero dizer que nestes casos raramente encontremos recalques mais complexos. Como essas enfermidades representam grandes problemas para a terapia interna e cirúrgica, os êxitos obtidos graças à psicanálise são bem mais significativos que se tratando de enxaqueca ou prisão de ventre.

Eu teria que acrescentar ainda algumas palavras sobre a satisfação de desejos em relação ao trabalho de sintomas. Mas como eu já escrevi um grosso livro tratando quase exclusivamente da satisfação de desejos através do sintoma, prefiro resumir o que é essencial para os meus objetivos. O tratamento orgânico do sintoma e portanto o próprio sintoma podem ser estudados e interpretados convenientemente de acordo com os métodos que Freud estabeleceu para a interpretação dos sonhos. O êxito desses métodos, aplicados no lugar certo e na hora certa, é tão grande que a incredulidade demonstrada pelo nosso pensamento cientificamente treinado frente a tudo que lhe parece impossível ou pelo menos estranho ou incompreensível, ou desaparece cedendo lugar à disposição ao estudo, ou exerce aquele tipo de resistência que, ao voltar-se precisamente contra este assunto, constitui uma mancha de cegueira na visão científica.

Sobre o Tratamento Psíquico da Formação de Cálculos Renais

Num artigo sobre urolitíase (*Revista de Atualização Médica*), encontra-se uma frase, segundo a qual se desconhece, até o presente momento, meios de evitar o surgimento de pedras nos rins. Mas, em contraposição, muitas vezes desaparece a tendência à formação de cálculos em alguns organismos; portanto, deve haver meios – não um só mas vários – através dos quais um organismo afetado por esse mal se liberta de sua tendência a formar pedras nos rins. Defendo o parecer de que um desses meios – e um meio que o médico pode aplicar em seu consultório – é uma mudança na vida psíquica consciente e inconsciente. Tais mudanças, como é compreensível, geralmente ocorrem por si, isto é, sem a atuação intencional e planejada do médico; a posição do ser humano em relação ao mundo e a si próprio está submetida a grandes oscilações. Minhas experiências me convenceram de que é possível se prevenir essa enfermidade através de uma atuação oportuna e metódica do médico que recorrer à psicoterapia. Passo a expor uma série de casos relacionados à minha prática da medicina, casos que transcorreram sob a minha observação ao longo de 25 anos.

Uma paciente, que me procurou em 1901, tinha uma incrível tendência à formação de cálculos renais, nos primeiros doze anos de tratamento em que utilizei, de acordo com os princípios teóricos e os conhecimentos adquiridos através da experiência, sobretudo recursos físico-químicos. Nesse período, ela eliminou mais de cem pedras, algumas maiores, outras menores. De 1913 até o seu falecimento, em 1926, aos 84 anos de idade, ela não registrou nenhum cálculo renal. Em 1913, sem abrir mão de outros recursos terapêuticos, iniciei um tratamento psicanalítico que correspondia às minhas idéias daquela época, e consegui rapidamente revelar alguns elementos psíquicos que haviam sido recalcados. Não tenho como provar que a tendência à litíase desapareceu devido ao tratamento psicanalítico, mas na realidade ela desapareceu durante esse tratamento e isso foi acompanhado de uma ampla mudança verificada na sua constituição físico-psíquica como um todo, mudança que em certas fases chegou a ser turbulenta. A fim de prevenir qualquer equívoco quanto à compreensão de minhas idéias, quisera fazer três observações.

1. Não considero o método psicanalítico como o único válido; qualquer método de tratamento é correto, e aplico aquele que leva aos meus objetivos, independente de como esses métodos sejam denominados ou aplicados.

2. É muito raro eu confiar exclusivamente no procedimento psicanalítico, embora o aplique sempre. Sei que assim o valor das minhas experiências pode diminuir perante os demais, como sei que eu não conseguiria esclarecer muitos fenômenos se em compensação não dispusesse de uma grande quantidade de experiências práticas. No fundo, sou da opinião de que o ponto de intervenção do tratamento psíquico e orgânico é o mesmo, é o Isso do ser humano, e que esse Isso tem a capacidade de fazer um uso psíquico de uma laparotomia ou de uma dose de digitalina, ou então um uso físico através da sugestão ou da influência da análise.

3. A tendência ao cálculo renal desapareceu na minha paciente após a conscientização, e, segundo acredito, por intermédio da conscientização do material reprimido. Porém, a minha atividade psicanalítica ao longo de vinte anos me ensinou que a conscientização de material recalcado muitas vezes tem o efeito de curar, mas com a mesma freqüência não se registra uma melhoria apesar da conscientização, assim como, por outro lado, há uma série de curas que "acontecem" sem que se tenha feito qualquer tentativa de transformar o inconsciente e os recalques no objeto do tratamento. É uma questão de conveniência decidir se num determinado momento se deve recorrer à análise ou a outros métodos. Contudo, o procedimento analítico, cujo grande valor não é no campo da medicina, tem a vantagem de adentrar pelo inconsciente humano, e acredito que as enfermidades atuam no campo do inconsciente, não no do consciente.

Quando a paciente me procurou em 1901 tinha quase 58 anos de idade. O motivo que a levou a recorrer a mim era uma série de sintomas, sobretudo distúrbios cardíacos e freqüentes dores nas costas e nos braços, que sentia ao realizar qualquer atividade; estava completamente incapacitada de trabalhar. Era uma mulher baixa e pesava quase 80 quilos; sua barriga era volumosa, o diafragma estava visivelmente comprimido, situando-se bem alto, a caixa torácica praticamente não se expandia com a respiração, os intestinos, inchados, apresentavam gases em grande quantidade, a musculatura das costas estava tesa e os nervos do braço e das costas muito sensíveis a qualquer pressão. Tinha tendência à prisão de ventre, mas nenhum distúrbio no coração, como ela supunha. O exame de urina não revelou nenhuma anomalia. O que mais chamava a atenção era uma dor aguda e penetrante que surgia ao mais leve toque na região dos rins, e que permanecia por alguns minutos. Para mim, esse era um sinal de pedras nos rins e, a partir deste diagnóstico, minha receita visava diminuir o volume da barriga e a pressão do intestino, levar o diafragma a um melhor funcionamento e reduzir o peso. O resultado foi positivo: após quatorze dias, a paciente eliminou o primeiro cálculo sem grandes dores, seguido de várias outras pedras de distintos tamanhos. Tratava-se de uma concreção de ácido úrico. Após dois meses, a paciente retornou à sua cidade, sem nenhuma queixa e apta a voltar ao trabalho. Até 1908, quando se mudou para a minha cidade, exerceu regularmente a sua profissão, embora viesse me procurar todos os anos por algumas semanas, para que eu pusesse sua saúde em dia. Durante esses anos, ela eliminou uma certa quantidade de pedras, algumas vezes sofreu cólicas durante a eliminação. Como eu disse, até 1913 ela expeliu mais de cem pedras, cujo tamanho variava desde o da lentilha até o de um ovo de pomba. Algumas vezes o exame de urina revelou eliminação de albumina. Em 1907, ela teve uma forte retenção de urina que provocou vômitos e tonturas durante várias semanas, até terminar com a expulsão de uma pedra bastante grande. Ao longo dos anos, percebi que havia uma relação bem maior do que eu supunha entre os elementos físicos e psíquicos. Inicialmente não me atrevi a aplicar esses conhecimentos nesta paciente de idade, mas em 1913 eu havia adquirido uma certa segurança no manejo da técnica psicanalítica, de modo que comecei a analisá-la. E obtive êxito, pois ela não teve queixa nos últimos treze anos e nenhum cálculo mais foi eliminado. Não fiz nenhum exame radiológico.

Os recalques, que após a conscientização levaram ao desaparecimento da tendência à urolitíase, referiam-se à morte de seus pais; durante muitos anos, seu pai teve uma grave doença na medula, que lhe causou a paralisia das pernas e dos esfíncteres da bexiga. Seus cuidados ficaram a cargo sobretudo da minha paciente, que era relativamente jovem na época e que sofreu muito com o estado de seu pai, preso à cama. À medida que ele exigia maiores cuidados e que foram piorando a paralisia e a incontinência urinária, aumentava o sentimento de raiva da filha pelo seu destino, até ela perder a paciência. O que mais a aborrecia era a incapacidade de o seu pai controlar a urina e várias vezes ela deixou de acorrer aos seus chamados. O desejo de que ele morresse, fosse "aliviado de seus sofrimentos", como se diz com toda a delicadeza, foi crescendo. Uma noite, fez com que ela o deixasse várias horas sem trocar; perante si mesma ela se justificava alegando dores nas costas, que não lhe permitiam levantar o corpo pesado do pai. Na manhã seguinte o enfermo faleceu e, segundo a impressão da filha, dirigiu-lhe um último olhar de censura, no momento da morte. Estes acontecimentos relativos à doença paterna cruzaram-se com as circunstâncias da morte de sua mãe, que há vários anos sofria de cálculos renais. Uma das pedras ficou retida no ureter, cujas paredes acabaram se rompendo e sua mãe morreu dentro de 24 horas, sob fortes dores. Minha paciente mantinha uma relação difícil com a mãe na puberdade. Esta senhora, que deve ter sido uma mulher inteligente e bondosa, educou sua filha segundo o princípio de que a mulher deve servir ao próximo. Inúmeras vezes a vivacidade da adolescente entrou em conflito com as ordens rigorosas da mãe, que enviava a filha para ajudar no cuidado aos enfermos, a pessoas de idade ou em condições de pobreza. Especialmente frente à mãe, ela alimentou por muito tempo fortes desejos de morte.

De forma resumida, esse era o material que no correr do tempo saiu do plano consciente, sendo recalcado, até a revelação, após um breve tratamento psicanalítico incluindo uma acirrada resistência física e psíquica. Apenas me referi às partes da análise que me pareceram estar relacionadas diretamente com a formação de cálculos.

Contudo, gostaria de acrescentar algumas observações a este relato. Primeiramente, a constatação de que quase todas as pessoas manifestam um forte complexo de culpa perante seus pais, considerando-se culpadas pela sua morte. São inúmeras as razões pelas quais a alma humana constrói esse tipo de culpa, em geral completamente absurda, e investigá-la seria uma verdadeira aula em proveito próprio. Desse campo todo, chamaria a atenção para o quarto mandamento: honrar pai e mãe, que está ligado à promessa de uma longa vida, e portanto o desrespeito ao mandamento equivaleria à pena de morte. Em segundo lugar, o pai e a mãe têm significados simbólicos, como se deduz das expressões "matriz" (*Gebärmutter*) e "procriar" (*erzeugen*). Um pecado contra o pai ou a mãe volta-se contra a própria capacidade de procriação ou contra as funções maternais. A capacidade de reprodução, no homem e na mulher, é aniquilada, morta, ao não se honrar pai e mãe, pelo menos é assim que pensa o inconsciente. Mas, como o inconsciente infantil em determinadas épocas considera a uretra como o instrumento da reprodução, formam-se associações que devem ser levadas em conta nos pacientes com doenças renais.

E mais: ressaltei que, para a minha paciente, a incontinência urinária do pai era o mais desagradável. Na infância, todos passamos por tempos difíceis na hora de aprender a controlar a bexiga e o intestino.

Não há nada que seja reprimido tão a fundo como a tendência natural de a criança sujar-se toda. Em conseqüência das minhas experiências de prática médica, afirmo que os pacientes que sofrem de distúrbios renais ou da bexiga carregam consigo, em seu inconsciente, estreitas relações com o ato de urinar. Que eu saiba, não há exceções desse estranho dado objetivo, tão importante para a prática médica. Convém ter presente que a pressão da urina e o esvaziamento da bexiga são um prazer erótico para a criança e que essa espécie de gozo é reprimida mas não perde sua força até o final da vida. É com base nisso que se processa a regressão das pessoas de idade à incontinência infantil. Porém, esta espécie se mescla a outros elementos, fazendo surgir as enfermidades renais. Também considero comprovado que as idéias inconscientes de gravidez sempre atuam no surgimento de urolitíase.

Finalmente, o sintoma da formação de cálculos desapareceu após uma análise relativamente superficial. Repito mais uma vez o que já disse em várias ocasiões que, para finalidades de tratamento, geralmente não é necessária uma análise "profissional" ou o que se chama de "análise completa" com algum exagero, ou o que, com um exagero maior ainda, se considera como o único recurso válido. Se realizar uma análise completa fosse uma *conditio sine qua non*, o método analítico não teria nenhuma serventia para o médico. Mas isso não é verdade. Todo médico, por mais restrito que seja o seu tempo, tem condições de fazer um tratamento analítico e logo irá convencer-se de que tal método representa um enriquecimento do seu instrumental. A especialização psicanalítica é necessária para certas áreas de tratamento, sobretudo para a pesquisa destinada a desenvolver teorias científicas, e mais ainda para o conhecimento de todos os setores da vida. No entanto, para o tratamento médico, que é uma área pequena comparada à amplitude da vida, basta o conhecimento acerca da essência de toda atividade médica, o conhecimento da existência da resistência e sua contínua atuação contra o médico. Se um médico que conhece a natureza da resistência é mais exitoso que aquele que age inconscientemente sem reconhecê-la, é uma questão que ainda não pôde ser respondida.

Para encerrar, acrescentaria que o caso, por mim relatado, não é o único, tendo registrado vários outros ao longo de minha carreira.

Sobre os Princípios da Psicoterapia

Ao usar a expressão psicoterapia, devo esclarecer o que quero dizer com esse termo, e entendo algo diferente do que se costuma chamar até agora de tratamento psíquico.

Inicialmente, deixo de lado a palavra psique; mas considero essencial o que se entende por terapia. Em princípio, terapia é servir e não tratar. Quem serve reconhece aquele a quem serve como o seu senhor; quem trata (*behandelt*), trabalha o objeto com a mão (*Hand*) – a mão no sentido literal e figurado. A função do médico é servir e tratar: sua atividade é ambivalente. Mas é uma grande diferença, uma diferença fundamental se o médico ressalta um ou outro aspecto, e não atribuo ao acaso o fato de a terapia ter-se ligado por si à palavra psique. Assim que se defina com maior precisão a palavra psique, há de se ver que a psicoterapia significa algo diferente de tratamento psíquico. Pretendo tornar a abordar o assunto, mas aqui gostaria apenas de ressaltar que por detrás dessas duas expressões – terapia e tratamento – se oculta o conflito interno da nossa profissão, e que nelas se manifesta a luta que trava todo médico diariamente, a cada hora, e que ambas as palavras caracterizam as respectivas correntes em que se expressam e se movimentam o pensamento e a prática médicos, acompanhando as mudanças do tempo. Quem trata, acredita atuar como médico somente com uma parte do seu ser humano, seja com a sua sabedoria ou o seu poder, denomina aquilo que faz, segundo a sua orientação espiritual, de ciência ou arte e, quando sua profissão – com suas forças incentivando ou colocando em risco a modéstia humana – lhe permite, de ofício (*Handwerk*) baseado na experiência; mas ele sempre atua com uma parte de sua humanidade e a palavra tratar sempre lhe proporcionará a idéia de que ele deve chefiar, que pode e deve dirigir os acontecimentos. Quem serve, sabe que tem que se orientar pelo seu senhor, sabe que está a serviço com todo o seu ser, com a pele e os ossos, e não apenas com sua sabedoria e poder, que sua obrigação é adivinhar os desejos e necessidades do senhor, e que em tudo deve se adaptar à natureza do seu senhor; e, se não puder fazê-lo, deve dizer francamente e deixar que o patrão se decida a suportar ou não as características do serviçal, se o aceita de boa vontade e sem raiva, ou não. Deve tentar executar cada serviço de forma a que este renda muito mais do que o que o senhor dele espera, mas nunca deve esquecer-se de que está a serviço com toda a sua humanidade, com suas vantagens e suas fraquezas, e que deve pedir perdão e tolerância para cada ação realizada contra a vontade do senhor, por cada característica do seu ser que se volte contra o gosto ou o estado de ânimo do seu senhor.

A fim de demonstrar o significado de tudo isso, passo à palavra psique. De acordo com o estágio atual dos conhecimentos, a psique é, para mim, o consciente e o inconsciente, no mesmo sentido que Freud lhe atribuiu, nem mais nem menos; o inconsciente é aquilo que já esteve na consciência, mas de lá saiu ao ser reprimido, recalcado, ficando em regiões acessíveis ou não à consciência. Aquilo que se situa além do consciente e do inconsciente, e que eu denomino de vegetativo, não pertence à psique.

Antes de prosseguir, devo dizer algumas palavras sobre uma expressão que criei para o meu uso próprio e que acrescentei ao vocabulário da observação psíquica, que é a palavra "Isso". Essa expressão, com a qual não se designa e não se pode designar outra coisa senão a totalidade dos processos vivos em cada ser humano individual, a partir da concepção, é utilizada por Freud num outro sentido; ele emprega a palavra Isso (das Es) para designar a parte por enquanto desconhecida daquilo que é vivo, e opõe – o que é bem característico da sua forma de usar a palavra – o Isso ao Ego. O que ele faz é exatamente o contrário do que eu pretendo fazer com a palavra Isso; pois, para mim, o Eu ou Ego é uma das muitas formas de expressão do Isso. A conseqüência é que o meu O Livro dIsso não foi compreendido por todos aqueles que adotaram a denominação posterior de Freud. Repetindo, eu entendo por Isso a totalidade do que é vivo num ser humano individual, e que o Isso é completamente diferente daquilo que denominei de vegetativo.

Após esta definição de psique como a totalidade do consciente e do inconsciente ou recalque, e após ter indicado o que entendo por terapia e servir, já é possível determinar o que é a psicoterapia. No entanto, a questão envolve outras dificuldades que requerem esclarecimento.

O que expus até este momento, assim pode ser resumido: quem deseja praticar a psicoterapia, está dizendo que pretende servir com sua consciência e seu inconsciente. Portanto é compreensível que só se possa aplicar intencionalmente com fins de tratamento aquilo que é consciente. O inconsciente não é aplicável no tratamento, ele serve, mas o médico não trata com ou através do inconsciente; este situa-se além de sua intencionalidade; o Isso é efetivo, mas só pode ser reconhecido pelo seu efeito.

Disso resulta o desafio do médico, no sentido de este procurar ampliar, de acordo com as possibilidades, a dimensão do consciente, e por outro lado restringir o inconsciente de sua psique, de acordo com as possibilidades; o médico deve conscientizar o que é inconsciente. Pelo menos deve aumentar seu sortimento pré-consciente, ou seja, de coisas próximas à consciência, facilmente acessíveis à consciência. Como fazer isso? Para tal, só há um caminho seguro, o de servir. É preciso colocar-se totalmente a serviço do doente, considerar cada expressão do seu consciente, inconsciente e vegetativo, transformando essas expressões em ordens ou indicações normativas da atuação médica. O próprio doente sabe como deve ser tratado; só que não é a sua consciência que sabe, e seu inconsciente também não, mas seu Isso sabe e manifesta claramente seus desejos e pedidos, claramente para aquele que quer servir e pode servir, claramente em procedimentos conscientes, inconscientes e vegetativos.

Quem deseja servir uma pessoa, cuja língua desconhece, tem que tentar interpretar os sinais transmitidos pelo "estrangeiro". Quem quer ajudar um mudo, tem que se colocar no seu mundo de sinais. Logo ele descobrirá que geralmente o mudo recorre aos mesmos sinais que o serviçal usaria se não pudesse falar; os signos são os mesmos em toda parte. Uma pessoa que se relaciona com mudos, com loucos ou pessoas em delírio, aprende através do contato a linguagem dessas pessoas; assim também o médico deve aprender com o doente a linguagem do inconsciente e do vegetativo. Quem mergulhar na alma, na essência de cada enfermo – ou de cada pessoa sadia, dá na mesma –, com o desejo de ser igual a ele, não há dúvida alguma de que aprenderá a conhecer aquilo que é comum aos humanos. Mas isso não é tudo: não basta o médico entender a língua do Isso, é preciso falá-la e falar com a consciência. Então terá adquirido a capacidade de conversar com o doente na linguagem do inconsciente e do vegetativo, mas não como um doente e sim como médico, como alguém que aprendeu a falar essa língua, permanecendo sadio.

Sentir como o doente, essa é a exigência que se coloca para o médico. O médico deve procurar perceber, sentir o que pode ter acontecido numa pessoa, antes que ela tivesse decidido ter febre graças a algum bacilo, que permitisse o crescimento de tumores ou a entrada de certos micróbios e os deixasse permanecer durante anos no cérebro para destruí-lo algum dia, o que a levaria a atormentar-se com dores, medos, pensamentos obsessivos; para tudo isso e milhares de outras coisas ele encontrará, em si mesmo, uma resposta. E se a resposta não for correta, pelo menos a pergunta terá sido formulada corretamente. É muito importante aprender a colocar devidamente a questão.

Do conceito de servir consta que o senhor – neste caso o doente – tem sempre razão. E justamente por admitir desde o princípio esta relação para com o paciente, o médico encontrará o caminho para ampliar sua psique consciente e treinar a sua inconsciente. Quem adquire o hábito de permanecer fiel à sua idéia de responsabilidade, em qualquer circunstância – uma idéia que seguramente é errada, não obstante devamos nos ater a ela –; quem se deixar impregnar pelo milagre que é o ser humano, acreditando que sempre há uma tendência à cura e que esta se impõe, a não ser que o médico cometa um erro; quem estiver sempre atento ao menor indício de agravamento e fizer várias tentativas no sentido de atribuir esse agravamento a uma falha do seu serviço como médico, conseguirá obter conhecimentos extraordinários sobre o seu próprio inconsciente, e – embora isto pareça brincadeira – adquirirá tais conhecimentos quase sem fazer esforço.

Até aqui me referi somente ao instrumento psicoterapêutico e à sua construção da melhor maneira possível. Mas trata-se também de saber aplicar o instrumento. Qual é o objeto a que o médico deve servir na psicoterapia? A resposta é clara: o doente é o objeto. Para mim não há nenhuma dúvida, e eu acredito que o mesmo diriam todos os médicos, que a psicoterapia, isto é, a psique do médico colocada a serviço do paciente, com suas partes consciente e inconsciente, pode ser aplicada sempre, a não ser nos casos em que o enfermo tenha perdido os sentidos. Esta única exceção indica o caminho que deve seguir a psicoterapia, onde esse instrumento da psique médica deve ser aplicado. Só pode ser a psique do enfermo, e insisto nos dois aspectos da sua psique, o consciente e o inconsciente. Mas esse é apenas o caminho que leva ao efeito. Seria um erro funesto considerar que a psicoterapia só atua sobre a vida psíquica. Ao contrário: em qualquer momento pode-se comprovar facilmente que o doente utiliza o "serviço psíquico do médico" tanto no seu sistema vegetativo como no sistema psíquico, para o bem e para o mal, em prol da recuperação ou da continuidade da doença.

E aqui tocamos num ponto crítico e insólito, em que a relação médico/paciente se transforma no contrário, onde o doente é o médico e decide sozinho o que quer fazer com os serviços prestados por seu serviçal, inclusive se quer aceitá-los ou não. É claro que o médico pode apresentar os seus serviços de uma forma que considere aceitável. E quando percebe que não agradou, pode e deve utilizar outras formas, e se não houver outro jeito deve utilizar artimanhas para fazer com que o doente aceite seus serviços. E o médico pode fazer muita coisa nesse sentido. Mas, no momento em que conseguir fazer com que o Isso do paciente se apodere do que lhe é oferecido, cessa a sua atividade médica, ele já não influi no que o doente faz a seguir. Deve esperar na ante-sala, inativo mas sempre alerta, pronto para agir assim que receber ordens ou que ocorra algum agravamento, intimamente convencido de que não é o ânimo do paciente que anula o bom efeito do serviço prestado e sim de que ele, o médico e serviçal, não serviu corretamente.

A minha visão é facilmente compreensível até este ponto, sendo que eu admito que ela possa ser errada. Afirmo apenas que é fácil entendê-la. O médico dispõe de sua psique, mais ou menos treinada, como instrumento de sua atividade psicoterapêutica. Ele aplica esse instrumento na psique do enfermo. Assim que isso acontecer, ele perde a direção do processo. O médico torna-se, então, o instrumento do doente.

Antes de prosseguir, devo frisar uma característica do enfermo: a ambivalência de suas forças. Em todos os seres humanos, há duas forças trabalhando ininterruptamente, a tendência à doença e à recuperação, sendo que ambas se interpõem e se condicionam reciprocamente de forma bastante intrincada. Ambas as tendências agem continuamente durante o tratamento, ambas servem-se do médico para obter seus fins contrários. O fato de uma pessoa ficar doente revela a disposição à doença; ao procurar o médico – sendo que não se deve esquecer que para o enfermo o médico é aquele a quem ele recorre em busca de ajuda, independente de este ter um diploma ou não – manifesta-se a disposição à cura, à saúde. Para a disposição à saúde, o médico é um amigo, para a disposição à doença, ele é um inimigo.

Se acabo de dizer que o médico torna-se o instrumento do paciente, no momento em que inicia sua atividade psicoterapêutica – e esse momento é quando ambos se encontram pela primeira vez, ou talvez até o momento em que o enfermo, sem ter visto ainda o médico, pensa pela primeira vez em procurar a ajuda de um determinado médico ou de qualquer médico – isso implica que, a partir desse momento, ele é utilizado pelo paciente em ambas as direções, para o bem e para o mal. As três particularidades do doente, o consciente, o inconsciente e o vegetativo, estão à sua disposição no tocante a estas duas forças da vontade, e pode ser – aliás é muito comum – que o consciente seja utilizado pela disposição ao restabelecimento, enquanto a tendência à enfermidade emprega para seus fins o inconsciente e o vegetativo. Mas muitas vezes acontece o contrário, e as duas tendências trocam seus recursos no decorrer do tratamento. As duas tendências da vontade podem utilizar igualmente, para o bem ou para o mal, as três características do médico, seu consciente, seu inconsciente e seu vegetativo.

Após abordar – espero que de forma compreensível – a ambivalência do enfermo, posso me acercar de outra questão: o que deve fazer o médico ou aquele que trata, sendo que, insisto mais uma vez, tratar é diferente de servir. A resposta parece simples: deve ajudar, ou seja, intervir de forma oportuna, como, por exemplo, receitando um remédio, aplicando o bisturi, regulando a alimentação, a bebida, a respiração, a evacuação, o sono, o despertar, dando conselhos etc... Isso é o que se costuma chamar de "tratar" e fundamentalmente isso é o que nos é ensinado nas universidades e o que aperfeiçoamos no transcurso da prática, estabelecendo uma técnica pessoal, com maior ou menor êxito. Temos a obrigação de incentivar diretamente a tendência do enfermo à convalescença – e isso é a primeira coisa que devemos fazer – mas cabe perguntar se isso é o mais importante. Na maioria dos casos, segundo a minha experiência em mais de 3/4 de toda a nossa atuação médica, basta perfeitamente o incentivo direto à disposição à recuperação. O médico que assim conceber sua atuação será muito exitoso, e se tiver talento para isso poderá ostentar com todo direito o título honorífico de médico, não só porque se diplomou, mas porque se fez médico por sua própria atuação; mas algo irá perturbar a sua dignidade: que tantos enfermos se curem sem a sua intervenção, talvez graças a algum outro médico muito menos inteligente e capaz, ou a algum charlatão, ou a uma mudança de clima, um acontecimento externo ou qualquer coisa misteriosa, desconhecida. Paulatinamente, reconhecerá que o fundamental para a recuperação não foi ele quem fez e sim o enfermo, a sua disposição à cura. Cada vez mais ele irá voltar sua atenção aos casos em que seu auxílio falhou, em que o paciente permanece doente ou piora. E, aos poucos, há de se preocupar mais e mais com a disposição do ser humano à doença; verá que a parte mais difícil de suas obrigações não é a ajuda direta mas sim evitar danos. A partir daí é só um passo para admitir que o dano é inevitável, pois, ao prevalecer a disposição à doença, o enfermo quer se prejudicar, e que esta disposição pode transformar, a qualquer momento, a melhor ajuda médica em prejuízo para a saúde, seja facilmente ou com muitas dificuldades. Não causar mal? Muitas vezes não se podem evitar os danos. Muitas vezes pode-se constatar, pelo fato de uma pessoa ficar doente ou permanecer doente, que o enfermo utilizou o médico para piorar e muitas vezes o médico consegue reverter o dano em benefício – raramente através de tratamento, mas sim servindo. E é somente neste ponto que começa o que se deveria chamar propriamente de psicoterapia.

O médico torna-se instrumento do doente, foi o que eu disse, pressupondo que este instrumento possa ser aplicado erroneamente com finalidades doentias, mas podendo se prevenir ou, na pior das hipóteses, reparar o que tiver feito de ruim. Poderíamos explicar a atividade psicoterapêutica, estabelecendo relações com uma brincadeira muito conhecida, um jogo de salão, em que uma pessoa, de olhos vendados, deve encontrar uma agulha escondida em algum lugar da sala; para ajudá-la, uma outra pessoa, cuja atenção está voltada para o esconderijo, segura a sua mão, conduzindo-a pela sala. Como essa outra pessoa, por estar pensando no esconderijo, é obrigada a desnortear quem procura, mesmo quem não tiver prática encontrará rapidamente a agulha se interpretar a resistência involuntária do outro. Quanto maior for a resistência, mais perto se está da agulha. Transpondo-se essa conclusão para a atividade médica, isso significaria que inicialmente o médico deve dirigir a atenção do paciente para a existência da disposição à doença e do esconde-esconde que essa disposição provoca, para então investigar a resistência que se manifesta no doente em inúmeros sintomas e sintominhas, no consciente, no inconsciente e vegetativo do paciente, na sua vida doentia e sadia.

Assim encontramos um princípio bem claro: o fundamento da psicoterapia é detectar e anular a resistência. É natural que muitas vezes se veja obrigado, devido à urgência em encontrar o alvo, a tornar o servir mais eficaz por intermédio do tratamento consciente, recorrendo às habilidades técnicas de que dispõe em termos de conhecimentos, poderes e experiências; mas, na pequena proporção de casos que necessariamente requerem uma atividade psicoterapêutica, a observação paciente e constante costuma levar a bons resultados. Em condições difíceis, o tratamento deve ser suspenso no momento de perigo. É indiscutível que o médico deve dominar todas as técnicas de tratamento. Refiro-me aqui àquela porcentagem de pacientes que precisam de um médico bastante especializado, mas nesta situação encontram-se no máximo 10% dos enfermos; 75% dos doentes curam-se por si ou graças a algum tratamento; uns 15% não se curam sob hipótese alguma, de modo que sobram 10% que exigem o máximo do médico.

Um exemplo servirá para elucidar o que quero dizer. Vamos admitir que foi necessário fazer um corte na pele de um paciente, qualquer que seja o motivo, que o corte foi suturado e foi feito o curativo. Pode-se apostar que, de mil casos como esse, em 999 o corte vai cicatrizar sem problemas, mas no milésimo isso não vai acontecer, mesmo que se observem todas as precauções necessárias. Por que é que essa ferida não sara? Porque a cura nunca se processa através do médico e sim do doente. O fato de o corte não cicatrizar prova que o enfermo não quer ser curado e impede a cura através de um ou mais de seus caracteres – o consciente, o inconsciente e o vegetativo; em outras palavras: o enfermo oferece resistência. O que deve fazer o médico nesse caso? Em primeiro lugar, deve saber que o doente resiste. Então, assim como faz a pessoa que está procurando a agulha de olhos vendados, deve procurar descobrir a razão da resistência, com base em cada palavra, cada movimento, cada sinal de vida da saúde ou da doença, deixar que se manifeste toda a resistência, tudo o que há na consciência do doente, tudo que é resistência inconsciente e passível de ser conscientizada, e levar o doente a interpretar aquilo que é vegetativo ou impossível de ser conscientizado. O médico não deve fazer a interpretação; geralmente a sua interpretação é utilizada como novo meio de resistência, raramente ela ajuda e muitas vezes causa tantos prejuízos que acaba com qualquer perspectiva de o médico servir com sucesso, devendo contar com a possibilidade de seus serviços serem dispensados.

Eu disse que a disposição à doença vê no médico seu mais perigoso inimigo. Se isso é correto – e para mim é correto – pode-se imaginar que a disposição à doença esta constantemente à espreita para criticar alguma coisa no médico – algum elemento do seu consciente, inconsciente e vegetativo; utiliza a acusação justa ou improcedente para convencer o enfermo a aplicar o serviço médico para permanecer doente ou piorar, sendo que a acusação injusta é mais proveitosa para a disposição à doença, porque deixa o enfermo com a consciência culpada, incentivando o estado doentio. A disposição à doença não se contenta em achar no médico razões para a resistência; para não falhar em seus objetivos, elabora uma imagem do médico incluindo todo o seu ambiente de vida, que não corresponde à realidade, ou talvez tenha apenas um ou outro elemento da realidade. Os pincéis e a tinta para fazer esse quadro ela consegue no depósito de experiências e vivências do enfermo, onde atua, no consciente, inconsciente e vegetativo. "Transfere" para o médico coisas que provêm de outras esferas da vivência e que em si não têm nada a ver com a personalidade deste, assim como a disposição à saúde também "transfere" e constrói uma imagem do médico para se fortalecer. Esse fato é importante, tanto para se tratar como para servir.

Como a disposição à doença resiste à recuperação e concebe o conceito de "médico" como a personificação da disposição à cura, pois esta recorre aos serviços médicos, a resistência do enfermo sempre irá se voltar, com maior ou menor intensidade, contra a sua pessoa; digo que isso ocorre sempre, e minha convicção pessoal vem do fato de não ter conhecido uma só exceção no exercício da medicina. Por tratar do paciente, disponho de um ponto de referência para descobrir a resistência como um todo; naturalmente é mais fácil reconhecer uma resistência voltada à minha pessoa do que outra sobre a qual nada sei. A busca e a conscientização da resistência pessoal é um dos grandes recursos do tratamento psíquico e de todo tratamento. E esse é o ponto a partir do qual se consegue abalar a disposição à doença. Mas não é o único e nem a mais importante razão de eu praticar há várias décadas, com incansável persistência, a busca da resistência pessoal. As minhas próprias experiências me convenceram de que esse é o caminho mais seguro – e eu diria que o único – para se aprender a servir. A fim de servir é preciso conhecer suas próprias características e, na medida do possível, tratar de perdê-las ou deixar de lado, e o que não puder ser deixado de lado deve ser colocado abertamente. Para o médico/serviçal há apenas um erro fatal: esconder, esconder-se dos demais e, o que é pior, de si mesmo. O paciente, contudo, diz claramente a quem tiver ouvidos para ouvir – e diz com o seu consciente, inconsciente e vegetativo: "você é assim, eu o conheço, é bobagem tentar se esconder". É essa linguagem notória do enfermo e de sua resistência que torna o médico cada vez mais apto a servir, com o correr dos anos. Lenta e paulatinamente ele passa a agir em sua totalidade – com seu consciente, inconsciente e vegetativo – transformando-se daquele que trata em serviçal, transformando-se num médico, e eu diria que assim ele se aproxima de "ser" humano. Esse é o ponto culminante da profissão médica, que, melhor do que qualquer outra profissão, pode "fazer" o ser humano. Mas, infelizmente, também pode afastar o médico desse caminho, muito mais facilmente que outras profissões.

Devo corrigir algo que disse anteriormente; com uma certa intenção disse algo que não é correto, que a disposição à doença inventa acusações contra o médico. No sentido mais profundo da palavra, essas acusações nunca são injustas, são sempre baseadas na própria essência da atividade médica, não são características apenas da imagem criada, mas características do próprio médico. O enfermo expõe seu inconsciente ao consciente do médico. Por esse motivo, creio que o médico deve agradecer ao doente. O enfermo é o professor do médico, e só com ele o médico pode aprender a psicoterapia.

Observações Clínicas de Vinte Anos de Prática Psicoterapêutica

Qualquer enfermidade pode ser influenciada pela ação psicoterapêutica, e todo médico, por mais ocupado que seja, dispõe de tempo suficiente para atuar em termos de psicoterapia. Este é o princípio que norteia esta exposição, um princípio cuja veracidade não pode ser comprovada, mas sim experimentada. Ao escrever estes comunicados, minha intenção é convencer o maior número possível de médicos a experimentarem na prática tal princípio, assim como eu o fiz.

Inicialmente, descrevo um caso do campo da medicina interna. Uma senhora apresentando sintomas de uma descompensação cardíaca – uma hidropisia generalizada – coloca-se sob os meus cuidados médicos em 1921. Depois de haver conseguido bons resultados nas três primeiras semanas, com um tratamento combinado, isto é, empregando recursos orgânicos e psíquicos, seu estado estacionou na quarta semana, piorando consideravelmente a seguir. Decidi recorrer a um método que já coloquei em prática várias vezes, mas que deve ser usado no momento certo, se se quer obter êxito. Expus o seguinte à paciente: a senhora sabe que viveu muitos anos em plena atividade e sem nenhuma queixa, embora durante todo esse tempo tivesse a mesma lesão na válvula cardíaca que tem agora. O fato de a senhora ter ficado doente, com hidropisia, portanto, não pode ser atribuído à lesão cardíaca e sim a um desequilíbrio entre a força do seu coração e as resistências do organismo contra a atividade do seu coração. Como a senhora mesma observou, falhou a tentativa de aumentar a força cardíaca. A tentativa de diminuir a resistência contra o trabalho do coração trouxe bons resultados nas três primeiras semanas. Mas há oito dias seu estado estacionou e até começou a piorar, embora não tenha alterado nada no tratamento. Para explicar isso, devemos admitir que durante o tratamento algo mudou e já não pode continuar agindo com toda a força anterior. Um tratamento, aliás todo tratamento, compõe-se de dois fatores: daquilo que o médico ou quem trata prescreve, e de sua influência pessoal. Como não houve nenhuma alteração na prescrição e na sua execução, está havendo alguma interferência no tratamento, que provocou o seu agravamento e portanto algo perturbou a influência pessoal que eu exercia sobre a senhora. Peço-lhe para pensar no que a senhora tem a criticar quanto à minha pessoa. A resposta da paciente foi a usual quando se faz esse tipo de pergunta, ela não tem nada a criticar. Como eu insistisse na questão, e a paciente mantivesse a resposta com a mesma insistência, recorri à astúcia; sabia que essa senhora era católica praticante e muito religiosa, e então pedi diretamente que me citasse um dos mandamentos. Sem fazer qualquer reflexão, ela citou a proibição do adultério. "Por que a senhora acha que cometo ou cometi adultério", perguntei. "Eu ouvi dizer, respondeu ela, que o senhor se divorciou e tornou a casar-se, embora a sua primeira esposa ainda esteja viva." "Isso é correto, disse eu, mas a senhora está se esquecendo de que sou protestante e minha crença não me proíbe contrair um segundo matrimônio, estando a primeira esposa viva. Quando foi que a senhora soube que a minha primeira esposa não havia falecido?" "Há oito dias." "Portanto, isso coincide com o começo do seu agravamento. A fim de chegarmos a um bom resultado, devo lhe dizer mais uma coisa. A senhora levantou contra mim uma falsa acusação, pois a senhora sabe que sou protestante. Só se acusa injustamente alguém quando a pessoa que acusa cometeu a mesma falta que imputa ao outro. Portanto, digo que a senhora desrespeitou o mandamento da fidelidade conjugal, e tenho certeza disso." Então a paciente me contou o seguinte, visivelmente perturbada: "Não quebrei o juramento da fidelidade terrena, mas sim um outro juramento sagrado muito mais importante. Na juventude, queria ser freira; meus pais se opunham ao meu desejo e acabei desistindo da idéia, mas fiz perante mim mesma um juramento sagrado e inviolável, jurei guardar a castidade a minha vida inteira. E foi esse juramento ao meu Deus que quebrei, pois acabei me casando. Desde então sinto remorsos, luto sem tréguas com a minha consciência. Confessei-me, mas mesmo que o padre tenha me dito que um juramento como esse, prestado frente a si mesmo, não é válido, e que portanto não cometi nenhum pecado mortal, estou sempre temerosa e não encontro paz". Após esta confissão, ainda conversei com a paciente por um bom tempo. Aconselhei-a a falar sobre o assunto, ao retornar à sua cidade, com um sacerdote, mas não no confessionário e sim numa conversação pessoal. O que ela estava me dizendo demonstrava suas dúvidas quanto ao poder de perdão do sacerdote no confessionário, e isso só contribuiria para aumentar mais ainda a sua consciência de culpa. Ela me prometeu que faria isso, e ao sair do consultório teve uma forte eliminação de urina, como nunca eu havia observado, principalmente em pacientes cujas funções renais estão seriamente comprometidas. A paciente perdeu dois quilos de peso dentro de quatro horas, e mais um quilo até o dia seguinte. A partir do momento dessa conversa, o estado dessa senhora foi melhorando dia a dia, de forma que em pouco tempo todos os sintomas da afecção cardíaca desapareceram. A redução de peso dá uma idéia aproximada do quadro: nas primeiras quatro semanas de tratamento, ela perdeu quatro quilos, e, nas oito semanas seguintes à sua revelação, 25 quilos. A paciente regressou à sua cidade em excelente estado. Uns seis meses depois, seu marido me pediu que fosse vê-la. Não pude atender o seu pedido, em parte devido à grande distância, mas também porque outras obrigações me prendiam em Baden-Baden. Oito dias depois, o marido me comunicou a morte da esposa por hidropisia. Ele me contou que os graves sintomas da hidropisia ressurgiram logo após a confissão de sua esposa. Ela lhe contou sobre a idéia de haver quebrado um juramento sagrado, e tornou a confessar o suposto pecado por ocasião da extrema-unção, e o sacerdote tornou a repetir que esse juramento da juventude não era válido, mas ela simplesmente não podia acreditar.

Pela maneira como relato estes acontecimentos percebe-se que tendo a admitir que essa conversação comigo realmente foi capaz de eliminar as resistências que pesavam sobre o sistema circulatório, e que portanto o tratamento de um paciente cardíaco deve incluir o tratamento adequado a um conflito do coração – aliás, para a *vox populi*, a crença é uma questão do coração. Não é possível prová-lo, pelo menos por enquanto. Apresentar provas não é a incumbência do clínico geral, embora ele certamente irá ordenar seus pensamentos e formular suas hipóteses; mas para que haja uma base científica para a teoria científica é válido, ou pelo menos desculpável, que se chame a atenção para as experiências práticas, como acabo de fazer.

Gostaria de comunicar um segundo caso, porque ele é apropriado para esclarecer o princípio do *Nil nocere*, que norteia a ação médica. Uma dama com uma inflamação crônica nas articulações, nas extremidades superiores e inferiores, procurou os meus serviços, após inúmeros tratamentos em vão. Veio a Baden-Baden há cerca de seis semanas e aqui recorreu aos banhos medicinais, seguindo a orientação de um médico local. Mas, em vez de melhorar, piorou; uma forte dor na parte superior da coluna vertebral não lhe permite deitar-se de costas ou de lado, e ela só consegue dormir de bruços. As dores tiveram início no primeiro dia do tratamento, aumentando cada vez mais a partir de então. Antes de examiná-la detidamente, eu lhe expus o seguinte:

Toda doença, especialmente quando é acompanhada de fortes dores, pode ser considerada como uma forma de autopunição do enfermo. Na sua situação, essa concepção provavelmente daria uma resposta proveitosa – se bem que isso não é ensinado e nem comprovável – à questão, porque foram afetados especialmente os seus membros, braços e pernas; é através dos braços e das mãos que se pratica o mal, aquilo que merece uma pena, enquanto as pernas e os pés trilham o caminho do mal. Contudo, estas ponderações, que como eu disse não são de caráter científico e sim prático, não fornecem nenhuma referência das suas dores na coluna. A senhora pode me comunicar alguma coisa que possa servir de motivo para castigar precisamente esse local raramente afetado por inflamações? – Sim, disse a paciente, posso. O médico que procurei aqui em Baden-Baden despertou em mim, desde o primeiro momento em que o vi, uma forte atração sensual, que me envergonhou profundamente porque ele não tinha a mínima idéia de como a sua pessoa me afetava e porque o meu sentimento me parecia uma grande infâmia. A excitação e com ela o peso na consciência intensificou-se até tornar-se insuportável, quando o médico me ajudou a desvestir a blusa, fechada nas costas, desabotoando um botão que eu não conseguia alcançar com o meu braço paralisado. Não me lembro de nenhuma ocasião em que tenha sentido tanta vergonha como no momento em que ele colocou sua mão nas minhas costas. Me parece que o local dolorido corresponde exatamente ao ponto cujo toque causou em mim tal comoção. – Somente após esta comunicação examinei detidamente a paciente. Era notório o inchaço, acompanhado de dores, na região da quarta vértebra, o que me levou a supor uma inflamação. Conversei insistentemente com esta senhora, que era bastante inteligente e formulava seus pensamentos de uma forma simples, sobre a questão da excitação, da sensualidade e da resultante consciência culpada, bem como a respeito do processo de transferência. No dia seguinte, o inchaço e as dores haviam desaparecido e não tornaram a se manifestar. Por vários anos seguidos, a enferma veio passar seis semanas em Baden-Baden; no primeiro ano, tratei-a por meio de banhos, massagens, dieta e psicanálise, sendo que nos anos seguintes me limitei a analisá-la. O resultado obtido pode ser considerado como uma completa cura. A análise revelou que a enfermidade surgira no terreno da dupla sexualidade e que se tratava do que Adler chamou de protesto masculino. O fenômeno somático que mais chamava a atenção era um forte crescimento de pêlos no lábio superior, o que não se alterou. Mas a paciente perdeu o sintoma da grave voz masculina, assim como desapareceram os inchaços e a rigidez dos membros e articulações que na minha opinião são uma representação orgânica e simbólica do protesto masculino. Porém, não exponho este caso pelo meu julgamento subjetivo e sim pelo fato de a enferma ter sofrido graves danos através de uma ação inevitável como é o exame de uma articulação afetada, sem que o médico tivesse a menor responsabilidade, nem a mais mínima noção do que estava provocando na paciente. É verdade que em todas as medidas medicinais não se deve esquecer o princípio: não prejudicar! Porém, muitas vezes e mais freqüentemente do que se imagina – e essa é uma das áreas mais importantes da psicoterapia – o médico causa dano, sem sabê-lo, porque o enfermo quer ser prejudicado. Trata-se de descobrir, a cada novo sintoma que surja, a cada agravamento de um sintoma já existente, qual foi a ação ou a característica do médico que o paciente utilizou – o inconsciente do enfermo – para ficar doente ou piorar. O enfermo sempre tem duas tendências: à saúde e à doença. É no campo dessas duas tendências que transcorre todo tratamento psíquico. Sempre devemos contar com o fato de que mesmo o tratamento mais adequado em todos os aspectos, o tratamento inevitavelmente necessário pode provocar danos. A parte mais difícil da psicoterapia é notar o dano a tempo e se possível eliminá-lo.

Este caso, da área da cirurgia, também deve ser incluído no complexo do protesto masculino. Em 1911, uma moça inglesa, que sofria de fortes dores de estômago, colocou-se sob os meus cuidados médicos. Quatro anos antes, havia sido operada pela primeira vez, devido à queda do útero; o útero foi recolocado em seu lugar. Um ano após, constatou-se um prolapso renal, sendo realizada uma segunda operação para fixar os rins. No terceiro ano, seguiu-se uma nova cirurgia, desta vez para fixar o estômago. Esta última operação não fora exitosa, enquanto as anteriores pelo menos suavizaram temporariamente as diversas dores da paciente. Tratei-a somente através de recursos psíquicos, revelando-se que desde a mais tenra infância ela não se conformava com o destino de ser mulher; procurou imitar os modos e todo tipo de características dos garotos. Aos oito anos de idade, teve uma governanta por quem se apaixonou perdidamente. Esta procurou fazer com que a menina abandonasse as brincadeiras de moleque e conseguiu-o pelo menos exteriormente, devido ao carinho que a garota nutria pela governanta. Um acontecimento aparentemente sem importância transformou esse carinho num ódio igualmete exacerbado. Conforme o seu desejo de ser um menino, ela havia se habituado a urinar de pé, sobre o vaso sanitário. Um dia ela foi surpreendida pela governanta ao executar tal manobra, houve uma cena violenta de descompostura e a partir daí acabou-se a ternura. Conscientemente ela abdicou do desejo de ser um garoto; mas, ao que tudo indica, tal desejo continuou vivo no inconsciente, sob a forma de um recalque muito forte. Pelo menos a paciente aceitou meu parecer de que a sua moléstia, o contínuo prolapso dos órgãos abdominais, estava relacionada com o desejo inconsciente de expelir do interior da barriga os órgãos sexuais masculinos que ali estariam escondidos. Suas dores e moléstias desapareceram e não tornaram a surgir nos três anos seguintes até a deflagração da guerra. Não fui informado acerca do seu estado de saúde a partir de então, devido ao isolamento causado pela guerra. O tratamento durou três semanas.

Devido a outras experiências no curso de minha carreira médica, tendo a admitir uma relação causal entre a dupla sexualidade no comportamento da moça e as várias manifestações de queda dos órgãos abdominais, contudo não espero que minha opinião seja aceita; ela tem apenas um valor subjetivo. Em contraposição, espero que este relato tenha indicado que a psicoterapia é de grande significado precisamente para a área da cirurgia, significado este infelizmente ignorado ou menosprezado até o presente.

Haveria muito o que dizer sobre psicoterapia e a condição feminina. Vou relatar um acontecimento que, se a minha interpretação é correta, demonstra quão pequeno é o poder que temos sobre o curso dos acontecimentos e que as decisões mais importantes são tomadas fora da nossa esfera de poder e esforços objetivos.

Há alguns anos, veio me procurar uma senhora holandesa, porque tinha ouvido dizer que várias mulheres estéreis curaram-se após um tratamento comigo. Sua intenção era permanecer seis semanas, mas após três ela retornou a casa por motivos que não fiquei sabendo. A análise revelou a seguinte situação: os especialistas não haviam encontrado nenhuma causa de esterilidade, nem nela nem no marido. Mas quando eu lhe disse que a razão mais comum, e em certo sentido a única causa da esterilidade reside na rejeição dos pais, especialmente da mãe, e que essa repulsa, apesar de inconsciente, é efetiva, não obstante o desejo consciente de ter um filho, ela me contou a estória do seu casamento. Ela é de uma antiga e tradicional família holandesa e apaixonou-se por um homem mestiço, ou seja, nascido da união entre um holandês e uma javanesa. Por muito tempo, os pais da minha paciente usaram de toda a sua autoridade para se opor ao casamento e, quando finalmente cederam, mantiveram uma ameaça formulada reiteradas vezes durante as discussões, isto é, que não reconheceriam como seus netos as crianças que viessem a nascer dessa união. Minha paciente não negou que chegou a partilhar o temor de seus pais de que seus descendentes pudessem vir ao mundo com alguma deformação. Na Holanda era comum pensar que as más características dos javaneses manifestavam-se até na terceira ou quarta geração, e que até pioravam de geração em geração. Mas ela não achava que isso tivesse alguma relação com a sua esterilidade, uma vez que já se convencera tratar-se de uma opinião preconceituosa. Respondi-lhe que provavelmente esse preconceito continuasse existindo no inconsciente e lhe pedi que me citasse um nome qualquer. Ela o fez, e acrescentou, sorrindo, que o nome citado por acaso era o de um terrível mentiroso, cujos antepassados, por parte de mãe, seriam javaneses. A análise não avançou muito além dessa constatação de que ela havia recalcado o temor de ter um filho mestiço, sem contudo eliminá-lo. Esta senhora viajou repentinamente. Eu sabia que o tratamento conseguira atingir apenas a camada superficial do material recalcado, e deixei o assunto de lado. Pouco tempo depois, soube que esta paciente havia adoecido e tinha sido enviada a Franzensbad, por ter contraído uma parametrite em conseqüência dos banhos quentes de assento que eu lhe recomendara durante o período menstrual. Dois anos depois, ela me perguntou se eu a receberia, pois tinha algo importante a me comunicar. Ela me contou o seguinte: algum tempo após regressar ao seu país, procurou um ginecologista devido a moléstias no baixo-ventre, o qual diagnosticou uma parametrite, dizendo-lhe que provavelmente seria uma conseqüência dos banhos quentes durante o período. Este médico recomendou-lhe banhos medicinais em Franzensbad. Mas como esse conceito sobre os banhos de assento não lhe pareceu certo – ela sabia que eu havia receitado milhares desses banhos que não causavam nenhum dano, enquanto o ginecologista nunca tinha ouvido falar no assunto – ela duvidou da capacidade do médico e foi procurar um famoso especialista em Berlim. Para sua surpresa, o médico berlinense constatou um tumor no paramétrio direito, enquanto o ginecologista holandês diagnosticara um tumor no esquerdo. O médico de Berlim não determinou o tipo de tumor, mas não excluiua possibilidade de uma gravidez extra-uterina, que tornaria necessária uma operação. Ele concordou com a estada em Franzensbad. Ao regressar dessa cidade, voltou a procurar o primeiro médico que consultara na Holanda. Dessa vez ele localizou o tumor à direita – esquecendo-se de seu diagnóstico anterior. Aí esta senhora perdeu a paciência e dirigiu-se a Heidelberg, onde foi operada imediatamente de gravidez extra-uterina. A operação confirmou o diagnóstico.

Se admitirmos que o meu tratamento exerceu uma influência sobre a eliminação da esterilidade, o que tendo a aceitar embora não tenha como provar, pode-se deduzir que a resistência do inconsciente só foi superada parcialmente, a ponto de permitir a gravidez, mas permaneceu forte o suficiente para impedir o desenvolvimento da criança, recorrendo à gravidez extra-uterina. Cheguei a essa conclusão bastante arbitrária porque sei que a esterilidade baseada em resistências inconscientes tem suas raízes nas camadas mais profundas do inconsciente, que não foram atingidas pela análise.

Finalmente relato mais uma vivência relacionada desta vez com uma outra especialidade. Há muitos anos, um operário que conheci e por quem tinha muito apreço, contou-me sua estória de vida. Ele nasceu numa aldeia das montanhas, longe de toda a cultura, o que se evidencia no simples fato de não ter freqüentado nem a escola primária, passando a infância como pastor de ovelhas. Só aprendeu a ler e escrever na juventude, numa época em que viajou de cidade em cidade. Aos quatorze anos, foi aprendiz do sapateiro da aldeia, e na sua oficina passava o dia inteiro sentado e calado, trabalhando. Sua única diversão era escutar as conversas que os clientes e pessoas que passavam por ali travavam com seu mestre, o sapateiro. Entre essas pessoas que o visitavam, havia um cego que a aldeia toda chamava de blasfemo. As trevas na cabeça dos habitantes do lugarejo eram tão densas que todos acreditavam piamente que este homem fora castigado com a cegueira por nunca ir à igreja. Este cego causou-lhe uma forte impressão. O operário me contou a seguir sua fase itinerante até fixar residência aqui, e que teve que desistir de ser sapateiro por causa de uns sangramentos da retina, tendo o oftalmologista lhe recomendado que escolhesse outra profissão na qual não forçasse demasiado a vista. Inicialmente as hemorragias cessaram por dois anos, embora o enfermo abandonasse sua nova profissão ao ar livre, dedicando-se a outra que forçava a vista por estar relacionada com funções de escritório. No inverno de 1915, ele tornou a me procurar; conforme o oftalmologista constatara, ele teve novamente um sangramento da retina. Ele me contou duas coisas relacionadas a isso. A primeira foi que recebera uma convocação para servir como soldado. "Isso deixou o seu inconsciente bem esperto, disse-lhe eu, pois, se o senhor conseguir que examinem os seus olhos, será imediatamente dispensado." Então ele mencionou, como causa da nova hemorragia, que seu filho havia esbarrado no olho, só que desta vez tinha sido o outro filho, pois ele já me dera essa justificativa uma vez. Não dei importância ao fato e lhe perguntei se tivera notícias de seu irmão. "Sim, eu recebi uma carta dele ontem." A sua hemorragia não tem nada a ver com o esbarrão no olho, prossegui, pense no dia de ontem e me diga uma hora qualquer. Ele mencionou o meio-dia e disse que esteve numa loja nessa hora. "Tinha um crucifixo nessa loja?", perguntei. Por um momento ele me lançou um olhar interrogativo e então disse: "Não, mas ao meio-dia em ponto – um relógio bateu a hora – falei com um soldado, e ele levava no peito a medalha da cruz de ferro, de primeira classe, que vi pela primeira vez e me causou uma forte impressão. Então conversamos muito a esse respeito". Tudo isso foi há treze anos e desde então ele não teve nenhum sangramento da retina, sendo que atualmente é revisor de livros e tem que forçar a vista bem mais do que a maioria das pessoas. Ha dois anos estive com ele novamente na qualidade de médico. Ele se queixou de que a sua visão estava diminuindo, mas que nenhum oftalmologista que tinha examinado seus olhos constatara indícios de hemorragias nem julgou necessário prescrever novas lentes. Perguntei-lhe como é que ele percebia a diminuição da sua acuidade visual. "Ao ler, eu confundo freqüentemente os números." "Que números são esses?" "O 3, o 5 e o 8." "Três mais cinco são oito", eu lhe disse. "Aconteceu alguma coisa ligada ao número 8 (*acht*)?" "Não." "Então diga o que lhe vem à cabeça." "Excomunhão (*Acht* und Bann)." "Tenha cuidado! (Nimm dich in *acht*!)". "O senhor nunca passou por nenhuma experiência ligada ao 8?" "Não." "Nem uma blasfêmia?" "Ah bom, sim, eu tinha esquecido completamente, blasfemei." Desde então ele nunca mais confundiu o 3 ou o 5 com o 8.

Nada mais tenho a acrescentar.

A Massagem

As relações entre a massagem e a psique são tão variadas que em princípio é impraticável dar uma visão geral em poucas palavras. Além disso, é totalmente desconhecido o efeito da massagem sobre alguns sistemas aos quais se deve atribuir uma função mediadora entre o físico e o psíquico, como por exemplo o sistema nervoso simpático e os fenômenos endócrinos. Se não quisermos extrapolar os limites deste congresso, devemos nos decidir a abordar apenas algumas partes desse grande campo.

A base mais profunda da atuação médica, que consiste essencialmente no efeito recíproco exercido pelo médico e pelo doente, sendo que o médico assume o papel de um serviçal responsável pelo bem-estar de seu paciente – o que é difícil de se compreender e de praticar –, a base mais profunda é um certo acordo entre essas duas pessoas num plano animal. A expressão "animal" significa que este que é o fator mais importante do tratamento, em princípio não tem nada a ver com os conhecimentos e a capacidade do médico, surgindo, isto sim, do encontro entre dois mundos humanos, de uma simpatia ou antipatia recíproca. Não é necessário ter muita experiência para saber que o contato físico ou corporal é quase decisivo na formação desse fator de cura. O hábito de proceder a um exame físico do paciente logo na primeira consulta baseia-se principalmente no conhecimento inconsciente desse fator; pois em princípio o exame poderia ser adiado para uma outra ocasião, sem provocar danos. Os médicos antigos, versados e experientes, aprenderam que o primeiro exame pode trazer alguns riscos que, conforme as circunstâncias, não podem ser reparados, pois não se pode prever de antemão o efeito da aproximação física. Muitas vezes eles abdicam do êxito momentâneo do diagnóstico e de uma decisão imediata, devido a essa relação extremamente delicada de duas existências humanas cujos caminhos se cruzam. Com isso não pretendo negar que uma rápida conquista do doente possa apresentar grandes vantagens para o tratamento, sendo muitas vezes recomendável no interesse do próprio tratamento. Ressalto isso porque torna-se muito importante essa questão da escolha do momento oportuno da aproximação física através da massagem, pois o ato de massagear exige essencialmente a proximidade física entre o médico e o enfermo, como nenhuma outra atividade médica, nem mesmo a cirurgia. E como a primeira massagem, sem exceção, influencia, positiva ou negativamente, o consciente e o inconsciente do enfermo, e cada nova seção torna a fazê-lo, pode-se dizer com todo o direito que a massagem em si – seja ela executada desta ou daquela maneira – exerce um efeito sobre o organismo alheio de modo a ser um importante componente da psicoterapia, se bem que incerto. O que hoje em dia se conhece sob a denominação de transferência e resistência está sempre presente durante o tratamento com massagens, sob a forma de ajuda ou perigo.

A massagem é de grande significado para o diagnóstico e sua aplicação na terapia. O médico que utiliza a massagem adquire um instrumento de exame de primeira grandeza, ao exercer sua atividade. Nem seria necessário dizer que o sentido do tato fica mais aguçado, e contudo devo chamar a atenção para esse fato porque a nossa prática quase não emprega as sensações, que para os nossos antecessores eram o principal instrumento de diagnose. Pouco se diz também que a visão do médico torna-se mais aguçada ao massagear. Ele observa não somente modificações de forma, cor da pele, distribuição do calor etc., que normalmente escapam à observação, como também as expressões faciais do enfermo durante a massagem, que em sua constante mutação revelam segredos da alma, segredos que de outra maneira não chegariam ao conhecimento do médico; emoções inconscientes e particularidades do caráter bem escondidas desvendam-se em movimentos involuntários, de modo que toda massagem realizada enriquece os conhecimentos do médico a respeito do doente, no tocante ao diagnóstico. A audição também se desenvolve de modo a detectar as menores alterações do tom da voz e do ritmo respiratório. Mas o mais importante é a participação do olfato. Este instrumento dos nossos antecessores já não é mais utilizado para confirmar ou corrigir constantemente o diagnóstico, mas o massagista não tem como escapar à penetrante mudança de odores e, embora não possa expor aos demais suas experiências por razões que não vêm ao caso agora, resta o fato de que, melhor que qualquer outra pessoa, ele pode perceber modificações no transcurso de uma doença através do seu fino sentido olfativo. Mas o diagnóstico não é decisivo somente para nortear a ação médica: a insistência do enfermo em saber o diagnóstico demonstra a importância que tem para ele. No que concerne a isto, contudo, há uma diferença diametral. Em geral podemos supor que o médico, graças ao seu diagnóstico, traça um quadro mais ou menos exato da situação objetiva, mas com toda a certeza devemos prever que para o paciente o diagnóstico será, na melhor das hipóteses, uma expressão vazia, quando não evoca uma imagem completamente equivocada da situação. O desconhecimento e as incríveis fantasias dele resultantes, quanto àquilo que o futuro próximo ou longínquo lhe reservará ou poderá trazer, algumas vezes representam um grave obstáculo à convalescença, quando não dão margem a conflitos que interferem na vida familiar e profissional. Em todos os círculos, as idéias sobre medicina estão impregnadas das mais ridículas superstições, constituindo um perigo generalizado justamente por esse conhecimento a meias. Isso pode mudar através da atuação física da massagem. Já nos primeiros toques, a atenção do enfermo e seus pensamentos são desviados a uma certa direção; ele consegue compreender seu estado, e passa a nutrir o desejo de saber mais que uma mera palavra, utilizável em suas fantasias; aos poucos ele entende que o título do seu diagnóstico, que, por exemplo, a expressão distúrbio cardíaco reúne uma infinidade de coisas que são até mais importantes para o tratamento e a cura do que o diagnóstico propriamente anatômico. Passa a entender que o objeto da atividade médica é ele, o doente, a capacidade de suas funções vitais ou a recuperação destas, que o fato de estar enfermo é mais importante que o nome atribuído à doença, que estar doente é um processo e não um estado imutável, um processo orgânico vital e não algo constante e sem vida. A vontade de aprender vai crescendo dia a dia com os novos problemas que surgem das diversas sensações durante a massagem, até permitir, dentro de pouco tempo, que médico e paciente examinem as áreas orgânicas e psíquicas que de outra forma só viriam à baila por obra do acaso. Paralelamente a essa mudança da posição frente à enfermidade e ao médico, por parte do enfermo, ocorre algo bem mais importante: o médico amplia a sua visão. Um médico que recorre à massagem, necessariamente, acaba chegando a um método próprio de tratamento psicoterapêutico. Todo médico que massageia forma-se em psicoterapia através de sua própria prática. É certo que seu método muitas vezes pode estar errado e ser perigoso, mas isso não altera o fato de que o massagista em si possui uma base bem melhor para os ensinamentos da psicoterapia que agora desponta, do que poderia lhe fornecer a melhor aula teórica sobre a psique humana e a enfermidade.

Esta conferência, condenada de antemão a não ser completa, deve abordar ainda um outro aspecto do efeito psíquico da massagem; ele é importante, mas infelizmente quase desconhecido, sobretudo no que se refere ao seu significado. Com o correr do tempo, a vida do ser humano se transforma a cada distúrbio funcional ou mudança anatômica, que numa fase saudável tem pouco significado, mas que dificultam a recuperação do doente, sem o seu conhecimento, o que pode e deve ser eliminado através da massagem, com algum esforço e cuidado. A eliminação dessas conseqüências da vida cotidiana que passam despercebidas aumenta diretamente a força de cura imanente ao organismo, mas não é necessário tratar disso aqui, pois estou me referindo às influências psicoterapêuticas. E elas são significativas. A simples revelação desses danos existentes em toda parte exerce um efeito que não deve ser subestimado sobre a disposição à cura, disposição esta consciente ou inconsciente do enfermo, e portanto sobre o desenvolvimento das desconhecidas forças de cura, o eterno e indecifrável x da medicina. Talvez alguns exemplos possam esclarecer meu ponto de vista.

A vida faz com que as quatro extremidades pendam continuamente para baixo, as pernas aliás mais do que os braços. Usualmente constata-se apenas o fato de que não se registra nenhum distúrbio circulatório relacionado à influência da gravidade; isso quase não importa devido à grande capacidade do coração. Mas, além do sistema circulatório, há correntes que transportam outros líquidos e essas dependem em grande parte da gravidade. É curioso que esse sistema, ao que tudo indica não influenciado pelo coração, não desempenhe nenhum papel no pensamento e na prática médica. Mas é um fato que partes profundas do corpo de um adulto sempre contêm uma grande quantidade de líquidos, o que permitiria dizer, com certa ressalva, que contêm tecidos sempre hidrópicos. Vêm ao caso principalmente os pés, as mãos e partes da coluna. Quanto aos pés, os calçados também desempenham um papel especial, pois causam empecilhos a este aparelho motor, cuja circulação é tão importante para o funcionamento do organismo. Assim, por exemplo, o uso de botas impede uma série de movimentos. Além disso, o adulto quase sempre está com os seus membros dobrados, realizando poucos movimentos para estirá-los, e certos movimentos (nas articulações dos quadris e da coluna) ou não são realizados ou raramente são executados. Não se nota o acúmulo de líquidos e a imobilização de certas partes do corpo, porque isso se processa lentamente no correr dos anos. Ao massagista, contudo, isso se revela porque ele constata em todas as pessoas que uma leve pressão provoca uma dor em partes como os artelhos, a ponta dos dedos, o grande nervo da planta do pé, as imediações do tornozelo, certas regiões da coluna, da omoplata, do pescoço etc. Basta aplicar uma leve pressão para constatá-la, e nem é preciso usar por exemplo uma pressão correspondente ao peso do corpo, como os pés a suportam. Uma boa estirada ou flexão dos membros e da coluna vertebral também costumam ser dolorosas para a maioria dos europeus e mesmo para os atletas bem treinados. Grande parte de nossas energias psíquicas inconscientes são empregadas somente para proteger contra dores essas partes do corpo imobilizadas, enferrujadas. Como foi dito, esses danos surgem pouco a pouco, mas podem ser parcialmente eliminados por um bom período por meio da massagem, e essa é a razão pela qual este assunto deva ser abordado no contexto que envolve a massagem e a psique. A partir do momento em que grande parte da nossa atenção inconsciente e da nossa tensão psíquica já não precisa ser empregada para evitar dores, essa tensão liberada pode realizar outro trabalho, uma função de recuperação da saúde; e pode fazê-lo porque o consciente do enfermo acompanha o que ocorre com seu corpo durante a massagem, reconhecendo o desperdício e a liberação dessa força. Isso não apenas aumenta bastante a confiança em relação ao médico como também às forças recuperadoras do próprio organismo; ocorre então uma mudança de certas características da psique, conscientes, inconscientes e vegetativas, que pode ser utilizada com êxito em termos de psicoterapia.

Deveríamos dar um exemplo, a fim de demonstrar o caminho que se abre ao massagista, enquanto a outros talvez permaneça desconhecido por toda vida. Mas esse exemplo não pode ser transferido diretamente a outras áreas. Devem-se citar principalmente os órgãos torácicos e abdominais. A aplicação da respiração como recurso psicoterapêutico já se impôs por toda parte, embora, talvez com razão, o seu efeito físico seja ressaltado. Não obstante, devo insistir que precisamente a respiração utiliza (e libera) uma massa incrível de energias psíquicas; qualquer um que retiver a respiração, até não conseguir mais fazê-lo, poderá se convencer disto. Neste contexto, não se deve esquecer que a respiração é a principal força propulsora da circulação de líquidos, à qual já me referi. Nem precisaria ser mencionado que o efeito psíquico indireto da massagem é grande também neste setor. O mesmo diz respeito ao abdômen, que no nosso corpo é como uma região pantanosa, apresenta uma grande capacidade de elasticidade e, por estar repleto de órgãos esponjosos, sempre está sujeito ao acúmulo de líquidos. Quanto a isto, devo chamar a atenção para os músculos abdominais situados acima do umbigo que, devido aos nossos hábitos alimentícios, reagem com sensações de dor à pressão, o que pode ser eliminado facilmente, junto com todas as fantasias de graves enfermidades gástricas e intestinais; só que para isso tem-se que sentir o músculo realmente entre os dedos, o que representa um grande esforço para o massagista. O globo ocular de todo adulto é sensível; para evitar essa sensibilidade, que atinge sobretudo o olhar para frente, gastam-se inutilmente forças, forças psíquicas. A língua é sensível à distensão e à pressão, idem a gengiva e os tecidos das glândulas salivares, certos pontos do nariz etc. Em outras palavras: todo movimento de mastigação, toda sensação olfativa, consomem energias psíquicas, que podem ser repostas graças à massagem, pelo menos parcialmente, e melhor utilizadas.

Em resumo: a massagem e a psicoterapia estão ligadas uma à outra.

A Dupla Sexualidade do Ser Humano

Ao dedicar-se ao estudo do inconsciente, logo se depara com dois fenômenos que sempre existiram no ser humano, o ser-criança e a dupla sexualidade. O movimento psicanalítico, pressionado pelas necessidades da nossa época, voltou-se inicialmente para o fato de que o ser humano permanece criança a vida inteira, mas a dupla sexualidade, por mais conhecida que seja, não recebeu a atenção merecida. Isso é bastante estranho, muito mais porque pode-se provar que em todas as exposições orais ou escritas da ciência psicanalítica, a dupla sexualidade do pesquisador está sempre presente e atuando, por trás do véu que é a seqüência de pensamentos. Contudo, como se se estivesse diante de algo terrível, afasta-se do humano, que não existe senão sob as formas masculino-feminino e feminino-masculino, para tratar do homem e da mulher. A distinção entre homem e mulher só é apropriada em certas circunstâncias. A fim de elucidar, através do exagero, o que se entende por circunstâncias especiais, podemos dizer que também se podem distinguir pernas retas de pernas tortas, mas que a mais torta das pernas não deixa de ser uma perna; assim também o mais varonil dos homens ou a mais feminina das mulheres é um ser humano, um ser masculino-feminino, de dupla sexualidade.

Ao constatar que o fenômeno imanente da dupla sexualidade parece ter sido negligenciado, não quero dizer que deixe de desempenhar um papel importante na teoria psicanalítica, mas que não é apreciado em toda a sua dimensão como fenômeno inerente ao ser humano, como o foco de toda análise de vida. É certo que há muito se fala de bissexualidade, do desejo da mulher em ser dotada dos órgãos masculinos e agir sexualmente e de outras formas como o homem, da nostalgia do homem em ser mulher, poder conceber, ficar grávido, dar à luz, tudo isto é uma área importante da teoria e da prática para o intérprete da vida inconsciente. Mas, mesmo aí, insiste-se que o homem é um homem e a mulher uma mulher. A estranha idéia de que o feminino não faz parte do homem e o masculino da mulher, que é possível ser totalmente homem ou mulher, se insinua furtivamente nessa cadeia de pensamentos, dando a impressão de que nisso há algo impertinente que tem que ser superado. A realidade de que não existe o homem separado da mulher, de que o ser humano é ao mesmo tempo masculino e feminino, é recalcada.

A história mundial fornece um excelente exemplo desse recalque na circuncisão dos judeus, devendo-se ressalvar que os recalques também têm seu lado positivo — o que raramente se reconhece — e que provavelmente sejam até mais benéficos do que nocivos, independente de resultarem ou não; isto também pode ser demonstrado através da circuncisão judaica.

Os judeus atribuíram a esse ritual um significado todo especial que os distingue das demais pessoas, dando-lhes a convicção de que, mantendo a aliança com a divindade que é reforçada pela circuncisão, se sentirão superiores aos não-judeus, pois a sua divindade, que é a mais forte de todas, vela por eles. Como se trata de um costume muito difundido, sem que outros povos o encarem como um sinal da aliança com Deus, para os judeus deve haver um sentido profundo, talvez inconsciente, ligado ao rito da circuncisão.

Entre os povos primitivos ainda hoje existe uma estreita relação entre a circuncisão e as idéias de divindade, mas a incisão no prepúcio é acompanhada de uma outra cerimônia, uma cisão na parte inferior do membro masculino. O sentido disto é dar ao homem a marca do sexo feminino, torná-lo um ser humano também exteriormente, um ser de dupla sexualidade, masculino-feminino. Assim ele se transforma na imagem de Deus, que o ser humano conceberia em sua dupla sexualidade, mesmo hoje em dia, se sua cultura não lhe proibisse expressamente imaginar a divindade sob a forma humana. Assim como o membro recebe um corte nesse tipo de cerimônia a que me referi para dar ao homem também a forma do genital feminino, o prepúcio é cortado e afastado a fim de eliminar o feminino do distintivo da masculinidade; pois o prepúcio é feminino, é a vagina que abriga a glande.

A particularidade de a glande ser a criança no ventre materno do prepúcio é ignorada intencionalmente, e por isso mesmo é preciso ressaltar que o prepúcio e a glande são realmente a mulher e o homem e não símbolos imaginados. No tocante aos judeus, a questão é outra: ao cortar o prepúcio, mas sem proceder à cisão no membro, eles eliminam a dupla sexualidade do homem, retiram do masculino o feminino. E assim abrem mão de sua semelhança inata a Deus em favor da divindade de dupla sexualidade; através da circuncisão, o judeu torna-se apenas-homem. Basta reparar na essência do caráter judeu: não existe nenhum povo marcantemente tão masculino quanto o povo judeu. O recalque do feminino chega a tal ponto que representaria a sua divindade como masculina – ou seja, com um só sexo – se isso não fosse proibido. Porém, ao usar a expressão "masculino", não me refiro ao ideal de herói, que, aproveitando-se da vaidade masculina e da nostalgia feminina do amor, apesar de sua inverossimilhança, se revestiu de grande poder; o homem só é herói nos breves momentos da excitação e da ereção de seu físico ou psique, isto é, excepcionalmente, pois via de regra ele é o homem-criança, sendo que o lado infantil supera de longe o lado heróico-masculino. Tomando-se o homem pelo que ele é, um ser necessitado, sem liberdade, preso ao cotidiano, que só de vez em quando é capaz de elevar-se e então só pelo breve instante da ereção, cuja força persistente não reside na ereção e sim na sua ligação às leis, chega-se à conclusão de que o judeu recalcou o feminino o máximo possível. Mas isso não passa de um recalque, pois o judeu é tão masculino-feminino quanto qualquer outro, essa sua característica – agradável ou não – é conseqüência do recalque e não uma diversidade da sua essência.

Exercitado através dos milênios e imposto pela lei da divindade, o recalque da dupla sexualidade (que passa do consciente ao inconsciente) é uma das causas que levaram a um segundo plano essa questão tão significativa do feminino-masculino no ser humano, tanto na psicanálise como na vida cotidiana; é fato sabido que toda a cultura européia, desde a moral das religiões cristãs até o pensamento, a ação e as transformações, está enraizada no mesmo objetivo do recalque judeu, o homem como ser unissexual. Mas, como a psicanálise não pode ignorar o fenômeno essencial da dupla sexualidade, é de se supor que a investigação acerca do inconsciente será funesta para estes aspectos do judaísmo. Porém, o futuro é e continuará sendo um livro sob sete chaves.

Se o ser humano tem realmente uma dupla sexualidade – e os conhecimentos, relativamente parcos, sobre a fecundação e o desenvolvimento bastam para iluminar cientificamente a base antiqüíssima de todos os mitos – portanto todos os processos humanos vitais seriam influenciados pela dupla sexualidade; por toda parte sempre se pode comprovar a dupla sexualidade do ser humano, não somente naquilo que se chama de vida impulsiva ou instintiva, no que se chama de físico ou de espiritual, mas também em toda forma de vida humana, inclusive naquelas que pertencem ao campo de disciplinas como a anatomia, a fisiologia e a patologia.

O objetivo desta exposição é tão-somente indicar algumas questões recalcadas; tratar tão-somente do significado de uma solução destes conteúdos recalcados seria exceder os limites do tema. No entanto, é necessário demonstrar, com base num exemplo, como atua a dupla sexualidade. É preciso ter presente que o seu efeito nunca se manifesta em forma pura, sendo mais ou menos condicionado e transformado por outras forças do Isso. Para conformar os acontecimentos, o Isso nem sempre se vale do inconsciente, mas sim de caminhos obscuros, aos quais a análise não tem acesso. Como já se reuniu suficiente material acerca da influência da dupla sexualidade humana sobre os processos psíquicos, faltando apenas um estudo do ponto de vista feminino-masculino, as reflexões voltaram-se aos procedimentos que em geral se situam além da psique, quando tal concepção não tem outra justificativa senão a de fazer um registro sob uma etiqueta.

As características físicas femininas no homem e as masculinas na mulher são tão difundidas e corriqueiras que não vale a pena abordar esse aspecto. Basta observar atentamente uma pessoa qualquer para notar imediatamente o fenômeno, quer este se manifeste na pele ou na constituição óssea, na musculatura, na estatura, na conformação dos membros ou em qualquer outra coisa. No entanto, não se sabe quase nada a respeito da dupla sexualidade dos órgãos internos, e podemos dizer que os pesquisadores ainda não se dedicaram seriamente a essa questão. As questões aqui tratadas, no entanto, pertencem a um outro campo; elas não se referem a um indivíduo determinado, e sim tratam de saber se o ser humano em si é formado sobre a base da dupla sexualidade. Não apenas a psicanálise, mas o próprio pensamento humano trabalha com elementos chamados símbolos: assim por exemplo dizemos que a boca é um símbolo feminino, o nariz um símbolo masculino. Acredita-se que isso se processa através de uma comparação consciente baseada em certas semelhanças, ou quem é mais cauteloso transfere esta atividade comparativa à região do inconsciente ou do Isso, mas a comparação permanece sendo o essencial. E contudo o símbolo não é uma comparação, trata-se da realidade. A boca é realmente – não de fato, mas realmente, pois essas duas palavras têm significados diferentes, quase contrários – a boca é realmente feminina, pelo menos na sua forma plácida, manifestando imediatamente sua dupla sexualidade ao ser usada para falar ou na respiração. Já o nariz, pela sua forma, é realmente masculino, embora as narinas sejam uma representação feminina. Esta dupla sexualidade real é confirmada pelo idioma francês: *la bouche*, feminino, *le nez*, masculino, enquanto os gêneros estão invertidos no alemão – *der Mund, die Nase* – como às vezes ocorre no idioma, contrariando o nosso entendimento científico. A parte superior do rosto é masculina, a inferior é feminina; mas não se deve aceitar que elas signifiquem homem e mulher, elas são realmente homem e mulher, sendo que a palavra realmente (*wirklich*) deve ser concebida na acepção de sua capacidade de realizar (*wirken*).

Alguns órgãos, como por exemplo o ouvido, inicialmente dão a impressão de ser ao mesmo tempo homem e mulher, embora o som fertilize a membrana do tímpano, que ligada ao conduto auditivo é feminina

- isso se revela claramente no mito da anunciação e da concepção de Maria – mas esta mulher desperta imediatamente no ouvido médio o martelo, a bigorna, o estribo, o homem no ouvido, e o ouvido interno tem a dupla sexualidade pela sua forma de caracol. É um equívoco pensar nos órgãos dos sentidos apenas como receptores, eles são na mesma medida fertilizadores, procriadores. Quanto ao olho, sabe-se que ele é um símbolo da mãe, e isto desde uma época anterior ao estudo metódico do inconsciente. Mas o que a retina capta não se vê automaticamente: primeiro o nervo produz a imagem no cérebro, e o ato de ver é de dupla sexualidade. Se os médicos se convencessem da dupla sexualidade da visão, o que deveria ser o caso pelo menos dos psicanalistas, não receitariam logo óculos para aquele que enxerga mal, transformando-o, sem o seu conhecimento, em alguém que enxerga errado, que engana a si próprio, e, sem sabê-lo, engana aos demais. Entenderiam que na maioria dos casos de defeitos na visão não se trata de que essas pessoas não vejam e sim do processo de recalcar o que foi visto. A visão de todo ser humano é um recalcamento, e quando o recalque é muito difícil, o Isso faz surgir a miopia; esta é um meio excelente para recalcar, muito melhor do que qualquer defeito congênito na formação do olho. Está comprovado que mesmo pessoas com um forte grau de miopia enxergam muito mais do que fingem perante si mesmas e os demais.

A primeira saga da criação do ser humano diz que ele foi criado à imagem e semelhança de Deus, o ser humano como homem e mulher, com dupla sexualidade; como denominação de Deus escolheu-se a forma plural *Eloim*, o que é facilmente explicável se admitirmos que a saga concebe Deus como um ente de dupla sexualidade, como ser com dois sexos. Segundo a saga de Lilith, o ser humano em princípio tinha dois sexos, sendo que o homem e a mulher foram separados posteriormente graças à intervenção de Deus. Como força criadora de Deus, cita-se a palavra, o verbo, e a palavra só se expressa através da respiração, enquanto o sopro divino é mencionado expressamente na criação do Homem. Mas a respiração é necessariamente bissexual, é um ato de receber na inspiração e de dar na expiração. A respiração, a dupla sexualidade, é uma característica de Deus. O mito de Cristo o confirma com o conceito de *pneuma hagion*, o *spiritus sanctus*. Ao se reconhecer que a respiração é bissexual, que atua bissexualmente, abre-se um novo caminho para analisar todos os processos físicos, psíquicos e doentios no ser humano. Daí é só um passo para se reconheder a dupla sexualidade do coração, dos rins, do sistema digestivo e do processo da alimentação; surgem novos pontos de vista para tudo, não apenas para os fenômenos psíquicos como também para os orgânicos. O primeiro artigo do autor, "Condicionamento Psíquico e Tratamento de Moléstias Orgânicas pela Psicanálise", já se referiu às relações da formação de tumores com a dupla sexualidade do ser humano. No atual contexto, gostaria de mencionar que a disciplina predileta dos médicos, a cirurgia, não seria imaginável sem a dupla sexualidade do ser humano, que em cada operação é possível se verificar a influência da bissexualidade humana.

Como já foi mencionado, todas as manifestações da vida humana poderiam ser submetidas a uma apreciação sob este ponto de vista, e em algum momento isso será feito. Aqui me contento com indicar o caminho, e terei conseguido muita coisa, se a análise discutir mais detidamente o conceito de símbolo, verificando que o símbolo é mais do que um jogo do pensamento, isto é, é a própria realidade da vida.

Da Visão, do Mundo dos Olhos e da Visão sem os Olhos

As idéias de Freud sobre o processo de recalque tiveram uma ressonância tão grande no mundo inteiro que causa surpresa encontrar amplos setores da vida não influenciados por seus ensinamentos. Entre outras coisas, isto diz respeito às percepções sensoriais. É certo que uns e outros ressaltaram o significado do recalque nos processos doentios relacionados às percepções sensoriais, mas ninguém disse claramente que não há percepções sem recalque. Nós só podemos ver, ouvir, cheirar, degustar, sentir, porque somos capazes de recalcar, de reprimir uma grande quantidade de estímulos que chegam aos órgãos dos sentidos, em favor de certas partes, pequenas em relação ao todo. O ato de ver nos fornece um exemplo disso.

Para começar, o instrumento da nossa visão, o olho, é constituído de acordo com a necessidade de recalcar. A íris restringe a imagem (o campo visual). Em compensação, o movimento dos olhos suspende parcialmente esse estreitamento natural, isto é, amplia o campo visual, mas as percepções se dão uma a uma. As mudanças de forma da íris, através da dilatação ou da diminuição da pupila, podem ser consideradas como uma capacidade natural de recalcamento. As pupilas se comprimem quando a luz é muito forte – a luz a incidir sobre os olhos – portanto quando há demasiada claridade, ou então quando se converge o eixo ocular para observar um objeto próximo, eliminando-se do campo visual o que está à distância. Do mesmo modo, a retina também pode ser concebida como órgão de recalque. Essencialmente a visão se processa na região macular (*macula lutea*), mas a distribuição anatômica das células oculares e as modificações da púrpura visual, contida na retina, demonstram que o arco da visão é bem mais amplo do que consegue captar a região macular. As imagens que se formam fora da região macular são mais passíveis de recalque, podendo este ser total ou parcial. É mais fácil cientificar-se do recalque no ato de ver, quando se pensa que cada imagem na retina constantemente é coberta pela imagem seguinte. Esses chamados reflexos continuam existindo na retina no momento em que se forma a nova imagem. Em outras palavras, o reflexo da imagem anterior tem que ser recalcado continuamente para possibilitar uma visão clara.

Poderíamos continuar analisando o olho como instrumento de recalque; contudo, o mais importante nesta reflexão é o processo de recalque no ato de ver em si, porque é o que ajudará a trazer um pouco de clareza às misteriosas trevas da vida humana. Pode-se comprovar que de todos os objetos que vê ou capta através da visão, o ser humano só percebe uma parte, isto é, de tudo que é visto claramente pelo olho, certos objetos não chegam a tornar-se uma percepção, devido ao recalque, ou são "expulsos" do acervo perceptivo, enquanto o cérebro também é um órgão de recalque. Os elementos recalcados geralmente ficam nas camadas superficiais do inconsciente e podem ser chamados à consciência com algum esforço. Mas muitas vezes eles afundam em camadas mais profundas e só são conscientizados – se não desaparecerem para sempre no inconsciente – quando a visão se repete ou alguma outra pessoa chama a atenção para isso. As experiências relatadas a seguir visam corroborar as minhas afirmações.

Pede-se a um grupo de pessoas que observe uma determinada página do livro ilustrado *O Barco Mágico* de Tom Seidmann-Freud (Editora Herbert Stuffer, Berlim) na qual estão impressos 64 pequenos quadros ou ilustrações, de modo que elas possam observar por poucos instantes uma linha com oito quadros, enquanto os demais permanecem cobertos. Depois, elas contam o que conseguiram gravar na memória e, associando idéias, tratam de encontrar uma explicação para as imagens que esqueceram ou de que só lembraram vagamente.

Por exemplo: a pessoa A menciona as oito ilustrações da quinta fila, mas descreve algumas muito por cima. Quanto ao primeiro quadro, uma campânula, diz que a flor tem só duas folhas quando na verdade tem cinco. O número cinco lhe sugere que com ela são cinco irmãos, três mais velhos e dois menores, exatamente como na ilustração, a flor tem três folhas grandes e duas pequenas. Do segundo quadro, um garoto negro, A se esquece do colar, das pulseiras e dos brincos. Ao falar em colar, lembra-se de uma gargantilha de veludo preto, dessas que se costumava colocar no pescoço dos bebês quando os dentes estão nascendo. Essa simpatia teria ajudado A a debelar uma alta febre por ocasião da dentição. A sempre se rebelou contra o uso de brincos por causa do furo na orelha e também pelo receio de que um ladrão pudesse arrancá-los, o que provocaria um rasgão e sangramento. Mas os brincos também lhe despertam o desejo de arrancá-los da orelha de outras mulheres (ferida: símbolo do feminino). A lembra-se exatamente dos outros quadros: elefante, tesoura, chapéu, pêra, pequenos chapéus. Mas transformou o peixe em sua imaginação. Em primeiro lugar as barbatanas, que lembram as asas de um morcego. Diz-se que os morcegos voam direto ao cabelo das pessoas, mas A nunca teve medo disso. O morcego, no entanto, leva à aula de ciências naturais que A assistia de má vontade. O professor lhe era antipático. Além disso, A acrescenta que ele usava óculos. Da aula de ciências, as lembranças passam a um exame dessa matéria. Um dos examinadores tinha cara de gato, e A tinha medo de gatos na infância. Lembrava-se vagamente de que alguém teria jogado um gato em suas costas. Mas voltando ao exame, esse professor a inquiriu sobre o globo ocular e a visão, e A passou raspando no exame. A tem problemas na vista. À palavra "ver" (sehen), A associa "lago" (See); esse lago é de águas escuras e nele há o perigo de se afogar. Vem à tona a lembrança de um lago, situado numa região montanhosa, onde uma tempestade a surpreendeu numa canoa, quando era criança, causando-lhe um grande susto. Mas voltando ao morcego, A classifica-o como mamífero e, quando lhe peço para citar outros mamíferos, menciona o canguru. Quanto aos demais grupos de animais, A menciona apenas seres unicelulares, amebas e insetos. O inseto leva a vermes e à solitária, que na opinião de A poderia introduzir-se pela boca. As três listras do peixe lembram os anéis de um barril, e levam ao tonel de Heidelberg[1].

A quinta fila de ilustrações também é apresentada à pessoa B. Ela esquece o elefante, a tesoura, o chapéu de palha e a pêra. Quanto ao elefante, lembrou-se de um circo onde foi recentemente. Ficou decepcionada, pois em vez de sentir o cheiro de cavalos, que lhe é agradável, só percebeu o cheiro de quarenta elefantes, que considera um fedor insuportável. A tesoura lembra o *Struwwelpeter* (*Pedrinho, o Desgrenhado*), que alguns conhecidos seus desaconselharam como leitura para o seu filho que é muito sensível (o personagem Conrado = símbolo da castração). Quanto ao chapéu de palha, a associação foi com um chapéu preto, com uma coroinha de rosas, do seu tempo de menina, que não gostava de usar. Preferia o da irmã, enfeitado com sutaches azuis. O chapéu de palha também lhe traz à memória uma determinada praia onde começou a ter asma, enfermidade que a afetou por muito tempo. À pêra associou o útero e as moléstias do climatério, pelas quais estava passando.

À pessoa C é mostrada a oitava fileira. Ela cita os dois primeiros quadros, um violino e uma rosa, mas esquece o terceiro, um pingüim. Este lhe lembra a foca, um animal que acha desagradável por ser viscoso e

---

1. Trata-se de um dos maiores tonéis antigos encontrados; está exposto no castelo de Heidelberg e tem mais de 220 mil litros de capacidade (N. da T.).

escorregadio. Também lhe vem a idéia de uma gravura de Hans Thoma, representando animais de fábulas, da qual chegou a gostar muito, mas que já não apreciava. A quarta ilustração, um gato, também é esquecida. C mencionou um gato que não é tão carinhoso com ela quanto gostaria que fosse. Também não se lembra do quinto quadro, um galho com duas ameixas. Este lhe recorda a canção *Uma Ameixa Pende da Árvore*. Quando era mocinha dançava ao mesmo tempo que cantava a canção, provocando um sorriso dúbio em seu parceiro. Sua irmã mais velha, a quem relatou o episódio, ficou indignada com o seu comportamento. Mas C lembra-se dos três últimos: um barco a vapor, um peixe e um cacto.

À pessoa D mostra-se a sexta fileira. Descreve os três primeiros quadros: um cacho de uvas, uma pequena cabana e uma chave. Mas se esquece dos três seguintes, uma tulipa, um peixe e um carretel de linha com uma agulha enfiada. Cita o sétimo quadro, um menino esquimó, com um peixe na mão e omite o último, um camelo. A tulipa lhe recordou uma brincadeira infantil em que se gira um prato e a criança por este indicada escolhe para si o nome de uma flor; o seu era sempre a tulipa. O peixe lhe traz à memória o *Struwwelpeter*, livro este que pretendia mencionar numa carta que não foi escrita. Quanto ao carretel, D disse que não fazia nenhum sentido a agulha espetada no carretel de madeira, e com um pedaço de fio dependurado. Este último detalhe lhe trouxe a desagradável lembrança de trabalhos não concluídos. Quanto ao camelo, associou-o a uma cigarreira com a gravura de um camelo na tampa. D deveria deixar de fumar por razões de saúde, mas não conseguia.

Após alguns meses, a mesma seqüência é mostrada novamente a D. De novo se esquece da tulipa, do peixe e do carretel com a agulha. Os outros quadros são mencionados, menos o peixe na mão do esquimó, e D indica erroneamente que a chave estava representada com a ponta para cima. Quanto a isto, lembra-se de que, alguns dias antes, tentou abrir a porta de sua casa com a chave nesta posição, ou seja, invertida, perdeu a paciência e começou a praguejar. A tulipa levou a uma associação que havia em sua cidade natal, assim denominada. Seus pais costumavam freqüentar as reuniões dessa associação, antes de se retirarem completamente da vida social. O peixe lembra os primeiros cristãos, para quem simbolizava Cristo. E também a palavra grega que indica peixe, *ichthys*, cujas letras iniciam as seguintes palavras:

| Jesus | Christos | Theos | Hyios | Soter |
| Jesus | Cristo | Deus | Filho | Salvador |

Os primeiros cristãos lembram a D o livro *Quo Vadis?*, que leu quando garoto, e principalmente o trecho em que uma jovem é amarrada nua num bisão, uma descrição que o excitou, despertando-lhe ao mesmo tempo remorsos. O novelinho de linha com a agulha recordou a caixa de costura de sua mãe. Esta caixa era de madeira e fora feita por seu irmão. D também tinha tentado fazer alguma coisa com madeira e serrote, mas sem sucesso. A caixa despertou a lembrança de um ovo de vidro vermelho claro que servia para remendar meias, e que ali era guardado. D sempre imaginou que as frutas mágicas que aparecem no conto de Aladim e a lâmpada eram semelhantes a esse ovo. O peixe na mão do menino esquimó desperta a sensação desagradável de coisa escorregadia, que facilmente escapa da mão.

Nos dias subseqüentes, D tornou a esquecer um ou outro quadro, o carretel com a agulha, por exemplo. Este esquecimento das mesmas imagens, ligado a diversas idéias leva a supor que não há apenas a interferência de razões pessoais, mas que o significado simbólico de certos objetos também desempenham um papel.

À outra pessoa que se submeteu à experiência, E, apresentou-se a quinta seqüência. Esqueceu-se do elefante e do peixe, e este último lembrou-lhe que esteve pescando recentemente. Depois, E viu a oitava fila, da qual gravou todas as ilustrações. E finalmente foi-lhe mostrada a primeira, com os seguintes quadros: triângulo, galo, cravo, barraca, menino, peixe, barco a vela, xícara. Lembrou-se de todos, menos do peixe (peixe-Cristo-símbolo da criança).

A seguir, faremos um balanço da experiência. Tomaremos inicialmente as quatro fileiras utilizadas na maioria dos testes.

1ª linha (13 testes): esqueceu-se de: triângulo (1 vez), galo (5 vezes), flor (1 vez), barraca (3 vezes), menino (1 vez), peixe (4 vezes), barco a vela (8 vezes), xícara (2 vezes).

3ª linha (9 testes): menino índio (nenhuma vez), burro (5 vezes), meia-lua (1 vez), cegonha (5 vezes), auto (nenhuma vez), árvore (2 vezes), cerejas (nenhuma vez), casa (1 vez).

5ª linha (22 testes): flor (3 vezes), negrinho (nenhuma vez), elefante (7 vezes), tesoura (5 vezes), chapéu (7 vezes), pêra (11 vezes), chapéus (nenhuma vez), peixe (6 vezes).

8ª linha (22 testes): violino (3 vezes), flor (3 vezes), pingüim (7 vezes), gato (5 vezes), ameixas (11 vezes), barco a vapor (3 vezes), peixe (7 vezes), cacto (2 vezes).

Ao reunir estes dados, verificamos que algumas coisas são esquecidas mais facilmente que outras. Isso fica mais evidente se agruparmos os dados da seguinte maneira: das 64 figurinhas, distribuídas em 8 filas de 8 cada uma, apresentadas às pessoas que participaram da experiência, havia 6 representando cada uma das seguintes categorias: pássaros, frutas, peixes, mamíferos, veículos, flores, casas e crianças. Agora vejamos com que freqüência foram esquecidos os componentes desses grupos.

frutas	74 testes	26 vezes	= 35%
pássaros	64 testes	21 vezes	= 33%
mamíferos	74 testes	24 vezes	= 32%
peixes	78 testes	21 vezes	= 27%
veículos	64 testes	13 vezes	= 20%
flores	78 testes	14 vezes	= 18%
casas	65 testes	4 vezes	= 6%
crianças	65 testes	1 vezes	= 1,5%

O número de testes não é grande, e eles também não pretendem demonstrar nada definitivo, mas talvez possam nos fornecer alguns indícios elucidativos para o nosso trabalho. Analisemos mais detidamente os grupos e objetos esquecidos.

As frutas foram as mais esquecidas, principalmente a pêra e as ameixas. As variadas formas e cores das frutas, seus sabores, e não esqueçamos as sementes no seu interior, que trazem em si a possibilidade de uma nova planta, sempre tiveram seu lugar na fantasia das pessoas e são verdadeiros símbolos. Precisamente a pêra, que é encontrada em inúmeras variedades nos países europeus, tem um papel importante no nosso pensamento simbólico. Por um lado, sua forma é comparada aos genitais masculinos. A parte mais cheia representa os testículos, a parte mais fina o membro ereto. O cabinho sugere o pênis infantil (em algumas regiões, os meninos são chamados de "cabinhos de pêra" – *Bienstillchen*). Isso expressa concomitantemente o aspecto infantil da pêra, que essencialmente existe em toda fruta, e que, na linguagem, transparece no uso da palavra "fruto" para designar o embrião. Mas, por outro lado, a pêra também é um símbolo feminino. A forma do útero é comparável à da pêra. Os seios são igualmente comparados a pêras, idem os quadris junto às coxas que se afinam até o joelho. A figura de uma mulher nua, inclinada para frente, desperta nas crianças a comparação com uma pêra – como o demonstram vários relatos de pacientes – sendo que o ânus e a abertura da vagina são considerados o miolo da fruta, as nádegas a parte mais cheia, e o corpo ou as pernas, a parte mais fina. Isso assume uma importância especial, pois essa idéia muitas vezes se alia à do enema; a forma mais comum da bisnaga de borracha também corresponde à da pêra. Na imaginação infantil, essa bisnaga se transforma nos testículos, a injeção no membro ereto, e a água ou óleo introduzido no intestino, no sêmen. Quase todas as crianças após o primeiro ano de vida não aceitam o enema de bom grado. Além disso, o enema muitas vezes é prescrito em caso de verminose. Os vermes são um conhecido símbolo do recém-nascido. Estas são recordações bastante desagradáveis, todas elas centradas na simbologia sexual. Para os olhos e a visão elas são importantes, pois um velho provérbio diz que quem vê sua mãe nua, fica cego. Quanto à ameixa, o que mais chama a atenção é a sua bissexualidade. A forma oval, com a reentrância no meio simboliza, por um lado, o feminino; o caroço seria o útero fecundado, a semente contida no caroço seria o feto envolto pela placenta. Mas a ameixa também é o masculino: o caroço seriam os testículos, a semente o conteúdo dos testículos envolto pela pele. Duas ameixas penduradas de um cabinho são um símbolo muito comum dos testículos. Mas, pela sua forma, a ameixa é comparada às nádegas, que para o inconsciente fazem parte dos genitais, enquanto o corte corresponderia à reentrância das nádegas.

Os pássaros também foram esquecidos com muita freqüência, principalmente o galo, a cegonha e o pingüim. A forma do pássaro, seu vôo ou suas asas levam a comparações eróticas desde tempos imemoriais. O pássaro com o corpo esticado e as asas abertas é um antigo símbolo fálico. O vôo representa o ato sexual. Em alemão e sueco, as crianças chamam o pênis de pássaro (*Vogel*). A expressão vulgar para designar o coito é *vögeln*. O aspecto exterior do galo e seu comportamento explicam seu uso simbólico. No inglês e no francês, aliás, *coq* geralmente é a palavra usada para pênis (comparar com a expressão "coquete"!) Mas na linguagem infantil em alemão também se usam expressões como *Piephähnchen* (pintinho), e *Güggel* (galo), no dialeto suíço. A torneira[2] adquiriu sua denominação a partir dessa simbologia. Uma das primeiras descobertas das crianças no terreno do erotismo é a relação entre o galo e a galinha. Tal descoberta baseia-se na observação e na experiência pessoal, pois muitas vezes as crianças afugentam o galo quando está montando na galinha; as crianças que moram em cidades tiram as suas conclusões de fatos como os pintinhos confeccionados de caramelo, que saem de dentro dos ovos de Páscoa (há também cartões postais com esses motivos, além de Max e Moritz[3]). O inchaço da crista e do papo são símbolos bem claros, assim como a cauda colorida. A cegonha, graças à forma de seus pés, evoca uma certa semelhança humana. O longo pescoço, o longo bico e as compridas pernas ressaltam o caráter fálico desse pássaro. A coloração vermelha do bico e das pernas também o reforça. O vermelho é a cor do amor. Nos contos alemães, a cegonha traz os bebês. (As pessoas que se submeteram ao teste e que se esqueceram da cegonha eram todas mulheres sem filhos.) É característico no pingüim a posição extremamente ereta e ainda as asas atrofiadas, que dão a impressão de nudez. Ele é uma nítida representação ou incorporação do que a ereção tem de essencial.

O fato de os animais mamíferos serem freqüentemente esquecidos justifica-se pela própria designação da espécie. Quem é que gosta de se

---

2. Em alemão, torneira é *Wasserhahn* ou *Hahn*, a mesma palavra para galo (N. da T.).

3. Personagens muito conhecidas da literatura infantil alemã (N. da T.).

lembrar da fase em que estava preso ao seio materno? Geralmente essa fase é recalcada. A fim de evitar que a criança tome conhecimento da vida sexual, uma boa parte da vida dos mamíferos deve permanecer incompreensível, do contrário seria inevitável a conclusão correspondente a seus pais. Dos mamíferos, os mais recalcados foram o elefante, o gato, o burro e o esquilo. A primeira coisa a chamar a atenção da criança para o elefante é que ele possui dois "rabos", a tromba na frente, e o rabo propriamente dito, atrás. Isso é estranho para a criança, que supõe que todos os animais têm seu rabo na parte traseira e só o homem tem o seu na frente. Provavelmente o que levou ao esquecimento do elefante tenham sido as idéias infantis recalcadas acerca dos genitais masculinos e da ausência do pênis na mulher. (Vide a gravura de Rembrandt retratando o pecado original, em que o elefante aparece no fundo, com a tromba levantada.) No mundo moderno, o gato é considerado feminino, mesmo entre os povos cujo idioma lhe atribui o gênero masculino[4]. Seu pêlo macio lembra a pele macia da mulher. Suas qualidades, de animal furtivo, que se esgueira, misterioso e insondável, aludem a algumas características da mulher. O órgão sexual feminino é chamado popularmente de "gatinha" (*Miezekätzchen*). O inconsciente alia o gato ao rato. O rato é conhecido como símbolo fálico. A força masculina do homem é tirada pela mulher no ato sexual, assim como o gato devora o rato, razão suficiente para se recalcar o gato. No inconsciente, o burro desempenha um papel bastante conhecido como símbolo de personagem secundária que é sempre tido por tonto (burro), e como símbolo de si mesmo; quando as pessoas se sentem sobrecarregadas e usadas por aproveitadores, então aludem à própria "burrice". O que não deixa de ser uma ironia do inconsciente, pois na realidade o burro é um animal bastante inteligente, e porque geralmente acontece o contrário, nós é que somos os aproveitadores quando dizemos que abusam da gente. Na Antigüidade, o burro era considerado um animal bastante assanhado. (O burro dourado de Apuleio[5].) Não deixa de ser curioso que quase todos tenham esquecido o esquilo, que é um animal muito apreciado. Quem observar a ilustração de Tom Seidmann-Freud talvez concorde conosco que a cauda levantada e a pinha sejam responsáveis pelo esquecimento.

Os peixes também foram esquecidos várias vezes. O peixe é um antigo símbolo fálico. Sua forma, sua pele escorregadia ao tato, seus movimentos agitados talvez tenham contribuído para a simbologia. Além disso, ele significa a criança, pois, além da sua forma, o fato de viver na

---

4. É o caso do alemão, que se vale do feminino, *die Katze*, para designar os gatos em geral (N. da T.).

5. Lucius Apuleio, escritor romano, século II, escreveu o romance *Metamorfoses*, que conta as aventuras de um homem transformado em burro. O romance inclui a estória de Amor e Psiquê (N. da T.).

água leva imediatamente à associação do feto no ventre materno. Devemos mencionar ainda o cheiro do peixe, que lembra o dos genitais femininos. Esse cheiro pode ser agradável ou desagradável a alguém, mas de qualquer modo é proibido, e leva portanto ao recalque do peixe.

Dentre os veículos, o barco a vela, no mar, foi o único a ser esquecido. O mar, mãe de Afrodite, é tido como a mãe de todas as formas de vida pela história natural. O barco é um meio de transporte. Tanto o homem como a mulher podem carregar, transportar algo nos braços. Mas no interior, isto é, carregar algo no bojo do navio, é só a mulher que pode. Porém, o barco a vela não é apenas um símbolo feminino, pois o alto mastro no centro do navio é uma representação do masculino. Simboliza o ato sexual. As velas sopradas pelo vento (*pneuma, animus, spiritus*) indicam o inchaço dos órgãos sexuais e também da gravidez.

Portanto, vemos que as figuras mencionadas não foram esquecidas por acaso. Elas representam símbolos sexuais expressos que são fortemente reprimidos pelo ser humano de nossa época. As flores, raramente esquecidas, constituem uma exceção e, no entanto, cada flor é o órgão sexual da planta. E não nos envergonhamos de usá-las como um belo enfeite de nossas salas e de nossa vestimenta, apreciamos o perfume desses órgãos sexuais, e o conservamos como uma bela recordação de momentos felizes. Imaginem se alguém fizesse isso com os órgãos sexuais de um animal.

Vem confirmar a nossa apreciação o fato de as crianças e casas quase sempre serem recordadas. Crianças e casas são símbolos humanos genéricos. A simbologia sexual está muito distante deles. Somente quando esses objetos são acompanhados de algum componente caracterizando a simbologia sexual é difícil recordar a figura em todos os seus detalhes. Assim, por exemplo, foi várias vezes esquecido o tambor que o negrinho carrega e também as varetas que ele segura com os braços estendidos. Em vez de varetas chegaram a dizer que ele segurava bananas. Enquanto o tambor aponta para a gravidez, as varetas são símbolos masculinos.

Essas observações, e outras semelhantes, têm a vantagem de poder ser realizadas a qualquer momento, com qualquer pessoa, sejam estas pessoas saudáveis ou doentes; pois o que ocorreu neste teste que utilizou figuras pode ser feito, com os mesmos resultados, utilizando-se uma coleção qualquer de objetos a serem observados, por exemplo, objetos sobre uma mesa, o mobiliário de uma casa, etc. Essas experiências mostram claramente que o ato de ver pode ser examinado com outros recursos que não os da física. A ciência médica está ciente disso, mas até agora descuidou essa área, favorecendo a óptica.

O olho é o instrumento da visão, mas nem tudo o que vê é visto pelo seu dono. Portanto, cabe formular a questão contrária, isto é, se o ser humano é capaz de ver sem o olho. Certamente isso é possível. Ver sem utilizar o olho é tão comum que não se pode dizer qual é a forma mais freqüente de se ver, através do olho, ou dispensando-o. Nesse sentido, o fenômeno mais interessante é o sonho, ao que podemos alinhar a alucinação e a ilusão. Aqui entraria também tudo o que reunimos sob a palavra "visão". É um erro admitir que o ser humano só tem visões em estado de êxtase. Pelo contrário, a visão, isto é, projetar no mundo exterior uma imagem criada no interior, é uma atividade que o ser humano exerce continuamente, sem a qual não é possível ver. Nosso modo moderno de vida expulsou este fato da nossa consciência (recalcou-o), mas que esse tipo de visão é reconhecido, demonstra-o o substantivo "vidente" (*der Seher*). Nos idiomas nórdicos, ele é o vidente, aquele que vê sem utilizar os olhos. Comumente, o povo costuma imaginar o vidente como uma pessoa cega.

Sabe-se que algumas pessoas, ao fechar os olhos, vêem claramente certos objetos, paisagens, pessoas ou outras coisas. Mas o fato de todos terem esse dom, usando-o constantemente, de olhos abertos ou fechados, é estranho ao nosso pensamento, embora facilmente possamos nos convencer dessa realidade. Se observarmos atentamente a maneira de ver de diversas pessoas, logo iremos encontrar alguém que nos relate, com a maior naturalidade, o seguinte: os olhos estão abertos; o mundo exterior, as imediações abarcadas pelos olhos, reproduz-se na parte posterior dos olhos. Porém, esse mundo exterior não é visto, em vez dele vê-se uma imagem (paisagem) inexistente no mundo exterior ao alcance da vista. Portanto essa pessoa está submetida à influência de duas imagens; uma delas atua de fora para dentro, a outra de dentro para fora. A imagem vinda de fora não pode ser comprovada no órgão da visão, mas é vista.

O ato de ver, aparentemente tão simples, é portanto bastante complexo. Há pelo menos duas maneiras de ver. A visão de fora para dentro constitui o que normalmente se chama de ver. A visão de dentro para fora é a do sonhador, visionário. Mas este fenômeno existe também na ação comum de ver, de forma que ver é uma mescla de imagens externas e interiores. Trata-se de constatar se a parte da natureza que nos é acessível fica mais restrita ainda devido às características humanas da pessoa (época, costumes, etc.). Não se deve esquecer que o ser humano "humaniza" as coisas, os objetos externos. A imagem externa é sempre alterada, falsificada por uma segunda imagem que vem de dentro. A imagem real que temos é uma mescla da realidade e daquilo que nossa humanidade condicionou. Conseqüentemente, a ciência não é objetiva.

Em geral, tende-se a considerar a visão de imagens nos sonhos como um produto de experiências visuais de épocas passadas, assim como se consideram as visões e alucinações como fantásticas transformações de impressões visuais anteriores. Porém, é difícil enquadrar neste parecer alguns fatos muito importantes, como por exemplo o surgimento de cores e figuras coloridas de olhos fechados, além dos símbolos. Este e outros fenômenos levam a supor que a visão não surge após o nascimento, e que o embrião já vê no ventre materno, isto é, que o ato de ver basicamente não se aprende após o nascimento, através da percepção que o olho tem da luz e do mundo exterior, mas sim que o ato de ver cria o olho. Uma maneira de tentar desvendar esse mistério seria estudar a visão dos cegos de nascença, e especialmente sua maneira de sonhar. Parece haver poucos estudos a respeito, e os poucos estão escondidos em publicações especializadas e de difícil acesso.

Graças à mediação de uma colega que realizou pesquisas num lar de cegos — note-se que o fez sem declarar suas intenções — dispomos das seguintes observações:

1. Paul, doze anos de idade, garoto inteligente e de muita vivacidade, filho de pais sifilíticos, nasceu com a visão bastante limitada e ficou cego aos dois anos e meio. Afirma perceber ligeiramente os clarões da luz. Perguntado sobre seus sonhos, se entusiasma ao relatar: "Ah, a senhora sabe, justo esses dias tive um sonho maravilhoso. Vi um avião, mas eu vi, não apalpei (o sonho ocorreu após uma visita ao aeroporto de Mannheim, onde as crianças apalparam um avião), e isso foi bem diferente de tocar; pude ver ainda uma porção de coisas pequenas, que não dá para sentir apalpando. Eu nem sabia o que era, mas minha irmã me explicou tudo, e foi maravilhoso". À pergunta se vê no sonho: "É, no sonho sempre vejo". À pergunta como é isso: "Eu não posso descrever, mas tenho certeza de que vejo". Perguntado sobre os sonhos dos seus colegas, responde animado: "O D. e o L. muitas vezes me contam os sonhos deles, quando pergunto. Os outros não contam nada". E acrescenta espontaneamente: "D. e L. são garotos que podiam ver quando eram pequenos, um ficou cego com seis anos, o outro aos sete anos por causa de um acidente. Porque podiam ver antes, eles são os únicos que contam os sonhos. Acho que quem vê deve sonhar bem mais do que os cegos". (Esta manifestação é muito significativa, pois o garoto falou comigo sem qualquer preparação anterior e evitei perguntas sugestivas. Nem o diretor do instituto, nem os professores foram informados do objetivo da minha visita.)

2. Menina cega de nascença, entre seis e oito anos de idade. Perguntada sobre sonhos: "Faz uns dias sonhei que nós estávamos brincando de escolinha, a Essa era a professora e era bem enérgica". "Onde é que vocês estavam brincando?" "Numa classe, como esta aqui, havia carteiras, as crianças e tudo o que tem na classe." "Mas como é que você sabia que tudo estava lá?" "Ah, isso eu sabia." Eu lhe disse que ela não podia levar as carteiras e as colegas para a cama, e lhe perguntei como sabia da sua existência. "Sabendo, como sei quando estou na classe. Nós tocamos e apalpamos tudo, é assim que a gente sabe." ("Eu sei" é o mesmo que *vidi*, "eu vi" — Groddeck). Não soube fazer outras indicações sobre a maneira de sonhar, alegando a cegueira. "Eu não posso ver." À pergunta, qual era a cor do seu avental, respondeu: "É azul". "Como é que você sabe?" "Foi o que me disseram. Isso não dá para sentir pelo tato, eu só posso guardar que aqui (mostra o lugar certo) tem uma listra pregada". Negou ter imagens ópticas de qualquer tipo.

3. Menino cego de nascença, de seis a oito anos, afirma que nunca sonhou.

4. Elsa, cega de nascença, dezoito anos, desenvolvimento mental abaixo de sua idade, explica o seguinte, quando solicitada a contar os seus sonhos: "Claro que sim, no sonho posso ver. Outro dia, por exemplo, sonhei com uma espécie de paisagem e um passeio, e vi montanhas altas, um vale profundo, tudo era lindo, colorido, e o sol vermelho e maravilhoso. Uma outra vez, sonhei que estava em Neckarsteinach e Dilsberg e tenho certeza que vi tudo por lá". Quando lhe peço que descreva com maiores detalhes suas impressões visuais: "Eu não sei como dizer, mas vejo e muitas vezes penso em alguma coisa, imagino e isso eu também consigo ver". Ao descrever as cores, diz que o vermelho é forte e quente e que colorido são todas as cores juntas. (Mas esta última resposta não pareceu espontânea como as outras, e sim aprendida.)

5. Professor, cego desde os seis anos de idade. É informado sobre as questões e afirma enfaticamente nunca ter tido imagens visuais, visões ou sonhos ópticos. "O visual, o óptico não me interessa, não preciso disso, por exemplo, para saber imediatamente como é uma pessoa que se dirige a mim, se é simpática ou não, se estende a mão com energia ou se limita a um toque mole, se é um tipo fleumático ou ligeiro, agitado, se é alta ou baixa. Mas não me interessa saber se tem cabelos escuros ou loiros, de que cor é sua roupa ou os seus olhos. Só de ouvir os seus passos, sei uma porção de coisas sobre você, e isso basta." E prosseguiu espontaneamente: "Contaram-me como é a minha mãe, e agora sei que ela tem cabelos pretos, repartidos no meio, etc., mas apenas repito o que me contaram, e não dá para fazer nada com isso; também não me lembro como é o seu rosto, a sua aparência, mesmo que tenham me dito e que eu pudesse ver até os seis anos. Esse tipo de coisa não tem interesse para nós, cegos, nós nos orientamos de outra maneira". (O professor me reconheceu em seguida quando entrei na sala e lhe dirigi as primeiras palavras, e isso que nós só nos encontramos uma vez, há alguns anos e por breves instantes.)

Por enquanto, não há resposta à questão de se o embrião já é capaz de ver antes do nascimento, portanto antes da influência direta da luz; mas vale a pena colocá-la, porque leva ao estudo dos símbolos. A vida cotidiana é a melhor prova de que o ser humano traz em si o símbolo, que é uma característica fundamental do humano.

Para quem estudou e se formou na Europa não é muito fácil entrar nas discussões sobre o símbolo. A consciência européia perdeu a ligação com o símbolo. Isto explica, de certo modo, o poder do recalque não só nos indivíduos isoladamente, mas em toda uma época. O nosso consciente praticamente não trabalha com símbolos, e nem sequer tem uma visão correta desse fenômeno que acompanha o Homem desde a sua origem. Para que se tenha uma idéia do significado desse recalque, basta lembrar que o ser humano pensa, age e sofre quase exclusivamente de forma simbólica. Em nenhum outro terreno se expressa com tanta clareza como a vida moderna se distanciou daquilo que é humano. Talvez um exemplo possa esclarecer o que quis dizer com estas frases, e o fato de este exemplo ser tomado do vasto campo da vida leva a outras questões igualmente vitais.

O símbolo desempenha um papel muito importante na psicologia moderna, desenvolvida a partir dos trabalhos de Freud sobre o inconsciente; mas o símbolo é utilizado quase que somente como meio de se atingir um objetivo, o de interpretar vários fenômenos, sobretudo o sonho. Porém, a psicologia nunca afirmou claramente que não se pode ter acesso aos segredos da vida humana, sem se examinar símbolo. Fala-se de um outro símbolo, vez ou outra há alguma enumeração, mas ninguém se decidiu ainda a estudar seriamente os símbolos. Para a maioria, o símbolo parece não ser outra coisa senão a constatação de certas semelhanças na forma, na fonética das palavras ou em qualquer outro aspecto, entre dois objetos distintos. Muitas vezes nem sequer se baseia inicialmente nessas semelhanças, aceitando pacatamente que isso ou aquilo é tido como símbolo. Assim, por exemplo, o olho é conhecido e reconhecido como um símbolo da mãe, sem que ninguém trate de explicar por que simbolizaria a mãe. Em algum momento, a humanidade e a ciência humana devem ter tomado conhecimento da simbologia feminina do olho, do contrário a expressão "pupila" não teria sido criada pelos idiomas, nem teria se conservado. Pupila (raiz: *pove, puh*; derivação: grego, *pais* = menino, *pauros* = *paulus* = pequeno, *polos* = *pulleus* = sentir ou parir) significa a menina dos olhos, e quem já observou atentamente o olho de alguém sabe que vê a sua imagem em forma bastante reduzida. Só isso já bastaria para explicar por que o olho é considerado o símbolo da mãe, desde que se entenda a palavra símbolo no sentido de semelhança ou igualdade. Como toda criança tende a encarar o olho de outrem como algo estranho, desconhecido e a ser pesquisado, logo deve descobrir que há uma criancinha nesse olho observado, e seu pensamento infantil conclui que se trata realmente de uma gravidez do olho. Disso decorreria que, para o pensamento infantil, o olho não é igual ou parecido a uma mãe, e sim que é realmente uma mãe. Exatamente isso é o que se comprovou em culturas primitivas (*Windhuis*).

E assim estamos diante da questão de como a criança conhece o mundo, de que modo se apropria do ambiente. Seu ponto de partida são os conhecimentos que reuniu através do organismo, antes e após o nascimento. Inicialmente só pode julgar as coisas a partir de si, achando que o ambiente é como o seu próprio organismo. No princípio, a criança vive e pensa em símbolos, não em objetos. Assim, por exemplo, a colher, para a criança, não se parece com a mão ligeiramente dobrada em concha, mas é a mão dobrada em forma de concha. Os dentes do garfo não são parecidos com os dedos, são os dedos. O bico do seio não se parece com o membro masculino, é o membro masculino. O olho não é parecido com uma mãe, é uma mãe.

Para a saúde e a doença, como manifestações da vida, é muito importante este fato de que o ser humano conhece inicialmente seu ambiente, não como o ambiente dos objetos, mas como o ambiente dos símbolos, e que só aos poucos substitui o simbólico pelo objetivo. A lembrança do ato de ver em símbolos é recalcada no inconsciente, dele restando muito pouco. Mas seu efeito naturalmente não cessa, apenas é suprimido da nossa consciência. Até um certo ponto, pode-se ter consciência ou fazer com que os outros se conscientizem desta vida incipiente no símbolo e através do símbolo, verificando-se que esse revivescimento desencadeia forças consideráveis. Um dos meios de se conhecer o mundo dos símbolos é a observação e o tratamento de enfermos, pois o estado doentio sempre leva a simbologia da vida humana ao limiar da consciência. Além da vantagem que o enfermo obtém através da observação do símbolo, o médico chega por si a um mais alto entendimento, ampliando sua capacidade de atuação. Ao que tudo indica, o caráter europeu, sem ter consciência do fato, aos poucos está se voltando à percepção dos símbolos, e a ciência médica não é uma exceção nesse quadro. Tomando como exemplo o olho e a visão, talvez possamos explicar melhor.

Se há pouco consideramos o olho como símbolo materno, devemos ampliar a concepção e dizer que é igualmente um símbolo masculino; em outras épocas, a identificação desse símbolo esteve mais próxima do homem que da mulher, pelo menos o olho, a palavra olho é do gênero masculino tanto para os gregos como para os romanos. A expressão "perfurar alguém com os olhos" serve de exemplo nesse sentido. O caráter masculino do símbolo ressalta quando se consideram o olho e o nariz como uma unidade, em contraposição à parte inferior do rosto. Então o nariz é o membro viril e os olhos são os testículos, enquanto a boca simboliza os órgãos femininos. Parece que a incapacidade de muitas pessoas de se lembrarem dos rostos ou de serem incapazes de desenhá-los ou descrevê-los, está relacionada com esta simbologia que mostra o masculino e o feminino na mesma ligação do ato sexual.

Aqui nos deparamos com o fato já bastante conhecido de que o símbolo tem dupla sexualidade, sendo que esta dupla sexualidade significa a capacidade de ter ou ser os dois sexos, e ressalta a união dos sexos num só elemento.

Se analisarmos a função do olho, da visão com os olhos, teremos o seguinte: o objeto que é visto emite seus raios ou reflexos para dentro do olho, ou seja, a retina é fecundada, correspondendo às características do símbolo materno. Ao mesmo tempo, este símbolo materno se transforma no símbolo do pai procriador que, via nervo óptico, fecunda o cérebro e assim por diante, o cérebro se alterna nas duas posições, de órgão fecundado (símbolo feminino) a produtor de atividades (símbolo paterno).

Devemos mencionar especialmente a segunda atividade do olhar, que implica a mesma mudança, só que na direção contrária. Para que possamos ver com o olho, finalmente, o cérebro fecundado transforma-se no pai que fecunda o olho, este envia seus reflexos ao mundo exterior e ali surge a criança.

Nesta ocasião é oportuno lembrar que o nosso saber sobre o ser humano está permeado de segredos que não foram desvendados. Os nossos conhecimentos anatômicos e fisiológicos sobre a função do olho datam de uma época relativamente recente. Mas não é correto concluir que só poderemos analisar o caráter simbólico da visão quando os conhecimentos científicos o permitirem, pois as forças constitutivas do ser humano, existentes desde o gérmen do embrião – do contrário o óvulo fecundado não poderia formar o ser humano – conhecem todas as particularidades do olho e da visão.

Estamos convencidos de que o ato de ver, como atividade simbólica, é parte integrante do ser humano, assim como a circulação sangüínea ou a respiração. Quem admite isso verificará que todas as atividades do organismo humano revelam-se de maneira semelhante, através de símbolos. Os símbolos não são inventados, eles existem, sempre existiram e de alguns pode-se dizer que são tão antigos quanto o próprio Homem. Se é assim, os símbolos primários devem estar impregnados do humano, as manifestações de vida de cada ser individual devem expressar-se de tal forma que ele seja entendido imediatamente. Nós já procuramos trazer à lembrança um dos símbolos primários do masculino-feminino e do feminino-masculino. Mas é preciso dizer que mesmo com base nos nossos conhecimentos científicos, cada indivíduo do gênero humano em si é ao mesmo tempo masculino e feminino, em todas as suas partes e manifestações de vida. Mas ainda não esgotamos a simbologia da visão.

Partimos do princípio de que a retina é fecundada de fora, e dissemos que ela se torna masculina, fecundando a seguir. Esta transformação do estado de mãe ao de pai só é possível através do nascimento de uma criança, de um menino, que, assim como o Euphorion de Goethe[6], se transforma em adolescente no momento da visão. Portanto, o ato de ver simboliza também a segunda característica intrínseca ao ser humano, ser ao mesmo tempo infantil e púbere, isto é, já com a capacidade de reprodução. Para que fique mais claro o nosso parecer, lembramos que na pintura há milhares de representações deste símbolo do masculino-feminino, e do infantil-púbere nas figuras da Madona acompanhada do menino Jesus. Não é difícil provar que esses dois símbolos primários do humano constam de todas as obras de arte.

---

6. Segundo algumas lendas gregas, Euphorion seria o filho alado de Aquiles e Helena. Na segunda parte do *Fausto* de Goethe, Euphorion é filho de Fausto e Helena. Na sua figura, Goethe homenageou o poeta inglês Byron (N. da T.).

Recordando o que foi dito até agora, deparamo-nos com um fato conhecido mas menosprezado: de que se pode ver sem os olhos, que a visão é sempre uma mescla de ver de fora para dentro e de ver de dentro para fora, que a visão só é possível porque recalcamos a maior parte do que vemos, que confirma em si a simbologia, e que o objeto sempre (sem exceção) é modificado pelo sujeito que vê. Ao contrário da concepção comum de que a visão essencialmente está submetida às leis da óptica, a nossa opinião considera que essas leis são válidas em parte, e em parte não correspondem ao fenômeno da visão. Se o nosso parecer é correto, o seu reconhecimento deveria influenciar inicialmente a oftalmologia. Talvez possamos considerar o movimento desencadeado por Bates como o princípio de uma mudança nesse sentido. Também acreditamos que o reconhecimento científico da incapacidade de ver de forma objetiva influenciará paulatinamente os métodos de pesquisa em todas as áreas, dando-lhes uma nova direção.

A teoria de Bates, que foi amplamente divulgada e graças à qual surgiram numerosas escolas denominadas "escolas para ver" (*Sehschulen*), baseia-se em experiências práticas. Contudo, para nós que não nos dedicamos à filosofia do olho e sim à visão em si, não é necessário discutir a sua teoria da acomodação, mas será interessante abordar brevemente dois de seus conceitos, que ele denomina de *strain* e *imagination*. Bates afirma que grande parte dos distúrbios visuais devem-se ao fato de as pessoas utilizarem para ver tanto as partes periféricas da retina, como a *fovea centralis*. A fim de obter uma imagem nítida do objeto, é preciso forçar muito o olho (*strain*), o que conseqüentemente vai levando aos poucos a algum tipo de distúrbio. Bates simplesmente não admite o uso de lentes para corrigir distúrbios visuais, da mesma forma que nós desaconselhamos há anos. Sua opinião é correta: os óculos não eliminam o esforço demasiado do olho, até pioram. Além de diversos exercícios físicos, Bates usa em seu tratamento algumas normas para obrigar o olho a descansar e a ver com a *fovea centralis*. Durante os exercícios, ele leva as pessoas a cobrirem os olhos com as mãos para descansar a vista, ou faz com que pisquem bastante e movimentem o globo ocular de um lado para outro. Ele visa o mesmo objetivo ao cultivar a *imagination*, mas alguns desses exercícios procuram facilitar a centralização da visão. De olhos fechados, o paciente deve tentar ver uma superfície negra, o que descansa os olhos. Bates considera normal que se veja a cor negra ao se fechar os olhos e procura restabelecer essa norma, levando seus pacientes a imaginar o preto até que eles consigam o objetivo de ver a superfície totalmente negra. A seguir, procura desenvolver a imaginação para que ela produza objetos visuais que possam ser vistos de olhos fechados, sem que existam no mundo exterior. (Quanto a isto, pensa-se imediatamente na teoria de Jaensch sobre a capacidade de reproduzir na imaginação objetos vistos.) Seu treinamento traz resultados inquestionáveis no que diz respeito à melhoria da visão. Não sabemos se há alguma mudança na estrutura anatômica do olho, e portanto não estamos em condições de duvidar ou de acreditar. No entanto, sabemos exatamente que o ato de ver em si não contém apenas a visão daquilo que é visível, mas também o não-querer-ver-aquilo-que-é-visível, o recalque daquilo que poderia ser visto. Para nós, os distúrbios da visão são um recurso do Isso para conseguir recalcar, quando os meios normais (passar por cima, não se lembrar do visto, desviar o olhar, etc.) não bastam. Portanto os distúrbios visuais de qualquer tipo só têm a ver em parte com o consciente e o inconsciente do indivíduo, muitas vezes eles são condicionados diretamente pelo Isso, sem a mediação do Ego. Não é do nosso conhecimento se Bates reconheceu a atividade de recalcamento da visão, mas a sua terapia com certeza faz com que o material semi-recalcado, através de exercícios, atinja plenamente o inconsciente.

A tentativa de construir a ciência com base na pesquisa objetiva está fadada ao fracasso desde o princípio. Nunca saberemos sobre a realidade, sobre o objeto. O mundo do ser humano não é objetivo, não sabemos se existem as realidades. Se se quer reconhecer as realidades, elas existem apenas para o que Goethe chamou de Deus-natureza (*Gottnatur*), e que pode ser chamado por qualquer outra denominação. Querendo, também se pode admitir que esse Deus-natureza se utiliza do humano como um óculos colorido, como uma criança enxergaria através de um pedaço de vidro colorido ou de um binóculo. Nós, seres humanos, jamais conheceremos o mundo, a não ser pela nossa óptica humana, que condiciona a visão. Nunca conseguiremos distinguir o que é real daquilo que foi acrescentado, retirado ou modificado pelo meio perceptivo que é o Homem. Para o ser humano, contudo, sua qualidade humana não é um meio e sim parte inseparável do objeto, do real. A ciência não é a busca da verdade e sim um jogo com os símbolos. A seriedade da pesquisa demonstra tão-somente que mergulhamos de cabeça no jogo, e é bom que seja assim. Porém, a atitude daquele que pretende chegar à máxima seriedade, que está convencido de encontrar a realidade exata, objetiva, verdadeira, ou então que irá se aproximar dessa realidade, não passa de arrogância.

Não é nossa intenção negar a ciência. Mas não ocultamos que para nós o ser humano situa-se acima da ciência, que o objetivo da pesquisa não é a realidade e sim o humano. E consideramos viável e aconselhável o caminho da impressão simbólica.

Levam-nos ao caminho do símbolo duas questões que sempre preocuparam o Homem e que atualmente estão no centro das atenções: a percepção cinestésica e a visão imaginária. O nosso objeto de estudo, "o olho e a visão", exige uma breve abordagem de ambos os problemas.

A cinestesia diz respeito ao nosso tema na medida em que coloca a questão do movimento, ou seja, se o mundo dos olhos e da visão depende da percepção do movimento, e, caso a resposta seja afirmativa, em que medida. Quanto a isso não há dúvida de que o ser humano, em sua construção do mundo, vale-se mais da percepção do movimento que da visão com os olhos. O embrião é movimentado no ventre materno, movimenta-se por sua vez e mora num mundo flutuante bem antes da formação do olho como instrumento para aperceber o mundo exterior. Podemos afirmar que a nossa "visão com os olhos" depende efetivamente da percepção dos movimentos, que a visão apenas nos dá uma outra possibilidade de construir o mundo que, no entanto, não destrói o mundo anterior dos movimentos e sim lhe dá novas formas, transforma-o à medida que a cinestesia continua se desenvolvendo. Os trabalhos de S. Spielrein forneceram valiosas contribuições nesse sentido. Como existe uma maneira de ver sem os olhos, a questão anterior deixa de ser pertinente, isto é, que o mundo do ser humano se constrói inicialmente a partir das percepções de movimento e que a visão acrescenta depois a sua parte. Além disso, a visão com os olhos depende do movimento dos olhos. Quem fixa o olhar, não vê. Mas vale a advertência, no sentido de não confiar demasiado nos nossos olhos.

De especial importância para todas as questões relativas à visão são as pesquisas de Jaensch sobre a visão imaginária. Ele entende por visão imaginária a capacidade de o ser humano criar imagens visuais, imagens estas que não são nem reproduções nem imagens do campo das idéias. Trata-se do fenômeno em que os objetos captados pela retina podem ser projetados em qualquer lugar de uma sala, lugar este onde o dito objeto não se encontra. Portanto, o olho cria por si um objeto visual, ali onde ele não está. Tomando-se os resultados de suas esmeradas e difíceis experiências, pode-se concluir que esse tipo de visão é comum na criança, mas acaba se perdendo à medida que ela se aproxima da puberdade, ou então, como acreditamos, é recalcada. Mas é recalcada e não se perde para sempre, pois há pessoas que a conservam por toda a vida, conscientemente; e basta citar dois nomes para provar que não se trata de pessoas insignificantes: Leonardo da Vinci e Goethe. Este aspecto infantil do ser humano manifesta-se no inconsciente sob a forma de sonhos. As experiências de Jaensch parecem demonstrar que o europeu em especial recalca esta visão imaginária, enquanto ela desempenha um papel importante em outros povos e culturas. Cabe perguntar se isso não é conseqüência da vontade destrutiva com que substituímos a impressão pelo pensamento, para assim viver num mundo de realidades "pensadas", em vez de num mundo simbólico. A fim de explicar o condicionamento humano da visão e a impossibilidade de se ter percepções objetivas, conforme é o nosso objetivo, frisamos: o fenômeno estudado por Jaensch prova que, por mais real que pareça, o mundo por nós conhecido é obra humana e contém no todo e em suas partes, indissoluvelmente ligados, o real e o ideal humano.

A questão de a visão em sua essência estar submetida ou não às leis da física e da óptica nos leva necessariamente a dissecar a expressão "ver". Talvez essa palavra tenha o poder de restringir o número de pesquisas fisiológicas e patológicas. Nossa linguagem, nosso pensamento e nossa ação dispõem de toda uma série de expressões para esse processo que até agora chamamos de visão, sendo que aderimos à denominação consagrada pela linguagem científica. Esperamos que pelo menos quem fala alemão saiba a diferença entre *sehen* (ver) e *schauen* (olhar), pois aquele que costuma ser considerado o príncipe dos poetas alemães e a grande personalidade alemã, Goethe, ressaltou tal diferença no conhecido *Lied* do atalaia Lynceus: "Nascido para Ver, Chamado para Olhar".

O esplendor dos idiomas é uma tentação para qualquer pessoa, seja esta homem, mulher, criança ou ancião, impelindo-a a penetrar no segredo bárbaro da palavra, mesmo correndo o risco de ficar enroscada no emaranhado. Para abrir o caminho que leva à palavra, precisamos de uma ferramenta. E há bastante delas sob a forma de dicionários etimológicos. Vejamos o que a sabedoria alemã tem a dizer sobre o significado e a origem das palavras *sehen* e *schauen*. O léxico de Grimm presta-se especialmente para essa finalidade, por haver reunido, por mais de meio século, o esforço dos nossos melhores cientistas. Após uma trabalhosa pesquisa, verifica-se que *sehen* deriva de uma raiz indo-germânica (*seq*), que significa "seguir" (no sânscrito, *sac* equivale a deslizar, fomentar). A expressão latina *sequi* e a grega *hepesthai*, bem como a lituana *sekti*, seriam derivadas dessa raiz, com o significado de seguir. Portanto, ver significaria "seguir com os olhos". Parece haver unanimidade quanto a essa origem, pelo menos ela se encontra também em Lexer, e Kluge diz que "o parentesco é aceitável, não havendo nada a ressalvar".

E quanto a *schauen* (olhar)? Os especialistas que fizeram o léxico Grimm referem-se à raiz germânica *sku*, que seria idêntica ao radical não germânico *ku*. Esta seria a origem de palavras que têm em comum o sentido de "cuidadoso, sóbrio". (Gótico: *usskaws* = cauteloso; sânscrito: *kavi* = poeta, vidente; latim: *cavere* = precaver-se de.) Mas esta origem não está bem de acordo com as definições do léxico, diferenciando ver de olhar. Ver, segundo este, seria a manifestação passiva do sentido, olhar, um ato da vontade consciente, de voltar a vista em alguma direção. A citação anterior, retirada do *Fausto* de Goethe, é compatível com essa explicação. Só que infelizmente *schauen* em alemão não significa dirigir cuidadosamente o olhar – para tanto deveríamos dizer *anschauen* – pelo contrário, usamos a palavra no sentido que atribuímos antes à visão de dentro para fora, ou seja, ou se olha algo que exteriormente não existe, ou se modifica o objeto existente através do olhar criativo; e aqui caberia a palavra *kavi* = poeta, vidente.

Também existe parentesco entre as palavras *schauen* e *Schatten* (sombra), esta última igualmente derivada dos radicais *sku* e *ku* (nórdico antigo: *skuggi*; grego *skia*; alto-alemão antigo: *scuwo*). O dicionário nos fornece a seguinte definição: "projeção escura de um corpo, provocada pela interceptação da luz". O que determina a sombra é a forma do corpo que a projeta e a direção da luz que incide sobre ele. A sombra é uma visão, algo que se vê, que é mostrado pela luz. A luz modifica a sombra. A projeção do corpo na sombra altera-se conforme o foco de luz e a posição de quem a observa. Quanto a isto, verificam-se curiosas relações, que cabe citar. Os gregos chamavam o ser que vagava no Hades após a morte do ser humano, *eidolon*; os romanos traduziram o termo por *umbra*, que significa sombra e nós, os povos modernos, seguimos o costume romano, e chamamos esse ser de "sombra" (*Schatten*). Na realidade, a palavra *eidolon* está ligada à raiz *fid*, que corresponde a *videre* (latim) e a *wissen* (alemão, saber), e que significa ver. *Eidolon* é imagem projetada, portanto, não é imagem e sim imagem alterada. A sombra depende do caráter da pessoa que a projeta, mas não tem o mesmo caráter desta. O mesmo pode-se dizer da morte em relação à vida.

A tendência agora é designar este fenômeno pela expressão Imago, bastante utilizada atualmente na teoria do inconsciente (imago-*aemulus* = procurando imitar; raiz *ajem*, de onde vem *imitari* = imitar; alemão moderno, *eben* – precisamente – e *neben* – ao lado de). Cada um de nós cria a Imago, que é uma imagem em nós, recebida de fora, por nós transformada e que projetamos exteriormente, uma criação (*Bildung*) e uma ilusão (*Einbildung*).

Depois de tudo isso, *schauen* (olhar) não parece ser simplesmente um ato consciente da vontade a dirigir o olhar para algo; o ato de olhar está impregnado dos sentimentos daquele que olha.

Talvez o substantivo *die Schau*[7] nos leve a novas conclusões. Em alemão o termo é muito usado na palavra composta *Schauspiel* (espetáculo). A primeira coisa a chamar a atenção é que aquilo que é apresentado é de especial importância para os olhos, para se olhar. Depois, temos *Schauplatz* (cena, cenário, local) e *Schaubrot* (pão judaico de oferenda). Nessas duas palavras é notório que o ato de olhar está ligado a mostrar, o que também expressa claramente em inglês o termo *to show*.

A dúvida, se nos contentarmos com a definição do léxico – ver é a manifestação passiva do sentido, olhar um ato da vontade consciente, que dirige os olhos a algum objeto – cede lugar à certeza de que essa definição não é adequada. Não serve para o ato de ver, que segundo a etimologia é "seguir com os olhos", como também não serve para olhar, que de alguma maneira está relacionado com mostrar e escolher. Mas dá ainda várias outras palavras que pertencem ao campo do olhar. O adjeti-

---

7. Segundo o dicionário Langenscheidt, *vista, aspecto*, (fil.) *intuição*, (relig.) *visão, exposição, exibição, mostra, revista* (N. da T.).

vo *schön* (bonito) é o que demonstra mais claramente o que é olhar na verdade, pois na verdade não há nada tão subjetivo-objetivo como a beleza.

Há um parentesco entre *schauen* e a palavra do alemão antigo *scûchar*, gótico *skuggwa*. O alemão moderno a substitui por *Spiegel* (espelho). *Scûchar*, ao pé da letra, significa recipiente para a sombra. Para o curso dos pensamentos, que forma o idioma, o espelho é um objeto que põe à mostra (*to show*) e no qual se olha uma imagem, uma reprodução.

E quanto à nossa palavra *Spiegel*, reina uma certa confusão, pois não está ligada à raiz *sku* e sim a uma outra, *spu*. A palavra contemporânea correspondente é *spähen* (espreitar, espiar), que está ligada a *species, speculum, spectrum* e *speos* (aspecto, espelho, espectro, caverna). Quando alguém emprega a palavra espreitar, sabe exatamente o que está querendo expressar através dela, o que é um fato raro nas línguas modernas. Quanto aos vocábulos ver e olhar, nós não sabemos. Se não soubéssemos muito bem o que é espreitar, só nos confundiríamos ao consultar os dicionários etimológicos, pois *spu* (cita: olho), *spectare, especies, speculus* e *spectrum* não levam ao conceito de *spähen*, mas só a confundir as expressões ver e olhar.

Há uma intenção consciente também detrás da palavra *lugen* (inglês: *to look*). A origem indica que *lugen* vem de *luoc* = esconderijo, (*Loch*? = buraco). O termo *lugen* nos diz que o olho está localizado numa cavidade, a partir da qual espia, mira.

A curiosidade de querer ver fica patente no termo *gucken* (olhar), que talvez seja uma forma intensificada da palavra *giechen* (esticar a cabeça), do alemão médio (*Gockelhann* = galo). Segundo o dialeto suíço, as plantinhas novas esticam a cabeça, olham (*gucken*), brotando da terra. Isto provavelmente está ligado a outro curioso uso da linguagem, que chama de olho (*Auge*) a parte da planta de onde se desenvolve o galho com as flores. Posteriormente, tentaremos demonstrar que o olho e também as funções do órgão da visão deram margem à elaboração da linguagem, constituindo um mundo todo especial. Por enquanto basta indicar o símbolo sexual contido nas palavras *lugen* e *gucken*; nelas o olho é equiparado à glande, e a cavidade ocular ao prepúcio.

Há ainda outro sinônimo de ver, cujo significado não é muito explícito, trata-se de *blicken*. Diz-se que alguém olha sério, tem um olhar tranqüilo ou intranqüilo, ou que brilha a alegria nos seus olhos. Portanto *blicken* caracteriza a expressão que alguém assume através da visão. Neste caso, o estudo da origem é bastante útil, pois a palavra está ligada a *fulgere, flagrare, phego* = queimar, mostrar, brilhar, e significa basicamente brilhar, fulminar. Há nesta palavra a idéia de mudança, de rapidez, do momento efêmero de uma piscada de olhos (*Augenblick*) ou da visão de um relâmpago (*blitzartig*). Há uma conotação inconsciente, involuntária nesta forma de olhar, que de certo modo se opõe a espreitar.

Por enquanto, é bastante magro o acervo fornecido pelos dicionários etimológicos. Vamos tentar, por outros caminhos, chegar ao segredo que encerra o olho humano. Se a etimologia das palavras não elucidou muita coisa, trataremos de analisar a utilização das palavras, seu uso corrente.

Dizemos em alemão que *etwas fällt mir ins Auge* (algo cai no meu olho) e *ich fasse etwas ins Auge*[8] (eu fixo algo no olhar), mas, no caso da primeira expressão, é o objeto que quer ser visto pela pessoa que chama a atenção ou "cai" no olho, enquanto na segunda é a pessoa que quer ver o objeto. Essas são duas maneiras distintas de ver. Mas há uma outra coisa interessante nessas expressões idiomáticas; na primeira, é um objeto que cai no olho, não a sua imagem mas o próprio objeto e, na segunda, quem vê, fixa, prende o objeto e não a sua imagem, levando-o para dentro do olho. Este uso da linguagem corrente pode ter sua justificação científica da mesma forma que as teorias ópticas.

Se o decisivo na visão fossem os processos mecânicos e químicos, poderíamos prosseguir no mesmo caminho que a oftalmologia seguiu no último século, e afirmar que a idéia de que um objeto caia no olho, ou que ali seja guardado, não passa de superstição. Mas como o ser humano vê, como a partir da imagem na retina ele forma o objeto que é visto, não se trata portanto de superstição e sim de uma admirável capacidade de pressentimento da linguagem, que aborda a questão da visão em profundidade e amplitude. Não se vê a imagem do objeto como existe na retina; a visão forma exteriormente o objeto, a partir dessa minúscula imagem. A visão não é apenas uma questão do olho, e a nossa pesquisa científica, ao inventar a designação "oftalmologia" enveredou por um atalho secundário, que não conduzirá ao objetivo. Com isto não quero dizer que a concepção oftalmológica seja errada. Ela existe também na linguagem, nas expressões: dirigir o olhar a alguma coisa, colocar algo diante dos olhos, fechar os olhos diante de algo, um dia ele vai abrir os olhos, e esta concepção oftalmológica revela-se de uma forma especialmente bonita nesta última expressão idiomática.

A intenção desta exposição não é diminuir a importância do olho, como talvez possa parecer. Precisamente a análise do uso corrente da linguagem demonstra que a atividade do olho não se limita à visão, abrangendo todas as áreas da vida.

Oftalmologia significa o estudo do olho. Não é estranho que nenhum compêndio de oftalmologia registre que se pode devorar algo com os olhos, que se fuzila alguém com os olhos, se atravessa, se mede, se namora ou se fisga, que se pode lançar o olho como se lança uma pedra,

---

8. Expressões idiomáticas, traduzidas literalmente acima, e que significam respectivamente: *algo a chamar a atenção, ser notado imediatamente;* e *considerar, ter a intenção de, pretender* (N. da T.).

que se ameaça e infunde temor com os olhos? Como se isso não bastasse para provar que o olho é utilizado para milhares de finalidades além da visão, a linguagem também nos prova que o olho é algo independente, que existe por si. Assim, o ser humano pode ser *ganz Auge* (todo olhos, atento); os olhos podem fulminar, saltar, rir, castigar, estar inebriados ou paralisados; são como os animais no campo, podem ser sonhadores ou estar sonolentos, secos ou úmidos; têm alma ou não têm, vêem ou são cegos, são carnais ou espirituais; vê-se com os próprios olhos ou com os alheios, e, quanto à nossa era dos óculos, podemos dizer que prefere ver com os alheios, pois quem usa óculos não tem uma contemplação própria mas sim uma corrigida.

De tudo isto se depreende que a função do olho é bem mais abrangente do que abarca a nossa ciência oftalmológica. Se houvesse tão-somente um procedimento mecânico da visão, a teoria e a prática da oftalmologia poderiam ignorar a advertência contida na linguagem; mas como ver não é um fenômeno somente da área da física, como inclui aspectos da alma, como não existe apenas para a percepção visual mas também para destruir o que é perceptível, temos motivos para insistir em que pelo menos a oftalmologia passe a se ocupar do verdadeiro olho, da verdadeira visão.

Neste ponto, retomamos alguns testes expostos anteriormente. Havíamos admitido que os recalques são condicionados pelo caráter simbólico do objeto ou pelas dificuldades pessoais do observador. Uma terceira razão para este esquecimento peculiar de um objeto visto há poucos instantes – na nossa opinião há inúmeras razões – é a constante e desregrada mudança das características e da atuação do olho. Um olho sorridente vê o objeto de outra forma que o lacrimejante, e o que estiver inebriado não verá praticamente nada. Mas se um olho quer punir, flertar ou fisgar, provavelmente verá muito bem. Porém, quem é que está em condições de julgar se um olho no momento tende a ver ou a recolher-se? Talvez o dono do olho saiba algumas vezes, em outras ocasiões sabe aquele que observa o olho, mas geralmente não sabe nem um nem o outro. É bem característico da nossa forma alemã de pensar que denominemos o menor espaço de tempo, o momento, de *Augenblick*[9]. O estado e a atuação dos olhos não demoram.

De vez em quando, o ser humano procura atrair ou rechaçar com a ajuda dos olhos. A grande maioria das pessoas faz disso um costume; então já não consegue ver com naturalidade e franqueza, ou precisa se esforçar para conseguir essa qualidade. Mas não tem a mínima idéia disso; o efeito do hábito se desenrola no inconsciente. Como se vê, a área do inconsciente é imensa no que tange à visão, assim como em todos os

---

9. A palavra *Augenblick*, que significa *momento*, literalmente quer dizer *um olhar, uma piscada de olhos* (N. da T.).

setores da vida. Até o momento, a ciência da visão ainda consegue recalcar os conhecimentos acerca da influência do inconsciente sobre a forma, a capacidade e a atividade do organismo. Porém, aos poucos passa-se a examinar os olhos de outra maneira. A verificação da acuidade visual já não terá tanto valor e há de se tentar constatar a capacidade e o desejo de ver. A ciência e a arte de curar também irão compreender o que sempre foi do conhecimento do inconsciente da linguagem, que ver não depende somente do olho, que existe a visão sem os olhos, que estes não existem apenas para ver, que temos olhos e no entanto não vemos. Goethe qualificou o olho de sol, solar (*sonnenhaft*). Observando-se, contudo, a continuação do poema, verifica-se que não aludiu à relação do olho para com a luz do sol, pois diz que o divino não nos provocaria encanto se não houvesse em nós a força de Deus. Assim como o sol não tem por única função fornecer luz, o olho também não é só um instrumento de perceber a luz ou refleti-la. Um amigo, bem mais informado do que nós, nos contou que um dos grandes pensadores gregos considerava o olho o símbolo do mundo, reunindo os quatro elementos, fogo, água, terra e ar. A íris era para ele a terra, a cavidade ocular o ar, o globo ocular a água e a visão o fogo. Não deixa de ser curioso o termo *ophtalmos* para designar o olho. Trata-se de uma composição de duas palavras, *op* e *thalamos*. A raiz *op* está relacionada a palavras da visão, uma delas é *omma* e também significa olho. *Thalamos* é o aposento, fechado ao mundo, o aposento nupcial. Então *ophtalmos* seria o aposento nupcial da visão, onde o masculino e o feminino se reconhecem e procriam o infantil. Esta idéia de que o olho é a câmara nupcial da visão reativa os pensamentos já citados sobre a dupla sexualidade do olho e da visão; ver transforma-se em procriar e dar à luz. Um dos léxicos expressa a suposição de que a palavra *zeugen* (procriar) venha de *zu äugen* (para olhar), derivada portanto da palavra *äugen*. Esta parece ressaltar especialmente que ver é um ato pessoal[10], nele havendo uma conotação de mostrar, apresentar, que pela inclusão de um "l" nas palavras *äugeln* (inglês: *to ogle*), e *liebäugeln*[11], transforma-se num mostrar-se com a finalidade de expressar o desejo de posse. É bastante curiosa uma expressão suíça que utiliza a palavra *äugen* para designar a queda do útero nas vacas. Para uma teoria que concebe certas enfermidades como a satisfação de um desejo, assim como os sonhos também são modos de satisfazer desejos, uma expressão de um dialeto como essa é um material útil – seja essa teoria

---

10. Embora Groddeck não faça referência expressa à palavra *eigen* (próprio, pessoal), somos levados a crer que fez a associação ao escrever esse início de frase, pois a pronúncia dessa palavra é muito parecida à de *äugen* (olhar para, piscar) (N. da T.).

11. *Äugeln* tem o mesmo significado de *äugen*, além da conotação de "lançar olhares"; *liebäugeln* = flertar, cobiçar (N. da T.).

certa ou errada, mas pela nossa experiência ela pode ser aplicada com êxito no tratamento médico. Na oftalmologia, este *äugen* encontraria um paralelo no olho arregalado do tireoidismo, como procuramos comparar anteriormente.

As palavras *bezeugen* (testemunhar, atestar) e *erzeugen* (produzir, provocar) nos dão plena liberdade de sonhar em termos de etimologia – um etimólogo inglês ama tanto a verdade, a ponto de reclamar para a sua ciência o direito de sonhar – pois os livros dos entendidos não nos fornecem nenhuma informação útil sobre estas duas palavras. Costuma-se derivar *bezeugen* e *Zeuge* (testemunha) do radical *deuk*, de onde vêm o vocábulo latino *ducere* (puxar) e o alemão *ziehen*[12] – ambos têm o mesmo significado: a testemunha é a terceira pessoa a ser chamada no julgamento de uma contenda. O léxico comparativo dos idiomas indo-europeus de Walde, recém-editado, nem tenta explicar as palavras *Erzeuger* (procriador), *erzeugen* e *zeugen*, mas afinal esta nova obra da sabedoria também registra que devem estar relacionadas a *ziehen* (*producere* é a prova disso).

Fizemos um sério esforço para encontrar um sentido nas origens e derivações e não conseguimos. Quem assim o desejar, pode considerar a criança como um produto, e também faz sentido a derivação das palavras *Zucht, Zaum, Zügel, züchtigen* (criação, cerca, rédea, castigar) de *ducere*; mas isso tudo não tem nada a ver com *bezeugen* ou com *erzeugen*. Sonhar é melhor do que seguir o caminho. Em latim, testemunha é *testis*, e esta palavra freqüentemente é atribuída à raiz *trei* = três (*ter* e *stare* = ficar de pé – *tersto*). Isso está de acordo com o terceiro acima mencionado, a testemunha que é citada, só que aqui o terceiro está de pé. Porém, *testis* também designa os testículos. Assim, *Zeuge* seria o mesmo que *erzeugen*, o três no um, o um no três, o masculino (os dois testículos que levantam o membro). Aceitando-se esta interpretação, abre-se de repente um amplo panorama aos setores mais distantes da vida.

Qualquer pessoa ingênua, desprovida da malícia com que as pessoas vêm se esquivando de Cupido desde o século passado, deduziria deste sentido de *testis* (*testiculus*) que é preciso ser potente para apresentar-se como testemunha, entendendo que procriar e testemunhar são conceitos do mesmo grupo. Esta pessoa há de se lembrar da história, que, durante milênios, só o homem era reconhecido como testemunha e que, correspondendo ao número dois do testículos, exigiam-se duas pessoas para testemunhar um acontecimento.

A ação de testemunhar é honrada e decente. A ação de procriar não podia ser mencionada nos bons círculos sociais no século passado. Naquela época, chegou-se a afirmar que *testis* nada teria a ver com testícu-

---

12. *Puxar, tirar,* entre vários significados, de acordo com o contexto (N. da T.).

los e sim com testa, a cédula de votação no tribunal popular da antiga Atenas. Essa é uma das curiosidades ridículas provocadas pela fuga dos assuntos eróticos.

Os jovens não podem nem imaginar como se tratava de forma estranha tudo o que estivesse relacionado à sexualidade, há quarenta ou cinqüenta anos. Por isso, mencionamos expressamente que, meio século atrás, o estudante de medicina não se inteirava de absolutamente nada sobre o ato da reprodução humana nas salas de aula. O que se ensinava sobre a procriação começava com a entrada do espermatozóide no óvulo. Como é que ele foi parar na mulher, a ciência nem se atrevia a mencionar.

Uma confirmação de que testemunhar tem algum tipo de ligação com os órgãos reprodutores masculinos, ou seja, com a procriação, nos é fornecida pelo antigo costume de tocar ditos órgãos no momento de prestar um testemunho (não há dúvida alguma de que o gesto de se levantar três dedos no juramento – e também para benzer – também tem a mesma origem).

A palavra latina *iurare* (*ius* = direito; *iustitia*) nos leva mais ao fundo da misteriosa relação entre a vida legal e a sexual. A raiz é *ieuos*, que vem de *ius* = ligar, de que derivam *iugum* = jugo e *coniux* = cônjuge, e também *yoga*, do indo antigo = aparelhar, animal de tração, a ioga, que atualmente se tornou um entretenimento tão agradável para os europeus cultos, tem a mesma raiz. Com um pouco de coragem, poderíamos agora considerar os olhos como *coniuges*, cônjuges, ligados sob o jugo da testa, principalmente se incluirmos na nossa hipótese *yuga* = par, do indo antigo e *iuvare* = ajudar, do latim. Mas é o radical *ieu* que revela nitidamente o parentesco entre direito e juramento por um lado, e testículos por outro. Uma segunda palavra latina, *ius*, significa caldo, sopa; seus derivados atravessam todas as línguas indo-européias, e um deles manteve-se em francês como *jus* (suco). A filosofia nega-se a analisar a relação com o sêmen, embora admita o parentesco entre as raízes *ieu* = unir (*coniux*) e *ieu* = misturar alimentos. Mas isso não é de se admirar. E a filologia é ingênua a ponto de constatar a existência de uma terceira raiz, *ieu*, que seria distinta das outras duas, e que significa jovem (*iuvenis* = adolescente, *iuvencus* = novilho). Os dicionários ocultam muitas comicidades dos antigos. Também é uma tentação para os etimólogos amadores a semelhança da palavra grega *zeugnymi* = aparelhar, unir, *zeugma* = junta, parelha; a pronúncia leva necessariamente aos termos alemães *Zeuge, erzeugen* e *bezeugen*. Talvez estas palavras não tenham nada em comum. Não o sabemos; mas nos alegra que os gregos entendes sem o casamento como a parelha sob uma canga ou um jugo, *homozyx* e *sysis* = esposo, esposa, provam-no. É natural que o vocábulo alemão *Joch* (jugo) seja derivado da mesma raiz, e como na medicina temos a expressão *Jochbein* (osso malar), relacionada aos olhos, dada a sua proximidade (em latim há a palavra *iugulum*, também usada para designar o osso malar), quase sem percebê-lo nos aproximamos da questão da visão como ato procriador.

Antes de prosseguirmos, avisamos que submeteremos o leitor a uma impertinência. Com base nos léxicos, reunimos os conceitos de criar, procriar e testemunhar na palavra latina *testis*; mas é justamente no latim que nos falta uma transição direta de *testis* prata *Auge* (olho) e *sehen* (ver). Não nos levem a mal por recorrermos à palavra *vir* = homem, varão, levantando a hipótese de que este termo tenha algo a ver com *videre* = ver. Quem teve a oportunidade de ler o livro de Groddeck, *O Ser Humano como Símbolo*, ali encontrou amplas explanações sobre a palavra e o conceito *vir*. E aqui não nos acanhamos em acrescentar a esse contexto *videre* e inclusive o grego *eidolon*. Se isso não cabe nas leis da lingüística, é uma pena.

Pode-se tomar a palavra *zeugen* também pelo outro lado do símbolo, pelo aspecto do olho e da visão. A testemunha tem que saber de algo, do contrário é inútil, e saber (*wissen*) tem parentesco com *videre*, significa, aliás, ter visto. Em inglês, testemunha é *witness* e em sueco é *vittne*; nesses países, testemunha quem tenha visto alguma coisa. Assim fica claro como se chegou a denominar de testemunha a pessoa que viu alguma coisa. Aliás essa relação é evidente na expressão testemunha ocular (*Augenzeuge*). Pelo sentido também se pode comparar o olho com um procriador, a visão com o ato de procriar. Mas se esta comparação é dada pela natureza, ela contém o símbolo e portanto tem que haver na linguagem alguma prova disso. E de fato há inúmeras provas, das quais abordaremos apenas algumas.

A primeira palavra que nos vem à mente, para ficarmos no inglês, é *stone*, que além de pedra significa globo ocular e testículos; no sueco há a palavra *ögonsten*, e a esta acrescentamos, como em outras vezes, sem nenhuma base lexical, a palavra alemã *Augenstern* (menina do olho). O léxico comparado das línguas indo-germânicas de Walde cita para este termo uma raiz própria, *ster* = estrela, outros relacionam com *ster* = estender, mas o radical *ster* tem o significado de imóvel, ficar teso e rígido, e bem que poderíamos ficar por aí. Nesse sentido de *ster* = rígido, incluem-se *stone* e *Steine* (pedra), (grego = *stear*), mas também *sterben* (morrer) e a palavra grega *stergo* = amar. Rígido torna-se o membro ao ficar excitado, certamente o fenômeno mais impressionante para a observação do homem primitivo, imóvel fica o sêmen do homem espalhado (*sternere* = espalhar), quando não é derramado na cavidade feminina, e rígido, duro, torna-se esse líquido ao transformar-se na criança, todos estes acontecimentos que certamente causam um abalo e exigem uma palavra. Eles contêm o elemento eterno, a rigidez característica das estrelas. Não há dúvida alguma de que essa certeza do eterno leva o ser humano, ao olhar para as estrelas, à simbologia do céu estrelado e do destino humano, e contribuem para reforçar a probabilidade desta suposição a fixidez do céu e a palavra grega *Uranos*, relacionada à função de urinar (pertencem a este grupo os termos: *starren* (cravar os olhos, estar cheio de), *stieren* (fitar, olhar fixamente), *grauer Star* (catarata) etc.

Para os nossos objetivos, seria bom se pudéssemos estabelecer uma relação de proximidade da própria palavra *Auge* (olho), a latina *oculus* ou a grega *omma*, com a vida sexual. Uma primeira tentativa nesse sentido foi pouco frutífera. As três palavras são atribuídas pelos especialistas a uma raiz *oq*, que significa ver. Mas uma busca paciente, acompanhada de uma exatidão destemida, permite juntar, aos poucos, palavras e conceitos até formar um painel satisfatório aos nossos olhos de leigo parcial. Alinhando os vocábulos auxiliares, teríamos a seguinte seqüência: inglês: *eye* = *Auge* (olho); *egg* = *Ei* (ovo), em alemão *Ei, Eiland* (ilha) e *Aue* (prado); latim: *ovum* = *Ei, avis* = *Vogel* (ave, pássaro), *aqua* = *Wasser* (água). Quem é suficientemente destemido ainda acrescenta: *Ego* = *ich* (eu).

Observemos estas palavras. *Eye* em inglês significa olho, enquanto o *Ei* alemão[13] (ovo) chama-se *egg* em inglês. Mas em saxão antigo, segundo J. C. Halliwells Dictionary of Archaic and Provincial Words, 1924, ovo é *ey*, *eyas* é um açor recém-saído do ninho, *eyasmuskit* é um pardal igualmente jovem, além de menino. Em vários dialetos, *eye* significa a ninhada do faisão, no Oriente é o derramar de um cano d'água, em Somerset, *eye* é a água; *eyer* é o herdeiro, *eyerie* o ninho de uma águia, *eyet* é a ilha, e o mesmo significado tem no norte a palavra *eyle, eyekake* é crepe; em saxão antigo *eyowyt* é proteína, *eirar* é a ninhada do cisne e o próprio cisne; *eyren* são ovos, *eyronde* é levantado, ereto. No significado de ilha, *Ei* conservou-se nos nomes Chelsey (Chelsea) e Anglesey (Anglesea), sendo *ea* uma antiga palavra inglesa para designar a água. *Eyland* também é a denominação original de ilha. Como se vê, todos os significados supracitados estão contidos na palavra *eye*.

Em certo sentido, a palavra *egg* complementa o que acabamos de dizer: em saxão antigo, *eghe* significa olho e *eghme* = olhos. O verbo *egg* = excitar ainda é usado no norte da Inglaterra e, em saxão antigo, *eggement* é excitação.

Em sueco, ovo é *ägg*, palavra que teria parentesco com as latinas *ovum* e *avis*; ave é *oon* em grego, e soa quase igual a *egg* do inglês. Em eslavo, as palavras para ovo e ave são: *aje, jaje*. Em sueco, o olho é *öga*, o globo ocular chama-se *ögonsten* (*stone* do inglês, ligação com rigidez e capacidade de reprodução). *Öga* costuma ser atribuído à raiz *oq*, teria parentesco com o *oculus* do latim e o *omma* do grego. Entre *ägg* e *öga* situa-se a denominação para ilha: *ö* = Öland corresponde a *eyland* em

---

13. *Eye* (inglês) e *Ei* (alemão) têm idêntica pronúncia (N. da T.).

saxão antigo e a *Eiland* em holandês e alemão moderno. O termo germânico *awi* faz parte do grupo, tendo-se conservado na Escandinávia e em Skön (Suécia).

Em alemão, língua na qual a palavra olho causa tantas dificuldades aos etimólogos, assim como em sueco, há uma palavra que significa ilha e se situa entre *Ei* (ovo) e *Auge* (olho), e é *Au*, ou *Aue*. Como denominação de prado, campina, *Au* só foi utilizada posteriormente; como hoje em dia os nomes Rheinau, Mainau indicam, trata-se de ilhas, Eiland, terra rodeada de água, sendo determinante o radical *aqua*. Para um leigo, chama a atenção o som do *G* que separa e une *ö* e *öga*, *Au* e *Auge*. O vocábulo *egg* do inglês e do sueco nos faz lembrar de *Ecke* (canto, ponta) e *Egge* (rastelo) em alemão; o primeiro vocábulo traz para a nossa apreciação o conceito do pontiagudo e da dureza da pedra e dos rochedos, e o segundo o do cultivo da terra. Eiland e ilha nos levam ao conceito de criança. (Ilha em grego é *en hale ousa* = ser na água salgada, mar, líquido amniótico, lágrimas, secreção do nariz; em sueco, *näs* = nariz, é o que chamamos de península, ambos são símbolos fálicos; o vocábulo grego *nesos* também nos leva a mar e a criança, por intermédio da palavra *naus*, *navis* no latim = navio, barco. Vide *O Ser Humano como Símbolo*.)

Através de *ovum* = ovo, do latim, aliado a *oon*, do grego, o supracitado conceito de pássaro, *avis* em latim, também entra na nossa problemática. Segundo as teorias etimológicas, não há comprovação da ligação entre *oculus*, do latim = olho e *ovum* = *avis*, ambos pertencentes à raiz *auei*. A inserção da consoante gutural *k* (*g*) nos dá a oportunidade de abordar as relações entre *eye* e *egg*, *Au* e *Auge*. Aliás esse *k* (*g*) também se inseriu em *auka*, no latim = pássaro, ganso. (Conforme o entendimento de um leigo, também seria possível incluir nesse grupo a palavra *ovis* = maternidade, embora a filologia relacione esta palavra com a lã; no indo antigo, o carneiro é *avih*, em grego *ois*, em lituano *avis*, no prussiano antigo *awins*, em saxão antigo *oowo*, alemão antigo *ouwi*; em latim, *ovillus* é o carneirinho recém-nascido.)

A palavra pássaro (*Vogel*) nos leva diretamente à vida sexual. Chamamos a atenção para a exposição a este respeito no livro *O Ser Humano como Símbolo*. Pergunta-se tão-somente se os conceitos pássaro e olho estão ligados simbolicamente e se a linguagem corrente conservou algum indício disso. Já nos manifestamos suficientemente sobre o parentesco simbólico entre ovo e olho, mas devemos mencionar a forma oval do olho aberto. Essa simbologia é patente no vocábulo inglês *bird* (pássaro), que segundo Halliwels é usado para designar a pupila do olho, como ele diz, ou devido à pequena imagem na córnea ou por causa da imagem na retina. Vamos logo acrescentar a expressão alemã *Falkenauge* (olho do falcão, águia), que caracteriza uma excelente visão; *falconeye* em inglês significa a ninhada do falcão. E *birdeyed*, na opinião do proeminente gramático inglês, Jonson, é o mesmo que míope. Quanto à palavra *Vogel*, sua etimologia não está determinada. O léxico comparado de Walde relaciona-a à raiz *pou* = pequeno (em lituano, *pau-koztis* = pássaro, em gótico *fugls*). Mas isso não nos leva adiante. Na segunda parte deste léxico, onde se encontra a derivação de pássaro, a maravilhosa raiz *puh, buh, puk* etc. foi desmembrada em várias partes ínfimas. Isso não teria acontecido se se tivesse levado em conta as relações simbólicas. Assim, por exemplo, ele classifica o vocábulo latino *puer* = menino no mesmo grupo de *pou* = pequeno, e a *pupilla* = menina, no de *puh* = soprar. Nós vemos nisso uma tentativa de esquivar, de recalcar o "indecoroso". (Vide a respeito a opinião que manifestamos sobre a raiz *puh*, em *O Ser Humano como Símbolo*.) Logo depois de negar a relação entre o gótico *fugls* (pássaro) e *pupilla*, ele me sai com a palavra *uiathne* = *puerperium* = puerpério, resguardo. E nos parece bastante estranho que o resguardo tenha mais direito ao significado de "pequeno" do que *pupus* = criança. No restante, o léxico de Walde admite na mesma página o parentesco das palavras para designar os conceitos de pássaro e ovo (como *avis* e *ovum*); cita em letão, *putus* = pássaro, o lituano *pantas*, o letão *pauts*, o prussiano antigo *Pawte* = ovo, testículos. E com isso também coloca a questão sobre *eye* e *egg*, e, afinal das contas, soluciona-a tanto quanto nós; o gótico *fugls* também é anotado na mesma seqüência.

Havíamos proposto incluir neste âmbito também o conceito e o vocábulo ego (*Ich*, eu). O que nos motiva é a consoante G, depois do E, e a certeza de que *Auge* (olho) é um símbolo que abarca todo o humano, homem-mulher-criança. O E inicial (ou J) caracteriza o ser humano (*acham, adam*) e a sílaba seguinte, *Ghe* ou *Gho*, conforme propõe o léxico comparado de Walde como complemento de Ego, abarca o mundo humano em suas distintas derivações. Não resistimos à tentação de enfileirar aqui também a palavra *Ich*, porque essa errônea concepção do ser humano como um Eu isolado do mundo exterior e a ele oposto é essencialmente uma criação do olho, da visão. E não temos nenhum escrúpulo em incluir o vocábulo latino *augeo* = multiplicar, pois a atividade do olho é aumentar a imagem na retina. Porém, desejamos principalmente ressaltar as sensações simbólicas na vida cotidiana, sendo as palavras apenas um meio de atingir tal objetivo. A simbologia do olho é abrangente, criativa, *creare* e *crescere* são as características intrínsecas da visão.

Esperamos que a nossa maneira de praticar a etimologia seja posta de lado como uma brincadeira. Mas não podemos esquecer que os romanos chamavam de *orbita* a cavidade em que se aloja o olho, órbita, a formação circular do universo, e que nós, alemães, denominamos de *Höhle* (caverna), uma palavra que abriga o segredo impenetrável do simbolo. Neste contexto, cabe também o vocábulo grego *ope*, que tem parentesco com *omma* = olho; caracteriza em si qualquer cavidade, sendo também utilizado para o órgão sexual feminino. Acrescentamos *ophis* = serpente, como símbolo masculino, que a etimologia, contudo, não relaciona a *omma*.

E assim chegamos à denominação das partes do olho. Comecemos pelo curioso fato de a camada externa e transparente do olho ser chamada de membrana córnea (*Hornhaut*). Como será que o inconsciente da linguagem acabou relacionando este elemento transparente com *cornu* (chifre, *Horn*)? Na nossa opinião, só o símbolo pode explicar isso. O chifre é a arma de ataque, e está intimamente relacionado ao falo (em inglês, *horn colic* significa priapismo; cornudo, pôr cornos em alguém são expressões bastante conhecidas). Por outro lado, a membrana é uma pelinha fina, e deriva diretamente de *membrum* = membro (*Glied*). A expressão *membrum virile* é comum e pertence ao acervo dos idiomas, assim como é comum dizer-se em alemão *männliches Glied*. (Membro é derivado do indo antigo: mas – *am* = carne, um fato que abre um amplo panorama.) A membrana não é outra coisa senão o *Jungfern-haut*, o *hymen* dos gregos e *sinna* dos suecos. A membrana córnea seria, portanto, a união do membro e do hímen, uma interpretação inevitável, para quem está decidido a encarar a visão como um ato de procriação. Aqui entraria também a palavra inglesa *film* (película), que corresponderia ao prepúcio (alemão moderno *Fell, Pelle*; latim *pellis*; grego *pellas*). A dupla sexualidade se expressa no vocábulo *Hornhaut* (membrana córnea). Os etimólogos também identificaram uma segunda raiz, *pel*, com o significado de empurrar, mas afirmam que esta não deve ser relacionada a *pellis*. Nesta ocasião, devemos chamar a atenção para a membrana do tímpano, pois naturalmente o ouvido também simboliza o ato sexual, como é facilmente comprovável.

Para quem gosta de analisar e comparar palavras, o termo conjuntiva (*Bindehaut*) é um prato cheio. A associação imediata é com as palavras *coniux* (cônjuge – *Ehegatte*) e *coniugium* (matrimônio), e que outra relação estabelecer entre esses termos, senão a do amor? Principalmente tendo-se em conta que logo após a conjuntiva vem o globo ocular com o humor aquoso, e bem no meio está o cristalino como uma criança no ventre materno?

Já o termo íris = *Regenbogenhaut* apresenta algumas dificuldades. É óbvio que ele não pode ser derivado das cores do arco-íris, acaso alguém já viu as cores do arco-íris na íris? Os etimólogos atribuem-no à raiz *uei* = dobrar, curvar. Quanto a isto, no máximo poderíamos alegar que a íris não é curva e sim circular, e é bem provável que a etimologia tenha razão. Porém, lembramos que há uma outra raiz *uei*, com o significado de partir para cima de. Além da forma circular e de determinar a cor dos olhos, a íris tem ainda uma qualidade interessante para as formas primitivas de pensamento: o círculo se contrai e se expande, exatamente como o órgão sexual feminino. Contudo, isto não passa de uma suposição, uma hipótese. Mas como a deusa Íris era a mensageira dos deuses, poderíamos ser levados a acreditar que ela tivesse algo a ver com a força (*is*, em grego, *vis*, em latim). Assim como a vagina se contrai no momento da excitação, a íris se contrai ou se retrai diante da luz.

O termo *Netzhaut* (em latim, *retina*) não é muito profícuo. Não há certeza quanto à derivação de *rete* = *Netz*, do latim (rede), atribuindo-se sua origem a *rarus* (raro), o que é bastante arrojado. Há o plural latino *retae*, que significa troncos no rio, e em holandês *rete* = leito do rio. Quanto ao vocábulo alemão *Netz* (rede), também não há nada definido. A relação *Netz* – *Nest* (rede – ninho) também é muito arriscada. Ao que tudo indica, os gregos utilizavam o termo *epiploos*, válido também para o redenho anatômico. Assim como *pleve* (retina) do lituano, ele deriva do radical *pel* (*pellis, Fell, film*, etc.), e portanto significa pele, membrana. O ponto central da visão, a mácula (latim: *fovea lutea*, alemão: *gelber Fleck* = mancha amarela) também nos traz à memória a simbologia sexual. A palavra *fovea* (fóvea, cavidade, alemão: *Grube*) é atribuída à raiz *gheu* = *giessen* = derramar (grego: *chaos, cheo*) tratando-se, portanto, de uma cavidade preenchida por um líquido. A palavra comporta *Feuergrube* (cova para o fogo) estaria relacionada à raiz *bheu*. Em outros tempos, a ciência médica deve ter sentido intensamente o significado simbólico dessa cova para o fogo ou para a água. O adjetivo *luteus* = amarelo só aparece na nossa terminologia para designar o *corpus luteum*, corpo amarelo (= *gelber Fleck*) (*Fleck* = folículo do qual se desprende o óvulo). O termo *Fleck* deriva do radical *plek* = rasgar, significando, portanto, parte que se solta ou se desgarra. Mas o mais importante, é que essa palavra nos leva diretamente ao termo do sueco moderno, *flicka* = moça. Antes, essa palavra só era usada para designar uma mulher desmazelada ou devassa, enquanto a moça era chamada só de *piga*. O vocábulo lituano da mesma raiz, *plyszys, plysze* = fenda, rachadura, e o letão *plaisit* = rachado, explicam a conotação negativa de *flicka*.

Da mesma forma que no termo *luteus*, a relação entre a procriação e o olho se evidencia na coróide (*membrana choriaidea*). Ao falarmos da placenta, usamos a expressão *chorion* para designar o invólucro do ambrião. A palavra grega *choros, chora* significa entremeio, espaço, e *chorizo* é separar. *Chora* também é a designação para a cavidade orbitária.

Ainda haveria muito a dizer, mas não é preciso dizer tudo. Desejamos citar ainda a expressão estereoscópio, visão estereoscópica (visão tridimensional). *Stereos*, em grego, significa sólido, rígido. A nossa visão é uma solidificação, a fixação de algo que não é sólido. Do sêmen surge a criança na mulher, da luz surge a imagem física no olho. E *Bild* (imagem) vem de *bhilo*, que quer dizer bom, agradável, que contém luz.

Tudo isto na certa oferece bastante material para se discutir e opinar, e achamos digno de apreciação. Solicitamos também que se pondere se o termo alemão *zeugen* (procriar) não poderia ser o mesmo que *zu äugen* (para olhar), assim como a palavra *Ereignis* (acontecimentos), um século atrás, existia sob a forma *Eräugnis*.

Há 150 anos, Adelung, cujos livros foram decisivos para o período clássico da literatura alemã, já havia feito uma tentativa de provar, através das palavras, o parentesco existente entre os conceitos de ovo, olho e ilha (*Ei, Auge, Insel*); isso demonstra quão forte foi a sensação de pertinência dos três conceitos para o inconsciente do lingüista, ou como um erro, uma vez formulado, torna-se incorrigível.

Se os olhos são testículos para o inconsciente da linguagem, o nariz deve ser o membro, para que se complete o símbolo masculino. O fato de o pensamento primitivo conceber a tríade nariz e olhos como masculina, explica o fato de as crianças gostarem de brincar com óculos, como também explica que todas as pessoas decentes usassem óculos no século em que mais se deterioraram as relações entre os sexos. Se os olhos e o nariz são masculinos, aquilo que se coloca sobre eles deve ser feminino. A armação é o corpo da mulher, as lentes as nádegas, tratando-se de lunetas. Mas se é um óculos, então as pernas também estão presentes, abraçando a cabeça que representa o ser humano (compare com testa, *la tête*). Os recalques encontram curiosas maneiras de se expressar.

Ao fazermos estas afirmações, sabemos que não demos uma explicação para o aumento da miopia e do uso de óculos. Cada coisa, cada doença tem muitas causas, e o mesmo acontece com a miopia. A nossa intenção é apenas a de ressaltar certas ligações, que raramente merecem a atenção. O olho míope não tem um rendimento menor que o do olho normal; seu rendimento é diferente. Restringe o campo visual, facilitando a atividade de recalcamento da visão. Nós acreditamos que a miopia é a expressão de graves e complexos conflitos internos entre a visão pessoal do míope e a visão convencional da época. Achamos que o míope leva demasiado a sério as convenções do seu meio.e da sua época, a moda, a moral e os costumes, sacrificando em prol das convenções suas sensações e seus pensamentos naturais e simbólicos, terminando por prejudicar o órgão da visão para atingir essa finalidade, porque suas forças recalcadoras são muito fracas frente às forças simbólicas. Como a atividade recalcadora do europeu nos últimos quatro séculos desenrolou-se sobretudo no terreno erótico, é bem provável que nos casos individuais a solução dos conflitos, a suspensão dessas dificuldades, amplie o campo visual do míope, que sua acuidade melhore porque não haverá necessidade de fazer-se de cego frente a muitas coisas. É até possível uma mudança na estrutura orgânica do olho, quando não for mais necessária a estrutura da visão míope. Contudo, a condição para isso é que se utilizem os óculos como um binóculo ou um microscópio, isto é, somente quando seja absolutamente necessário observar com precisão algo a distância, ou muito perto. E raramente os míopes têm tal necessidade. Quem usa constantemente óculos destrói o penoso e abnegado trabalho do organismo, cujas profundezas exigem não só um instrumento de visão mas sobretudo um instrumento de recalque. O uso permanente de óculos aniquila as tendências individuais, à medida que estas estão em contradição com as exigências da época, com as convenções.

Afirmando-se que é o próprio ser humano que constrói a miopia para salvar-se de conflitos internos, é difícil entender por que essa pessoa colocaria óculos, tornando assim inútil o recurso da miopia, adquirido à custa de tanta renúncia e abnegação. Aqui entra em ação um terceiro motivo para o uso de óculos; não se trata apenas do desejo de ampliar o campo visual, a razão principal talvez seja a tentativa de se esconder dos outros e espiá-los de seu esconderijo detrás das lentes. Os olhos são as janelas da alma. Ninguém pode olhar através dessas janelas quando há lentes antepostas. É compreensível que sejamos cautelosos diante de uma pessoa com óculos. Não podemos confiar totalmente nela.

Para quem procura superar suas dificuldades em recalcar, através da miopia, é uma tentação a vantagem que representa estar escondido detrás do vidro, porque o recurso da restrição do campo visual não acaba com o conflito interior; ele continua existindo tranqüilamente, latente, só que já não se manifesta com tanta freqüência. Não é nada agradável que uma pessoa estranha leia nos olhos de outrem uma certa insegurança interior.

As relações entre as palavras *testis* e *testiculus*, *bezeugen* e *erzeugen* revelam que a linguagem reconhece o caráter masculino do olho. Nas línguas européias não encontramos nenhuma prova direta do caráter feminino do olho. As designações do olho são do gênero masculino ou neutro, embora Winthuis mencione em seu livro sobre a sexualidade que a palavra *mata*, na linguagem vigente no centro da Austrália, serve para designar tanto o olho como os órgãos sexuais femininos. Nesse livro, extremamente instrutivo, Winthuis conta que a aborígine interpreta como um convite ao ato sexual quando um homem aponta para ela com o indicador. Em certas ocasiões chegariam à mesma conclusão mulheres e homens europeus de todos os níveis culturais, rainhas ou vagabundos. Mas o relato de Winthuis não pára por aí. Ele diz que surge uma gravidez quando o indicador do homem aponta em direção ao olho da mulher. Esta frase contém o segredo simbólico do olho e da visão, e de golpe entende-se também que este símbolo esteja arraigado nos idiomas por toda a eternidade. Os termos latinos *index* (indicador), *indicare* (mostrar), mas também *dicere* (dizer; grego: *phaino, phemi, emphasis*) aproximam-se do grupo *Zeugen – Zuäugen* (procriar – para olhar). Assim, temos um reforço fundamental para a tentativa da lingüística em aliar *zeigen* (mostrar) a *zeugen* (procriar). Apesar de todas estas evidências, a palavra *Auge* (olho, *oculus, omma*) permanece misteriosa. Vejamos se esse termo, que não é utilizado apenas para o órgão da visão (*Pflanzenauge* – gomo – broto), esclarece alguma coisa em outros significados.

Na opinião dos etimólogos e dos etnólogos, esses significados têm em comum uma relação com o conceito de redondo, abertura redonda, cavidade (*Loch*). Para o olho como órgão da visão também seria importante investigar estas relações. O termo *Loch*, que a oftalmologia mantém na expressão técnica *Sehloch* (cavidade orbitária) está ligado a *liechen*, utilizado tanto para o ato de desembainhar uma espada como para abrir de um modo geral. Originalmente, o termo caracteriza uma maneira especial de fechar, de travar com uma cunha. Portanto, *Loch* inicialmente é um fecho e depois aquilo que é fechado. Consideramos justificável a inclusão desta simbologia nos processos de fecundação, procriação e gravidez: o ato de procriar equivale a fechar com uma cunha, depois viria o ato de retirar a espada da bainha[14] e finalmente o encerramento na gravidez.

Entre as várias ligações idiomáticas e simbólicas que resultam da pertinência de *Loch* (buraco) e *sehen* (ver), citamos primeiramente que *Loch* é a designação popular, vulgar, para a vagina. E aqui nos deparamos novamente com a simbologia inconsciente da vida, para a qual a visão é um ato de união sexual e fecundação, que transcorre dentro da câmara nupcial do *ophtalmos* (olho). Quanto a isto, há uma curiosa correlação, em grego, com a palavra *ope*, que significa buraco. Para os nossos fins, é uma grande tentação relacioná-la à raiz *op* = ver, embora os especialistas sejam contra. Entre os povos das regiões balcânicas, mas também entre os alemães, o ânus é chamado numa poética vulgar de "olho do traseiro". A expressão *Brille* (óculos), também usada para designá-lo, deve ter sido determinada por essa simbologia.

Além de *Loch* no seu antigo sentido de fecho, esconderijo, caverna, há a palavra do alto-alemão antigo *luoc* = esconderijo, caverna de animais selvagens. Não pudemos verificar nenhum parentesco entre estes dois termos. Mas, para a nossa análise, isso não faz diferença, pois o elemento essencial, esconderijo e caverna, está contido em ambos. Desta palavra *luoc* vem o vocábulo *lugen*, olhar (Kluge), inglês: *to look* (Weekley) = espiar do esconderijo. Daí também vem o termo *Luke* (janela) e assim temos a passagem para o símbolo olho = janela, que se manteve até nossos dias nas expressões *Ochsenauge* (olho-de-boi, clarabóia) e *Bullauge* (vigia de navio). (No alemão antigo tinha-se a expressão *ougatora* para janela; inglês: *window* = olho do vento.) Assim como o olho, a janela tem a particularidade de se poder ver através dela de dentro para fora e vice-versa.

Tomando-se por base a palavra *Bullauge*, temos mais um elemento a confirmar a hipótese de que a visão é um ato simbólico de procriar e parir. O cerne deste elemento é a palavra latina *bulbus* = globo ocular;

14. Em alemão, a palavra *Scheide* significa tanto bainha, estojo de uma arma, como vagina (N. da T.).

em princípio indica a forma esférica, mas abriga todo um mundo em si. (A expressão alemã para *bulbus* é *Augapfel* = maçã do olho.) A maçã é conhecida como símbolo sexual, como símbolo da fertilidade, o que provavelmente tem a ver com suas numerosas sementes.

Tomemos um dos derivados, a palavra *Bolle* (bulbo), que foi substituída na linguagem escrita pelo termo *Zwiebel* (cebola, tubérculo), mas que continua viva na boca do povo. Basicamente significa o mesmo que *Knolle* (tubérculo) ou *Knospe* (botão, olho, rebento). Em alemânico, a palavra *Bolle* conservou o significado de *Knospe*, enquanto o alto-alemão substituiu esta última expressão por *Auge* (olho). Além das expressões alemãs *okulieren* e *pfropfen* (enxertar), o alemânico usa nesse sentido a palavra *äugeln* (olhar), que também é utilizada para o flerte, o jogo amoroso com os olhos (em alemão vulgar: *blickvögeln*). Esta peculiaridade, de se chamar de olho o broto, o botão do qual nasce a flor, é mais uma prova da igualdade simbólica (olho = bulbo) entre a visão e o ato sexual. Deve-se excluir a hipótese de que a expressão provenha da semelhança exterior. Os termos *äugeln* e *pfropfen*, usados para designar o mesmo ato (enxertar), são bastante característicos, pois *pfropfen* equivale a *propagare* em latim = propagar, reproduzir.

O notório no tubérculo (*Bolle*, *Zwiebel*) e no broto ou olho da planta (*Knospe*) é a reprodução, sem que o homem e a mulher entrem em ação. A bissexualidade e a autofecundação eram considerados pelo pensamento primitivo um privilégio dos deuses. Provavelmente o assombro, ao observar o desenvolvimento de uma pêra na árvore ou de uma flor a partir de um bulbo, seja um vestígio das antigas idéias sobre a essência divina.

Os termos *bulbus* e *Boll* ressaltam o formato esférico, e portanto mantêm relação com as palavras *Ball* (bola) e *bowl* em inglês (recipiente redondo, vide em inglês *eye-ball*). No pensamento primitivo-simbólico, a forma esférica é inicialmente um símbolo feminino (gravidez). Mas também é tido por masculina por representar tanto um dos testículos como o escroto com os dois testículos. Em inglês existe a expressão *ballocks* para designar os testículos, que é comum no meio do povo, embora não conste dos dicionários. Supomos que *ballocks* é derivado de *ball*, pois os testículos são redondos. E esta seria uma confirmação do caráter masculino-simbólico do tubérculo e do olho. (Em alemânico também se chamam os testículos de *Böllen* = bulbos, e *Ballen* = bolas.)

O termo *Bulle*, usado para designar o touro, também deve ter sua origem na equiparação de *bulbus* a testículos. Contudo, a ciência indica como origem a palavra *bellen, brüllen* (latir, bramir). Cabe perguntar se *bellen* também não teria nada a ver com o ato da procriação. Em inglês, o termo significa campainha, mas *to bell* é o grito do veado no cio. Os etimólogos ingleses derivam *the belly* diretamente do saxão antigo *belgan* e do germânico *belgen*, ambos com o significado de inchar. E o inchaço nos leva, se não à atividade procriadora dos testículos, à dos genitais.

E, para encerrar esta exposição sobre o olho, chamamos a atenção para a exigência, no grego, de uma palavra designando o olho de brilho (*Glanz*, em alemão). O estranho é que vários dicionários etimológicos não a mencionam. Isso é mais curioso ainda se observarmos que no inglês a ligação do brilho com o mundo dos olhos conservou-se na expressão cotidiana *to glance* = olhar brevemente, de passagem. O plural, *hai augai*, significa os olhos. A este grupo pertencem ainda os verbos *augazo* = irradiar, e *augozomai*, com o significado de contemplar algo atentamente. *Epaugazomai* tem dois significados: iluminar e contemplar. Não poderia expressar-se mais claramente a particularidade do olho de emitir a luz (*exauges* significa o iluminado). Portanto, é compreensível que Platão tenha empregado esses termos que tão bem se encaixam à sua teoria das idéias. Em alemão, temos uma manifestação semelhante: a palavra *blicken* (olhar) relacionada a *blitzen* (relampejar, fulminar). A verdadeira função do olho não é apenas ver, mas sim fornecer a luz. A luz é criada pelo ser humano.

E aqui novamente nos deparamos com a idéia que colocamos como lema:

to lampro blepomen, tois d'ommasien uden horomen
(Com o brilho olhamos, mas com os olhos não vemos nada.)

Devemos esta citação ao filólogo e filósofo Egenolf von Roeder, sem a ajuda de quem muita coisa não contaria deste trabalho. A citação é do texto hermético (Hermes, trismegistos) *kore kosmu; kore* = virgem, segundo nome de Prosérpina[15] (bastante interessante como objeto de pesquisa!), mas *kore* é também a pupila, e *kore kosmu* é "a pupila do mundo, o céu". O trecho diz o seguinte: "E sempre continuaremos a nos afligir (*stenazo*, de *stenos* = estreito; ligação aos sentidos; miopia, mistério), para ver o céu com esse pequeno e úmido círculo dos antepassados que se localiza nos olhos; mesmo quando não olhemos. Por isso Orfeu diz: 'Com o brilho olhamos. Mas com os olhos não vemos nada' ".

Lembramos aqui a nossa interpretação da *creazione dell'uomo* de Michelangelo, feita anteriormente. Mas, agora, gostaríamos de dirigir a atenção do leitor para uma outra pintura mundialmente conhecida, a *Madonna Sistina*, que se encontra em Dresden. Há um segredo no quadro. Como se sabe? É o anjo que o indica, ao colocar o dedo sobre os lábios; ele conhece o mistério e pede silêncio; porém, conclama os ob-

---

15. Rainha dos infernos na mitologia romana, filha de Júpiter e de Ceres, mulher de Plutão que a raptara; na mitologia grega: Perséfone ou Cora (N. da T.).

servadores a um olhar atento, investigador. O que há para se ver, para se contemplar? Certamente que não é só a Madona, pois o olhar do anjo está voltado ligeiramente para cima, para a distância, assim como os olhos do outro anjo, para o qual aponta o Papa com o dedo, estão voltados para o invisível, que o menino Jesus contempla serenamente, enquanto Maria também se dirige, voando, ao mesmo ponto distante. Seu manto flutua na rapidez do movimento, o cabelo do menino é agitado pelo vento, revelando a pressa da mulher que o carrega. O que é esse invisível que os anjos contemplam com assombro, para onde flutua a Madona e o menino Jesus volta, tranqüilo, seus olhos infantis, esse invisível que os dois santos não vêem com os olhos? O infinito, o eterno, Deus? Ninguém desvendará, é um segredo.

Trata-se certamente de um mistério, mas deve haver alguma coisa nessa pintura, do contrário não provocaria esse efeito em todos que a contemplam. Abre-se uma cortina, revelando um segundo mistério, oculto detrás do primeiro: entre a cortina, surge a Madona com a criança, o símbolo do humano. O ser humano tem os dois sexos e as duas idades. Esta verdade só é do conhecimento do seu inconsciente, permanecendo um mistério para o seu cotidiano. O seu mundo, a eternidade, é separado do consciente pela cortina do erro, sem a qual o ser humano não pode viver. A cortina só se abre diante do símbolo, da metáfora; da Madona com o menino Jesus surge a trindade: mulher, homem e criança. Como demonstra sua túnica flutuante, esse eterno feminino, eterno masculino, eterno infantil flutua em círculos infinitos pelo universo incomensurável, um símbolo de Deus no ser humano, do humano na divindade. Bandos e bandos de cabeças de anjos preenchem o espaço detrás da cortina, o eterno ser-criança, e, num movimento eterno, a Madona carrega o menino, a criança do sexo masculino com o profundo olhar divino, pelo mundo das esferas.

Alles Vergängliche	Tudo transitório
Ist nur ein Gleichnis,	é apenas imagem
Das Unzulängliche	o imperfeito/insuficiente
Hier wirds Ereignis[16];	aqui se torna fato;
Das Unbeschreibliche	o indescritível/inefável
Hier ists getan:	aqui é realizado;
Das ewig Weibliche	o eterno-feminino
Zieht uns hinan.	nos atrai para cima[17].

É isso que revela a *Madona Sistina*? Quem sabe? Mas vejamos que mais consta da pintura: um homem de um lado, uma mulher do outro;

---

16. Em sua juventude, Goethe escrevia *Eräugnis* (N. do A.).

17. Estes são os versos finais do poema mais célebre da literatura alemã, que constam da 2ª parte do *Fausto* de Goethe. A tradução acima é apenas operacional, não tendo nenhuma pretensão poética (N. da T.).

ao lado do homem, mas a uma certa distância, está a coroa, a representação do feminino, e ao lado da mulher, mas separada espacialmente, está a torre, representação do masculino; aos pés de ambos, com igual separação espacial, os anjinhos que contornam e encerram o quadro. A dupla idade e a dupla sexualidade não foram fundidas numa unidade como na Madona com o menino, dá-se apenas a possibilidade da fusão: as duas figuras representam seres individuais, e o indivíduo tem dupla sexualidade, o divino-humano é bissexual para a alma do ser humano.

Escolhemos precisamente esta pintura para interpretar na nossa explanação porque ela mostra a peculiaridade do inconsciente de revelar conhecimentos através dos mínimos detalhes – neste caso, pela direção do olhar e pelo dedo nos lábios do anjo, impondo o silêncio a si próprio e aos demais.

O essencial que a pintura pretende transmitir situa-se além do quadro; o observador deve olhar e tentar penetrar no seu mistério, consciente ou inconscientemente, de uma ou outra forma. O verdadeiro quadro que surge não é obra de Rafael; nós, os observadores, somos fecundados pela obra de arte e em nós cresce, como fruto, a vida simbólica. Na pintura, porém, é o olhar do menino Jesus que verte em nós a semente. É o mesmo olhar que cria a divindade na *creazione dell'uomo*.

Em nossa análise, partimos da palavra alemã *sehen*. As línguas neolatinas conservaram o termo original, *videre*, transformando-o de acordo com suas singularidades; mas com isto não queremos dizer que as línguas indo-germânicas não sofreram a influência do radical de *videre*. Já mencionamos a expressão *Vision* (visão). Quando se pensa que *wissen* (saber) provém da mesma raiz que *videre, wid, weid*, e que na realidade significa "eu vi", nos defrontamos com a amplitude da visão. Através do grego, a raiz *wid, weid* exerceu uma grande influência sobre a filosofia européia e a vida cotidiana. É dela que vem a palavra *eidos*, de onde tiramos tanto os conceitos como os termos idéia e ideal (*Idee, Ideal*). Originalmente, *eidos* significa aparência. As contradições entre o idealismo e a materialismo, que têm uma ligação profunda com a nossa vida inconsciente atual, demonstram como é errado considerar a visão como algo puramente material, e exercer a ciência conforme esta posição parcial. Já é muito arrojado conceber o saber como algo físico, mas medi-lo e tratá-lo nos termos da física é algo que nem os adeptos das ciências exatas pretendem fazer. O processo da visão certamente não é apenas mecânico. Lembramos aqui o que já dissemos a respeito da palavra matéria, derivada de *phyo* = *erzeugen* = produzir. Quem descreve a visão como um processo material e físico, sem sabê-lo, faz o mesmo que nós ao defendermos a nossa concepção da visão como ato de procriar, conceber e dar à luz.

A palavra *videre* envolve uma surpresa, pois a forma passiva, *videtur*, nos traz o mundo subjetivo das aparências (*scheinen*), vindo à memória os termos *Augenschein* (vista, aparência) e *augenscheinlich* (aparentemente). *Videtur* significa: é visto, vê-se e, portanto, parece ser verdade. A desconfiança que a linguagem tem quanto à veracidade da visão não poderia expressar-se de forma mais convincente; não obstante, nos comportamos como se o sentido da visão fosse o menos ilusório dos nossos sentidos, o que fica patente nos procedimentos da nossa justiça. A aparência (*Augenschein*) e a testemunha ocular (*Augenzeuge*) são os pilares de todos os processos penais, embora todos os juristas, durante os estudos, tenham sido instruídos, através de teorias e experiências, a respeito de como as percepções da testemunha ocular divergem dos verdadeiros acontecimentos. Na vida cotidiana, podemos dizer com uma segurança quase absoluta que a repetição de uma opinião já é acrescida de alguma coisa, e que muito provavelmente não é a opinião de quem fala e sim uma adaptação ao que se pressupõe ser a opinião de quem pergunta. O sentido original do termo *scheinen* refere-se ao próprio olho, pois pertence à raiz *skf* (*schinan* = brilhar) e significa iluminar, brilhar, especialmente o brilho que vem do olho. Portanto, tem parentesco (pelo significado) com *glänzen* e *leuchten* (brilhar, iluminar) e também com *blicken, blitzen* (olhar, relampejar). Esse termo evoca o conceito abrangente de mostrar, pois *scheinen* não é somente parecer, como também fazer parecer (*scheinen lassen*, voz passiva). Logo veremos como esse fazer parecer, esse mostrar nos leva a novas áreas.

A palavra grega correspondente é *phaino*, que também tem o significado de mostrar. A meia verdade, em latim *videtur*, em alemão *es scheint so*, assim parece, é expressa pelo termo *phainomai*. Há um parentesco bastante próximo com *phaos* (raiz: *bahn*), a luz do corpo iluminado (o sol) e do olho. *Phaino* está ligado a *phantasia*, o substantivo de *phantazo* = mostrar. Lembramos a este respeito a velha discussão sobre o que seria mais importante, a lógica ou a fantasia, uma discussão aliás que não poderia acabar numa decisão maniqueísta, pois as duas não são contraditórias e sim forças complementares. Disso se conclui que *phaino* está ligado à palavra *phemi* = eu falo, que leva a *logos* = palavra, razão.

A relação entre *sagen* (dizer) e *sehen* (ver) desempenha um papel na etimologia do vocábulo *sehen*, na medida em que alguns derivam o termo não de *sequi*, e sim de *inquam* (*inseque* = dizer, anunciar). De acordo com isto, o sentido da visão seria o de "dizer alguma coisa com os olhos". Não temos condições de tomar partido nesta disputa, mas gostaríamos de frisar que as duas opiniões (derivação de *sequi* ou de *inquam*) baseiam-se, em última análise, na raiz *seqh*. Para nós, o importante é que dizer algo com os olhos ainda é mais subjetivo, contém mais opinião ainda do que "seguir com os olhos".

Em latim, falar, dizer é *dicere*, e dessa palavra é só um passo até *indicare*, que significa mostrar. O termo *phaino*, ao qual já nos referimos, também tem o significado de mostrar, originalmente. E aqui nos deparamos novamente com as mesmas relações que existem entre *schauen* e *to show*. O idioma alemão não só tem olhos que falam, como olhos que indicam, que mostram alguma coisa. Entre as palavras que vêm ao caso, ligadas a "mostrar", temos em primeira linha o dedo indicador (*Zeigefinger, digitus* = dedo), o índice (*Index*, derivado, assim como *judex*, de *dicere*). Levantar o indicador na direção dos olhos de uma mulher, como já mencionamos, é para o pensamento primitivo um símbolo do ato sexual e especialmente da fecundação (vide Winthuis, o caráter dos dois sexos).

Provavelmente também exista uma relação entre *zeigen* e *zeugen*. O certo é que o termo *zeihen* = acusar, incriminar, está ligado a *zeigen* (mostrar), assim como *bezichtigen* (acusar) e *verzichten* (desistir, abdicar). Em grego, há um paralelo, ou seja, *daktylos* = dedo está relacionado a *deiknymi* = mostrar, *dike* = direito, e um pouco mais distante, *doxa* = a opinião e *dokein* = ensinar. Depois de tudo isso, podemos admitir uma estreita relação entre olho e direito (*zeugen*, procriar, *zeigen*, mostrar). Percebe-se nitidamente que isso está no sentimento das pessoas ao se observar a representação da justiça, que julga de olhos vendados. Esse, aliás, é um indício da desconfiança do inconsciente frente ao julgamento objetivo da visão: a justiça, vendo, é incapaz de julgar.

Um vocábulo que sempre causou problemas à etimologia é *betrachten* (contemplar, observar). No entanto, há quase certeza de que passou a ser usado em alemão como uma transformação de *tractare*, do latim. (*Tractare* é sinônimo de *trahere*, que significa novamente puxar em uma ou outra direção, e também refletir, considerar.) As dificuldades começam pela palavra *trahere* e terminam na tentativa de estabelecer uma relação entre *betrachten* e *trachten* (ambicionar, pretender).

A antiga pesquisa lingüística, da qual Adelung é um dos representantes, solucionou a questão de forma simples e correta, só que infelizmente o seu parecer não se coaduna com os fatos da palavra. Adelung afirma que *betrachten* é o mesmo que *tragen* (carregar), que, transposto para o campo visual, significa o mesmo que pesar (sentido figurado: ponderar) um objeto na mão. Seria muito bom se *betrachten* mantivesse relação com o termo alemão *tragen*, então teria sentido dizer que se capta algo de fora com os olhos, que se carrega (*tragen*) isso no olho, movimentando a carga em uma ou outra direção, a fim de estabelecer seu peso e sua importância. Além do que, incluiria a idéia de que esta carga carregada é uma gravidez – no alto-alemão médio *Tracht* é o mesmo que gravidez – e *betrachten* pertenceria a *trächtig* (prenhe), o que, na nossa opinião, combina muito bem. (Prenhar-se, autofertilização, autogamia.)

Porém, infelizmente, *betrachten* vem de *trahere* = puxar, conforme opinião unânime de todos os especialistas. Mas ninguém sabe dizer como é que de *ziehen* (puxar) surge o termo *betrachten*. O grau de dificuldade aumenta ao se apresentar três raízes igualmente possíveis: *dragho, tragh* e *treq*. As três têm em comum o significado de arrastar algo pelo chão (prussiano antigo, *traig* = pé, prussiano médio = *trog* = prole, descendência e *trogan* = mãe-terra; inglês *draw*, sueco, *draga*).

Entre as palavras *tractare* e *betrachten* situa-se o termo *trachten*, ansiar, pretender. É possível que um objeto atraia os nossos olhos e que através da visão procuremos puxá-lo (*heranziehen*) até nós porque pretendemos nos apropriar dele. O prefixo *be* indicaria que esse *tractare*, esse arrastamento do objeto visual de um lado para o outro, contém o desejo de conservá-lo conosco (*bei uns*).

Em grego, ver é *horao*. Pela raiz, há um parentesco com as palavras alemãs *gewahren* (avistar), *wahrnehmen* (perceber), *wahren* (cuidar), com o termo inglês *beware* e o francês *garer*. O sentido de proteção mescla-se ao de percepção. A nossa maneira de "perceber" as coisas nos inclina a associar essas palavras ao conceito de verdade; mas elas nada têm a ver com isso, pois são subjetivas como quase tudo relativo à visão. O sujeito da percepção dá forma àquilo a que dirige sua atenção, a fim de protegê-lo.

Neste contexto, é de especial importância a palavra *beobachten* (observar). Atribui-se a este termo a qualidade da objetividade, porém o fato de derivar da raiz *ah*, que significa opinar, acreditar, diz, a quem estiver disposto a ouvir, que todas as observações exatas, em princípio, pretendem encontrar aquilo que já sabíamos previamente pela intuição.

A palavra "intuição" leva ao termo latino *tueor* = olhar para e, num sentido mais amplo, defender, proteger (*beschützen*), sentido aliás que ressalta mais ainda na palavra *tutor* = protetor = *Beschützer*. Colocando-se ao lado de tutor a palavra pupila, à qual já nos referimos, nos vem à cabeça a idéia de que *tueri* significa a defesa do olho prenhe, isto é, que o latim expressa com esse termo o trabalho de recalque, a outra atividade da visão.

Talvez a expressão *tueri* = olhar por, proteger, se refira à função do olho de proteger não a pupila mas sim a imagem que ela contém, de proteger, tutelar o outro, o semelhante. Desde a mais tenra infância, o ser humano vale-se do olho para sondar o estado de ânimo, o humor dos seus semelhantes. Dispõe a sua atividade de acordo com o efeito que pode provocar nos demais. Ninguém duvida de que a criança muitas vezes quer aborrecer os adultos, mas também é certo que ela procura principalmente mantê-los bem-humorados, isto é, procura protegê-los de desgostos. E é assim porque a criança é impotente frente ao mau humor de quem dela cuida, sofrendo muito com isso. Se fosse possível contar o número de pessoas, cuja vida foi fortemente influenciada pelo temor aos desgostos, teríamos uma surpresa, tal é a sua quantidade. Neste sentido, o olho é um tutor enérgico da sua atividade.

Concebendo-se o olho como tutor, como órgão de proteção, explicam-se certas manifestações visuais que em maior ou menor medida todas as pessoas apresentam. Entre estas está, por exemplo, o desaparecimento da visão imaginária (*Eidetik*, Jaensch), visão esta que só em casos excepcionais dura além da puberdade. Dois fatos confirmam que a perda da visão imaginária está relacionada com a vida sexual: em primeiro lugar, é a coincidência temporal, pois o fenômeno ocorre paralelamente ao advento da maturidade sexual; e depois, as culturas primitivas conservaram melhor esse tipo de visão do que a nossa cultura européia, permeada pela moral. Com base na linguagem, acreditamos haver encontrado mais um fundamento para a hipótese da relação entre o recalque do erotismo e a perda da capacidade de imaginar objetos como se fossem reais nas palavras *pupilla* e *tueri*. O que a moral européia quer proteger, e o olho tutelar, é o feminino, a abertura sexual, *puella*, *kore*, a pupila[18]. A audácia com que chamamos o órgão sexual feminino de *puella*, menina, é justificada pelo símbolo: os genitais femininos constam de três partes – útero, vagina e vulva – que simbolicamente correspondem a mãe, mulher e menina. A expressão do gênero feminino, pupila, caracteriza o símbolo feminino, sendo a entrada dos genitais que precisa de tutela, de defesa, sobretudo no período da puberdade, conturbado pelas paixões e exposto ao risco de uma gravidez antes do casamento. Certamente a perda da visão imaginária facilita a luta contra o prazer proibido no terreno sexual. Naturalmente não consideramos esta a única causa da mudança na visão, mas ela é importante.

Independente da influência da moral sobre esta surpreendente modificação na visão, acreditamos que a natureza revestiu a puberdade, em todos os seres vivos e especialmente no ser humano, de um mistério insondável, e a destruição da tendência à visão imaginária está a serviço deste mistério imposto pela natureza. Assim que as chamadas "visões imaginárias" não podem mais ser produzidas, as lembranças ficam mais difíceis. O elemento principal desse período, a maturidade sexual, permanece encoberto. Só que um acontecimento tão notório como a primeira menstruação fica na memória, muitas vezes sob a forma de imagens, enquanto poucas pessoas irão se recordar do crescimento dos pêlos, assim como é praticamente impossível conservar na memória com alguma fidelidade os apaixonantes processos da vida sexual e as fantasias eróticas, que só aparentemente são confusos, pois na verdade são bastante claros. Quanto a tudo isto, fica apenas o fato da masturbação e uma ou outra fantasia de onanismo, enquanto o resto desaparece. Uma curiosa prova da estreita relação entre a perda da visão imaginária e a perda da ingenuidade na vida sexual fornece a forte sensação de medo que surge quando a psicanálise reativa certas imagens eróticas da infância.

---

18. A palavra alemã para designar a pupila é *Sehloch*, literalmente buraco do olho ou da visão (N. da T.).

Empregamos propositalmente a expressão "mistério" para designar os processos do advento da maturidade sexual, a fim de acrescentar algumas considerações sobre o surgimento da *Kurzsichtigkeit* (miopia). O termo científico é *myopie*, e a raiz *my* aparece também na palavra *Mysterium*. *Mysterium* significa estreitar, ressaltando portanto outro aspecto que não consta da nossa palavra *Kurzsichtigkeit*, que diz apenas que olhos míopes (*kurz* = curto) não podem ver à distância. O míope estreita, restringe a possibilidade de ver, um fato que se pode constatar em qualquer pessoa com esse distúrbio visual. Ela utiliza a sua miopia para se proteger da racionalização moderna e superficial do mistério.

Pretensamente cabe à ciência encontrar uma explicação para tudo e acabar com o mistério, e como a exatidão científica aos poucos se impôs como uma ordem, desautorizando de partida qualquer objeção, aconselhamos as pessoas tímidas a recorrerem à miopia para manter vivo o mistério. Como a antiqüíssima palavra *Eros* (erotismo) continua efetiva e sempre um mistério, é compreensível que o Isso use o recurso da miopia, fazendo com que surja justamente no período em que a moral começa a distorcer e a difamar o erotismo, isto é, mais ou menos entre 7 e 17 anos. É claro que a coincidência temporal da miopia com a perda da capacidade da visão imaginária serve para manter a moralidade e os chamados bons costumes, que tratam de nos convencer, com maior ou menor êxito, de que algo tão imoral como o erotismo só é desculpável porque senão a humanidade iria se extinguir (instinto de preservação da espécie). Mas o fato de a natureza poder encontrar outras vias para a continuidade da espécie reduz o efeito desta tentativa de salvar a castidade da natureza.

Nem seria necessário frisar que as dificuldades com que se defrontam as tendências eróticas do europeu constituem apenas uma das razões para a restrição do campo visual, do contrário não se explicaria que a miopia seja muito comum entre os chineses. Por outro lado, chamamos a atenção para o fato de este costume dos chineses e japoneses usarem óculos surgir através do recalque dos símbolos, que não está baseado exclusivamente em questionamentos morais, e cujas causas eróticas só atuam com tanta força esporadicamente.

Assim como algumas pessoas tentam restringir seu campo visual através da miopia, eliminando da visão tudo que está distante e encurtando aspectos incômodos do espaço e do tempo, as pessoas de idade recalcam, eliminam de sua capacidade de percepção tudo o que está perto, a pouca distância, através da presbiopia. A principal razão para isso é o desejo de afastar, adiar a morte o máximo possível e prolongar a vida em termos de tempo e espaço. Na nossa opinião, outras manifestações da velhice têm a mesma causa, por exemplo, a insônia que prolonga o dia, a diminuição da capacidade de se locomover e movimentar, a rigidez, os passos curtos e inseguros. O êxito obtido nos tratamentos, especialmente nos que se baseiam nos princípios de Bates, confirma o parecer de que a presbiopia provém essencialmente das camadas inconscientes do Isso, embora possa ser trazida ao nível da consciência. Não é de se admirar que um órgão recupere a sua capacidade funcional através de exercícios, principalmente quando a esta enorme reconquista se alia a esperança de rejuvenescimento, isto é, de uma vida mais longa. Pelas informações de que dispomos, infelizmente não há nenhum estudo sobre o fato assombroso de que algumas pessoas que sofrem de presbiopia consigam recuperar totalmente a acuidade visual em idade avançada. Neste contexto, gostaríamos de relacionar a expressão *Abgeklärtheit des Alters*[19] com a afirmação de que só a velhice traz a sabedoria. Quando um ser humano chega ao ponto de não mais temer a simbologia da vida, quando sabe (*videre*) que os fatos em si significam muito pouco e que só se tornam efetivos como símbolos, não tem mais razão alguma para ater-se à presbiopia.

Gostaríamos de aproveitar a oportunidade para tecer algumas considerações acerca do diagnóstico, que ocupa um papel de destaque na medicina moderna. Chamamos a atenção dos leitores para outras publicações nossas em que abordamos os princípios desta questão decisiva. Os olhos e a visão são um bom exemplo para falarmos do diagnóstico, sendo que repetimos aqui o que for necessário a um bom entendimento.

Não é possível estabelecer um diagnóstico completo, que esgote todos os aspectos, e só o desejo de fazê-lo já implica o maior risco que o médico corre, o de superestimar sua capacidade. Insistimos em dizer que o diagnóstico sempre deve ser questionado pelo médico, que este nunca deve se esquecer de que muitas vezes o diagnóstico é insuficiente ou errado, e que ao estabelecê-lo corre o risco de considerar a doença como uma situação, quando na verdade ela é um processo. Insistimos em dizer que o médico só deve dizer o imprescindível quanto à sua opinião sobre o diagnóstico, isto é, o que a lei determina. O Estado, a opinião pública e o enfermo mal-orientado acham que um termo pode estabelecer a natureza de uma doença. E não estamos sozinhos ao afirmar que isso não é possível, manifestamos apenas a convicção de toda a ciência médica.

Ao considerarmos um desastre público que a arte de diagnosticar seja encarada como a principal atividade médica, não estamos querendo dizer que o médico não possa formar uma opinião sobre a pessoa de quem vai tratar e sua enfermidade. O que criticamos é a simples comunicação dessa opinião, em duas ou três palavras ou frases. Esse procedimento não é nada científico, numa era que se intitula científica.

---

19. Não há nenhum termo em português que corresponda plenamente a *Abgeklärtheit*; *abklären* é decantar, esclarecer; o adjetivo *abgeklärt* significa experiente, maduro em seus juízos. Uma aproximação seria "A lucidez, o esclarecimento da velhice" (N. da T.).

Nas últimas décadas, reconheceu-se esse caráter acientífico do diagnóstico, tendo os médicos pelo menos tentado fazer um diagnóstico do enfermo, em vez da doença. Contudo, esta tendência não chegou a influenciar muito a prática médica, o que se atribui ao fato de a designação da enfermidade ser de maior utilidade para o Estado e a jurisprudência do que o diagnóstico estabelecido a partir do enfermo, que não pode ser incluído em leis ou estatísticas. No entanto, uma breve reflexão sobre o diagnóstico de distúrbios visuais demonstra que nem um nem outro – nem o diagnóstico da enfermidade, nem o diagnóstico do enfermo – bastam para servir realmente de base à ciência médica.

É legítimo dar-se um nome à doença, é legítimo considerar cada paciente individualmente como o objeto do diagnóstico, mas para o diagnóstico é imprescindível sobretudo o conhecimento do humano em geral, da simbologia através da qual o humano se exprime, e como aplicar esses conhecimentos. A fim de esclarecer o que queremos dizer – mas de forma alguma para ressaltar a sua importância – lembramos que o olho traz em si o masculino-feminino-infantil (fertilização, gravidez, nascimento, morte), e que todas as enfermidades dos olhos estão subordinadas a estes aspectos. Além disso, a simbologia nos ensina que a visão e os olhos não são aquilo que crê a ciência e sim conceitos bastante complexos e que abrangem milhares de funções.

Sem a pretensão de querer esgotar a questão do estabelecimento do diagnóstico, devemos colocar ainda uma questão importante sobre o sentido da enfermidade. Quanto a isto, por muito tempo, os médicos se apegaram aos conceitos de causa externa e interna, embora tenham se preocupado quase exclusivamente com a causa externa, pelo menos até o início deste século, e o fato de que o termo "causa" tenha um duplo significado, contendo em si os conceitos de motivo e finalidade, até hoje não é levado em conta devidamente. Diz-se que não é científico o procedimento de quem se vê compungido – devido ao descaso reinante – a colocar a finalidade em primeiro plano, sem contudo negar o motivo (causa). Mesmo sob o risco de sermos objeto de escárnio, frisamos que um diagnóstico que não leve em conta a finalidade da doença não é um diagnóstico.

Pelo seu sentido e finalidade, a maioria dos distúrbios visuais e enfermidades dos olhos pode ser considerada como tentativas do Isso de criar obstáculos à visão do mundo exterior. Com uma certa margem de segurança, pode-se conceber toda enfermidade dos olhos como um meio de recalcar facilmente as impressões do mundo exterior que são incômodas para o mundo interior. Quando já não basta desviar o olhar, a cabeça e o corpo, cerrar as pálpebras, intervém a doença, desde o mais simples terçol até a cegueira total. Sob certas circunstâncias, a pesquisa e a elucidação das forças inconscientes fazem parte do diagnóstico e da terapia; pode-se dizer até que essa é a parte mais importante da atuação médica em relação aos olhos. Não se deve esquecer que essa tentativa de facilitar o trabalho de recalque por intermédio da enfermidade pode resultar de conflitos internos que se estendem por décadas, mas também de causas de efeito momentâneo. Recordamos mais uma vez que a poesia popular imagina o vidente, ou seja, aquele que vê mais do que os outros, como cego, e que coloca vendas sobre os olhos de duas das mais poderosas divindades: a justiça e o amor.

De tudo isto resulta que diagnosticar é uma arte, que, assim como as demais artes, não pode ser praticada até o fim, e que só se torna legítima ao conceber a parte como todo e o todo como parte. Consideramos esta questão de tal importância que desejamos expô-la em outras palavras. Para o juízo médico, e também para o juízo humano, é muito importante saber se é a córnea, o cristalino, a retina ou o nervo óptico que adoeceu, ou qualquer outra parte do órgão da visão. É essa informação que orienta o tratamento. Não duvidamos que grande parte dos distúrbios da visão só é possível considerando-se este diagnóstico anatômico-fisiológico. Quanto a isto, não se deve esquecer que a maioria dos distúrbios visuais não precisa de tratamento e não é tratada. Para o juízo médico e humano é muito significativo se a pessoa que sofre de algum mal da visão é um homem, uma mulher, uma criança ou um ancião, como também é importante saber quais são as condições de vida do paciente, quais são seus desejos e necessidades, como é o seu caráter, as suas características pessoais, como é a sua constituição, e tudo que se possa descobrir sobre sua pessoa, seu consciente e seu inconsciente, para tratá-lo de forma adequada. Uma parte dos enfermos que oferecem resistência a um tratamento baseado num diagnóstico anatômico irá melhorar ao se ampliar a maneira de diagnosticar. Para o juízo médico ou humano é muito significativo se os distúrbios ou enfermidades dos olhos se referem à visão, ao olhar, à contemplação ou às qualidades recalcadoras dos olhos e, neste contexto, parece-nos oportuno repetir que a visão inclui o querer perceber e o não-querer-perceber, e que o olho reflete bondade, assim como irradia luz, que se fecha ao mundo e às coisas, assim como pode abrir-se a eles.

Esse modo de diagnosticar nos leva ao diagnóstico da finalidade, acima mencionado. Para nós, que apenas pretendemos sugerir alguns pontos, plenamente convencidos de que o saber é fragmentário, o mais importante no diagnóstico é a simbologia da visão e dos olhos. E acreditamos que nesse campo é possível tornar a reunir antigos conhecimentos que caíram no esquecimento. A utilização da simbologia é o próximo objetivo que temos em mente e estamos certos de que uma boa quantidade de enfermos poderá livrar-se do seu sofrimento se o médico lhe indicar o caminho, chamando a sua atenção para esta possibilidade. Se dessa forma seremos capazes de diminuir o sofrimento do mundo, é uma outra questão; somos da opinião que às vezes a doença significa a felicidade e a saúde equivale ao sofrimento. A melhor prova disso é que os cegos muitas vezes não sofrem com sua cegueira e vivem alegremente seus dias.

Nós entendemos que, na maioria dos casos, não tem utilidade para o tratamento um diagnóstico amplo e completo, que pode até ser perigoso. Se alguém apresenta uma ferida com um forte sangramento, é preciso estancar a hemorragia, antes que se pense em qualquer outra medida. Muitas vezes, basta fazer isso com a grande maioria de pessoas que padecem de enfermidades dos olhos. Mas precisamente na área da oftalmologia, registramos enfermidades crônicas ou duradouras que oferecem ao médico a dupla oportunidade de aprender com o paciente o diagnóstico do humano em geral e, em segundo lugar, de tentar, com o auxílio dos exames para ampliar o diagnóstico, desenvolver um método de tratamento que possa ajudar o paciente em questão.

Sentimo-nos na obrigação de dizer algumas palavras sobre as conseqüências da nossa opinião em termos de terapia. Não temos nem o direito nem a capacidade de intervir na atividade especializada do oftalmologista. Esta especialidade obteve tanto êxito que nem sequer precisa de reconhecimento. Porém, como achamos que o olho existe não apenas para se ver, como também para evitar a visão, como desempenha inúmeras funções que nada têm a ver com a visão, como não existe independentemente, desligado do microcosmo, consistindo numa das mais sensíveis partes integrantes do humano a atuar em todas as direções no próprio organismo e nos organismos alheios, recebendo ainda a influência da sua própria humanidade, do microcosmo próprio e alheio, como além do mais e sobretudo é um símbolo de abrangência mundial, somos da opinião de que a oftalmologia tem o direito e a obrigação de levar em conta estes fenômenos e agir de acordo com eles. Como somos da opinião de que a visão não é apenas uma função dos olhos e sim do humano, que está inseparavelmente ligada a todas as demais funções humanas, pois o termo visão reúne tudo o que ocorre no mistério da luz entre o mundo interior e exterior, por isso insistimos em que a formação do oftalmologista cumpra uma série de exigências que até agora de forma alguma foram cumpridas, principalmente a de que seja induzido a servir ao humano, ao ser humano, e não a servir apenas aos olhos. O especialista deveria trabalhar no mesmo plano em que trabalha qualquer médico, no plano do humano; atrevendo-se a colocar em prática seus conhecimentos especializados, mas situando-se neste plano, deverá fazê-lo e há de fazê-lo bem. Mas enquanto a teoria óptica ignorar que está encobrindo o mundo dos símbolos, que é a própria vida, enquanto ignorar que até agora cada progresso técnico da visão deu-se à custa de um aumento assustador na cegueira frente à vida, enquanto isso persistir, insistimos em que a oftalmologia confunde a técnica com a arte, que não visa à luz e sim às trevas. Assim como as coisas estão, devemos dar a razão a Schweninger ao afirmar que o especialista deve ser um instrumento vivo do médico, cujo mérito só poderá ser avaliado após a realização técnica, atendendo a uma solicitação médica. O risco para a oftalmologia é bastante grande, por apoiar-se principalmente em conhecimentos do ramo da física, em leis ópticas. A óptica sempre tentou complementar sua teoria, acrescentando o segundo fator da visão, o fator humano, da luz que o ser humano reflete ou projeta. Infelizmente, porém, não o conseguiu, e o resultado disso foi que a atividade médica dos especialistas dos olhos afastou-se ainda mais desse condicionamento humano. Ao nos atrevermos a fazer estas objeções, ressaltamos desde o início a nossa qualidade de leigos nesta área especializada, solicitando que isso seja levado em conta.

Quando nós, clínicos gerais e leigos em oftalmologia, tratamos dos olhos de algum paciente, o que nos chama a atenção em primeiro lugar é que esses órgãos apresentam um alto teor de líquidos, mas que suas partes mais importantes não têm vasos sangüíneos, o que, em outras palavras, significa que relativamente os olhos tiram pouco proveito da força propulsora do coração. Assim, a principal tarefa do clínico geral é a de apoiar, na medida do possível, em caso de enfermidade, a circulação de líquidos no olho, da qual provavelmente dependem os processos químicos.

Não se trata da circulação nos vasos, nem da circulação intracelular e sim da movimentação de líquidos entre as células. Inicialmente dispomos da atividade do olho, da alternância de movimentos regulares e imobilidade, dando preferência a movimentos em certas direções que não são muito comuns (movimentos para cima). Esta atividade pode ser intensificada através da pressão passiva. (Quase sempre se verifica uma sensação dolorosa ao se testar o globo ocular, quando se pressiona de cima para baixo um dos olhos, fechado, ao mesmo tempo em que o outro, aberto, olha para cima; o olhar para cima é o de veneração daquilo que é elevado, e essa veneração praticamente falta na nossa vida.) Deve-se considerar também a massagem dos nervos acessíveis nas imediações dos olhos. O peso dos líquidos intercelulares pode ser utilizado, deitando-se o paciente com a cabeça abaixo do nível normal e as pernas numa posição mais alta. A prática também aprovou a aplicação da umidade e do calor, sob a forma de banhos oculares e da cabeça. Os cuidados com a respiração e a eliminação de obstáculos na circulação intercelular estão relacionados com o tórax e o ventre; exercícios respiratórios, com forte pressão na barriga. Mudança na distribuição dos líquidos, induzida através do desvio para outras partes (banhos parciais quentes). Alternância de claridade e escuridão, eliminação de todos os óculos e, se isto não é possível, restrição do uso de óculos ao menor tempo possível. Desenvolvimento de todos os sentidos, a fim de aliviar o da visão.

Embora sugiramos algumas medidas para o tratamento físico das enfermidades oculares e visuais, atribuímos maior importância ao que se costuma chamar de tratamento psíquico. Neste sentido, parece-nos bastante aconselhável, como medida ativa, a prescrição de Bates, do desenvolvimento da imaginação. Talvez também seja útil a terapia empregada pelo Conde Wieser, que prevê exercícios com lentes bastante fortes; quanto a nós, não a experimentamos. O que mais valorizamos no tratamento é o balanceamento, o equilíbrio da atividade de recalcamento dos olhos, sob estudo e aproveitamento dos símbolos. O tratamento por si levará a um intercâmbio entre as forças conscientes e inconscientes, revelando os aspectos humanos de ambas as partes. Se o médico estiver atento para qualquer indício de resistência em si ou no paciente, tudo deverá dar certo, mais ainda se contar com a colaboração de um especialista.

Mas uma coisa o médico deve aprender, e aprenderá se é um pesquisador: a cura não é seu mérito, o fracasso não é culpa sua.

"Eu Me Resfrio"

Como de costume, o inverno veio acompanhado de uma onda de artigos sobre a questão dos resfriados. Estes, porém, não nos trouxeram muitas novidades. O que tenho a dizer também não é novo, é até tão antigo que parecerá novo.

A antiga novidade está na expressão "resfriar-se" (*sich erkälten*). Todas as explicações científicas partem da idéia de que o frio faz as pessoas adoecerem. A linguagem, contudo, pensa de outra maneira; afirma que o ser humano recorre ao frio para ficar doente, ele "se resfria". Os ingleses e franceses exprimem o pensamento de forma mais clara ainda, uns "pegam" o frio (*he catches a cold*), outros o seguram (*il prend froid*); utilizam o frio como instrumento. A expressão do grego antigo *katapsychesthai* chega a abranger, numa só palavra, toda a teoria a que me refiro (*psyche* significa ao mesmo tempo vento, ar respirado e alma; a terminação *esthai* se refere à pessoa que pratica a ação, que faz algo por si; *kata* significa para, para baixo; o ser humano inspira o ar da correnteza que vai para dentro, lá para o fundo de sua alma, ele quer ficar doente). A linguagem sabe que não é a força da natureza, o frio externo, e sim o próprio ser humano que decide quanto a permanecer sadio ou ficar doente; para o idioma não há dúvida alguma.

Na minha exposição, não se trata de discutir se é correta ou não a opinião que o espírito da linguagem manifesta. A questão é saber se pode e deve ser utilizada na atividade médica.

Ao se concordar com o fato de uma pessoa "se" resfriar, nos confrontamos com um enigma bem diferente do que se costuma colocar: por que ela adoece quando a temperatura cai, quando outros não se enfermam sob as mesmas condições? Por que é que hoje arranjamos uma coriza ou uma tosse sob as mesmas condições climáticas de ontem? E, nestes termos, é mais fácil solucioná-lo.

Para o médico, não tem nenhuma utilidade a idéia de que o tempo, o clima é a causa do resfriado. No máximo ele poderá fazer com que o enfermo se torne futuramente mais resistente ao frio e às mudanças de temperatura. Porém, se admitirmos que o ser humano se enferma por si, com uma intenção consciente ou inconsciente, que recorre ao frio, à correnteza, à mudança térmica, pés molhados, etc. para ficar doente, teremos algo a ser tratado quanto às suas causas. O estado físico e emocional do paciente que tornou a doença desejável, e que provavelmente continuará existindo sob outras formas e atuando para favorecer a doença, torna-se o objeto do tratamento. Ao lado do exame, coloca-se a anamnésia, a questão do início e das fontes da enfermidade. Sabendo-se inquirir o enfermo, a resposta à nossa pergunta – quando começou a doença? – será surpreendente: ele não mencionará o momento em que forças externas o afetaram e sim o período anterior, quando surgiu o desejo de ficar doente. No entanto, já terá esquecido que um resfriado lhe era agradável e até desejável; será preciso tornar a reunir os detalhes, mas o momento fica gravado na memória, com uma exatidão de minutos, o momento em que tomou a desesperada decisão de ficar doente.

Um tratamento que considere principalmente a anamnese não tem por que ser mais difícil que qualquer outro, só que é preciso aprender como fazê-lo. Não apresenta nenhum perigo, é fidedigno e efetivo. Não exclui o exame físico, corrigindo os seus erros, porque indica ao médico, no momento de avaliar o exame, o que é importante e o que é secundário para o tratamento. Muita coisa que encontramos ao proceder a um exame meticuloso não tem a menor importância para as medidas terapêuticas, servindo freqüentemente para nos confundir.

No caso do resfriado, em princípio, pode-se determinar com exatidão de que se trata: o desejo de resfriar-se contém o desejo de esfriar-se, e este só pode surgir quando se está abrasado ou se teme ser afligido por um calor excessivo. Também a esse respeito a linguagem nos informa com toda a clareza, pois conhece um calor "da alma", além do calor físico, corporal. Só que não dá para medir com um termômetro as temperaturas da alma ou da psique, mas elas existem e ninguém pode negá-las. Uma longa experiência me leva a crer que, em sua essência, todo resfriado está relacionado à decisão que alguém toma para livrar-se do desagradável calor excessivo de sua alma. Isto é um fato e diz respeito até às epidemias desencadeadas sob a influência do frio. Assim como o tempo tem uma alma, existe também uma alma das massas.

Todos estes aspectos são significativos para o médico. Certamente podemos examinar as amígdalas, o nariz, a laringe, os pulmões e com um algo grau de segurança poderemos constatar que este ou aquele órgão está afetado. Mas não podemos perguntar às amígdalas, ao nariz, à laringe e aos pulmões "o que levou você a pegar frieza de tal forma a adoecer?" Quem nos dá uma resposta é o paciente. Ele nos dirá por exemplo: "o nariz me serve para cheirar; quando fico resfriado não sinto nenhum odor. Portanto seria possível que eu tivesse pego o resfriado para evitar uma sensação olfativa. No dia 27 de novembro estive em tal cidade, e, às quatro da tarde, na rua tal, me encontrei com uma dama que usava um perfume horripilante. Só de pensar nisso, meu nariz começa a escorrer". O médico interessado continuará a fazer perguntas, por exemplo, por que justamente esse perfume é tão desagradável, e obterá respostas incríveis. Geralmente não é preciso fazer uma pergunta dessas, pois é um erro penetrar muito a fundo nos segredos da alma alheia; não se deve fazê-lo, a não ser em caso de necessidade. Para o tratamento, basta mostrar como é uma bobagem essa atitude de pegar um resfriado, já que o cheiro do perfume se desvaneceu no ar há muito tempo; que não foi o perfume a provocar ou causar o resfriado e sim a lembrança de uma excitação muito grande que estava a ponto de despertar novamente, diante da percepção olfativa. Respostas parecidas o paciente dará para a rouquidão, as dores de garganta, a tosse, etc. Qual é o resultado? Muitas vezes os sintomas desaparecem como por um passe de mágica e até sintomas graves, que põem a vida em perigo, cessam repentinamente. Outras vezes, a melhora é paulatina e naturalmente também há casos freqüentes em que não se nota nenhuma alteração. Quem, contudo, já presenciou uma só dessas curas "milagrosas" não irá abrir mão de um tratamento tão simples e sem risco algum. Este tratamento corresponde ao nosso profundo entendimento, é científico em todos os seus aspectos, embora raramente seja ensinado. Há mais de três décadas venho praticando-o. Agora que se inventou a bela denominação de "problema psicossomático" para essas enfermidades, talvez nossa recomendação encontre maior aceitação.

    Finalmente, gostaria de acrescentar que o ser humano não é só capaz de se resfriar, como se contagia, apanha uma indigestão, fratura os ossos, desloca o ombro e provoca ferimentos. Quem concluir que faço um tratamento psíquico com um paciente que quebrou a perna, tem toda a razão, só que primeiramente coloco o osso no lugar e ponho uma atadura. Só então faço massagens no paciente, exercícios, faço com que banhe a perna todos os dias durante meia hora numa posição de 45 graus, cuido para que não beba nem faça extravagâncias gastronômicas e uma vez ou outra lhe pergunto: "por que foi que você resolveu quebrar a sua perna?"

Da Barriga e Sua Alma

Toda consideração é parcial, toda opinião é uma falsificação. Ao se tecer considerações, rompe-se o todo em campos parciais de análise; para se formar uma opinião é preciso dividir o todo em partes. Pode-se superar esse defeito inerente à análise, contemplando-se o mundo de vários pontos de vista, assim como os defeitos da opinião podem ser superados optando-se por subdivisões adequadas. (Opinião, em alemão *Meinung*, é *opinio* em latim, e ao mesmo grupo pertence o termo *optare* = escolher, cuja raiz é *op* = ver; *epiopsomai* = ter ouvido.)

A partir da linguagem pode-se deduzir a divisão primária, original e esta, baseada na reflexão, divide o ser humano em cabeça, tronco e membros; obtemos assim o número três, contido no um que, como procurei demonstrar em *O Ser Humano como Símbolo*, é uma manifestação primitiva, inerente ao humano. Acrescentando-se o pescoço, e contando-se os membros, a cabeça e o tronco, obtém-se o misterioso número sete, que determina o humano em múltiplos aspectos. (O ser humano tem sete aberturas, a cabeça tem sete aberturas, o sete reina no período da vida humana e lhe dá a divisão do tempo em semanas e meses; considerando-se o pescoço como parte do tronco, como geralmente se costuma fazer, ao acrescentarmos o órgão sexual teremos o sete como o número do homem, o símbolo da força e da potência, enquanto a mulher é o sete mau, que pela concepção transforma-se em mãe e no sete sagrado.) Uma outra divisão vale-se do diafragma que separa o tórax do ventre, dando margem aos conceitos de localização: em cima, embaixo, na frente, atrás e ao lado.

Para qualquer consideração ou análise, o essencial é que as partes devem ser reunidas para formar um todo. É evidente que esse papel cabe à pele. No interior do corpo, uma cavidade faz a mediação entre as aberturas da cabeça por um lado, e o ânus e a uretra por outro; ela é revestida por uma espécie de pele ou mucosa que faz parte da totalidade humana mas tem a capacidade de abrigar dentro de si coisas externas que também pode expelir. Portanto há uma certa semelhança do ser humano com um saco ou melhor com uma mangueira de sólidas paredes. A cavidade é uma parte primordial do ser humano. Os ossos sustentam a estrutura humana, os músculos e articulações lhe dão movimento, sendo que as articulações também se caracterizam por ter cavidades, assemelhando-se, portanto, ao interior do corpo humano. A mediação é feita pelo sangue, cuja existência o ser humano conhece desde o momento do nascimento. No exercício da medicina praticamente perdeu-se de vista esta divisão original do corpo humano em partes, que hoje só representa um papel lamentável nas aulas de anatomia e nos laboratórios de dissecação.

O sangue nos leva a uma outra divisão que também aponta para o número três: elementos sólidos, líquidos e cavidades preenchidas pelo ar. O pensamento médico, bem como as pessoas em geral, considera sólidos e líquidos como elementos antagônicos; em algumas épocas isso se manifestou nas denominações disciplinares: "patologia de sólidos" e "patologia dos humores". Hoje em dia, no entanto, pouca coisa mudou, pois a patologia celular basicamente equivale à patologia dos sólidos, dando maior ênfase às células e aos órgãos, enquanto a teoria dos hormônios e enzimas, dos processos endócrinos, do sangue e vasos linfáticos coloca em primeiro plano o significado dos "líquidos". O terceiro componente, nesta forma de analisar, cuja importância ressaltei acima, a cavidade, praticamente desapareceu das reflexões sobre o ser humano, ao mesmo tempo em que não se dá nenhuma atenção à parte mais importante desta cavidade, seu conteúdo, o ar, que em princípio é identificado com o próprio conceito de vida, registrando-se uma preocupação excessiva com os resíduos do processo digestivo e sua eliminação.

Isto nos leva a uma outra divisão do ser humano como objeto de estudo, que se tornou nefasta não apenas para a ciência médica mas para a cultura européia: a divisão em físico e psíquico, à qual se acrescentou, sob a pressão do número três, o que em alemão se chama de espiritual (*Geistiges*). Como já procurei demonstrar em outra ocasião, alguns aspectos mais recentes da vida cultural procuram evitar esta divisão, equiparando o vento, o ar, o sopro e a alma, incluindo, portanto, todos esses elementos na mesma força cósmica e supra-humana, enquanto usam para designar o ser vivo, o indivíduo que reflete o cosmo, o termo "corpo" (*Leib*, relacionado à vida, *Leben*), em grego *soma*, em latim *corpus*. A nossa época pretende retomar a concepção unitária do ser humano, sem separá-lo em corpo e alma, fazendo com que sirva de fundamento à ação e ao pensamento humanos. Tenho a convicção de que esta concepção total do humano é inata em cada um de nós e nunca a abandonamos completamente e que, à parte as idéias e os falatórios de cada um e da sociedade européia em geral, podemos sentir, prestando atenção, que a verdadeira força propulsora de toda a vida humana é o indivíduo, o ser humano em sua ligação com o cosmo. O resultado dessa descoberta é um maior conhecimento das relações simbólicas entre o ser humano e o mundo, daquilo que não se pode expressar de outra forma, senão com as palavras: o ser humano é parte do todo e o todo na parte. Podemos compreendê-lo melhor se nele virmos o universo, a parte refletindo o todo, e conheceremos melhor o universo, considerando o ser humano como parte desse universo.

Estas frases um tanto obscuras procuram justificar por que torno a recorrer à divisão original do Homem nas partes que constituem a sua estrutura, e por que me refiro à barriga como objeto científico, em vez de abordar os órgãos e aparelhos que nela estão alojados. Não nego legitimidade a outras visões científicas, por saber que devo muitos de meus conhecimentos ao que me foi transmitido por outros caminhos. Mas há inúmeros pesquisadores que se projetaram no terreno da vida celular e orgânica, dos sólidos e líquidos, do físico e psíquico, que receberam da natureza mais dotes do que eu.

O desenvolvimento das ciências médicas na última década, inclusive o da biologia em geral, prova claramente que qualquer aspecto do ser humano pode ser entendido como parte de um todo, e como uma totalidade em si. Desde que se conhecem as múltiplas funções e a complexa estrutura de células, órgãos e tecidos, já não se pode encará-las como simples elementos que formam o Homem, como partes suas; só se pode considerá-las na sua expressão individual, individualidades que por sua própria natureza são igualmente totalidades independentes e partes interligadas, simbolizando em variadas formas a essência do ser humano como indivíduo. Os resultados dessas pesquisas fizeram surgir várias teorias que, partindo dos mais diversos pontos de vista, se voltam para o mesmo objetivo, para a interpretação de tudo o que vem a ser e desaparece no símbolo. Portanto, acho que não há nenhuma objeção ao fato de eu recorrer, com os mesmos objetivos, a antigas divisões.

Poucos se atreveram a trilhar o caminho que leva ao todo na parte e à parte no todo, através da antiga divisão em cabeça, tórax, ventre e membros. E não duvido de que haja alguns colegas dipostos a me acompanhar nessa jornada.

Para me fazer entender, farei algumas observações preliminares antes de entrar no assunto propriamente dito, a barriga e sua alma.

Vou me esforçar na aplicação do princípio de procurar o todo na parte – portanto na barriga do ser humano – e, se não consegui-lo em algum ponto, peço ao leitor que repare o erro.

Tenho plena consciência de que estou caindo numa contradição ao separar o tema em dois tópicos, a barriga e sua alma. À minha confissão acrescento mais um pedido de complacência ao meu leitor, para que me permita, por razões de conveniência, falar de três reinos da alma: o da cabeça, do peito e outro da barriga. Sei que isso é completamente errado, mas espero que posteriormente se justifique esta distorção. O trabalho realizado no reino da alma do peito pode ser designado pela abrangente palavra amor – excluindo-se, contudo, os processos sexuais do amor, que, embora pertençam à área da barriga, sempre atingem a do coração. A missão da alma da cabeça também é de fácil compreensão, pois inclui o pensamento e a ação conscientes e ainda o que Freud chamou originalmente de inconsciente – que eu saiba ele nunca alterou sua definição, conforme se deduz de muitos pronunciamentos de especialistas em psicanálise. É sobre as partes integrantes da alma da barriga que vou me referir.

Os três reinos supracitados estão continuamente interligados, numa relação às vezes amistosa, às vezes hostil. Poderíamos dizer que na fronteira destes reinos o humano criou órgãos com a capacidade de facilitar ou dificultar a sua ligação: o pescoço, entre a cabeça e o peito, a abóbada do diafragma, entre o peito e a barriga. Deixarei de lado as questões referentes ao estreito do pescoço, mas devo me deter um pouco no diafragma.

É conhecida a importância do diafragma para a respiração e a saúde em geral. Mas chamo a atenção para o fato de o humano conceber a respiração (*Atem*) como espírito (alto-alemão médio: *heilige atem* = ar sagrado), inspiração (*sanctus spiritus*), pneumonia (*pneuma hagion*), com uma conotação além do meramente corporal. Portanto, o diafragma (*Zwerchfell*) certamente mantém estreitas relações com a alma. É o que nos revela o termo *zwerch*, ligado às palavras góticas *wairhs* = irado, *wairhai* = ira; segundo o idioma alemão, o diafragma é um órgão que domina a ira, ata e restringe esse sentimento. Para os gregos, que nos tempos de Homero achavam que a sede da alma se localizava no diafragma, a denominação é *phrenes*, plural de *phren* = humor, alma, sentimentos; os vocábulos *sophron* = sensato e *phroneo* = pensar, são derivados de *phren*. Observe-se como os gregos atribuíam pouco significado ao pensamento. O seu idioma excluía o cérebro do ato de pensar. Esse órgão, tão importante para nós, era por eles chamado de *egkephalos*, do que se deduz que não passava do conteúdo de uma parte muito mais importante, a cabeça = *kephale*. (Observação: há um termo grego, *kebale*, que significa pássaro com a cabeça vermelha. O pássaro de cabeça vermelha – pica-pau, pássaro do fogo – é um evidente símbolo do falo com a glande descoberta. Não há melhor prova do que essa, de que o ser humano ereto e de cabeça levantada já era considerado simbolicamente igual ao falo em pleno vigor, desde tempos imemoriais. *Kephale* e *kebale* estão ligados intrinsecamente. Partindo-se desta afirmação, *incephalos*, que corresponde ao nosso cérebro, seria equivalente ao sêmen, na simbologia.) *Kephale*, derivado da raiz *ghebh*, pode ser equiparado aos termos alemães *Giebel* (cumeeira) e *Gipfel* (cume, cúpula) etc. É a parte mais alta do corpo. É interessante que os povos latinos, ao adotar a palavra *cerebrum*, tenham seguido a mesma idéia do ponto mais elevado do corpo, do cume (alemão: *Gipfel*, latim: *cornu* = chifre, *keras* em grego), assim como acontece com o nosso termo *Him* = cérebro (*Horn* = chifre), com *hiarni* do nórdico antigo e o termo sueco *hjärna*. Originalmente significa também o ponto mais alto. Vê-se, portanto, que no período de formação dos idiomas, o cérebro não era tido como único órgão do pensamento, uma concepção a que deverá retornar a ciência no futuro.

Voltando à palavra *phren*, ressalto que tanto a moderação, virtude tão importante para os gregos quanto para nós, bem como a alegria, estão situadas na região fronteiriça da barriga. A palavra esquizofrenia, hoje usada com tanto alarme e tão pouca compreensão, como se ocultasse algum sentido, não nos diz outra coisa senão que há uma barreira entre o reino da alma da barriga e da alma do peito, uma barreira para regular o trânsito nas duas direções. Dois aspectos são primordiais: a cisão não ocorre no cérebro e sim no diafragma; não há nenhuma cisão no pensamento e sim uma separação da alma da barriga, por um lado, e do coração e a cabeça pelo outro, o que é importante saber, sobretudo em vista do tratamento. Em segundo lugar, essa cisão ocorre em todo ser humano diariamente, a cada momento, sendo normal. A tensão nessas forças divisoras pode causar distúrbios que afetarão tanto as funções físicas quanto as psíquicas, mas não irão atingir as regiões do pensamento, seja este consciente ou inconsciente.

A medicina consagrou o termo *diaphragma*, que vem de *phrasso* – estreitar, encerrar. O pensamento científico, bem como as forças primitivas que criaram o idioma, ressaltam a qualidade isolante do diafragma e sua capacidade de regular a vida anímica.

Até o momento, não empreendi a tentativa de provar a existência da alma da barriga; no lugar de longas explanações, prefiro chamar a atenção para os desenhos infantis. Para as crianças, o peito e a barriga são um só espaço vazio. Quando desenham alguém, o alimento cai da boca diretamente para o fundo de um barril, onde se forma uma papa meio líquida. Acima da superfície dessa papa há um vazio, pois a alma, ali alojada, não é visível e não pode ser representada graficamente. É desse barril que se eleva a voz humana, é ali a sede do desejo, do amor, dos desgostos e demais sentimentos primários. É característico nesses desenhos a omissão do diafragma que delimita os dois reinos. A criança não precisa separar os sentimentos sujos e inferiores da barriga das atividades puras do amor e do pensamento. A moderação, o controle sobre os desejos, não é necessária para a criança que desconhece a sujeira e a inferioridade.

Quanto à criança, não se deve esquecer que ela tem uma série de idéias aparentemente conflitantes, sem se preocupar com as contradições. O conhecimento de que na barriga estão as entranhas é compatível com o do espaço vazio onde habita a alma, o que é comum às crianças e aos adultos com pensamento primitivo. Se a nossa cultura não nos enceguecesse tanto, constataríamos que a criança encara a cavidade abaixo do pescoço como a sede da alma e que todas as suas vivências estão relacionadas a isso. Todas as pessoas carregam consigo alguns resíduos desta idéia de alma, por mais conhecimento que tenham acumulado, e tais resíduos continuam agindo e exercendo seus efeitos de forma tão marcante que a ciência médica nem sequer consegue imaginar. São principalmente os enfermos de todas as idades e classes sociais que estão impregnados e envenenados por tais concepções. Tratando-se de crianças doentes, isso pode ser comprovado facilmente, nos adultos, contudo, é preciso muita prática e em geral muito tempo também.

Aos poucos, a criança distingue a alma da barriga da alma do peito, e ao que tudo indica essa divisão já está bem avançada ao encerrar-se o terceiro ano de vida. Parece que a última a ser reconhecida é a alma da cabeça, que afinal acaba assumindo, na nossa cultura, uma primazia perigosa e injustificável.

Há muitas outras maneiras de se esclarecer que o primitivo/primordial no ser humano atribui à barriga a morada da alma. Poderíamos dizer até que quem considera o corpo e a alma como elementos contrários, acaba localizando a morada da alma na barriga. Se existe essa alma independente, então ela se aloja no ventre materno desde o momento de sua concepção, durante os nove meses da gravidez. A crença na alma está aliada logicamente a essa estada no ventre materno. Assim, é compreensível que as artes plásticas representem a morte, retratando a alma se esvaindo pela boca do moribundo. (As tentativas mais recentes de representação e materialização também demonstram que se localiza a alma na barriga.) A barriga também é tida como o local dos demônios, dos diabos e espíritos maus da Bíblia.

Por fim, chamo novamente a atenção para a equiparação do ar com o espírito/a alma, conforme se manifesta na linguagem. A idéia de que a alma é o mesmo que o ar é reforçada pelo fato de aquilo que chamamos de vida começar com a inspiração do ar, no momento do nascimento; passamos a contar a duração da vida a partir do nascimento, e não da concepção. O ar, portanto, é o que anima (*Beseelende*), e não é muito grande o passo desse sopro para a alma (*Seele*), principalmente tendo-se em conta que a animação se repete inúmeras vezes do mesmo modo, de fora para dentro, para o interior do corpo. Contudo, isto indica que se considera como sendo a morada da alma toda a cavidade interna, não apenas a barriga. Nós nos defrontamos com uma questão que já apontei, a da contínua ligação entre os três reinos da alma: a cabeça, o peito e a barriga. Esses reinos têm limites, fronteiras, mas estes não impedem o intercâmbio, regulando-o de acordo com as suas necessidades cambiantes. Considero este fato de suma importância para a avaliação e o tratamento daquilo que chamamos de doença ou mal-estar.

A fim de elucidar o que quero dizer com estas frases, apresento um exemplo da vida moderna. O rápido desenvolvimento da tecnologia e dos meios de transporte praticamente eliminou as distâncias espaciais, como a opinião pública diariamente pode se certificar. Temos que admiti-lo, mas ao mesmo tempo observamos que os países e os povos cada vez se fecham mais às influências externas, o que se manifesta através de restrições à imigração e da ênfase dada ao cultivo das raças. Isto é justificado alegando-se razões econômicas e políticas, embora expresse tão-somente a dupla natureza humana que compele o ser humano a se unir ao seu semelhante, e ao mesmo tempo a separar-se dele, a diferenciar-se. Todo ser humano aspira a alcançar outro ser humano, mas foge e se retrai assim que chega bem perto do outro. Não se realiza nunca a união entre duas pessoas, trata-se apenas de uma aproximação; isso diz respeito ao indivíduo, aos diversos povos e raças, e o mesmo acontece com o comportamento das partes do ser humano entre si, com as células, os tecidos, órgãos, com a cabeça, o peito e a barriga.

Inúmeras vivências corriqueiras demonstram que, sob certas circunstâncias, o Isso humano sente que o conteúdo da alma da barriga se opõe à essência da alma do peito ou da cabeça, e lhe é hostil ou até perigoso. Um exemplo disso é a alteração na respiração, não somente as diferenças respiratórias nas pessoas conforme o sexo, a idade, o caráter etc., mas sobretudo a mudança repentina de acordo com o estado de humor, a vivência do momento. Isto fica evidente ao se suspender a respiração, quando o diafragma cessa seus movimentos. É bastante positivo que a educação moderna atribua tanto valor a uma respiração regular, sobretudo à regularização da respiração do diafragma, porém não se deve deixar de investigar o sentido da respiração irregular. A respiração só é suspensa quando queremos impedir as influências da alma da barriga ou do peito sobre a alma da cabeça e especialmente sobre a atividade consciente do cérebro. Retemos o ar no momento em que os nossos sentidos estão atentos, em que somos a própria cautela, a própria intenção. Diante destes procedimentos, o melhor recurso é o exercício. A função da alma da cabeça consciente e parte da inconsciente depende da convenção, dos acordos que a sociedade estabelece. Às pessoas que atribuem demasiado valor à convenção – nos tempos modernos todos nós fazemos – restam apenas duas possibilidades: insensibilizar, embotar a melhor, a mais valiosa e autêntica parte do seu ser, a ingenuidade, ou viver na eterna discrepância entre o impulso a ser natural e o medo de ferir os demais e infringir a moral e os costumes. A ingenuidade humana, em sua maior parte, está sediada na barriga, outra parte faz das suas no coração e só um pouquinho está em casa na cabeça. Há pessoas cuja respiração às vezes é ampla e farta, às vezes escassa e tímida, rápida ou lenta, logo ruidosa, logo silenciosa, que em certos momentos interrompem a respiração, em outros suspendem, segurando o ar; há pessoas em que a respiração se altera com uma atitude de cautela e desconfiança, tratam de salvar-se da profusão de sentimentos primitivos do seu interior, recorrendo a esse vaivém. Os exercícios não podem ajudá-las. Elas devem aprender que a moral (que sempre é deliberada) não passa de um vestido com o qual a moda reveste a moralidade, fazendo-a em geral inconscientemente.

As contradições entre os reinos da alma revelam-se com toda a clareza no ser humano enfermo. A fim de impedir que as características condenáveis da alma da barriga subam até o peito (coração) e a cabeça (cérebro, consciência), o Isso utiliza em primeiro lugar a parede divisória do diafragma e depois os órgãos e a parede no espaço abobadado do diafragma. Ao contrair, temporariamente ou por um período mais longo, a musculatura do diafragma e da região acima do umbigo ou ao preencher o espaço da alma com volumes de ar, o Isso procura conter as emoções proibidas e assim impedir que se alastrem à região pura do peito e à região sábia da cabeça. As pressões e angústias (temor, medo precordial, *praecordium* = diafragma) em geral são sentidas na zona abaixo do diafragma. É ali onde também se acumulam os gases.

Nos últimos anos os gases abdominais voltaram a ser objeto de estudo, quando só *outsiders* se ocupavam do assunto, na época áurea da patologia celular. Retrocedendo na história da medicina, descobriremos que os vapores – os gases essencialmente são vapores – desempenham um papel decisivo na avaliação do estado do enfermo. (Ou a palavra vapor – *Dunst* tem parentesco com o termo alemão *wabern* = crepitar, o que levaria ao fogo, ou vem da raiz *qeuep*, que significa agitar, ondular, fazer movimentos fortes; a mesma raiz tem, entre outras, a palavra latina *cupio* = cobiçar, que designaria a relação entre os gases abdominais e as emoções e flutuações do humor). A medicina moderna ainda não se decidiu a investigar a formação de gases como decorrência dos estados psíquicos. Estuda, isso sim, o ato de se engolir o ar atmosférico, tendo muito a relatar sobre suas conseqüências. Não duvido de que o ar possa ser engolido e que portanto vá parar no estômago. Mas isso não basta, de forma alguma, para explicar o estranho surgimento de gases no estômago e no intestino, como também se questiona que tudo não passe de um fenômeno resultante da decomposição dos alimentos. O acúmulo de gases, cujo significado para o bem-estar e a saúde ninguém mais se atreve a negar, ocorre, freqüentemente, de forma tão intempestiva, para logo desaparecer de repente sem que se verifique nenhuma eliminação de ar, que não podemos deixar de levantar a suposição de que poderia tratar-se de uma troca de gases entre o vazio no ser humano e as paredes orgânicas dessa cavidade. No entanto, sob certas condições, pode-se constatar que a formação de gases, na maioria dos casos, está ligada a emoções conscientes ou inconscientes.

Além das alterações mecânicas do diafragma, facilmente verificáveis, que surgem temporária ou duradouramente com o acúmulo de gases, dificultando as funções do coração e dos pulmões, também ocorrem distúrbios orgânicos, igualmente de fácil constatação, entre os quais cito em primeiro lugar o abaulamento para frente da última costela à esquerda, depois um fenômeno estudado por Schweninger, a formação de coroas de vasos no arco da costela, um indício de sérios distúrbios circulatórios, e ainda a chamada cobertura do estômago, o rolo de gordura situado entre as costelas. Também podem ser incluídos nesta lista os pontos dolorosos constatados na maioria das pessoas, entre a linha horizontal do umbigo e a ponta do esterno, e as fortes dores quando o massagista segura entre os dedos, puxa ou comprime os músculos (no sentido vertical) do revestimento da barriga. O sinal mais notório é uma profunda marca horizontal na pele da parte superior da barriga, que pela sua forma e seu caráter corresponde às estrias horizontais e verticais na testa, as "cicatrizes" das preocupações e dos pensamentos. Das pessoas que apresentam essa marca abdominal pode-se dizer, com grande probabilidade de acerto, que nelas ocorreu uma longa luta entre a alma do peito e da cabeça por um lado, e a alma da barriga por outro, luta que talvez ainda persista. Deixo, por conta da fantasia do leitor, imaginar como estes processos mecânicos participam efetivamente das disposições ou suscetibilidade a certas doenças dos pulmões, do coração, dos rins, do fígado, etc., e posso afirmar, com base na minha experiência, que não se corre o perigo de exagerar nas fantasias, pelo menos não há nenhum risco para o médico e o paciente.

Quanto à questão que indaga pelos procedimentos da alma que podem ocorrer na barriga, minha primeira idéia é a da sensação de contentamento, de satisfação. Haver saciado a fome é uma sensação boa e, por mais cínico que isto soe, ao lado do sono constitui a base da vida infantil, da vida humana. Bem ao lado do contentamento, preitam o mau humor, a raiva, a inveja (icterícia) e a avidez em todas as suas formas. A alegria do desfrute tem seu contraponto no fastio e no nojo. Em resumo, uma série de sensações desagradáveis está sediada na barriga. A título de exemplo, menciono a palavra *Ärger* = aborrecimento. É derivada de *arg*, que originalmente significa covarde e avaro. E, assim, duas áreas recaem no campo da alma da barriga: a avareza, intimamente ligada a uma das mais importantes enfermidades humanas, a prisão de ventre, e a covardia, com as conhecidas diarréias do medo. O termo inglês *anger* = *Ärger*, aborrecimento, leva-nos mais uma vez ao conceito de estreitamento; *anger* tem parentesco com *eng* = estreito (*angustus*, angina, *angina pectoris*). O aborrecimento estreita, escolhendo como sede a região abaixo do diafragma, onde se aloja junto à preocupação e à aflição, provocando uma porção de desordens de caráter mecânico e químico, provavelmente por sobrecarregar o plexo solar, e o meio por eles usado com freqüência é o acúmulo de gases nas partes mais ou menos contorcidas entre as curvas do intestino grosso.

É um erro buscar as causas da prisão de ventre e da diarréia apenas nas relações gastrintestinais, um erro que muitas vezes clama por vingança. Geralmente basta um tratamento adequado para normalizar a situação no aparelho digestivo. Porém, muitas vezes não adianta prescrever dietas nem recorrer a outros métodos terapêuticos. Estes dois distúrbios são provocados tanto por processos psíquicos, emocionais, quanto por perturbações no aparelho digestivo; são medidas, manifestações da barriga e da alma da barriga. O Isso assim exprime que deseja reter algo, o alimento, a fim de melhor aproveitá-lo, reter segredos, sobretudo dinheiro, mas também intervém a idéia de gravidez; no caso da diarréia, quer livrar-se rapidamente do seu conteúdo, por temer ou jactar-se de suas posses, às vezes quer eliminar venenos, outras, a gravidez. Lembramos que os símbolos da gravidez interferem sem cessar na vida humana.

Ao citar na mesma frase o conteúdo intestinal, dinheiro e gravidez, entrei num terreno de relações simbólicas, estudado em detalhe pela psicanálise. Para os nossos fins, basta enumerar algumas palavras de diversos idiomas para demonstrar o parentesco entre estes elementos. No sueco, *föda* = alimentar, *födas* = nascer, *fätta* = órgão sexual feminino; no alemão moderno, *füttern* é alimentar, *Futteral* é uma bolsa de couro que assume a forma do objeto contido e *Fotze* é o termo vulgar para designar o órgão sexual feminino; *Vermögen* (bens, fortuna), *ich vermag* (eu posso), em sueco *orka* = *mögen* (gostar), *vermögen* (poder), que estão relacionados a *Werk* (obra), em grego *ergon*, e também a *orchis* = testículos = *Hoden*, orchestra, *orgeo* = excitar, levantar, *Organon* (órgão), em latim *Organismus* (organismo); *potentia*, posse, potente e impotente = *unvermögend*; fortuna, *fortis* = *stark* = forte (gênero masculino), derivado da raiz *dher* = duro, rijo, forte; o pensamento primitivo mede a virtude do homem pela *virtus* = potência sexual. O que me interessa saber é em que medida estes elementos interferem na vida orgânica da barriga. E quanto a isso só posso repetir mais uma vez que não há nenhum exagero em dizer que exercem uma grande influência sobre todos os processos sadios e enfermiços, desde os mais ligeiros mal-estares até enfermidades graves, tais como a sífilis e o câncer, o tifo e a cólera.

Seria injusto afirmar que a ciência e a prática médicas não deram a devida importância às condições da barriga, pois a preocupação em se regular a alimentação e o funcionamento do intestino sempre foi uma constante em todos os tratamentos, e continua sendo hoje em dia. Mas infelizmente faz-se de conta que a barriga só existe em função da digestão. Seria muito bom se se decidisse pesquisar munuciosamente a atuação e os efeitos da alma da barriga, para então aplicar na prática os resultados da pesquisa. Já existem algumas tentativas nesse sentido, que partiram principalmente da escola psicanalítica freudiana, tomada em seu conjunto; contudo, os recalques exercem um poder tão forte que justamente a mais ortodoxa tendência psicanalítica, que deu origem a toda a base teórica, não se atreveu a colocar em prática seus conhecimentos – com raras exceções – embora baste começar, para adquirir um amplo leque de experiências.

O que motiva esta atitude é a posição da nossa cultura frente aos fundamentos da vida humana – posição esta que data de um ou dois séculos atrás – frente ao fato de que existem dois sexos, de cuja união nasce um novo ser, igualmente sexuado.

Voltando à barriga e à atuação da alma da barriga, basta a observação exterior para termos um exemplo do poder de recalque. Em plena barriga temos o umbigo. Em outra ocasião, eu já havia chamado a atenção para este ponto do corpo, antes considerado o centro do mundo, e que na cultura atual perdeu seu significado. Este fato, que demonstra com assustadora clareza a decadência da relação de respeito entre o ser humano e a mãe, indica que a medicina também segue a moda. Hoje em dia é quase inconcebível que o umbigo tenha algo a ver com o surgimento de uma doença, seu transcurso e tratamento. Mesmo que um médico reconheça o seu significado, precisará de muita prática para conseguir aplicar seus conhecimentos, até porque o paciente oferecerá uma tenaz resistência a qualquer aproximação referente a este problema. Não obstante, é preciso insistir em que a alma da barriga conserva, em milhares de recantos do seu espaço, a lembrança de sua dependência anterior em relação ao umbigo, arranjando-se bem ou mal com este fato, sem permitir jamais que esses elementos comprimidos sejam liberados para a alma do peito ou da cabeça.

A experiência de tomar e dar, de entrar e sair, da fecundação e do nascimento, que inicialmente passa a ter significado para a criança através da atividade respiratória, torna-se perceptível para o recém-nascido, sob fortes sensações de prazer e desgosto, por intermédio da alma da barriga, pela comida, bebida, e eliminação das fezes e da urina. O conhecimento da cavidade interna é um dos primeiros que a criança faz, ao mesmo tempo em que aprende a reconhecer a importância das aberturas, ou – para usar uma expressão decisiva – dos buracos dessa cavidade: a boca, a uretra e o ânus. Os etimólogos são unânimes em afirmar que a palavra buraco (*Loch*) significa originalmente uma abertura com fecho. A possibilidade de fechar a abertura é especialmente interessante para a criança. Neste terreno, que abre um panorama confuso para o médico, ao fazer o chamado diagnóstico psíquico e o tratamento, praticamente não aconteceu nada, pois a psicanálise, a quem compete estudar os segredos, dificultou o acesso à questão central, em vez de facilitá-lo, ao estabelecer denominações prematuras, tais como: erotismo anal, fase anal, etc.

Gostaria de citar mais um exemplo de como a nossa era procede sem nenhuma piedade com o centro do ser humano e o intermediário de toda a vida humana, a barriga e sua alma. Sabe-se que alguns idiomas – os nórdicos entre estes – baniram da linguagem corrente o termo barriga, *Bauch* em alemão, *belly* em inglês, *buk* em sueco, substituindo-o pela palavra estômago, *Magen* em alemão e sueco, *stomach* em inglês, e que nós, alemães, também procedemos à mesma operação de limpeza da linguagem, favorecendo o termo *Leib* (corpo). A razão disso esclarece algumas particularidades do recalcamento. Em latim, barriga é *venter*, e em francês *ventre*; o leigo – não o etimólogo – logo admite uma relação com a palavra *ventus* = *Wind* = vento. O significado da palavra inglesa, *belly* = soprando, vem da atividade, que caracteriza a barriga e sua alma, de buscar alívio soltando os gases. De acordo com as mais recentes investigações etimológicas, o vocábulo *Bauch* seria derivado do radical *bhu*, que imita o som produzido por alguém que de repente soltasse pela boca o ar, depois de encher as bochechas (*Backen*). É indiscutível que a barriga também tem uma boca, situada entre as nádegas (*Hinterbacken*), porém, que estas tenham que se encher de ar ou que possam fazê-lo para reproduzir o som *bhu*, me parece uma suposição muito estranha e isto vem do fato de não se permitir nenhuma manifestação sonora da parte mal-cheirosa da alma da barriga. Como toda mãe ou qualquer parteira sabe, *bhu* é uma das primeiras manifestações do recém-nascido. A natureza obrigou a alma da barriga a exprimir-se por uma linguagem anal, embora também lhe conceda o dom de expressar-se pela boca, de acordo com as circunstâncias; é o que se chama de arrotar. As almas do peito e da cabeça consideram estas manifestações de seu vizinho indecentes e totalmente impertinentes ao convívio social. Uma grande quantidade de publicações médicas nos fala das conseqüências dessa restrição imposta a uma atividade necessária, sob o título de "auto-intoxicação", fazendo indicações, em geral errôneas, sobre a situação. Quanto a isto, estamos diante do fato de que a alma da barriga envolve vários elementos sórdidos e indecorosos, entre os quais se encontra a sexualidade.

Nem sempre isso foi assim, como não será assim por todo o sempre, mas é o conceito de moral da nossa época, e, como nela nascemos, nenhum de nós é capaz de pensar e de se pronunciar livremente sobre questões relativas a sexo.

Em vez de me pronunciar a esse respeito, chamo a atenção para uma curiosa relação entre a vida psíquica e a vida física, que esclarece muito bem a inter-relação corpo-alma. Fala-se de uma elevada moral e de instintos baixos; o limite entre o elevado e o baixo é o diafragma, tratando-se de uma divisão anatômica da vida anímica. Peço que minha afirmação seja analisada, e estou certo de que diz respeito a amplos setores da vida. Quem quiser exercer a psicanálise, deve saber que a nossa era ateísta só admite a semelhança divina da parte superior do ser humano, tanto psíquica como física; o que se situa abaixo do diafragma é inferior, é a zona do diabo. Nem sempre se pensou assim sobre o Homem, houve tempos em que o deus podia examinar tudo minuciosamente, mas nunca o cérebro, onde se venerava, com uma santa timidez, o seio materno e a força das coxas, e esses tempos – não há nenhuma dúvida – hão de voltar.

No campo da sexualidade, a psicanálise tornou a abrir caminho à pesquisa, o que lhe acarretou muito ódio e pouco reconhecimento; não é necessário, contudo, abordar aqui o significado do erotismo para a saúde e a enfermidade. Quanto à simbologia da vida erótica, é um terreno em que se começou a penetrar de forma hesitante, deixando-se de lado a pesquisa e sua aplicação como meio de chegar ao fundo do mistério, que é o ser humano, enquanto os analistas clássicos, talvez com a única exceção de Ernst Simmel, de Berlim, praticamente não abordaram a ligação da paixão à barriga.

A vida pré-natal transcorre numa cavidade, fechada, dentro da barriga, que constitui o mundo exterior do embrião. O conceito de cavidade, portanto, é e tem que ser decisivo para a vida inteira, por ser a primeira experiência profunda, a caverna, no centro da qual vive a nova alma. Desde o início, é do conhecimento humano a ligação intrínseca entre estes dois conceitos. De certos procedimentos pouco antes do parto, pode-se deduzir que o feto provavelmente pressente o local da abertura da caverna, o buraco que – repito – é uma abertura com um fecho. No momento do parto a criança aprende, sob fortes dores e sensações de deleite – acredito que o nascimento, devido à grande tensão, tem uma conotação prazerosa para a criança, mesmo que ela sofra dores – o que é um buraco e logo este conhecimento se amplia, acrescido da existência de três buracos, todos eles conduzindo à barriga ou desta para fora: a boca, o ânus e o orifício externo da uretra.

Estes fundamentos a criança aprende por si, fazendo as descobertas diretamente no próprio corpo. Depois disso, não há avanço dos conhecimentos por um tempo, pois as crianças talvez pressintam, mas é só posteriormente que descobrirão a existência de seres com uma espécie de rolha como fecho, e outros que têm o seu fecho pendurado na barriga. Contudo, através dessa figura, a criança provavelmente aprende o conceito de procriação; o fato de que essa rolha – o bico do seio materno – dá conteúdo à cavidade interior, e que lá dentro ocorre uma transformação do conteúdo do mundo exterior em conteúdo interior, em coisas doces, brancas, leitosas, e salgadas, amargas, amarelas, em urina e fezes.

As idéias de procriação, gravidez e nascimento, estão ligadas à abertura e aos dois tipos de "fechos", bem como às sensações de volúpia, pois todas estas atividades de dar e receber, este para dentro e para fora são acompanhados de volúpia e da sensação contrária, a repugnância. Novas experiências em torno do sentido da abertura e da cavidade vão se agregando às da fase embrionária, sendo que estas últimas constituem um enigma que provavelmente não será desvendado. É nesta mescla de experiências inconscientes mas bastante fortes que está enraizada a capacidade a qualquer manifestação de vida, a qualquer doença e principalmente às enfermidades abdominais.

O termo grego para designar a barriga, *gaster*, nos conduz ao centro da questão. Os etimólogos atribuem-no à raiz *gres, gros* = comer, mordiscar e acrescentam que *grao* significa roer e *grastis* = pasto. Mas, desde quando a barriga come ou rói? É certo que engolimos alimentos, e se não comemos pasto, pelo menos verduras, e que enchemos a barriga; em grego, encher é *gemizo*, cheio é *gemo* e a carne que recheia o corpo é *gemas*. Em úmbrico, há uma palavra derivada da mesma raiz, *kumiaf* = gravidez, da qual vem o termo latino *cumia* = gordo. De forma hesitante, o etimólogo acaba admitindo que a raiz *gem* = encher também pode ter dado origem a *gaster*.

Para mim, não há dúvida alguma a esse respeito. A palavra grega *gastris* significa comilão. Bem, o comilão certamente enche a barriga, embora não consiga abrigar dentro dela a carga de um navio (*gomos*). Os gregos chamavam um de seus pratos de *zomos*, denominação oriunda da grande quantidade consumida para encher o estômago. Os noruegueses têm uma espécie de bolo de batatas ou cereais que chamam de *kumla* (derivado de *gem*), os russos têm uma papa com o nome de *gomola*, palavra esta usada também pelos poloneses para designar um queijo mole, em grumos, preparado com cominho. Esta forma de queijo é bem característica, pois o leite se transforma em queijo no estômago, com os mesmos grumos, e em esloveno, *gomat* significa grumo, além de confusão. Agora, damos um salto curioso, em direção à psique: em lituano, *gumulas* (grumos) é derivado da mesmo raiz *gem* que dá origem a *gume* = aborrecimento, e possivelmente à palavra alemã *Kummer*, do mesmo significado; em latim, no entanto, *gemo* = suspirar, gemer. O que faz o comilão, depois de encher a barriga, senão gemer e suspirar?

O vocábulo *gume* = *Ärgernis* = aborrecimento me leva novamente a *anger*, do inglês e *eng* (estreito), do alemão. Do latim vem alinhar-se a estes o termo *angor* = temor, medo, em alemão *Angst*. Assim, amplia-se o panorama dos conteúdos da alma da barriga. O aborrecimento, a preocupação (*Kummer*), que, segundo o uso que o idioma alemão faz da palavra, fica no estômago como um monte de grumos (*Klumpen grumulas*), de onde pressiona coração – como se fosse uma pedra – nos leva mais adiante, pois em grego o termo para aborrecimento é *lype*, intrinsecamente ligado à palavra *Luft* (ar). A sensibilidade da linguagem conhece a relação entre o aborrecimento e a formação de gases na barriga.

Acrescento ainda a palavra *Gram* (aflição), ligada a *Grimm* (raiva) e seu derivado *Bauchgrimmen* (cólica). E assim cheguei à dor = *Schmerz*, palavra que também dá o que pensar. A lingüística indica, sem muita firmeza, um parentesco da palavra *Schmerz* com a merda, do latim (raiz *smerd* = feder). Do ponto de vista médico, poderíamos defender este parecer com maior audácia, pois as primeiras dores sentidas pelo ser humano costumam ser as dores de barriga, provocadas por gases ou pelo acúmulo de fezes. Quanto à palavra grega para designar a dor, *odyne*, alguns etimólogos afirmam que deriva de *edo* = *essen* = comer, sem entrar, contudo, em considerações médicas. A idéia primitiva – que aliás partilhamos, apesar de nossos conhecimentos – de relacionar a dor com a alma da barriga é confirmada pelo fato de a dor sadia e normal das contrações ocorrer na barriga.

A palavra *gaster* era usada para designar o estômago desde a Antigüidade, especialmente na linguagem médica. No entanto, a febre gástrica ou intestinal, antes tão citada, se refere à barriga como um todo, como a principal mediadora do fenômeno geral febre e tonturas. O termo grego específico para estômago (*Magen*) é *stomachos*; *stoma* é uma abertura, boca. Para os gregos, o estômago estava mais ligado à cabeça do que à barriga, e era tido como o limiar entre esses dois reinos da alma. Para os povos latinos era diferente: o estômago não passava de uma reprodução da barriga em miniatura (*venter, ventriculus*). Porém, estavam tão convencidos da importância da barriga que a mesma designação foi transposta para as cavidades do coração e do cérebro. O mesmo vale para um segundo termo latino a designar a barriga, *alvus*, a cavidade em que o dente fixa suas raízes (dente, o símbolo mais significativo da criança) chama-se alvéola.

No vocábulo alemão *Wanst* (pança), mal dá para identificar o cruzamento dos conceitos de ar, alma e gravidez. Inicialmente, a palavra nos leva a *venter*, do latim, e *ventus* = *Wind* = vento. Por outro lado, há um parentesco com outro sinônimo de barriga do alto-alemão antigo, *wamba*, e com *Wamme* (papada) do alemão moderno e a palavra inglesa *womb* = útero. A raiz comum a todas elas, com exceção de *ventus*, segundo os etimólogos, é *uedero* = barriga. A expressão latina *uterus* seria derivada de *uedero*, bem como *hystera* do grego, com o mesmo significado. Alguns atribuem as palavras às raízes *ued* e *sto* ou *tero* = estar adiante ou levantar para frente, o que é uma característica das gestantes e da barriga volumosa, simbolizando a gravidez. Outros acreditaram ter encontrado uma solução melhor, ligando-as a *ued* = umedecer, e portanto ao conceito de água. A gravidez reúne muito bem esses dois aspectos (líquido amniótico).

O termo *gaster* nos leva a considerações parecidas, pois muitas vezes é usado como designação do ventre materno. *Gameo*, do grego, significa casar. E nada enche a barriga tanto como o casamento, principalmente se dele resultarem gêmeos = *gemini* (radical *gem*). No entanto, os etimólogos conscienciosos atribuem a *gameo* uma certa raiz *gem*, com um acento circunflexo sobre o *g*, acrescentando que, com ou sem o circunflexo, o significado é o mesmo. E contudo nem desconfiam que *gameo* = casar possa ter algo a ver com a barriga. E tem sim, num duplo sentido, pois não há nenhuma dúvida de que comer e procriar simbolicamente são a mesma coisa, o que é da mais alta importância para o pensamento médico e a prática da medicina. Portanto, *gaster*, barriga, está relacionado à raiz *gen*, sobre a qual me manifestei no livro *O Ser Humano como Símbolo*. Segundo a Bíblia, a comida nos dá conhecimento e crianças.

Volúpia, procriação, gravidez, nascimento e morte (*Abscheiden* = falecer, partir, separar) estão em estreita ligação com a alma da barriga. É bom que o médico saiba disto, embora haja poucas oportunidades de aplicar tais conhecimentos. De tempos em tempos, ele irá se deparar com esses fenômenos e, se aplicá-los sem necessidade, não deverá se preocupar, os danos podem ser facilmente reparados.

Às vivências relativas à cavidade e à abertura vem juntar-se muito cedo uma outra, a de que a abertura da cavidade materna, pela qual a criança sai, está coberta de pêlos – e é possível que esta seja uma das suas primeiras experiências, aos poucos acrescida das manifestações dos sentidos, o olfato, o tato e posteriormente a visão. A cobertura de pêlos encaracolados do órgão sexual materno é uma das primeiras descobertas sobre a qual vai se formar o pensamento humano. Em alemão é evidente a ligação entre os termos *Loch* (buraco) e *Locke* (cacho, mecha de cabelo); o verbo *locken* (atrair) e o adjetivo *locker* (frouxo, fofo) encaixam-se perfeitamente na seqüência. O cabelo crespo fecha a abertura feminina, pertencendo ao conceito de abertura que inclui fecho. A etimologia sustenta que *Locke* vem da idéia de *gekrümmt* (torcido), mas acho mais provável o contrário, que o conhecimento de coisas torcidas ou encaracoladas se dê posteriormente no nível da consciência, sendo a experiência primária a dos pêlos crespos da barriga em oposição ao cabelo propriamente dito. Provavelmente os dialetos africanos esclareçam esse fato. Além disso, para a criança, tal cobertura, à parte a grandeza, caracteriza a prerrogativa do adulto, a imposição de respeito. Eu gostaria de citar aqui alguns exemplos da erudição lingüística. Primeiramente, temos a palavra gótica *uslukan* = puxar para fora, termo próximo a *Loch* = buraco, utilizada sobretudo para designar a ação de desembainhar a espada. Não é preciso muita fantasia para perceber que detrás do sentido literal escondem-se duas coisas: a retirada do membro masculino do invólucro feminino, e o despontar da glande, saindo do prepúcio, sob a atração da mulher. Outros vocábulos derivados da mesma raiz são *liechen* = arrancar, do alemão médio, e *lock*, do Norte da Inglaterra, com o mesmo significado. A palavra lituana *lugsti* = pedir também é considerada derivada da mesma raiz do termo *Locke*, "embora apresente grandes dificuldades quanto à interpretação". Tais dificuldades caem por terra assim que o relacionarmos à missão da mulher, no sentido de atrair o homem. Sobre a relação entre *Loch* e *lugen, to look* em inglês, ver, ou seja, sobre a faculdade de a visão representar a procriação, a gravidez e o nascimento, já me estendi o suficiente no artigo em que abordo o olho e a visão.

Gostaria ainda de acrescentar que a palavra inglesa *curl*, e provavelmente *ringlet*, ambas significando cacho, mecha (próximas também de anel, quanto ao significado), estão relacionadas aos pêlos do púbis. *Curl* é o mesmo que *krülle, krolle* do dialeto, grupo este que inclui ainda *kraus, krauen* e *kraulen* (crespo, encrespar, franzir) e principalmente *Krause, Spitzenkrause* e *gekräuselt* (permanente, renda e franzir, frisar). A palavra *chrouwil*, do alemão antigo, significa garfo de três pontas, com base no número três masculino, membro e testículos, o tridente de Netuno, o forcado do diabo e do camponês. A palavra latina *cincinnatus* = atraído vem de *cinnus* = jarra para misturar o vinho com água, e não há nenhuma dúvida quanto a este antigo objeto com um pé e duas asas que os gregos usavam para misturar vinho com água, e a modernidade para acender o fogo em cerimônias. A linguagem nos fornece milhares de provas de que estas palavras se referem à mistura do feminino e do masculino. A relação entre *locken* (atrair) e *Locke* (cacho) se reveste de um significado especial quando pensamos que o membro masculino tem uma forma de cacho, a sugerir a carícia da mão para que surja o rabicho rijo. Atrevo-me a acrescentar a esta constatação o vocábulo *locker* (frouxo, fofo). Ao ser retirado da vagina (*uslukan*, em gótico), o membro de rijo torna-se mole, encaracolado. Assim, torna-se compreensível que *locker*, em sentido figurado, seja um defeito.

O conceito de encher demasiado, no qual se baseia o termo grego *gaster*, nos leva a uma mudança na forma da barriga, designada em alemão pela palavra *Bruch* = ruptura (*Leistenbruch* = hérnia, *Nabelbruch* = hérnia umbilical, etc.), que corresponde a *kele*, em grego, a *hernia*, em latim. Parece-me que o fato de um pedaço de o intestino sair por um ponto fino da musculatura abdominal (*Bresche* = abertura, brecha) não indica necessariamente a existência de uma grande abertura, mas sim a dimensão do conteúdo da barriga, podendo a cavidade estar muito cheia momentaneamente ou por um longo período. Tal excesso pode ser tanto de natureza psíquica como material; pelas minhas observações, posso até dizer que é freqüente comprovarmos a "saída" de fenômenos psíquicos da cavidade abdominal, de modo a afirmar que a hérnia umbilical nos recém-nascidos, por exemplo, sugere algum problema na relação mãe-filho. A simbologia do umbigo nos leva aos fenômenos primordiais da existência humana, sendo tão importante para a psicologia quanto a diferenciação sexual. Os procedimentos psíquicos são mais fáceis de se estudar nos adultos, embora suas manifestações sejam múltiplas, aliás como tudo no caráter do adulto, mas pelo menos parecem ter um denominador comum, o de agrupar-se em torno do símbolo humano homem-mulher-criança, expressando às vezes o fator masculino mais claramente, às vezes a gravidez, e assim por diante. A manifestação é de gravidez nos casos de ruptura intestinal e água nos testículos (hidrocele), embora este último distúrbio nada tenha a ver com hérnia. Estes aspectos são importantes para o diagnóstico, mas têm importância prática sobretudo tendo em vista o êxito das operações de hérnia. Às vezes não basta fechar a brecha, é preciso diminuir o conteúdo da cavidade abdominal de forma mecânica, através de massagens e ginástica respiratória, e de forma psíquica através da análise centrada especialmente na simbologia. Quanto a isto, vale também a minha afirmação de que a cirurgia só continuará a progredir se aplicar nossos conhecimentos sobre os recalques e a simbologia.

A hérnia inguinal (*Leistenbruch*) merece uma atenção especial. No latim, *inguinalis* vem de *inguen*, que significa virilha, palavra que seria derivada da mesma raiz que *Nieren* = rins, *nephros* em grego. (Sempre se consideraram os rins conceitualmente ligados à potência sexual, como o demonstra a expressão *Herz und Nieren prüfen*[1].) Esse é um exemplo de que o inconsciente criador da linguagem conhecia os segredos orgânicos ocultos lá no fundo, como o dos rins primitivos dos vertebrados, ou processos descobertos posteriormente, como a soltura dos testículos das proximidades dos rins. Mais adiante, nos leva à informação de que a palavra grega *xaden* = glândula está ligada à virilha e aos rins pela raiz. Mesmo que não sejam oriundas das profundezas das desconhecidas forças constitutivas do cosmo humano – o que pode ser o caso – essas relações estabelecidas na linguagem há milhares de anos sempre atuaram e continuam atuando, sendo tão importantes para uma pesquisa exata quanto os objetos e processos materiais de que se ocupam unilateralmente a nossa fisiologia e infelizmente a prática médica também. Assim, chegamos à ligação simbólica de todos os processos abdominais com a gravidez, um ponto de extrema importância para o médico.

Devo lembrar mais uma vez que, na infância, todos nós imaginamos a barriga como um espaço vazio, desconhecendo a existência do útero, o que aliás é compreensível, pois em nossa fase embrionária só conhecemos uma grande caverna que chega até o diafragma. As estranhas fantasias infantis sobre o parto que arrebentaria a barriga, sobre o papel do umbigo como botão que fecha a caverna, dão uma idéia da força da sim-

---

1. Literalmente: *examinar o coração e os rins*; segundo o dicionário Wahrig, essa expressão só é empregada no sentido figurado, significando *examinar a fundo* (N. da T.).

bologia identificando a barriga ao útero. Porém, só entenderá o amplo significado das teorias infantis quem perceber que os conhecimentos científicos adquiridos, em hipótese alguma, conseguirão eliminar aquilo em que acreditamos quando crianças. Os conhecimentos adquiridos são de propriedade da alma da cabeça e só exercem um poder relativo sobre os acontecimentos da vida humana, adaptam-se às nossas idéias anteriores, pois, apesar do crescimento e da maturidade, somos e continuaremos a ser fundamentalmente crianças. O médico precisa saber disto, considerar este fato como uma exigência básica que lhe é colocada na sua condição de exercer a medicina, e mais ainda se se dedica à pesquisa científica.

A fim de avançarmos mais uns passos, convém dizer algumas palavras sobre a forma exterior da barriga. Para a maioria das pessoas, a barriga existe para receber os alimentos e as bebidas, digeri-los e eliminar seus resíduos. Infelizmente, muitos médicos também pensam assim, só que acrescentam a esta visão o que sabem acerca de cada um dos órgãos no interior da cavidade, o que não é correto. Quem tem uma casa diante de si, a primeira impressão que tem é de seu tamanho, de sua amplitude. A criança que vê um rio pela primeira vez constata que o rio corre, suas águas fluem. Quem for à praia pela primeira vez e observar o mar ficará fascinado com as suas dimensões e as ondas que vêm, rebentam e voltam. É só depois que nos vêm à cabeça os cômodos que constam da casa, quais são os peixes que vivem no rio e tudo o que pode haver no mar gigantesco. Acho que é da mesma maneira que se deve proceder frente ao ser humano e suas partes. Primeiramente temos que encontrar uma resposta às questões relativas à física, pois os processos químicos podem esperar. Portanto, seria bom se o médico procurasse averiguar algo sobre as dimensões da barriga e, como não ouve praticamente nada a respeito durante seus estudos, terá que aprender sozinho. Inicialmente os olhos são a fita métrica e a mão a ferramenta mais importante no exame de pacientes com enfermidades abdominais. Como a partir de uma certa idade a maioria das pessoas não apresenta uma boa proporção abdominal, convém colocar a fita métrica em primeiro lugar entre os instrumentos do exame médico.

Quanto menor a criança, mais chama a atenção que a parte superior do ventre é mais ampla que a inferior, e que a distância entre a ponta do esterno e o umbigo, em comparação com a distância entre o umbigo e a virilha, é bem maior que no adulto. Isto está relacionado à formação e à função do fígado na vida embrionária. No adulto é ao contrário, a linha do umbigo à virilha é maior do que a do umbigo à extremidade do esterno. Porém, em muitas pessoas estas duas medidas se alteram a partir do terceiro ano de vida. Há muito tempo eu já indicara que é preciso distinguir três tipos de barriga: há pessoas com a parte superior mais desenvolvida, outras em que a parte inferior é maior, e ainda as que apresentam uma barriga redonda. Este último tipo leva uma certa vantagem, pois essencialmente não se altera a proporção entre as duas linhas mencionadas, em relação à média, pois o que varia é o tamanho como um todo, a grandeza absoluta.

Entre os homens é muito comum o tipo da barriga superior, eles tragam e bebem muito. A culpa não é tanto da sua gulodice, e sim das condições de vida e ocupações que os obrigam a fazer poucas refeições opulentas, em vez de dividir os alimentos em rações menores, durante o dia. As grandes exigências da vida em termos de força física tornam-nos famintos e sedentos, e como tiveram que reprimir essas sensações diariamente e por horas, desde a infância, quase todos se acostumaram a devorar rapidamente grandes quantidades de comida e a tomar muito líquido. Acabam virando glutões, mesmo comendo os pratos mais simples, tornam-se beberrões, mesmo que tomem somente água. Essa é uma das razões para que haja tantos homens com barriga superior. Quanto a outra delas, só ficou clara para mim bem depois, embora seja determinante. Já citei que as crianças se enquadram nesta categoria de ventre, e o homem nunca perde em sua vida a infantilidade, por mais que dela se envergonhe, frisando sua condição de homem adulto. Apesar de toda a ruidosa rispidez e brutalidade, seu caráter continua guardando traços pueris e sensíveis, manifestando-se essa puerilidade, entre outros modos, na conformação da sua barriga.

A parte feminina do homem também participa do desenvolvimento do tipo superior de barriga. Assim como a mulher, o indivíduo do sexo masculino sente o anseio pela gravidez, e como esta não pode se consubstanciar na forma de uma criança, pelo menos a forma da barriga procura imitar o estado interessante. A única dificuldade é que o homem não tem útero nem vagina, problema que o Isso do homem resolve recorrendo à idéia infantil de que a fecundação se dá pela boca, e que a criança se aloja sob o coração, no estômago.

Acredito que tudo isto não tenha convencido o leitor. Em primeiro lugar, ele não crê que o ser humano, sem ter a menor idéia do que faz, queira voltar a ser criança novamente e por isso se assemelhe fisicamente à criança, como dá menos crédito ainda à idéia de que o homem deseje a gravidez, fingindo-a fisicamente da forma mais primitiva. Quanto a isso, só posso dizer que eu também não teria acreditado se alguma outra pessoa tivesse me contado, se minha própria experiência não me houvesse levando a essa conclusão. Só compreendemos a importância destas coisas diante de demonstrações práticas e concretas, o que pode ser feito da maneira mais simples. No adulto, a distância entre a extremidade do esterno e o umbigo é de 14 a 15 centímetros, podendo aumentar para 23, 28 e até 30 cm, no caso da barriga superior. Quem tem uma barriga normal pode verificar nas suas próprias medidas – do contrário, terá que procurar uma pessoa sem barriga superior que é preciso um enorme rolo de gordura para prolongar a linha do esterno ao umbigo em 8 cm ou até em 17 cm. Quem verificar isso uma única vez entenderá por que Schweninger considerava tão importante essa desproporção, ao examinar e tratar os pacientes, e passará a fazer o mesmo.

O tipo de barriga inferior é comum principalmente entre as mulheres, chegando a ser a regra após o climatério. Se no homem, devido às suas proporções, a barriga se localiza um pouco abaixo do umbigo, na mulher que tem os quadris mais largos, o volume da barriga tende a se concentrar mais abaixo. Geralmente a circunferência aumenta bastante, uma vez concluído o crescimento, não somente em mulheres que deram à luz, como também em jovens virgens. É óbvio que também aumenta a distância do umbigo até a virilha. Muitas vezes essa linha á bastante longa, porque a pele que recobre a parte inferior da barriga é flácida e fica pendente. Suponho que nessa pele dependurada se manifeste – aliás de forma tola – a parte masculina da mulher. A flacidez ou queda dos seios pode ser explicada pelo mesmo fenômeno. Costuma-se atribuir a perda de rigidez dos seios ao seu aumento durante a amamentação e à sucção do bebê, o que em parte é verdade. Porém, assim não se explica por que as mulheres que nunca conceberam apresentam com freqüência seios caídos, nem por que este fenômeno possa ocorrer até em adolescentes. Para o Isso, os órgãos sexuais femininos e os seios são símbolos contrários, pois estes últimos têm a capacidade de erguer-se e de murchar. O lado masculino da mulher se manifesta tanto no seio flácido quanto no seio levantado, que para a cultura européia, influenciada pelo ideal grego de beleza, é o mais bonito. Isto, contudo, não predomina na vida cotidiana e amorosa, pois entre nós, os homens, em sua maioria, preferem os seios volumosos e pesados, embora não o admitam abertamente. Encontramos também uma atitude diametralmente oposta do Isso, quando as mulheres tratam de destruir o seu lado masculino através de cirurgias (operações de apêndice, por exemplo). No homens trata-se geralmente da tentativa de eliminar o pueril. A tentativa feminina de manifestar o lado masculino em termos orgânicos desempenha um papel importante no surgimento das formas e das enfermidades (prolapso, enteroptose, formação de abscessos, aumento do clitoris, vaginismo, trombose), do mesmo modo que o homem demonstra seu lado feminino através de hemorragias estomacais, hemorróidas e ainda de enfermidades que levam a cirurgias no abdômen.

O aumento paulatino dos quadris está relacionado ao desejo de gravidez, que marca o caráter da mulher desde a mais tenra infância até o fim da vida. A expansão do ventre, que ocorre quase sempre, não visa fingir uma gravidez perante os demais, sendo, isso sim, uma curiosa forma de ilusão, de auto-engano. A prova disso é que a medida do ventre da mulher aumenta bastante após a menopausa, pois o inconsciente, a despeito da razão, insiste em esperar uma criança.

O desejo de iludir-se provoca uma deformação característica da parte superior da barriga em muitas moças e mulheres. As costelas se comprimem, e em casos nada raros chegam a se sobrepor, encobrindo a extremidade do esterno. Como assim diminui a circunferência da barriga superior, a parte de baixo apresenta um abaulamento. Tempos atrás, justificava-se esta alteração nas formas do corpo feminino, alegando-se o uso do espartilho, quando na verdade deu-se o contrário: o espartilho era usado para acentuar essa deformação imitando a gravidez. Hoje em dia, quando o espartilho deixou de existir, ainda encontramos muitas vezes essa compressão da parte inferior do tórax, o que não pode ser explicado pela pressão dos cintos ou pelo peso de saias e vestidos sobre as cadeiras. Toda pesquisa e investigação, todo tratamento do ser humano do sexo feminino não terá pleno sucesso, se se esquecer que toda mulher está sempre grávida, seja no sentido literal e apropriado da expressão ou não. O ser humano é uma tríade de homem, mulher e criança. Esta trindade se manifesta no homem pela sua própria anatomia e pela sua vida, mas na mulher oculta-se sob o mistério de estar constantemente grávida de um filho do sexo masculino.

A passagem das mulheres, mesmo das mais delgadas, para o tipo de barriga inferior, durante e após o climatério, costuma simbolizar apenas o começo, os primeiros meses da gravidez, pois raramente há a formação da barriga arredondada. Isso aliás é compreensível, pois ao se imitar somente o início da gravidez, atende-se ao desejo inconsciente de tornar a ser jovem, melhor do que representando uma gravidez avançada. É no período do climatério que se manifesta com toda a clareza o poder da simbologia. As irregularidades na menstruação, cuja suspensão às vezes se estende por um longo período, às vezes é bastante breve, lembram os processos da fase de crescimento, em que os distúrbios constantes na menstruação quase sempre se devem a idéias de gravidez. Essas duas fases da vida têm uma outra coisa em comum: as menstruações geralmente são muito fortes e acompanhadas de dores. A análise revela que a menstruação durante o climatério também consubstancia partos e abortos, e acontece algo semelhante com os sangramentos em casos de câncer no útero. Nos períodos de transformação, o inconsciente da mulher fica particularmente sensível aos símbolos. Todos os fatos e acontecimentos que passam despercebidos durante o período vital em que aflora a capacidade de reprodução tornam a provocar sintomas, assim como ocorria na infância. Qualquer coisa pode colocar o aparelho simbolizador em movimento, certos alimentos, flores e frutas, a visão de uma gestante, de um recém-nascido, de um carrinho ou roupinhas de bebê, de um casal de namorados, certos tipos de homens ou algum símbolo masculino, um ou outro cheiro, livros e quadros ou imagens. Enjôos e vômitos não são freqüentes como na fase de crescimento, mas, em compensação, a menopausa é acompanhada de tonturas e taquicardia. Nestes distúrbios circulatórios, nas hemorragias, bem como nas tonturas e alterações cardíacas, atua uma outra força simbolizadora, o desejo da mulher de atrair o homem, o que se manifesta principalmente nas repentinas erupções de suor (umedecimento feminino). As dores de cabeça, que são um dos mais conhecidos símbolos do parto e da virgindade, são tão freqüentes no climatério quanto na puberdade. Quanto ao calor abrasador nem é preciso dizer que se trata de um símbolo sexual; mas quem quiser se convencer de que o ser humano se expressa em símbolos poderá fazê-lo facilmente, ao observar tais congestões.

Os homens também podem apresentar o tipo de barriga inferior. Muitas vezes, ela é concomitante ao notório acúmulo de gordura em torno dos mamilos. Estes processos orgânicos consubstanciam um avanço do lado feminino, uma imitação dos quadris largos e dos seios femininos, o que pode vir acompanhado de uma redução dos pêlos que cobrem o corpo.

O terceiro tipo de barriga, a redonda, provoca menos distúrbios que as outras duas, pelo menos quando representa a gravidez avançada através de distúrbios circulatórios, acúmulo de gorduras e gases intestinais. Porém, a natureza escolhe este tipo também em condições perigosas, sobretudo em casos de hidropisia. Esta enfermidade permite observar muito bem a tendência do organismo a representar o símbolo na doença, entre muitas outras coisas. O símbolo da gravidez é um dos fundamentos que condicionam o aparecimento da hidropisia. O fato de o acúmulo de água na barriga surgir após um distúrbio cardíaco é uma evidência da ligação entre este sintoma e a sexualidade, uma vez que o coração é a sede e o órgão atuante na sensação de amor, e como tal particularmente sensível às desarmonias da vida amorosa.

Em termos comparativos, é raro encontrarmos casos em que a barriga apresenta um volume menor do que o normal. Geralmente trata-se de uma manifestação causada pela fome ou pelo enrijecimento da musculatura abdominal. Como estamos tratando de dar apenas um panorama geral sobre a essência do ventre, basta indicar o perigo que representa, por incluir o símbolo da morte. Nem sempre a barriga assinala a mesma dilatação, à noite seu volume é maior que pela manhã. Em parte isto se deve à alimentação, mas algumas pessoas apresentam um alargamento condicionado aos acontecimentos cotidianos, que deve ser atribuído basicamente às impressões psíquicas. Esta é a regra para um grande número de pessoas, principalmente para as que têm um sistema circulatório sensível. Assim surgem inúmeros sintomas, alguns dos quais bastante dolorosos, como a maioria dos distúrbios respiratórios e cardíacos – podendo estes ocorrer ou não devido a modificações anatômicas dos pulmões ou do coração – como também várias dores na barriga, localizadas ou gerais, vêm destas alterações repentinas do volume abdominal. A linguagem popular chama isso de *Aufgeblähtsein* (estar abalofado) ou *Aufgeblasensein* (estar inchado), acertando ao indicar de que se trata: de aparentar muita força e assim satisfazer a vaidade. Não se deve esquecer que esse inchaço provocado pela própria pessoa transcorre no terreno do inconsciente, dos recalques. Trata-se realmente de um acúmulo de ar ou gases no intestino que pode desaparecer tão repentinamente como surgiu, como pode persistir, sem alteração, por várias semanas ou meses. É claro que não permanecem no abdômen os mesmos gases, há eliminações e novos se formam. Outra expressão popular fala de uma sensação de peso na barriga, diz-se até que "algo caiu no estômago como uma pedra" — localizando-se a sede do estômago entre os arcos das costelas — como também há referências à sensação de um cinto apertando o estômago. Esses dados precisos devem ser tomados literalmente, e na análise descobrir-se-á alguma pedra sobre a qual o paciente saberá mencionar mais ou menos o tamanho e o tipo, geralmente uma lápide, ou então alguma ocasião em que uma cinta muito apertada tenha exercido um papel importante em algum episódio. É comum obter-se um êxito imediato, e desaparecerem até os mal-estares e dores que afligiram os pacientes por vários anos. Quando a linguagem caracteriza de incômoda a sensação de peso e aperto, e não a dilatação, está anunciando um outro fenômeno do ventre que podemos designar como o seu grau de rigidez. Não é raro encontrarmos barrigas que podem ser consideradas duras como pedras. No entanto, todas as suas funções dependem da maleabilidade e da elasticidade, todos os órgãos abdominais estão afinados com a elasticidade das paredes. Praticamente se desconhecem as conseqüências da tensão e da rigidez do peritônio e da musculatura abdominal, pois o assunto não mereceu a devida atenção. Das pessoas com tendência à prisão de ventre, diz-se que têm o corpo duro (*hartleibig*), mas a barriga rija, apesar de seu significado para o bem-estar e a saúde, nada tem a ver com a prisão de ventre. O estado contrário da barriga, a flacidez de suas paredes, também exerce pouca influência sobre o funcionamento do intestino, assim como é falsa a idéia de que o prolapso dos órgãos abdominais é mais freqüente quando as paredes da barriga não são rijas. Obterá melhores resultados no tratamento quem conceber a rigidez ou a flacidez do ventre como manifestações da alma da barriga, e conseqüentemente averiguar o que ocorre no consciente e no inconsciente do enfermo.

Alguns parágrafos atrás, atribuí à barriga e à sua alma a capacidade de mediação. Nós que fomos treinados — bem maltreinados, aliás — a levar em conta aspectos mecânicos, químicos e psicológicos, logo fazemos uma série de associações. Em primeiro lugar, associamos as funções digestivas, pois, ao ouvir a palavra barriga, pensa-se imediatamente em comida e bebida, em fezes e urina, nas enzimas, etc. "Vamos comer, vamos beber, vamos nos alegrar" — essa parece ser a máxima mais importante. E, no entanto, a nossa característica humana é secundária, pois em primeiro plano somos profissionais, médicos no nosso caso. Como médicos sabemos que no ventre se localizam grandes vasos sangüíneos e linfáticos que regulam a distribuição dos líquidos, que por toda parte há gânglios nervosos e que ali atua principalmente o plexo solar, que os mais importantes hormônios e enzimas ali têm sua fonte, que uma grande variedade de processos químicos ocorre na barriga, que a respiração em parte é regulada ali, em resumo, há motivos suficientes para achar que pelo menos os médicos deveriam se interessar por esta parte do corpo, mediadora de tantos processos vitais. Infelizmente não é o que acontece. Não prestamos atenção nem ao fato notório de que o ventre é como um pântano, uma esponja que se embebe de líquidos e que portanto pode conturbar toda a circulação e até paralisar o coração. Ninguém é tão burro a ponto de preparar um lodaçal com arado e rastelo, a fim de semear; essa burrice é uma especialidade médica.

Vejamos a atividade mediadora da alma da barriga. Será que incorporamos, aplicamos de algum modo as grandiosas descobertas de Pavlov? Elas não foram nem discutidas nem postas em prática. Simplesmente não queremos admitir que os olhos, o nariz, o ouvido, o paladar e milhares de outras ligações de idéias sejam ativadas pela alma da barriga, que qualquer estudo dos humores, secreções e hormônios não passará de uma brincadeira infantil num monte de areia enquanto não considerarmos o lado psíquico da coisa, que a produção dos hormônios, sua distribuição e efeito são controlados pelo Isso, estando igualmente sob a influência do "físico" e do "psíquico", enquanto não levarmos em conta que os olhos, o ouvido, o nariz, o cérebro, os pulmões, a pele, em suma, que tudo funciona também como uma boca, como um receptor de alimentos, um órgão abdominal.

Neste caso também vale a pena partir da criança; para ela, a alimentação é uma questão vital e me parece que nada foi tão descuidado como a alimentação infantil e principalmente do recém-nascido. Se há alguma coisa errada com o bebê, deveríamos perguntar em primeiro lugar: o que está havendo com a mãe, por que ela afasta a criança do seio? A segunda pergunta é: o que mais poderia ter magoado o bebê? Mas quem é que se preocupa com isso? O que quero dizer é que os médicos deveriam se preocupar com o assunto, além de recorrer a todos os meios da psicanálise. Entre a minha clientela, que, diga-se de passagem, é pequena, não houve nenhum caso em que a alimentação do bebê provocasse dores ou distúrbios, quase sempre o problema era a mãe, que muitas vezes estava tão amargurada a ponto de ter pouco leite. Mas não é só isso. A mãe tem uma voz, tem uma pele ora macia, ora áspera, tem músculos e movimentos e não é um anjo, estando subordinada a tudo que é humano. Por mais que se esforce, que procure ser suave como um cordeiro, paciente e bondosa, não deixa de exalar ao seu redor um aroma alternante. A criança responde a cada emoção do ser que a alimenta, reage a cada estímulo que a atinge, e não responde somente com o seu Ego, que só se desenvolve aos poucos, e sim com toda a força do Isso. Estou plenamente consciente de que minhas idéias são heréticas. Sei que estou abalando os fundamentos da ação médica e de toda a ação humana. Contudo, não posso evitar de me pronunciar: tudo o que foi dito e escrito sobre alimentação e dietas é bobagem, e qualquer recomendação só terá sentido quando o fator decisivo das teorias e prescrições for o indivíduo que recebe o alimento, e a sua opinião recalcada sobre aquilo que come e bebe, opinião esta muito bem escondida nas suas profundezas.

Se fosse o caso de apresentar provas que confirmassem a minha opinião, eu poderia analisar qualquer acontecimento da vida e do mundo quanto ao seu significado para a nutrição, sem que faltasse assunto, demonstrando que é sempre o Isso a determinar as conseqüências, a fazer com que se transforme água em vinho e pedra em pão. Não obstante, eu esbarraria sempre nos limites do humano, na grande incógnita que vagamente chamamos de "mundo". Afinal, o resultado seria o mesmo se eu explicasse, através de um simples exemplo, o que estou tratando de dizer. Cada qual que faça a sua interpretação. Já relacionei, com base nos léxicos, o termo grego *gaster* = barriga a *gameo* = casar, principalmente porque isso possibilita a compreensão de um dos mais importantes processos simbólicos da vida, da gravidez simbólica. A alma da barriga trabalha com este símbolo no mais amplo sentido, e eu diria que o símbolo da gravidez interfere em todos os processos da alimentação, da digestão e, indo mais além, em tudo o que o ser humano absorve do mundo exterior. Na prescrição de dietas, os médicos costumam proibir certos pratos por causarem muitos gases e há bons motivos para isso. Entre esses alimentos cito o repolho (*Kohl*). A palavra latina para designar o repolho é *caulis*, que originalmente significa caule ou pedúnculo oco e que portanto tem caráter masculino. Este caule, cozido e preparado, provoca no ser humano, que simboliza de forma inconsciente, a idéia da fecundação e gravidez, o que é reforçado pelo repolho ter a mesma forma da cabeça de uma criança. Esta opinião me foi confirmada por uma informação oriunda da Holanda, acerca do que se conta às crianças sobre o nascimento. Ali não é a cegonha que traz os bebês, eles nascem nos pés de repolho. As cenouras têm a mesma fama de provocarem gases. A forma e a cor das cenouras lembram o membro masculino, além de a palavra *Rübe* = cenoura ser usada para designar o pênis (outro sinônimo é *Karotte, karoot* em holandês, *kroot*, o que parece ter parentesco com *Kraut* = erva. *Kraut* é derivada da raiz *bry, bryo* = inchar, que também dá origem a *Embryo* = embrião). Algo parecido ocorre com as leguminosas, ervilha, feijão, lentilha, que levam em si o segredo da criança no ventre materno. A esta lista, acrescento um alimento, tido em geral como facilmente digerível, mas que tem uma idiossincrasia tão marcante que certas pessoas reagem com ânsias e vômitos quando ele é misturado a algum prato, mesmo que em mínimas proporções e sem o seu conhecimento: o ovo, e nem é necessário explicar por quê. Muitas rejeitam o ovo cozido que simboliza o endurecimento do embrião. Cito também as frutas verdes (frutas com caroço) que também provocariam gases, principalmente quando consumidas acompanhadas de líquidos (associação com o líquido amniótico). Os bolos que não são completamente assados gozam igualmente da má fama de serem indigestos, embora as crianças adorem comer a massa crua dos bolos, sem apresentar nenhum dano. Os livros infantis trazem muitas referências ao costume de raspar o fundo das tigelas de massas. Os versos e ilustrações indicam que essas crianças ficam com a barriga bem inchada como na gravidez. E finalmente cito as gorduras, identificadas simbolicamente com o sêmen humano. No alemão médio, *Rahm* significa ao mesmo tempo creme e imundície, sujeira. No alto-alemão e no alemânico, sujeira é o mesmo que gordura (*Fett*). "*Jetzt isch es us und Ame und Pfanne hät es Loch, de Schmutz isch usegrunne und Mutter chüechlet doch.*" (Agora estamos fritos, a frigideira está com um buraco, a sujeira (*Rahm, Fett*) escorreu e a mãe quer fazer bolinhos.) Como acontece com muitos versinhos infantis, só percebemos o sentido lembrando que a maior parte do sêmen escorre e que não obstante forma-se uma criança, porque basta um só espermatozóide "para fazer um bolinho" (*chüechlen, kücheln*). A palavra *Fett* = gordura (em latim *paedor* = fedor parece estar relacionado a gordura) tem parentesco com *feist* = gordo e vem de uma raiz *pina* = gordura; raiz = *pei, poi* e *pi* = regurgitar, espirrar, as duas ações ligadas ao ato sexual. A este grupo pertencem as palavras *feima* = moça, do islandês antigo, e *femea* = gestante, do nórdico antigo. Gostaria de ressaltar que a criança, ao observar manchas de sêmen nas roupas, associa a manchas de gordura, embora o odor peculiar cause uma certa confusão.

Até o momento, só me referi ao fato de as almas do peito e da cabeça resistirem às influências indesejáveis da barriga. Mas o contrário também é importante, e talvez seja até mais importante: que a barriga se defende das influências do peito e da cabeça.

A fim de proteger-se, a alma da barriga recorre principalmente às áreas abauladas do pescoço e em torno do diafragma. A conhecida expressão idiomática "não posso engolir essa ofensa" demonstra que o espírito da linguagem não desconhece o processo de manter afastados do interior da alma da barriga acontecimentos desagradáveis, acionando distúrbios orgânicos e funcionais. O meio mais comum é ressecar a garganta diminuindo a salivação, o que acarreta a sensação de sede, o desejo de ingerir líquidos; dilui-se automaticamente a ofensa que desce goela abaixo neste estado diluído. Outro meio é o estreitamento da garganta (angina, termo bem próximo de *eng* = estreito). O obstáculo pode vir acompanhado de uma outra manifestação: o organismo procura transformar o envenenamento psíquico em orgânico (inflamação das amígdalas, supuração) ou neutralizá-lo através de um veneno físico.

O idioma nos esclarece alguns pontos sobre o estreito da garganta. A palavra *erdrosseln* = estrangular é bem conhecida e todos sabem, ou pelo menos os médicos sabem, o que é a *Drosselader* = jugular. O termo *Drossel* conservou-se apenas como designação de um pássaro, o tordo, mas há não muito tempo atrás indicava também a garganta. Restou apenas a expressão *Tröt*, usada em toda a região do Baixo-Reno, assim como em inglês manteve-se o termo *throat* e em sueco *trut*; em latim temos *turdus* = tordo, pássaro e *trudo* = triturar, cortar, castrar (de uma forma específica, amarrando-se os testículos). Ao mesmo grupo pertence a palavra italiana *strozza* = garganta e *strotzen* do alemão = regurgitar. Pelo sentido, este termo está próximo de *schwellen* = inchar e *Schwelle* = soleira. A etimologia relaciona a *schwellen* as palavras *schwelgen* = gozar (significado original: *schlucken* = engolir), *schwälen* = secar, ressecar e *Schwalch* = garganta, abertura do forno de fundição. Esta última é bem próxima do termo inglês *swallow* = laçar, devorar, engolir, que ao mesmo tempo significa andorinha (*Schwalbe*, em alemão). Aplicando-se estas associações à garganta, teríamos o seguinte: no canto do tordo (*Drossel*) – como também quando canta o pássaro humano – a garganta incha visivelmente, o mesmo acontecendo ao engolir (*schlucken, swallow, schwelgen*); esse fenômeno pode ser observado claramente em aves de pescoço longo como a cegonha ou o avestruz (em alemão, *Strauss* = avestruz vem de *strotzen* = regurgitar). Estas associações nos levam a crer que a palavra alemã *Schwelle* (soleira), como soleira da casa, deve ter vindo do sentido de garganta, uma vez que esta é a soleira de entrada para a casa que é o ser humano. Esta idéia é bastante cabível. Segundo os etimólogos, *throat*, do inglês, tem parentesco com *thrusch* = melro, *Drossel, turdus*; em inglês, soleira é *threshold*. Em sueco, a garganta é *trut* e a soleira *tröskel*. Mas como é que se chegou à denominação de soleira para a viga na entrada de uma casa? É fácil se intuir, pois, na forma de viga, a soleira (*Schwelle*) é redonda, e a tora que se incha (*schwellend*) é, para o ser humano, o membro ereto, o tronco. É aqui que entraria o conceito de pássaro (*swallow, Schwalbe, Strauss, turdus, Drossel, thrusch*, em sueco *trast*). Mas também nos deparamos com a relação com o membro masculino de uma outra maneira. Há em alemão a palavra *Drüssel*, com os significados de garganta e forcado de três pontas, que, na opinião unânime dos etimólogos, é o mesmo que *Drossel*. Considerando-se o que significam para o pensamento simbólico a campainha e as amígdalas (membro e testículos, ou então uma representação do masculino/feminino, campainha = masculino, amígdalas = feminino) – muitas vezes as inflamações de garganta só se esclarecem quando o observador conhece este símbolo – entende-se que possa haver uma relação com castrar (*trudere*), e não apenas por causa da voz, como também em termos simbólicos. Os vocábulos já citados, *Schwälen* e *Schwalch*, caracterizam a capacidade de a garganta ficar ressecada e assim impedir o enlace, o gozo (*Schwelgen, swallow, Schlingen*), de suspender a relação entre a alma da cabeça e as outras duas, a do peito e a da barriga.

O idioma sueco reforça este parecer. A expressão mais comum para designar a garganta é *strype*, que corresponde a *Strupfen* em alemão. *Strüpfen* significa apertar tanto a garganta de alguém (estrangular = *drosseln*), de forma a inchar o pescoço; significa ainda *abschnüren* = desligar, estrangular. (*Instrupfung* é o nome que se dava antigamente à parafimose; *Rankstrupfen* é crupe; *Strupfhusten* = tosse comprida, coqueluche, e aqui entraria ainda o termo *struppig*, aplicado a cabelos eriçados.)

O segundo local do corpo onde a alma da barriga oferece resistência à penetração de percepções indesejáveis é a parte superior do ventre, especialmente o setor entre os arcos das costelas. O recurso mais comum é a sensação de se estar cheio, o que costuma ser justificado por uma razão mecânica, pelo acúmulo de ar nesse local. Qualquer pessoa – com exceção dos médicos – sabe o que acontece quando aumenta a resistência ou a contrariedade: surgem sintomas como enjôo e sensação de nojo; nós, médicos, preferimos procurar as causas dessas manifestações na alimentação ou nas perturbações estomacais e digestivas – uma maneira muito fácil de demonstrar toda a ciência médica, ao mesmo tempo em que se ignoram solenemente as verdadeiras causas. O último recurso violento da alma da barriga é o vômito. Basta examinar atentamente para se descobrir as ligações psíquicas do vômito. (Os etimólogos se contentaram em constatar uma raiz comum a *vomere* e ao termo grego *emeo*, o que aliás é muito cômodo. Alguém sugeriu relacionar *vomere* = vomitar = *erbrechen* com os termos góticos *wamme* = *Fleck* = mancha, *gawamms* = impuro, em anglo-saxão, *wamm* = mau, em saxão antigo, *wam* = mau, ruim; contudo, considera-se esta hipótese muito arriscada.)

Para encerrar este quadro, seria necessário nos referirmos ao intercâmbio pacífico e às erupções violentas dos conteúdos da alma em ambas as direções, para cima e para baixo, como também às suas conseqüências que podem chegar a ser graves, pois entre estas estão os derrames, a pneumonia, a pleurisia, a dilatação da aorta, etc. Deveríamos ponderar tudo o que pode acontecer de bom e de ruim quando se verifica um fluxo livre, a passagem tranqüila de uma região a outra, sem a interferência do inconsciente. As expressões idiomáticas podem lançar alguma luz sobre estas intrincadas relações. Por exemplo: *"dab man jemanden ein Loch in den Bauch reden kann"* (literalmente: que, ao falar, se possa fazer um furo/buraco na barriga de alguém). Mas por que justamente na barriga? Será que o ser humano quer levar o palavrório ao campo da alma da barriga para não confundir nem o pensamento nem o caráter? Ou será porque a barriga é a única cavidade ampla e flexível, onde é possível absorver qualquer coisa, pois muitas dessas coisas podem tornar a sair pelo ânus e o orifício externo da uretra? Outra expressão, que vem corroborar o que estamos querendo dizer, nos sugere que a barriga possa arrebentar de tanto rir, ou então de raiva, de desgosto. A barriga é o lugar adequado para o material recalcado, mas até mesmo ela pode arrebentar se ali forem socados demasiados recalques. Gostaria de dizer algumas palavras sobre a parte inferior da cavidade abdominal, ressalvando que o mais importante ficará para um outro artigo em que pretendo abordar o aparelho reprodutor, os órgãos sexuais e a fecundação.

O termo alemão *Becken* = bacia, pelve, assim como o latino *pelvis* caracterizam o conceito que o inconsciente criador da linguagem faz desta parte da barriga: ela é tida como um receptáculo para os líquidos. Isto corresponde à concepção primitiva e infantil que atribui à barriga o mesmo caráter de um barril ou tonel. E vem reforçar a minha afirmação, no sentido de que esta idéia – apesar de todos os conhecimentos sobre anatomia – continua ativa no inconsciente, sendo importante para a intervenção médica em termos de diagnóstico e terapia. De fato, um dos últimos sinais de vida, ao aproximar-se a morte, é que este recipiente de líquidos se esvazia. Despeja-se um arroio de urina (arroio = *Bach*, mesma origem que *Becken*), e as partes sólidas do conteúdo, o lamaçal de fezes também é expelido como que numa operação de drenagem ou dragagem (*ausbaggern*, derivado da mesma raiz que *Becken*). Conseqüentemente, foi a partir desta idéia criadora da linguagem que surgiu a denominação da parte inferior, do fundo da bacia: *Damm* (dique) = períneo, em latim *perineum*. A palavra *perineum* é interpretada pelos etimólogos como sendo o local em torno do recipiente de urina, enquanto *Damm* não se refere à separação entre os órgãos sexuais e o ânus e sim ao dique que faz a barragem do lago de urina (que o pensamento primitivo situa na barriga e ao qual atribui uma força toda especial). Urina está relacionada à palavra grega *Uranos* = céu.

Esta relação está profundamente ancorada no idioma grego, através de uma outra ligação, pois *Becken* = bacia é designado de *skaphe*. *Skapto* = cavar, *skaph* = banheira, *skaphos* = cova. O conceito de cavar nos leva ao ato sexual, banheira e cova à gravidez e ao parto, quando o líquido amniótico, semelhante à urina, e a criança, identificada ao fruto na simbologia, saem da cova (ou do céu) em direção à luz. Desvenda-se assim o mistério inato a todos nós, segundo o qual a vida é a morte, a morte o mesmo que a vida. Só isto bastaria para demonstrar a importância destes fenômenos para o médico. Em hindu, a palavra *bhaha-h* designa o órgão sexual feminino, e a etimologia afirma que a palavra alemã *Becken* é derivada da raiz *bhaha-h*.

Estendi-me nesta questão por um motivo: a idéia de um lago na barriga está intimamente relacionada à hidropisia (*Bauchwassersucht*).

Em vez de abordar este tema, prefiro indicar a bela e instrutiva conferência pronunciada tempos atrás por Ernst Simmel por ocasião do congresso de psicoterapeutas em Dresden, em que ele conta como um homem tratou de se afogar, criando um lago na barriga, por achar que havia levado sua mulher a cometer suicídio, afogando-se.

Um outro fato nos dá o que pensar. Sabe-se que há diferenças entre a pelve masculina e a feminina, e que algumas mulheres – que não são tão raras assim, pois parece aumentar o seu número – apresentam o tipo masculino de bacia quanto ao formato, enquanto encontraremos poucos homens com a forma da pelve feminina. Tenho a impressão de que estamos diante de um exemplo de como a tendência geral da época leva à somatização, tratando-se, neste caso, do esforço feito pelas mulheres européias para se equiparar ou se igualar aos homens, que chega até a influir na formação óssea. Todos sabem que existe um temor generalizado da gravidez e de se ter um filho, mas ninguém sabe dizer de onde vem esse medo, uma vez que as explicações mais comuns, alegando motivos de ordem econômica, são superficiais. Hoje em dia, parece haver um grande interesse pelo problema das forças constitutivas que atuam no ser humano. Se quanto à bacia existe realmente uma ligação com essas nefastas tendências da nossa era, como suponho, impõe-se a necessidade de pesquisar o assunto.

As aberturas da bacia para o mundo externo, o ânus e o orifício exterior da uretra, serão abordadas em outra ocasião. Aqui menciono apenas que nos dois sexos estão presentes no ânus as mesmas forças a favor ou contra a entrada e a saída pela abertura. Se na mulher o orifício externo da uretra praticamente não impede o acesso à bexiga e a eliminação da urina, as possibilidades de resistência são muito maiores no homem, por apresentar vários pontos onde é possível impedir o fluxo.

Também irei me manifestar posteriormente sobre a parte traseira da bacia. Algumas observações a esse respeito constam do livro *O Ser Humano como Símbolo*.

As denominações: *Lende* (anca, coxa, *Lenden* = rins), *Weiche* (flanco, ilharga) e *Wirbelsäule* (coluna vertebral, espinha dorsal) nos permitem tirar importantes conclusões sobre as funções da barriga e sua alma. Todas elas expressam a capacidade de ceder, virar, dobrar. Basta alinhar todas essas qualidades e acompanhar um pouco a sua eficácia, para convencer-se de que elas revelam uma das mais importantes realizações do ventre. A etimologia deve intuí-lo, pois durante muito tempo considerou a palavra *Bauch* (barriga) como derivada do verbo *biegen* (dobrar). Infelizmente o nosso pensamento médico não apresenta a mesma sensibilidade, ao menosprezar essa característica primordial da barriga. Se alguém empreendesse a tentativa de pesquisar mais a fundo, iria verificar, por exemplo – e cito apenas os exemplos mais notórios –, que várias deformações da coluna e inúmeras formas defeituosas das cadeiras, com suas perigosas conseqüências, não só apontam para certos traços do caráter individual, não só desvendam de repente ao observador toda uma vida, como indicam que estamos diante de um dos pontos fracos da ortopedia da alma, cuja valorização é muito promissora. Também chamo a atenção para o fato de uma das mais dolorosas enfermidades, a ciática, geralmente estar enraizada nas condições reinantes no ventre, no esforço em resolver ou pelo menos mitigar (*lindem, Lenden* = rins) os conflitos, desviando-se, virando-se, cedendo. Ciática = *Ischias* em alemão; em grego, *Ischys* significa força, *ischion* = articulação coxo-femoral. Pretendo escrever sobre a simbologia desta articulação em outra oportunidade, contentando-me aqui em afirmar que há um parentesco simbólico entre ambas as palavras, *ischys* e *ischion*, e que a ciática (*Ischias*), com a sua maneira de atacar unilateralmente uma parte do corpo, com sua ligação com as afecções das pequenas articulações dos artelhos e com as calosidades, está estreitamente ligada às idéias de força e fraqueza, assim como o lumbago.

Qualquer pessoa que tenha um olhar atento poderá observar certas características e efeitos do símbolo da gravidez inúmeras vezes na vida cotidiana; observará, por exemplo, que há um grande número de crianças, assim como de adultos, que estiram a barriga para frente ao andar e ao estar parados. Se essa posição manifesta o anseio por um filho, como estou convencido, então esse porte deve ser mais freqüente nas meninas do que nos meninos. Acho que não estou errado ao dizer que assim é, e é bom que seja assim, pois essa atitude nas meninas demonstra que pelo menos elas mantêm e respeitam a idéia da fertilidade, tão desprezada pelos europeus. A título de complementação, acrescento que a posição contrária, de ressaltar as nádegas, também nos permite tirar algumas conclusões acerca do caráter e da maneira de ser de um indivíduo; indica, em termos genéricos, que ele não sabe viver no presente, manifestando tal posição seu anseio pelo futuro ou pelo passado, o que é feito involuntariamente e sem o seu conhecimento. Melhor que qualquer outro, este item mostra que o diagnóstico médico não avançou por igual, deixando de lado uma série de coisas que a sabedoria dos nossos antecessores levava em conta.

Gostaria ainda de fazer uma breve observação sobre a formação de tumores na barriga, especialmente sobre o câncer. Numa das últimas edições da revista *Cura Biológica*, há um artigo de Klein e Miessriegel dizendo que apontei a possibilidade de tratar casos de câncer através da psicanálise, mas infelizmente não expus minhas experiências a respeito. Elas me convenceram de que o Isso humano, além de querer expressar uma série de outras coisas, também utiliza o câncer como símbolo de gravidez, e seguindo tal orientação, consegui obter êxito em alguns casos. Insisto principalmente no fato de se poder atenuar, de forma surpreendente, os terríveis sofrimentos a que estão expostos os cancerosos desenganados, sobretudo aqueles que foram submetidos em vão a cirurgias. Embora isso não seja muito, já é alguma coisa.

Ao encerrar este artigo, quero deixar claro que abordei apenas alguns aspectos dos acontecimentos que agitam esse pequeno cosmo que é o ser humano, aspecto em torno da forma exterior e certos tipos de movimentos mecânicos, de fácil compreensão. Considerando-se que há inúmeras e enormes áreas das relações entre o ser humano/cosmo e o ventre como parte sua, praticamente intocadas, talvez se possa entender por que encaro como uma arrogância insuportável a distinção entre fenômenos psicogênicos de um lado e físico-orgânicos de outro, e por que defendo que a psicoterapia e a fisioterapia constituem uma unidade. Por maior que tenha sido o interesse manifesto pelos problemas psíquicos nos últimos anos, ainda estamos no início, na entrada deste terreno. Deste ponto de vista, divisamos pela frente uma tal quantidade de aspectos e questões que chega a ser assustadora, sobretudo para quem pensa na brevidade da existência humana, da vida individual.

Do Condicionamento Psíquico das Enfermidades Cancerígenas

Se levarmos em conta que os círculos médicos têm se interessado cada vez mais pela psicossomática da vida sadia e doentia, é surpreendente que não se tenha feito nenhuma tentativa de encontrar as raízes psíquicas da doença mais citada nos tempos modernos, o câncer. No entanto, a pressão interior, no sentido de buscar esclarecimento, faz-se notar, de forma disfarçada, na questão da hereditariedade. Não me considero autorizado a intervir na discussão científica a esse respeito, limitando-me a tomar o problema da hereditariedade do câncer como ponto de partida para algumas considerações pertinentes.

O conceito de hereditariedade está intimamente relacionado com os conceitos de concepção, gravidez e parto, processos estes que, por sua vez, estão ligados a certas partes do corpo. Quanto a isto, a primeira coisa a chamar a atenção é que o câncer se desenvolve na mulher, que é a mediadora da hereditariedade, de preferência nos locais mais necessários ao desenvolvimento e ao crescimento da criança, ou seja, no útero e nos seios. Portanto, é natural supor que o câncer de alguma maneira tenha algo a ver com a relação mãe-filho, sobretudo depois que as últimas pesquisas comprovaram um aumento dos hormônios sexuais femininos em pacientes com câncer. Convém mencionar que o alcatrão, que desempenha um papel importante na formação do câncer em ratos, também registra a presença de hormônios bastante semelhantes aos hormônios sexuais femininos. Pode-se acrescentar algumas evidências para fundamentar esta idéia. Por exemplo, o fato de a palavra *Neubildung* (nova formação, reprodução, neoplasma) ter substituído o termo *Geschwulst* (tumor) no linguajar médico, e isso desde as últimas décadas. Não há nenhuma dúvida de que o embrião no ventre materno é uma nova formação/neoplasma. O estado de gravidez é a primeira forma de reprodução observada pelo ser humano. Quanto à terminologia, observo ainda que a palavra *Geschwulst* remonta, em suas origens, ao fenômeno da gravidez. Merece ser citada também a tendência da ciência a investigar os tumores retrocedendo até a sua fase "embrionária", chegando a derivá-los de partes que se desprenderam do gérmen, das células.

Ao se familiarizar um pouco com esta opinião de que a relação para com a maternidade é uma das raízes psíquicas do surgimento do câncer, logo se impõe com todo ímpeto uma questão primordial para a vida européia: a diminuição da gravidez, a queda dos índices de nascimento. Qualquer médico experiente, e poderíamos dizer que qualquer pessoa experiente, sabe que a esterilidade é a maior e a mais grave aflição da mulher, que não ter filhos é um pecado – seja esta uma opção, uma decisão individual ou imposição dos costumes a tornarem impossível a concepção assim que a adolescente atinge a maturidade sexual. Uma das causas psíquicas da enfermidade é sempre o complexo de culpa e a necessidade de penitência, e poderíamos avançar mais um pouco e afirmar que o ser humano procura castigar as partes do corpo onde localiza o pecado.

Podemos dizer que esta luta renhida entre a moralidade natural e o costume social atua como um veneno sub-reptício em todas as relações da vida européia. Esta é a razão de praticamente todas as mulheres da era moderna sentirem medo do câncer. A partir desta experiência – pois trata-se de uma experiência que qualquer pessoa pode comprovar – é só um passo até admitir que a freqüente incidência de câncer no útero e nos seios também tem causa psíquicas, cujas raízes estão enterradas neste mesmo solo envenenado. A isto vêm juntar-se as recriminações voltadas contra si próprio, devido a sentimentos e acontecimentos com os quais o indivíduo se vê confrontado. As tentativas que empreendi no tratamento psíquico de pacientes com tumores cancerígenos inoperáveis ou daqueles que não foram curados pela cirurgia me convenceram de que os terríveis sofrimentos da fase terminal ou podem ser evitados completamente, ou pelo menos podem ser mitigados quando se expõem com cuidado e sensibilidade as implicações psicológicas.

A concepção profundamente enraizada no inconsciente do Homem moderno de que o câncer é um corpo estranho e vivo, um parasita a crescer incessantemente, o gérmen de um monstro tenebroso, parece confirmar-se pelo fato de o câncer continuar vivo e poder ser cultivado fora do organismo. Até pouco tempo atrás, havia uma contradição entre esta concepção e a alta incidência de câncer no sexo masculino. Mas agora temos a certeza de que, para a esfera do inconsciente humano mais próxima ao Isso, é possível a gravidez num ser humano do sexo masculino, o que ainda hoje se manifesta na linguagem cotidiana nas expressões

Geisteskind (filho espiritual), *mit einem Plan schwanger gehen* (gestar, acalentar um plano) e, desde que sabemos disso, a contradição acima mencionada perde a razão de ser. Estas circunstâncias no homem confirmam o que acabei de expor sobre a ligação psíquica entre a formação da criança e do tumor.

Como a gravidez masculina só existe simbolicamente e, se a minha opinião sobre a natureza do câncer como símbolo da criança é correta, no homem a enfermidade atinge as partes de seu corpo que recebem/concebem (*empfangen*), que retêm ou eliminam, e estas são a boca, o estômago e o intestino reto, inclusive o ânus. E realmente o câncer masculino ali se localiza, lembrando-nos que grande parte das enfermidades do ventre tem uma origem psíquica na idéia de gravidez. Isto também é válido para o câncer do fígado, uma vez que o fígado em princípio é o órgão "receptor" do ser humano (sistema da veia porta; *Leber* = fígado, *leben* = vida, *liver* – *to live* – *life*). As inúmeras experiências que acumulei no transcurso dos anos, no tratamento psíquico de pacientes, me levaram a crer que em certo sentido qualquer local do corpo pode ser utilizado para sediar o símbolo da gravidez. Mais que qualquer outro, o câncer com uma localização incomum talvez nos permitisse descobrir novos fatores das condições psíquicas.

Todos estes aspectos são compreensíveis apenas para quem estiver profundamente imbuído da dupla sexualidade do ser humano, pois só essas pessoas entenderão que o inconsciente do homem também pode viver sob o domínio do símbolo da gravidez.

Como estas linhas não pretendem mais do que abrir a discussão, eu poderia parar por aqui, e talvez até devesse fazê-lo, pois não sei que utilidade teria tudo isso para a maioria dos meus leitores. A condição para se concordar comigo, mesmo que em termos, é a vontade e a capacidade de se dedicar a processos escondidos nas profundezas do humano, cuja existência o pensamento cotidiano não reconhece. Mas é sobre a denominação da enfermidade que desejo acrescentar umas palavras.

Já mencionei que o inconsciente das pessoas ingênuas imagina o tumor cancerígeno como um animal devorador, semelhante a um caranguejo (*Krebs*), mais propriamente com um caranguejo-d'água-doce cozido. Diz-se que esta espécie tem uma coloração avermelhada. Na verdade, Galeno utilizou a palavra "câncer" pela semelhança da distensão dos vasos, verificada no seio afetado pela enfermidade, com um tipo de caranguejo que apresenta a forma arredondada de uma bolsa, e não a forma do caranguejo-do-rio. Provavelmente há algum equívoco nessa derivação. Se analisarmos a questão a partir da palavra *Krebs*, chegaremos a outras conclusões. Existe uma palavra quase idêntica, não fosse pela última letra, que é *Krebe* e significa cesta (*Korb*). O termo *Korb*, segundo os etimólogos, vem da mesma raiz que *Krebs*, assim como *Krebe*. O inglês tem o vocábulo *crib*, que em alemão corresponderia a *Krippe* – manjedoura, presépio, com a única diferença de que os ingleses o empregam para designar todo o estábulo. O verdadeiro significado da palavra *crib*, e ela continua sendo usada nessa acepção, é cesta, *Korb*, mais exatamente uma cesta tecida de vime. Tanto *crib* como *Krippe* são usadas com o mesmo significado no mito cristão. Em grego, o termo correspondente é *phatnia* (*pathne*), que os gregos empregavam para designar uma mancha nebulosa na constelação de Câncer, enquanto a segunda mancha é chamada de *Karkinos* (*Krebs, Karzinom* = carcinoma).

Portanto, é possível que a designação da enfermidade em alemão não esteja ligada originalmente ao caranguejo e sim a uma cesta, talvez a uma cesta em que seja colocada a criança. Posteriormente, a mescla com a palavra latina *cancer* teria alterado a interpretação. Isto estaria de acordo com uma outra palavra derivada do latim, *Kanker*, que significa aranha. *Kanker* é ligada à raiz *gong* = tumor, grumo é com *gengh* = tecer. Acontece que o tumor cancerígeno está intimamente entrelaçado com os tecidos sadios. A placenta é um exemplo da vida saudável a apontar para este entrelaçamento. Quem nos acompanhou nesta reconstrução verá sob outra luz a denominação latina *cancer*, uma vez que este termo também é utilizado no lugar de *carcer*, para designar a prisão (*Cancelli* = barreira, grade, provavelmente derivado de *ker* = tecer).

Karkinos, do grego, termo do qual é oriunda a denominação de carcinoma, certamente é o caranguejo, ao mesmo tempo em que designa a constelação de Câncer. Segundo a mitologia grega, o caranguejo, obedecendo ordens de Hera, cortou o calcanhar de Hércules durante a luta contra a hidra, sendo esmagado e transferido para o céu sob a forma de constelação. Isto evoca claramente os símbolos da serpente que mordeu o pé de Eva e da bicada da cegonha.

Em terras germânicas, em casos de moléstias femininas, ofertava-se aos deuses uma tábua votiva representando um sapo = *Kröte* (símbolo de útero e criança). Às vezes, a imagem era de um caranguejo. Talvez haja alguma ligação entre as palavras *Krebs* e *Kröte*, em todo caso ambos os animais têm uma certa semelhança, quanto à sua maneira de viverem escondidos. Parece-me que aqui há uma certa ligação entre o câncer e a gravidez.

Um antigo calendário astrológico da Inglaterra ilustra a segunda-feira com a figura de uma gestante; esta segura numa das mãos a vara da fertilidade, seu ventre está coberto por uma meia-lua e ao lado está representada a constelação de Câncer. Sobre a gravura consta a palavra *Luna*, que é o nome da deusa que ajuda nos partos. Portanto, há uma ligação entre gravidez e câncer.

Para encerrar, reservei uma designação que é característica das regiões montanhosas da Suíça, Áustria e Baviera. Hoje em dia ainda se chama a parteira de *Krebserin* em muitas aldeias, enquanto o verbo *krebsen* continua sendo usado para designar o ato sexual.

Para mim não é tão importante que se aprovem estas especulações, eu as escolhi em função das minhas experiências com pacientes cancerosos. Ficaria satisfeito se conseguisse esclarecer que, pelo menos na nossa era, o inconsciente dos enfermos de câncer encara o tumor como um parasita vivo e devorador, e que o surgimento desse parasita está nitidamente ligado à concepção e à gravidez. Um grande número de pessoas ainda morre por causa de tumores malignos que chamamos de câncer, apesar das cirurgias e da radioterapia, mas é possível prestar-lhe uma valiosa ajuda através do tratamento psíquico.

A investigação científica sobre o surgimento do câncer ainda é incipiente e não lhe faria mal algum levar em conta que o enfermo de câncer também possui uma hereditariedade psíquica, causas psíquicas das doenças e inter-relações psíquicas com todas as manifestações de vida.

Da Boca e Sua Alma

Todos sabem que o Isso do ser humano cria mecanismos para se proteger das violências da vida. Recorre ao cansaço e ao sono para se proteger do perigo de uma atividade demasiado extenuante, faz com que alguém sinta sede quando está muito seco, e fome quando a barriga está vazia. O Isso lhe dá o medo e o esquecimento. Ao pensar nestas coisas, percebemos como tudo está cuidadosamente voltado para a defesa. Naturalmente o médico também sabe disso e usa seus conhecimentos tanto de forma teórica como prática, mas acho que seria possível encontrar muitos elementos úteis à arte de tratar e curar, se a prática e o pensamento médicos fizessem melhor utilização desta verdade tão corriqueira que é o instinto de defesa. Em outros trabalhos chamei a atenção para o fato de os olhos e a visão não se prestarem apenas para a percepção visual, como também para proteger o ser humano do mundo exterior ou do mundo interior. Os olhos destroem a maior parte das impressões visuais, enquanto o restante é neutralizado no interior, no cérebro ou em outra parte do corpo humano. Todas as línguas européias frisam esse aspecto em algumas palavras, como por exemplo no termo alemão *wahrnehmen* = perceber (*wahr* = verdadeiro, *nehmen* = captar), que não tem nenhuma relação com a palavra *wahr* = verdadeiro, e sim com *bewahren* = precaver-se de algo, acautelar-se. O termo grego *horao* surgiu da mesma maneira, e *tueri*, do latim, significa proteger-se (tutor). Podemos observar algo semelhante em relação ao ouvido e ao nariz, e finalmente acabaremos por reconhecer que cada parte do corpo e cada função tanto pode como deve ser considerada um instrumento, ou também como um elemento de defesa. Portanto, tentarei analisar, neste sentido, a boca e a cavidade bucal. Inicialmente já vou chamando a atenção para o fato de a palavra *Mund* = boca significar também proteção em alemão (*Vormund* = tutor), embora a etimologia científica atribua uma outra origem a este segundo significado, que estaria relacionada a *Hand* = mão (*manus*). Não pretendo abordar esta questão, apesar de os dois termos (*Hand* e *Mund*) estarem relacionados simbolicamente. A nossa sensibilidade cotidiana para a linguagem imagina, ao ouvir a palavra tutor (*Vormund, vor* = diante, *Mund* = boca), uma pessoa que se pronuncia perante a justiça.

As ações de defesa da boca e suas partes funcionam nas duas direções. Examinam o que vem de fora e entra no ser humano e o que sai de dentro dele, tendo a capacidade de obstruir a passagem do fluxo, ou pelo menos de dificultá-la. O ato de comprimir os lábios ou cerrar os dentes aparece na primeira infância, quando o bebê se recusa a comer, como também se sabe que serve para impedir a expressão de sensações, como, por exemplo, a de raiva. A forma da boca, a cor dos lábios, a presença ou não de pêlos são importantes para se formar uma idéia da pessoa e por conseguinte para estabelecer o diagnóstico. Muitas vezes, lábios demasiado finos ou uma boca pequena, apertada, são os últimos indícios a delatar uma neurose que se arrastou por vários anos, e a indicar, se os traços ainda persistem, que a saúde psíquica não se restabeleceu por completo. Feridas nos cantos da boca, boqueira, são uma advertência a não abrir demasiado a boca na vida cotidiana, seja para engolir o mundo exterior ou para gritar e expelir opiniões, dores, sentimentos internos. Os mais diversos tipos de erupções e fendas na boca geralmente revelam fenômenos referentes à vida sexual, o que se comprova pelo simples fato de surgirem freqüentemente na mulher durante a menstruação.

Detrás dos lábios está situado o segundo posto de atalaia, a dentição. Os dentes também estão relacionados à vida dos órgãos reprodutores, assim como os desencontros entre a alma sexual e a alma humana voltada para a moral muitas vezes se manifestam na cavidade bucal. Entre estes se situam as dores de dente durante a gravidez. Com o tempo provavelmente há de se verificar que uma boa parte das afecções dentárias está baseada nesse conflito. Não importa que a nossa ciência médica não tenha nada a nos dizer a esse respeito. A rigor, é bem recente a idéia da que as doenças orgânicas possam estar baseadas em situações conflitivas. Até hoje essa idéia não conseguiu penetração na área da cirurgia. Quanto à odontologia, que deve os grandes êxitos obtidos principalmente ao progresso técnico, está começando a se interessar pelo tema. O comportamento das pessoas com afecções nos dentes, comportamento este frente a si mesma e ao seu ambiente, é tão estranho que permite intuir processos bastante enraizados e de profunda intervenção. A tudo isto vem juntar-se o significado simbólico do dente, que interfere em quase todos os processos da vida. O idioma registra várias referências quanto à posição do Homem frente aos dentes. Basta lembrar expressões tais como *sich festbeissen* (conter-se, literalmente morder-se) ou *zermalmen* (triturar), *etwas immer wieder durchkauen* (ficar mastigando alguma coisa), ou então a dor que "rói" (*das "Nagen" des Schmerzes*), seja esta uma dor física ou psíquica.

Este manuscrito, assim como o artigo "Da Cabeça e Sua Alma", não foi concluído. Ao lado de dois outros trabalhos de Groddeck, "Da Barriga e Sua Alma" e "Da Visão, do Mundo dos Olhos e da Visão Sem os Olhos", estas considerações exprimem uma visão magistral do ser humano e do cosmo, e fazem parte de um livro que não pôde ser concluído.

Até a sua morte, a 11 de junho de 1934, Groddeck permaneceu fiel à sua índole, ao seu lema: "É aconselhável apenas sugerir e não esgotar, pelo menos esse é o caminho da minha vocação".

G. C.

Textos de Georg Groddeck sobre Medicina e Psicanálise

Sobre a Hidroxilamina e Sua Aplicação no Tratamento de Enfermidades Cutâneas. Tese de Doutoramento. Berlim, 1889.

A Hidroxilamina e a Terapia de Schweninger. Monatshefte für Praktische Dermatologie, 10 (1890), 349-354.

Heresias[1]. Hygieia, Monatsschrift für hygienische Aufklärung und Reform. Stuttgart, 1892/93 e 1893/94.

O Embuste das Receitas. 6 (1892/93), caderno 1.
Sabedoria Leiga. 6 (1892/93), caderno 1.
Apontamentos sobre o Coleguismo Moderno. 6 (1892/93), caderno 7.
Arte e Ciência na Medicina. 6 (1892/93), edição especial.
"Enfermidade". 7 (1893/94), caderno 1.

As Medidas de Proteção contra a Cólera[2]. Hygieia, 6 (1892/93), 481-484.

Tratamentos em Balneários e Estações de Águas Medicinais[3]. Bibliothek der gesamten Medizinischen Wissenschaften für prakt. Ärzte. Viena, 1893.

Reimpressão: Hygieia, 7 (1893/94), caderno 3/4.

Escolas para Médicos. De um colóquio científico com o Prof. Schweninger. Hygieia, 7 (1893/94), caderno 8.

Mecanoterapia[4]. Bibliothek der gesamten Medizinischen Wissenschaften für prakt. Ärzte. Viena, 1894.

A Dieta do Enfermo[5]. Bibliothek der gesamten Medizinischen Wissenschaften für prakt. Ärzte. Viena, 1895.

1. Publicado sob o pseudônimo de Cain.
2. Publicado sob o pseudônimo de Cain.
3. Publicado juntamente com E. Schweninger.
4. *Idem.*
5. *Idem.*

Prisão de Ventre[6]. Bibliothek der gesamten Medizinischen Wissenschaften für prakt. Ärzte. Viena, 1896.

Behring e Virchow. Hygieia, 8 (1894/95), caderno 3.

A Respeito de Medir e Pesar na Atividade Médica. Wiener Medizinische Presse, 40 (1899), 1752-1762 e 1810-1813.

Apontamentos sobre o Significado dos Processos Mecânicos no Ventre. Wiener Medizinische Presse, 42 (1901), 1455-1459 e 1534-1538.

Sobre a Ligação entre Acuidade Visual e Circulação. Wiener Medizinische Presse, 45 (1904), 1846-1851.

Observações sobre as Forças Mecânicas do Corpo Humano. Archiv für physikalisch-diätetische Therapie in der ärztlichen Praxis, 8 (1906), 8-12.

Sobre a Mecânica do Crescimento. Wiener Medizinische Presse, 46 (1905), 1184-1188.

Reimpresso em: Archiv für physikalisch-diätetische Therapie in der ärztlichen Praxis, 8 (1906), n° 2.

A Distribuição da Água no Corpo. Archiv für physikalisch-diätetische Therapie in der ärztlichen Praxis, 8 (1906). n° 3.

O Movimento da Água no Corpo. Archiv für physikalisch-diätetische Therapie in der ärztlichen Praxis, 8 (1906), n° 4.

Excesso e Falta de Água. Archiv für physikalisch-diätetische Therapie in der ärztlichen Praxis, 8 (1906), n° 5.

Reimpresso em: Wiener Medizinische Presse, 58 (1907), 377-388.

Estudo sobre o Papel da Água no Organismo Humano. Zeitschrift für den Ausbau der Entwicklungslehre, 2 (1908), cadernos 3/4.

Nasamecu, Natura Sanat Medicus Curat. O Ser Humano Sadio e Enfermo numa Apresentação Acessível. Leipzig, 1913.

Tradução para o holandês: *De gezonde en de zieke Mensch*. Popular beschreven door Dr. med. Georg Groddeck. Bewerkt naar het Duits door J. P. Weeselink-v. Rossum, Zutphen.

Cento e Quinze Conferências Psicanalíticas, pronunciadas no Sanatório Groddeck, 16.8.1916 a 2.4.1919. Manuscrito.

Condicionamento Psíquico e Tratamento de Moléstias Orgânicas pela Psicanálise. Leipzig, 1917.

Os Desejos de Castigos Terrenos e Divinos e Sua Satisfação. Internationale Zeitschrift für Psychoanalyse, 6 (1920), 216-227.

Uma Análise de Sintomas. Internationale Zeitschrift für Psychoanalyse, 6 (1920), 320-327.

Sobre a Psicanálise do Orgânico no Ser Humano. Conferência pronunciada no Sexto Congresso Internacional de Psicanálise em Haia, 1920. Internationale Zeitschrift für Psychoanalyse, 7 (1921).

A Pulsão à Simbolização. Imago, 8 (1922), 67-81.

O Procurador de Almas (Der Seelensucher). Romance psicanalítico. Viena, 1921, 7 1925.

---

6. *Idem*.
7. *Idem*.

O Livro dIsso. Cartas a uma Amiga sobre a Psicanálise. Viena, 1923, [8]1926; Reedição, Wiesbaden, 1961.
Traduções: *The Book of the It*. Archives of Psychoanalysis, published by The Psychoanalytic Institute Stanford, Conn., v. I, Part 1, 2, 3, 4, 1926/27. The Book of the It. London, 1935 (Daniel), reedição: London, 1950 (Vision Press); Paperback ed., New York, 1961 (Vintage Books).
Au fond de l'homme cela. Paris, [9]1963.
Estão sendo preparadas edições em italiano, espanhol e dinamarquês.

O Sentido da Doença. Leuchter (Jahrbuch der Schule der Weisheit), Darmstadt, 1925, 339-347.

A Arca (Die Arche). Halbmonatsschrift im Selbstverlag. 1 (16.5.1925-31.3.1926), 2 (12.4.1926-28.3.1927), 3 (14.4.1927-14.12.1927).

Sobre a Resistência e a Transferência. Ausgew. psychoanalyt. Beiträge, 1 (1925), nº 5, 12-16; 2 (1926), nº 9, 15-18.

A Ambivalência a Serviço da Transferência e da Resistência. 1 (1925), nº 7, 15-18.

Respiração. 1 (1925), nº 7, 14-16; nº 8, 7/8.

O Isso e a Psicanálise. 1 (1925), nº 10, 1-15.

A Garganta e Cantar Vantagem. Em: Ein Samstagabend in der Marienhöhe. 1 (1925), nº 22, 1-16.

Sobre o Absurdo da "Psicogênese". 2 (1926), nº 1, 7-9.

Sobre a Catamnésia de Dores de Cabeça e Anotações sobre a Técnica Psicanalítica. 2 (1926), nº 1, 9-17.

Uma Análise de Sintomas. 2 (1926), nº 1, 17-21.

Pensamentos Psicanalíticos sobre "Arteriosclerose". 2 (1926), nº 1, 25-32.

Sobre a Dupla Sexualidade. 2 (1926), nº 3/4, 21-24.

A Prisão de Ventre como Caso Típico de Resistência. 2 (1926), nº 8, 11-24; nº 9, 9-20.
Traduções: *Constipation*. The Medical World, 1932, v. 36, nº 3, 4.
"Bowel Function". In: *Exploring the Unconscious*. Londres, 1933, 81-110.

Tratamento Psicanalítico de Moléstias Orgânicas. 2 (1926), nº 10/11, 1-5.

Sobre Pedras na Vesícula e Cólicas. 2 (1926), nº 10/11, 15-19.

Análise Leiga. 2 (1926), nº 12/13, 19-26.

Sobre o Recalque. 2 (1926), nº 14, 3-11.
Tradução: *Repression and Release*. An unpublished chapter of The Book of the It. Purpose, v. 3, 3 (jul.-set. 1931), 96-104. Reimpresso em: *Exploring the Unconscious*. Londres, 1933, 214-224.

Ciclo de Conferência *O Isso*, Berliner Lessinghochschule, outono de 1926:
1. O Isso e a Psicanálise. 2 (1926), nº 15, 13-22.
2. O Cotidiano. 2 (1926), nº 16, 11-13.
3. A Enfermidade. 2 (1926), nº 16, 13-23.
4. Tratamento. 2 (1926), nº 17, 1-15.
5. Ciência e Arte. 2 (1926). nº 17, 15-26.
6. O Isso e os Evangelhos. 2 (1926), nº 18, 1-17.

8. *Idem*.
9. *Idem*.

Tradução: *Människolivet och das Es*. Sex Föredrag. Av Georg Groddeck. Övers. Fran Tyskan av Signe Bratt. Stockholm, 1928.

Diagnose. 3 (1927), nº 2, 17-24.

O Trabalho do Sonho e do Sintoma Orgânico. Internationale Zeitschrift für Psychoanalyse, 12 (1926), 504-512.

Destino e Compulsão. Conferência proferida no Congresso da Sociedade de Livre Filosofia, Darmstadt, 1925. Publicação: Schule der Weisheit. Darmstadt, 1926, 45-67.

Sobre os Princípios da Psicoterapia. Allgem. ärztliche Zeitschrift für Psychotherapie und psychische Hygiene, 1 (1928), 582-590.

Observações Clínicas de Vinte Anos de Prática Psicoterapêutica. Conferência pronunciada no Terceiro Congresso Médico Geral em Baden-Baden, de 20 a 22.4.1928. Bericht über den III. Allgem. ärztl. Kongress, 130-138.

Sobre o Tratamento Psíquico da Formação de Cálculos Renais. Allgem. ärztliche Zeitschrift für Psychotherapie und psychische Hygiene, 1 (1928), 136-141.

Psychical Treatment of Organic Disease. A paper read before the Medical Section of the British Psych. Soc., 28.11.1928. The British Journal of Med. Psychology, v. IX, Part II (1929), 179-186.

The Unknown Self. A New Psychological Approach to the Problems of Life, with Special Reference to Disease. Translated by M. Collins. Londres, 1929, 1937 (Daniel); Reedição, Londres, 1951 (Vision Press).

Contém vários artigos de *A Arca*, bem como *Observações Clínicas de Vinte Anos de Prática Psicoterapêutica*.

Ernst Schweninger. Der Arzt, 2 (1930), 167-174.

Moléstias Orgânicas como Manifestações Específicas da Sexualidade. Conferência: Congress for Sex Research, Londres, 6.8.1930. Manuscrito.

A Dupla Sexualidade do Ser Humano. Psychoanalytiche Bewegung, 3 (1931), 166-172.

Tradução: *Man's Double-Sexed Nature*. Purpose, v. 4, 1 (jan.-mar. 1932), 21-28.

A Massagem. Bericht über den 6. Allgemeinen ärztlichen Kongress für Psychotherapie in Dresden, de 14 a 17.5.1931, 51-55.

Tradução: *The Relation of Massage to Psychotherapy*. The British Journal of Medical Psychology, v. XI, Part. III (1931), 228-233.

Reimpresso em: *Exploring the Unconscious*. Londres, 1933, 46-53.

Da Visão, do Mundo dos Olhos e da Visão sem os Olhos. 1932. Manuscrito.

Da Barriga e Sua Alma. 1933.

Tradução: *The Body's Middleman*. In: *Exploring the Unconscious*. Londres, 1933, 53-81.

"Eu Me Resfrio". 1933. Manuscrito.

Exploring the Unconscious. Further Exercise in Applied Analytical Psychology by Georg Groddeck, MD. Translated by M. Collins. Londres, 1933 (Daniel); reimpr. 1950 (Vision Press).

Contém vários artigos de *A Arca*, bem como *A Massagem* e *Da Barriga e Sua Alma*.

O Ser Humano como Símbolo. Opiniões despretensiosas sobre Literatura e Arte. Viena, 1933.

Ser Humano e Pessoa. 1933. Manuscrito.
    Tradução: *Ur mäniskokroppens symbolvärld*. De Profundis, Ärg. I (1935/36), 1, 7-19.
Do Condicionamento Psíquico das Enfermidades Cancerígenas. 1934. Manuscrito.
Prisão de Ventre. 1934. Manuscrito.
Dos Membros e Sua Alma. 1934. Manuscrito.
Da Boca e Sua Alma. 1934. Manuscrito.
Escritos de Psicanálise sobre Literatura e Arte. Coletânea organizada e editada por Egenolf Roeder von Diersburg. Wiesbaden, 1964.

cultura vivida. A fina ironia, também em relação a si próprio, que atravessa todo o texto constitui um prazer adicional. O cerne do livro são as análises de *Nora, Rebekka West, Peer Gynt,* o *Struwwelpeter (Pedrinho, o Desgrenhado)* e o *Fausto.* Pode-se discordar de uma ou outra interpretação, aliás o próprio Groddeck não esperava unanimidade, mas estas reflexões sem dúvida abrem novas dimensões na análise de obras artísticas, das quais não pretendemos prescindir a partir de agora."

Wissenschaftlicher Literaturanzeiger

"Os livros de Groddeck continuam causando impacto hoje em dia, tanto em quem faz a primeira leitura, como naqueles que os relêem. As reações são as mais diversas: pode-se ficar surpreso, sentir-se estimulado ou até mesmo chocado, ou então fascinado pela genialidade do autor, impelido a discordar devido a interpretações talvez simplistas, encantado e aliviado com seu senso de humor e sua ironia, o caso é que indiferente ninguém fica."

Frankfurter Rundschau

"Qualquer que seja a nossa opinião frente às interpretações do autor, elas são sempre originais, desenvolvendo-se a partir de uma posição espiritual e filosófica e de seus esforços em aplicar a psicanálise. Convém observar que Groddeck não pretende elaborar uma teoria psicológica das profundezas da alma humana, e sim apenas discutir, de uma maneira personalíssima, as questões da alma e da vida humana. E o fato de atribuir um significado muito importante à arte reflete sua visão universal."

Österreicher Rundfunk, Studio Wien

Repercussão dos Livros de Georg Groddeck na Imprensa

SOBRE O LIVRO dISSO:

"Todos deveriam conhecer este documento da história da psicanálise..."

Die Welt

"... uma soberania humana, cuja força espiritual e cujo significado ultrapassaram indeléveis as décadas após o lançamento do livro e a morte do autor."

Das Schönste

"Groddeck impôs-se sobre as ilusões, as ideologias veladas e redutoras da civilização convencional e penetrou até as verdadeiras bases da vida."

Frankfurter Allgemeine

"A psicanálise numa obra genial."

Deutsche Zeitung, Köln

SOBRE OS ESCRITOS PSICANALÍTICOS SOBRE LITERATURA E ARTE:

"O livro traz os comentários inteligentes e instrutivos de E. Roeder von Diersburg, mostrando assim o pensamento de Groddeck em toda a sua amplitude. Tal como nos escritos de Freud, podemos admirar um estilo plástico, vivo e fluente onde não há lugar para palavras supérfluas, e a riqueza de uma

PSICOLOGIA E PSICANÁLISE
NA PERSPECTIVA

DISTÚRBIOS EMOCIONAIS E ANTI-SEMITISMO – N. W. Ackerman e M. Jahoda (D010) • LSD – John Cashman (D023) • PSIQUIATRIA E ANTIPSIQUIATRIA – David Cooper (D076) • MANICÔMIOS, PRISÕES E CONVENTOS – Erving Goffman (D091) • PSICANALISAR – Serge Leclaire (D125) • ESCRITOS – Jacques Lacan (D132) • LACAN: OPERADORES DA LEITURA – Américo Vallejo e Ligia C. Magalhães (D169) • A CRIANÇA E A FEBEM – Marlene Guirado (D172) • O PENSAMENTO PSICOLÓGICO – Anatol Rosenfeld (D184) • COMPORTAMENTO – Donald Broadbent (E007) • A INTELIGÊNCIA HUMANA – H. J. Butcher (E010) • ESTAMPAGEM E APRENDIZAGEM INICIAL – W. Sluckin (E017) • PERCEPÇÃO E EXPERIÊNCIA – M. D. Vernon (E028) • A ESTRUTURA DA TEORIA PSICANALÍTICA – David Rapaport (E075) • FREUD: A TRAMA DOS CONCEITOS – Renato Mezan (E081) • O LIVRO DISSO – Georg Groddeck (E083) • MELANIE KLEIN I – Jean-Michel Petot (E095) • MELANIE KLEIN II – Jean-Michel Petot (E096) • O HOMEM E SEU ISSO – Georg Groddeck (E099) • UM OUTRO MUNDO: A INFÂNCIA – Marie-José Chombart de Lauwe (E105) • A IMAGEM INCONSCIENTE DO CORPO – Françoise Dolto (E109) • A REVOLUÇÃO PSICANALÍTICA – Marthe Robert (E116) • ESTUDOS PSICANALÍTICOS SOBRE PSICOSSOMÁTICA – Georg Groddeck (E120) • PSICANÁLISE, ESTÉTICA E ÉTICA DO DESEJO – Maria Inês França (E153) • O FREUDISMO – Mikhail Bakhtin (E169) • PSICANÁLISE EM NOVA CHAVE – Isaias Melsohn (E174) • FREUD E ÉDIPO – Peter L. Rudnytsky (E178) • OS SÍMBOLOS DO CENTRO – Raïssa Cavalcanti (E251) • VIOLÊNCIA OU DIÁLOGO? – Sverre Varvin e Vamik D. Volkan (orgs.) (E255) • A "BATEDORA" DE LACAN – Maria Pierrakos (EL56) • VOZES DO SILÊNCIO – Edelyn Schweidson (org.) (PERS) • ACORDE: CONVERSAS E PONTOS DE VISTA / EXPERIMENTE EXPERIMENTOS – Abel Guedes (LSC)

Este livro foi impresso na cidade de Cotia,
nas oficinas da Meta Brasil,
para a Editora Perspectiva.